Rüdiger Görner
Thomas Mann

Rüdiger Görner

Thomas Mann

Der Zauber des Letzten

Artemis & Winkler

Die Deutsche Bibliothek verzeichnet diese Publikation
in der Deutschen Nationalbibliographie; detaillierte bibliographische Daten
sind im Internet unter http://dnb.ddb.de abrufbar.

Artemis & Winkler Verlag, Düsseldorf und Zürich

Druck und Bindung: Clausen & Bosse, Leck
ISBN 3-538-07196-9
www.patmos.de

»Ich habe in diesen Jahren gelernt, mich, alles internationalen Einschlages ungeachtet, als Ausläufer und Spätling der deutsch-bürgerlichen Erzählungskunst zu fühlen.«

THOMAS MANN IN EINEM BRIEF VOM 4. 10. 1917

»Welche Zeit haben wir? Eine sehr späte Zeit!«

HOFRÄTHIN WITWE CHARLOTTE KESTNER,
GEB. BUFF IN LOTTE IN WEIMAR (1939)

»der Roman, der sich auseinandersetzt, ist schon eine epische Spätlese: – die kostümierte Essayistik bei Thomas Mann.«

MAX FRISCH, DIE TAGEBÜCHER 1946-1949
(EINTRAG VOM JANUAR 1948)

»Der letzte vom Geheimen Deutschland Durchdrungene war – trotz allem – Thomas Mann.«

BOTHO STRAUSS, DER UNTENSTEHENDE
AUF ZEHENSPITZEN (2004)

INHALT

VORSPIEL FÜR LESER

Manche Künstler verstehen sich besonders auf die großen Anfänge und Entwürfe, halten es gerne mit der Utopie; andere suchen nach Abrundung und Vollendung, wobei sie ahnen und durch ihr Werk suggerieren, daß mit ihrer Art des Vollendens ein Ende oder Letztes erreicht sei. Jeder Text ist Neuanfang und Fortsetzung zugleich. Aber es macht schon einen Unterschied, ob ein Schriftsteller durch seinen Text einen Aufbruch wagen will oder ob in jeder seiner Hervorbringungen der Eindruck des Testamentarischen vorherrscht. Text um Text, so ironisch er auch anmutet, ein letzter Wille, und zwar nicht nur des Schriftstellers, sondern jener Kultur, in der er arbeitet und zu der er durch seine Arbeit beiträgt. Thomas Mann gehörte unbestreitbar zu jener zweiten Kategorie von Künstlern. Bei ihm nach Avantgardismus zu fragen, wäre verfehlt. In seiner Prosa fand das spätbürgerliche Kulturbewußtsein einen letzten Halt – nämlich im kunstvoll gebauten, subtilste Differenzierungen absichernden Satzgeflecht. Der Drahtseilakt des ›letzten Bürgers‹ unter den deutschsprachigen Künstlern kannte nur dieses eine Sicherungsnetz: die kulturgesättigte Syntax. Worin bestand dieser Drahtseilakt? Darin, ein sich langsam europäisierendes deutsches Kulturbewußtsein mit seiner humanistischen Kernsubstanz, über den Abgründen namens ›konservative Revolution‹, Faschismus, Exil balancierend, ins Unbekannte hinüberzuretten. Ein solcher Balanceakt setzt ein Höchstmaß an Artistik und, wie seine Familie, inbesondere Tochter Erika, schon früh erkannte, Zauberkunst voraus, die freilich ihrerseits nie ganz frei vom Unheimlichen war.

Nun stellt sich angesichts der Bibliotheken füllenden Literatur über Leben und Werk Thomas Manns natürlich die Frage: Warum *noch* ein Buch über ihn? Was ist in seinem Falle nicht bereits alles an ›Zaubermitteln‹ – auch profanen – untersucht worden: von der Bedeutung der Zigarre in seinem Werk bis zur auffälligen Dicke seines Krawattenknotens in späteren Jahren. Das Kuriose daran ist: Kein noch so abwegig scheinendes Thema wirkt bei Thomas Mann bedeutungslos oder widersinnig. Denn kaum ein anderer Schriftsteller der deutschen Moderne hat das Leben so als Kunstwerk betrieben, die Kunst als Lebensvollzug verstanden wie Thomas Mann; keiner hat ausführlicher auf die Details verwiesen, dem Kleinen (man denke nur an die berühmte Bleistift-Symbolik im ZAUBERBERG) mehr epischen Raum eingeräumt als dieser Schriftsteller; und keiner hat größeren Wert auf Selbstdokumentation und Selbstdarstellung gelegt als dieser von Anbeginn auf Repräsentation eingestellte Künstler.

In diesem Buch aber geht es weder um Krawattenknoten noch einen weiteren jugendlichen Kellner, zu dem sich der alternde »Zauberer« hingezogen fühlte. Der »Zauber des Letzten« handelt von der Faszination, die vom Späten, scheinbar Überlebten ausgeht, dem dieses Werk sich mit seltener Unbedingtheit verschrieben hatte.

Worauf richtete sich dieses Interesse am Späten? Was macht ihn aus, diesen Zauber, der von den letzten Fragen ausgeht? Hier steht vor allem das Spätwerk Thomas Manns in Rede, das auf die mythische Welt der JOSEPH-Tetralogie folgt, der DOKTOR FAUSTUS und seine Musik des Letzten, die drei späten Erzählungen, der ERWÄHLTE, FELIX KRULL, die letzten Essays, Texte also, in denen sich die Frage nach dem Späten konzentriert und ›verdringlicht‹ und die gleichzeitig jenen ›Zauber‹ hervorbringen *und* reflektieren, der auf so unverwechselbare und immer wieder neu bedeutsame Weise vom Gesamtwerk Thomas Manns ausgeht.

Rechnete er mit ›letzten Lesern‹, mit Lesern, die Letztes goutieren, aber nur, um darin einen Vorgeschmack auf Neues zu haben? Von Jean Paul stammt der Satz: »Wahrlich, ich werde und muß einen *letzten* Leser haben ... *Letzter* Leser – eine wehmütige und sanfte Idee.«[1] Eineinhalb Jahrhunderte später ließ Albrecht Goes sein Gedicht DER ALTE LESER mit einem Bekenntnis enden, das, Hölderlins Forderung nach der »Pflege des Buchstabs« variierend, Leser und Schriftsteller angesichts dieser Aufgabe verbindet: »Ich will beim Buchstab bleiben./Bis zuletzt.«[2]

Wie aber beschreibt und deutet man es am sinnvollsten, dieses Lied vom Letzten? Wie wahrt man dabei seinen Zauber? Warum es überhaupt ›singen‹? Mir scheint, eine mögliche Antwort darauf findet sich in jenen Versen Hans Carossas, die dieser Thomas Mann zu dessen sechzigstem Geburtstag (1935) gewidmet hat:

Und alle Wunder
Geschehen an Ufern;
Wir drängen alle
Zum freien Strand.

Wir sind beladen
Mit Stoff der Sonne.
Wir müssen schwinden,
So stark sind wir.

Es gibt kein Ende,
Nur glühendes Dienen.
Zerfallend senden
Wir Strahlen aus.[3]

Anderes kam hinzu. Zunächst einmal das in den letzten Jahren zu beobachtende verstärkte Interesse an den Darstellungen des Sterbens bei Thomas Mann, aber auch an den Umständen seines eigenen Todes[4] und dem dadurch angeregten Bedürfnis, nach Sinn und Kontext dieses Diskurses zu fragen, nach der ästhetischen Dimension solcher Fragen. Als besonders ergiebig erwies sich hierbei die Auseinandersetzung mit Theodor W. Adornos Beethoven-Buch, seinem großen, inzwischen aus dem Nachlaß herausgegebenen Fragment über eine an Beethoven entwickelte Philosophie der Musik.[5] Insbesondere seine Ausführungen zur Problematik eines ›Spätstils‹ bei Beethoven gewannen für meine Auseinandersetzung mit dem späten Thomas Mann und der Frage nach dessen ›Spätstil‹ eine geradezu leitmotivische Bedeutung. Expliziten Eingang in diese Studie fanden Adornos Überlegungen in den Entwurf einer ›Theorie des Späten‹ im zweiten Teil der Einstimmung in den ›Zauber des Letzten‹. Dabei zeigte sich, daß es in diesem Buch nicht nur um eine sprachstilistische Analyse des im wesentlichen im Sprachexil entstandenen Spätwerkes von Thomas Mann gehen konnte; ›Spätstil‹ versteht sich in unserem Zusammenhang vor allem als Art und Weise von Thomas Manns Umgang mit dem Späten in seiner Kultur und mit seiner Kunst der Evokation von Letztem sowie der Aura des Späten, die sein Werk umgibt und die – ganz im Gegensatz zu Walter Benjamins These – resistent zu sein scheint gegen dessen vielfältige (technisch-filmische) Reproduktion.

In einer dezidiert ironischen Schilderung »deutschen Meistertums« sprach Thomas Mann 1931 vom Hang seiner Zunftvertreter, die »letzte Schwierigkeit« aufzusuchen, um daran ihre »kraus-exakte, versonnene, kindlich-greisenhafte, skurril-dämonische, unendlichkeitskranke [...] Kunst« zu erproben.[6] Er selbst war nur zu bereit, das Geheimnis hinter dem unleugbaren Zauber dieser Kunst preiszugeben. Es seien die Kindheitserfahrungen in Lübeck gewesen; denn in den »gotischen Winkeln« hocke und durch die »Giebelgassen« schleiche »etwas Spukhaftes, Allzu Altes, Erblasthaftes – hysterisches Mittelalter, verjährte Nervenexzentrizität«, ein »Stadtspuk«, der ohne weiteres auch heute (1931) einen »Sankt Veitstanz oder einen Kinderkreuzzug« bewirken könne. (X, 309)

Über allem Letzten, Späten stand Thomas Manns erzählerisches Spielen-Können mit Ernst und Ironie, wie er dies ›zuletzt‹ noch in der Fortsetzung der Bekenntnisse des Hochstaplers Felix Krull unter Beweis stellte.[7] Damit löste er ein letztes Mal geradezu triumphal das ein, woran ihn sein Bruder Heinrich aus Anlaß seines siebzigsten Geburtstages erinnert hatte, zu einem Zeitpunkt, als Thomas Mann mitten in seiner todernsten Arbeit am Doktor Faustus dies beinahe vergessen zu haben schien: »Wir sind im Grunde heiter begabt.«[8]

ABENDSTIMMUNGEN I:
DAS ENGADIN LIEGT AM MEER

An wolkenverhangenen Tagen klart es, bevor der Abend dämmert, zuweilen noch für längere Augenblicke auf. Über dem Zürchersee etwa, wenn der Blick frei wird auf die Glarner Alpen, im Engadin zum Beispiel über dem Silsersee, den man im Hotel Waldhaus von den runden Erkerzimmern aus überblickt, die Thomas Mann so geschätzt hat, über der Mündung der Trave oder im holländischen Noordwijk aan Zee. Thomas und Katia Mann hörten dort während ihres letzten gemeinsam verbrachten Erholungsaufenthalts Schuberts »schwermütiges Quintett«, und der Zauberer notierte wenige Wochen vor seinem Tode: »Klarer, roter Sonnenuntergang ins Meer. Lang anhaltende Abendröte.«[9]

Während seines letzten Aufenthalts in Sils Maria im Sommer 1954 rückte das Gefallen an dieser Landschaft wieder verstärkt in seine diaristischen Notizen. Sind auch gelegentlich die »Beleuchtungsverhältnisse zum Lesen« schlecht – vornehmlich in Materialien über Schiller, es stehen die Vorbereitungen für die Niederschrift der großen Rede über den Dramatiker an –, so vermerkt Thomas Mann das »schöne Abendlicht auf den Bergen. Firnelicht« (Tb 31. 7. 1954), jenen besonderen Lichtzauber also, den sein Kilchberger ›Nachbar‹, Conrad Ferdinand Meyer, einst poetisch verewigt hatte.

Ein Jahr später in Noordwijk aan Zee schreibt er in seinem Strandkorb am Geleitwort zu einer Auswahl DIE SCHÖNSTEN ERZÄHLUNGEN DER WELT. Bezeichnenderweise zitiert er, der an Vormittagen schreibende Meister der (geistigen) Abendstimmungen, die Beschreibung eines Sonnenaufgangs in Herman Melvilles Erzählung BILLY BUDD als etwas, das er, wie er selbst einbekennt, nie wirklich vermocht habe: »Im gleichen Augenblick durchbrach die Sonne das tief im Osten ausgebreitete Wolkenvlies und ließ es aufleuchten in sanfter Glorie, als erschiene in mystischer Vision das Lamm Gottes am Himmel. Zur gleichen

Zeit, verfolgt von den Blicken der dicht aneinandergedrängten erhobenen Gesichter, stieg Billy hinan, und steigend empfing er das volle Licht der Morgenröte.« (X, 834)

Ein seltsamer, unscheinbarer und doch magischer Ort, dieses Noordwijk. Sigmund Freud, der unwahrscheinlichste Strandurlauber, hatte sich dort Ende Juli 1910 eingefunden, in der Pension Noordzee gewohnt und dort ein Telegramm von Gustav Mahler erhalten, der ihn um eine analytische Konsultation ersuchte.[10] Noch zwanzig Jahre später waren diese Meererfahrungen Freud so gegenwärtig, daß sie in seinen großen Essay DAS UNBEHAGEN IN DER KULTUR Eingang fanden.

Einmal nur, am Ende seines großen, tagebuchartigen Essays MEERFAHRT MIT ›DON QUIJOTE‹ (1934) hatte Thomas Mann eine ähnliche Morgenszene entworfen, bezeichnenderweise mit Blick auf Amerika, aber ohne Angabe der eigentlichen Lichtverhältnisse: »Schon hebt im Dunst der Ferne eine vertraute Figur, die Freiheitsstatue, ihren Kranz empor, eine klassizistische Erinnerung, ein naives Symbol, recht fremd geworden in unserer Gegenwart ... [...] Vorn aus dem Morgennebel lösen sich langsam die Hochbauten von Manhattan, eine phantastische Koloniallandschaft, eine getürmte Gigantenstadt.« (IX, 477) Man erinnert sich: Der Impressionismus begann seinerzeit, man schrieb das Jahr 1872, mit einem Sonnenaufgang, mit Claude Monets Gemälde IMPRESSION. SOLEIL LEVANT; und der literarische Naturalismus tat es ihm gleich in Gestalt von Gerhart Hauptmanns sozialem Drama VOR SONNENAUFGANG (1889). Beziehungsreich offen dagegen hatte Richard Wagner die genaue Tageszeit des Dazwischen belassen: DIE GÖTTERDÄMMERUNG kann – ebenso wie Friedrich Nietzsches philosophische Travestie GÖTZENDÄMMERUNG – einen Aufgang oder Untergang meinen.

Als ein Meer hatte Nietzsche das Leben bezeichnet; Thomas Mann sah vor allem den Epiker, also sich selbst, als Wellenreiter. Denn sie galt es für ihn zu bestehen: des Meeres und des Erzählens Wellen. Ihren Rhythmus hatte er in sich aufgenommen und noch in deren alpiner Erstarrung wahrgenommen. Als Thomas Mann wenige Wochen vor Ausbruch des Zweiten Weltkrieges wiederum in Noordwijk aan Zee über Tolstois Epos ANNA KARENINA schrieb, bekannte er sich zu dieser »seelischen Einheit zweier Elementarerlebnisse, von denen eines des anderen Gleichnis ist: des Meeres und der Epik« (IX, 623). Von dieser Einheit, in der Frühes und Spätes, Morgen- und Abendstimmung miteinander verschmelzen, war er ausgegangen; und ihr blieb er treu bis zu seinem späten epischen Essay über Schiller. Uranfängliches und Letztes wurden ihm eins in den »unabsehbar sich erstreckenden Brandungsreihen«. An den Küsten und alpinen Grenzregionen wandte sich Thomas Mann wiederholt und gleichsam *sub specie aeternitatis* dem in seinen Augen Unvergänglichen in der Kunst zu, man könnte auch – mit Karl Jaspers – vom »Umgreifenden« sprechen, dem sich die große (im Grunde immer homerisch inspirierte) Epik stellt.

Jaspers ist in diesem Zusammenhang kein zufälliger Bezug. Denn der scheinbar so spröde Philosoph geriet, in späten Jahren seine Kindheit am Meer erinnernd, gleichfalls ins Erzählen und gestand, vom Anblick des Meeres wie verzaubert gewesen zu sein. »Das Meer«, so Jaspers, »ist die anschauliche Gegenwart des Unendlichen [...]. Das Meer ist Gleichnis von Freiheit und Transzendenz. Es ist wie eine leibhaftige Offenbarung aus dem Grund der Dinge.«[11] Das hätte auch Thomas Mann unterschreiben können, nicht aber Jaspers' Zusatz über die Alpen: »Wie ich zum erstenmal im Engadin war und die Großartigkeit dieser edlen Nietzsche-Landschaft erlebte, hatte ich trotz aller Ergriffenheit zugleich ein Gefühl: Diese Berge, sie lassen den freien Blick nicht zu, sie nehmen mir den Horizont.«[12]

Meer und Gebirge – zu Anfang des letzten Kapitels des ZAUBERBERG stellt der Erzähler diese Beziehung her. Er läßt Hans Castorp im Hochgebirge an die Wege am Strand denken, die er in seiner Jugend gegangen war. Das »Leben im Schnee« verbindet er mit Gedanken »an heimatliche Dünengefilde« (III, 755). Wer »Herr der Gegensätze« sein will, der kann auch Schneewehen und Dünenketten aufeinander beziehen.

Was aber hat es auf sich mit den Abendstimmungen, von denen zuvor die Rede war? Was bewegen sie in uns? Unseren Sinn fürs Metaphysische? Scheint im Abendrot Jenseitiges auf? Gleicht die auf dem Wasser spiegelnde Lichtfurt der untergehenden Sonne einer Brücke, auf der unsere Gedanken und Empfindungen übergehen ins ganz Andere?

Was hat es auf sich mit einer Welt (und Kunst), die spürt, daß sie von Spätem, Letztem bestimmt ist? Wir, Zeugen der Spätmoderne, haben einen Sinn für die Spielformen des Letzten, Unwiederbringlichen. Jede Zeit hat ihre Spätform(en), aber auch ungestümen Aufbruchstimmungen. Sind sie aber ›nur‹ eine Frage der Perspektive? Ist das Späte bewahrenswert, oder müssen wir uns dessen erst entledigen, bevor wir ›Neues‹ in den Blick nehmen? Wer das Späte in Augenschein genommen hat, kann nicht umhin, der Vorstellung zu mißtrauen, daß es Neues wirklich gebe. In dieser Hinsicht jedoch hat sich unsere Einschätzung der Dinge inzwischen gründlich verändert. Chip-Revolution, Gen-Technologie und Cyberspace allein bieten genuin, aber auch bestürzend Neues, *so* zuvor tatsächlich nie Dagewesenes. Woran es freilich mehr denn je mangelt? An der humanen Durchdringung dieses technologischen Wissens.

Wir befinden uns einerseits unzweifelhaft in einer Spätphase: Humanistisches Denken, vermittelt durch literarischen Traditionalismus, greift nicht mehr. Die Mythen von einst, die über Jahrhunderte hin ein scheinbar unerschöpfliches Reservoir an Anspielungsmöglichkeiten lieferten und damit ein Kulturpotential ersten Ranges darstellten, fallen mehr und mehr dem Vergessen anheim. Das kritische Bewußtsein, sofern es in der Medienwelt noch erkennbare Konturen annehmen kann, resultiert in vornehmlich kulturpessimistischen Reaktionen. Andererseits erleben wir eine beispiellose Pluralisierung, eine geradezu totale Kommunikation, Innovationsschübe in nahezu allen Wissenschafts- und Technologiebereichen, wobei sich nur schwer überbrückbare Brüche auftun zwischen der Realisierung technischer Möglichkeiten und ihrer geistigen Verarbeitung durch den Konsumenten. Entsprechend ist aus dem Rezipienten von Kultur der Konsument geworden. Wir leben in einer pluralektischen Welt, in der alles mit allem »irgendwie« interagiert, bringen es aber allenfalls zu einem fraktalen Bewußtsein, einem bruchstückhaften Denken, das wirklichen (Ver-)Bindungen nicht mehr trauen kann.

Und Thomas Mann? Immens viel hatte er zum Problem des Späten, Letzten zu sagen. Sein Werk, seismographisch wie jede große Kunst, versucht in allen seinen Verästelungen die Frage nach letzten Werten, nach dem Sinn im Späten einer unvergleichlich reichen und maßlos problematischen Kultur, eben der deutschen, wenigstens andeutungsweise zu beantworten. Fraktale Pluralektik bei Thomas Mann? Und ob. DER ZAUBERBERG wurde ihr frühes Manifest. Spielformen des Spätmodernen? DOKTOR FAUSTUS bietet ihre tragischen, FELIX KRULL ihre ironischen, die Tagebücher ihre intimen Varianten. Dabei hat die Thomas-Mann-Forschung oder gar »Industrie« (Donald A. Prater) Immenses, aber – beinahe zwangsläufig – auch Skurriles geleistet, hat die Tagebücher erschlossen, die autobiographischen Dimensionen des Werks in jeder nur denkbaren Weise ausgeleuchtet, nicht ohne gerade in dieser Hinsicht einen gewissen Überdruß erzeugt zu haben.[13] Das Abenteuer von gut sieben ›Gesamtausgaben‹, ›Gesammelten Werken‹ und ›Sämtlichen Werken‹ unter Einschluß der Briefe, begleitet durch diverse Ausgaben der Essays, ob in der Reihenfolge ihrer Entstehung oder ihres Erscheinens, eine Odyssee, die Peter de Mendelssohn mit seiner FRANKFURTER AUSGABE DER GESAMMELTEN WERKE vorschnell und mit Berufung auf Hanno Buddenbrook (»es kommt nichts mehr«) für beendet erklärt hatte,[14] dieses Abenteuer wird freilich mit dem Abschluß des umfassendsten Projekts der Thomas-Mann-Philologie, der GROSSEN KOMMENTIERTEN FRANKFURTER AUSGABE, einer *de facto* historisch-kritischen Ausgabe, tatsächlich ein Ende finden.

Wichtige Quellenforschungen der letzten Jahrzehnte haben ein Licht auf die Arbeitsweise Thomas Manns geworfen, auf sein Prinzip des »höheren Abschreibens«, auf sein geradezu prototypisch ›postmodernes‹ Verfahren im versatzstückartigen Umgang mit Quellen. Eingedenk dieser flagranten Ergebnisse drängt sich unweigerlich die Frage auf, ob sich damit nicht auch die Thomas-Mann-Forschung selbst in einer Spätphase befinde. Sie hat mittlerweile so viele Spuren freigelegt und (vormals) kontroverse Themen ausgereizt, daß wir über nahezu jeden Aspekt von Thomas Manns Homoerotik Bescheid zu wissen glauben, von seinen latent antisemitischen Tendenzen *nicht* zu schweigen. Was letztere angeht, so führt eine anklagende Beweisführung am eigentlichen Problem ebenso vorbei, wie noch vor wenigen Jahrzehnten das moralisierende Verschweigen von Manns homoerotischem Ästhetizismus. Ungleich wichtiger ist die Frage, die auch im Zusammenhang mit T. S. Eliots (übrigens ungleich ausgeprägterem) Antisemitismus von Anthony Julius gestellt wurde: Was hat man davon zu halten, wie ist es möglich, daß große Künstler große Antisemiten gewesen sind? Wie ist das vereinbar, das Schaffen großer Kunst und eine mehr oder weniger latente rassistische Befangenheit? Soll man es weiterhin als ein Skandalon werten, daß Thomas Mann im DOKTOR FAUSTUS etwa, *dem* Roman über das Verhängnisvolle in der deutschen Kultur, gerade die Shoa ausgespart hat, obwohl er es doch war, der in seinen Rundfunkansprachen während des Krieges auf diese ungeheuerlichen Verbrechen aufmerksam gemacht hatte? Zu konstatieren ist, daß es ihm augenscheinlich nicht möglich war, diese Seite des Vernichtungskrieges in die künstlerische Zeitanalyse des FAUSTUS-Romans aufzunehmen.

Krieg und Shoa bedeuten jedoch die schrecklichstmögliche Infragestellung einer Auseinandersetzung mit ›letzten Fragen‹, die noch mit spätestromantischen ›Zauber‹-Resten arbeitete. Wenn es denn eine Güterabwägung geben kann zwischen schonungsloser Darstellung des Grauens in der Welt und dem erzählenden Veranschaulichen von Möglichkeiten, wie das ›Humane‹ trotz allem weiterwirken könne, dann hatte sich Thomas Mann auch und gerade um 1945 für Letzteres entschieden. Denn das Bedeutende an diesem Schriftsteller ist, daß er unter allen Umständen darauf beharrte, in seinem Werk die ›großen Fragen‹ humanistischen Bewußtseins selbst im Zeitalter des Antihumanismus weiter zu stellen, sie aber vom Filigran seiner Ironie durchdringen zu lassen. Man kann es da mit dem auch für Thomas Mann zutreffenden Wort eines anderen wichtigen Diaristen unter den Schriftstellern halten, dem Genfer *homme de lettres* Henri-Frédéric Amiel, der unter dem Datum des 20. Juli 1848 notiert hatte: »Eigentlich gibt es nur einen Forschungsgegenstand: die Formen und die Verwandlungen des Geistes«,[15] gerade wenn man bedenkt, daß dieser Schriftsteller als ein im Sinne Friedrich Nietzsches tief Leidender »alle Formen von Verkleidung nötig hatte«, um das »Pathos der Distanz« als Selbstschutz aufrechtzuerhalten.

Die Faszination, die von Thomas Mann, seinem Leben und Werk, sowie überhaupt von der Mann'schen *amazing family* von entwurzelten Künstlernaturen ausgeht, ist nicht nur ungebrochen; sie ist vielmehr anhaltend im Steigen begriffen. Das ist keineswegs selbstverständlich, wenn man bedenkt, wie umstritten Thomas Mann noch im Jahr seines hundertsten Geburtstages (1975) gewesen war. Hermann Kurzke faßt diese zum Teil hämische Kritik am Großschriftsteller und hartnäckigen Villenbesitzer Thomas Mann wie folgt zusammen:

»Noch die Studentenbewegung hielt Thomas Mann für eine rückwärtsgewandte Erscheinung, leblos, abgeschrieben, unbrauchbar für die Revolution. Er repräsentiere das untergehende Bürgertum, sei weinerlich und egozentrisch, antizipiere die Goebbels-Sprache, kompensiere sein Vitalitätsdefizit [...] Daß seine Ironie nur ein besorgtes Ausweichen vor Entscheidungen sei, wurde behauptet (von Martin Walser). Noch die Biographien der neunziger Jahre sahen ihr Ziel nicht im Verstehen, sondern im Verurteilen.«[16]

Kurzkes Bewertung lautet: »Wie verquer das alles ist, wie gequält und hämisch, mißgünstig und ressentimentgeladen, wie voll von dem Wunsch ›Herunter mit ihm!‹ Herunter auf das eigene Niveau, damit er nicht mehr stören kann durch Größe im Menschlichen wie im Politischen.«[17]

Nun entdeckte dank Heinrich Breloers und Horst Königsteins Film-Saga DIE MANNS. EIN JAHRHUNDERTROMAN die nivellierte Mediengesellschaft unserer Tage in der Familie des Zauberers einen ins Künstlermilieu verpflanzten Verschnitt aus Dallas und Denver Clan, eine ungemein zeitgemäße, hart am Rande der Selbstauflösung operierende Familie von erfolgsverwöhnten, aber in hohem Grade neurotisch veranlagten Menschen, von Erotomanen, Süchtigen, depressiv bis suizidär Veranlagten und im Ruhm Vereinsamten (Thomas Mann selbst und Sohn Golo). Die Manns, sieht man von Mutter Katia Mann und Tochter Elisabeth Mann-Borgese einmal ab, boten ein prekäres Psychogramm und Verfallsszenarium, das jenes der BUDDENBROOKS weit hinter sich ließ.[18] Pointiert urteilt Thomas Steinfeld:

»Spätestens seit Heinrich Breloers Verfilmung seines Lebens ist das größte Werk des Dichters nicht die BUDDENBROOKS und auch nicht der DOKTOR FAUSTUS. Es ist das Leben des Dichters und seiner Familien in der Feder der Biographen, unter besonderer Berücksichtigung der Selbstmörder und Drogensüchtigen – und im biographischen Film wurden die Zuschauer zu imaginären Nachbarn des Nobelpreisträgers, und Nachbarn sind keine Leser, sondern Lauscher (Burkhard Müller). Thomas Mann ist ›zum wichtigsten hochkulturellen Bestandteil des Pop‹ geworden (Gustav Seibt).«[19]

Somit darf folgendes als Ironie der Ironien bezeichnet werden: Derjenige, der seine ›Helden‹ so oft am Zwiespalt zwischen Kunst und Leben scheitern ließ, lieferte durch sein eigenes Leben und die Art, wie er es lebte, das Material zu seinem ›anderen Hauptwerk‹, zumindest nach den vornehmlich voyeuristischen Maßgaben der heutigen Rezeption. Was freilich der Film insgesamt für die Bekanntheit des literarischen Werkes von Thomas Mann geleistet hat, ist im einzelnen gar nicht zu ermessen. Er selbst ließ in einer späten Reflexion, der Miszelle UNTERHALTUNGSMACHT FILM (1954), erkennen, daß er diese Funktion des Films durchaus zu würdigen wußte. Während er zunächst – betont anachronistisch – die Vorzüge des schwarz-weißen Stummfilms und seiner Universalität pries, in dem die Musik und die bildende, gestaltende Kunst zu ihrem Recht komme und die nationale Sprache vergessen mache, schlägt er sich dann doch auf die Seite des Farbfilms, so vulgär auch die ersten »bunten Filme« gewesen seien.[20] Er vermochte dies so zu sehen, weil eines der ersten Beispiele eines gelungenen (nicht vulgären) deutschen Farbfilms in der Tat die Leinwandversion seines Romans KÖNIGLICHE HOHEIT gewesen ist. Filmversionen von LOTTE IN WEIMAR, BUDDENBROOKS, DOKTOR FAUSTUS und DER ZAUBERBERG folgten im Laufe der Jahrzehnte. Und Klaus Maria Brandauer verfilmte MARIO UND DER ZAUBERER (1994). Aber keine Verfilmung eines Werkes von Thomas Mann leistete mehr für dessen Nachwirkung als Luchino Viscontis DEATH IN VENICE (1971) mit ihrer leitmotivischen Verwendung des Adagietto aus Gustav Mahlers Fünfter Symphonie. Wir wissen inzwischen auch, wer Tadzio war, nämlich der damals elfjährige Władysław Moes. Weniger bekannt ist der Umstand, daß dieses Kind schon als Sechsjähriger den Verfasser des legendär verfilmten Romans QUO VADIS, Polens ersten Nobelpreisträger für Literatur, Henryk Sienkiewicz, inspiriert hatte.[21]

Viscontis Film – ungleich mehr noch als Benjamin Brittens letzte Oper gleichen Titels (1973) – leitete einen Meinungsumschwung in Sachen Thomas Mann ein, der sich – trotz heftiger Unkenrufe – nach 1975 stetig befestigte. Was die Stimmungsbilder zu Thomas Mann 1975 und zehn Jahre später angeht, so bietet die von Marcel Reich-Ranicki veranstaltete Umfrage unter Schriftstellern »Was halten Sie von Thomas Mann?« den wohl repräsentativsten Querschnitt.[22] Sie zeigt, wie gründlich die Vorbehalte gegen Thomas Mann in zehn Jahren schwanden. Peter Rühmkorf spricht 1985 von der »neugewonnenen Wertschätzung des Prosaartisten«, Hans Weigel stimmt »ein großes Ja« an, und Günter Kunert revidierte seinen 1975 noch angemeldeten Widerspruch gegen den Zauberer. Was jedoch das Jahr 1975 angeht, so fällt Hans Erich Nossacks harsches Urteil besonders auf: »So ist der Stil von Thomas Mann, leider muß es gesagt werden, für mich der Inbegriff der Unehrlichkeit und der Feigheit, sich zu sich selbst zu bekennen.«[23] Anders Walter Jens, der gerade das Unvergängliche dieses Stils betonte, Thomas Manns sprachgewaltigen Enzyklopädismus; er nannte ihn einen »Vermittler und Brückenbauer«, der gegen die drohende Geschichtslosigkeit angeschrieben habe. Und auch das sagte Jens von ihm, daß er ein »Letzter, kein Erster, ein Vollender und kein Beginner«[24] gewesen sei, erbenlos, einsam, einzig in seinem Anspruch, seinem Wollen und Können.

Es zieht sich durch Thomas Manns Leben und Nachwirken, dieses »bewundert viel und viel gescholten« – und das in einem außergewöhnlichen Maße. Was sollte man von ihm halten, dem einst so emphatisch, aber irreführend, weil erzpatriotisch ›Unpolitischen‹ und späteren Verteidiger der Weimarer Republik, weil er in ihr eine mögliche Verwirklichung des romantisch-republikanischen Ideals sah. Hatte er nicht zunächst liebend gerne die Voltaires, Chateaubriands, Balzacs und Zolas, diese Zivilisationsliteraten, dem, wie er meinte, geistfernen Bruder Heinrich überlassen, dann aber doch quasi als deutscher Staatsgast am Quai d'Orsay im Jahre 1926 die französisch-republikanische Hofhaltung genossen, André Gides und Felix Bertauxs Einsatz für sein Werk durchaus geschätzt, nicht minder die erste Bleibe im Exil, La Maison Tranquille in Sanary an der südfranzösischen Riviera, zu schweigen von der Verleihung des Offizierskreuzes der französischen Ehrenlegion (1952) und der »Hommage de la France à Thomas Mann« zu seinem achtzigsten Geburtstag? Wie war es um die politische Integrität des Zauberers bestellt, so fragte sich nicht nur die jüngere Generation der Emigranten, aber am vehementesten seine »Ältesten«, Erika und Klaus, als Thomas Mann bedenklich lange mit einer eindeutigen *öffentlichen* Stellungnahme gegen den Hitlerismus wartete, weil er sich und seinen Verleger, Gottfried Bermann Fischer, nicht ganz um eine »Wirkungsmöglichkeit in Deutschland« bringen wollte. Kaum hatte er jedoch in dieser Richtung mit seinem öffentlichen Brief vom 3. November 1936 an den Feuilletonredakteur der NEUEN ZÜRCHER ZEITUNG, Eduard Korrodi, Klarheit geschaffen und sich rückhaltlos zum Emigrantentum angesichts der deutschen Barbarei bekannt,[25] brüskierte er nicht wenige Exilgenossen mit seinem Essay BRUDER HITLER (1939). Er hielt diesen »Burschen«, wie er Hitler nannte, zwar für »eine Katastrophe«, aber fand ihn eben auch »interessant« – als ein vom Vernichten besessenes Nichts. Im Rückblick jedoch konnte Thomas Mann seinem Verleger im August 1954 einbekennen: »Meine polemische Ader spielt mir manchmal einen Streich.«[26]

Und im amerikanischen Exil? Dort fielen seine politischen Urteile, vorgetragen in unzähligen Verlautbarungen, durch kompromißlose Deutlichkeit auf, die bis zu seiner Verteidigung der Kollektivschuld der Deutschen ging. Seine Rundfunksendungen DEUTSCHE HÖRER! waren Strafgericht und moralische Ansprache in einem.[27] Aber eben diese moralische Verurteilung der Deutschen billigten die Brecht-Sozialisten im Exil nicht, sondern verteidigten die ›besseren‹, eben sozialistisch-kommunistischen Deutschen, denen nach dem Krieg eine echte politische Chance eingeräumt werden müsse. Brecht sah in Thomas Mann bestenfalls ein Fossil der großbürgerlichen Zeit, aber keinen glaubhaften Anwalt eines ›neuen Deutschland‹ mehr.

Die Ironie des Schicksals wollte es jedoch so, daß ausgerechnet dieses sozialistische ›neue‹ Deutschland in Gestalt des sich formierenden SED-Staates und seiner Kulturapostel der ersten Stunde, Johannes R. Becher und Klaus Gysi, den späteren Kulturministern der DDR, den Zauberer im Goethe-Jahr 1949 erfolgreich mit Beschlag belegte und für seine Sache einzuspannen versuchte. Immerhin wartete Ostberlin zum achtzigsten Geburtstag Thomas Manns mit einer von Hans Mayer verantworteten und von Verleger Walter Janka (Aufbau-Verlag) durchgesetzten ersten Nachkriegs-Gesamtausgabe seiner Werke auf. Doch schon 1958 warf das NEUE DEUTSCHLAND Janka vor, »Geld und Papier auf die Werke von Thomas Mann und Hemingway vergeudet« zu haben.[28]

Thomas Manns *späte* Wiederbegegnung mit Deutschland, mit den verschiedenen Auffassungen von Deutschland, *mußte* ein Politikum ersten Ranges sein. Er wußte natürlich, daß er mit seinem Besuch, der nach seiner Aussage im Namen Goethes »ganz Deutschland« galt, zwischen alle nur denkbaren Fronten geraten würde. So sehr ihn dies belastete, so sehr er unter den Anfeindungen, denen er sich im Westen wegen seines Besuchs in Weimar ausgesetzt sah, gelitten haben mag, er schien diese Kontroversen förmlich gewollt zu haben. Denn dadurch stand er tatsächlich für alle sichtbar, als der Schiller seiner Zeit neben Goethe auf dem Weimarer Denkmal, ganz so wie ihn eine Karikatur in der WELTWOCHE vom 10. Juni 1949 sah.

Das Späte als Politikum: Thomas Mann als letzter Repräsentant eines gesamtdeutschen Kulturbewußtseins nach 1945 – und gerade in dieser Rolle wurde ihm nach 1990 neue Aufmerksamkeit zuteil. Das fünfzigjährige Jubiläum seiner Goethe-Reise von Frankfurt nach Weimar bot dem deutschsprachigen Feuilleton einen nicht unwillkommenen Anlaß zu fragen, ob dieses Mann'sche Kulturverständnis noch paradigmatischen Wert haben könne,[29] eine Frage, die auch ins Zentrum dieses Buches führt.

Daß Thomas Mann auch nach seiner Goethe-Reise bereit war, seine spezifische Kulturrepräsentanz politisch gerade gegenüber der ›Ostzone‹ einzusetzen, belegt sein Privatbrief an Walter Ulbricht vom Sommer 1951, in dem es heißt: »Der Kommunismus hat – das ist die Wahrheit – mit dem Faschismus die totalitäre

Staatsidee gemeinsam, aber er will doch wahrhaben, und wir möchten es mit ihm wahrhaben, daß sein Totalitarismus sich von dem faschistischen himmelweit unterscheidet.« Entsprechend riet er Ulbricht, dem »mächtigen Staatsmann«, in forscher Marquis-Posa-Manier, »Kruditäten und formlose Grausamkeiten« zu meiden. Es gehört nicht zu den geringsten Verdiensten Thomas Manns, mit diesem Brief dazu beigetragen zu haben, daß im Herbst 1952 gut die Hälfte der damaligen politischen Gefangenen in der DDR freigelassen wurden.[30] Dagegen vermochten nach Thomas Manns Tod weder Katia noch Erika Mann etwas gegen die Verurteilung Walter Jankas auszurichten.[31] Aber noch im Juni 1979 erwies der Vorsitzende des Staatsrates der Deutschen Demokratischen Republik, Erich Honecker, der hochbetagten Katia Mann den Gefallen und ließ den Ausreiseantrag eines mit ihr in Verbindung stehenden Bürgers seines Staates umgehend genehmigen.[32]

Und der deutsche Westen? Zierte sich, gab sich gekränkt, weil Thomas Mann sich nicht umgehend zur Stunde Null *in* Deutschland engagiert hatte. Umsonst sondierte der damalige Rektor der Frankfurter Universität, Walter Hallstein, in Kalifornien die Bereitschaft Thomas Manns, ein hohes politisches Amt im deutschen Westen zu übernehmen. Umsonst hatte zuvor Walter von Molo sich mit der öffentlich vorgetragenen Bitte an Thomas Mann gewandt, nach Deutschland zurückzukehren. Zu tief war die Wunde, die Frank Thieß mit der Bemerkung schlug, daß Thomas Mann im Grunde gar nicht mitreden könne, weil er die existentielle Erfahrung einer inneren Emigration nicht gemacht und stattdessen sich unter kalifornischer Sonne ergangen habe. Hier wiederholte sich, wenngleich unter veränderten Vorzeichen, ein Argumentationsmuster, das Gottfried Benn in seinem berüchtigten Brief an Klaus Mann aus dem Jahre 1933 entworfen hatte: Mitspracherecht hat nur, wer – auf welche Weise auch immer – unmittelbar dabei gewesen ist.

Zehn Jahre zuvor jedoch hatte sich Thomas Mann zu einer Bemerkung hinreißen lassen, die wohl beides war: kalkulierte Provokation (die »polemische Ader«) und ein bei ihm seltener Fall von Unüberlegtheit: »Es mag Aberglaube sein, aber in meinen Augen sind Bücher, die von 1933 bis 1945 in Deutschland überhaupt gedruckt werden konnten, weniger als wertlos und nicht gut in die Hand zu nehmen. Ein Geruch von Blut und Schande haftet ihnen an; sie sollten alle eingestampft werden.« (XII, 957) Vielleicht Thomas Manns krassestes, verletzendstes Fehlurteil, das im Übrigen auch einige seiner Bücher betroffen hätte, die bis 1936 in Deutschland erscheinen konnten, einschließlich DIE GESCHICHTEN JAAKOBS und DER JUNGE JOSEPH. Der am Rande der inneren Emigration zu verortende Alexander Lernet-Holenia sprach wohl nicht nur für sich, wenn er an einen ganz anderen *praeceptor Germaniae* dachte, nämlich an Carl Zuckmayer. Ihm schrieb er im März 1946: »Wenn Du als Kulturträger herüberkommst, werde ich mich sehr freuen. Aber der Thomas Mann kann uns alle –.«

Streit von gestern? Abgelagert im »tiefen Brunnen der Vergangenheit«? Gesagt sei mit diesen Hinweisen nur dieses: Der »Zauber des Letzten«, Thomas Manns Art des Umgangs mit dem Späten in der Moderne, das erzählerische Entwerfen einer ganzen »Melancholie-Kultur« (Tilman Krause) war und ist ein Politikum ersten Ranges *und* ein ästhetisches Ereignis.

Es spricht vieles dafür, mit Manfred Dierks in Thomas Mann einen Fokus diverser Tendenzen der Moderne zu sehen, seiner, Martin Heideggers und Oswald Spenglers »Zeitfühligkeit« nachzugehen und den Versuch des ZAUBERBERG-Autors, »durch hochgetriebene Wiederholungstechniken die Stillegung von Zeit« zu bewirken, in seiner Bedeutung zu erfassen.[33] Was hat Thomas Manns Werk an Einsichten über die Moderne zu bieten? In erster Linie eine konkrete Theorie des Subjekts. Denn sein Werk bevölkern Charaktere, die an Ich-Schwäche und Nervosität leiden, die sich nach Eindeutigem im gelebten Leben sehnen und doch nur Ambivalenzen kennenlernen. Sie haben multiple Identitäten wie Felix Krull, wie »Goethe« in LOTTE IN WEIMAR und verfügen dabei über ein »zur Fragmentierung neigendes Selbst« (Manfred Dierks). Das ›Späte‹ im Modernen zeigt sich etwa in Gestalten wie dem »zerrissenen« Jaakob in DER JUNGE JOSEPH, der sich in seiner Gottesklage zu zerreißen droht. Das Späte findet Gestalt in Leverkühns Kunst im DOKTOR FAUSTUS, in Krulls Welt der Täuschungen, im liebreizenden Schein des Selbstbetruges der Rosalie von

Tümmler in DIE BETROGENE und nicht zuletzt in der Art der Selbstdarstellung und diaristischen Selbstentlarvung von Thomas Mann selbst, der sich oft genug als ein ›Letzter‹ bezeichnet hat.

Wer also läutet hier die Abendglocken? Was bedingt diese wehmütigen Szenerien, die – aller Ironie zum Trotz – Thomas Manns Werk bestimmen? Es ist der Geist des Abschieds, die Herrschaft des *wirklichen*, für alle sichtbaren, auf ein Ende hindeutenden Zeichens, dem der Erzähler des JOSEPH-Romans mehr Gewalt zubilligte als dem Wort. Kann man umhin, dieses Werk des lübekkischen Weltbürgers nicht als Zeichen des Abschieds zu sehen?[34] An der Trave und Isar, am San Remo Drive in Pacific Palisades und in Kilchbergs Alter Landstraße wimmelte es von solchen Zeichen des Späten in unserer abendländischen Kultur. Zu fragen ist, *wie* sie Thomas Mann – vor allem in seiner letzten Schaffensphase – aufgearbeitet hat.

Franz Kafka vermerkte in seinem Tagebuch: »Als Kind hatte ich Angst und wenn nicht Angst, so Unbehagen, wenn mein Vater, wie er als Geschäftsmann öfters tat, vom Letzten oder vom Ultimo sprach. Da ich nicht neugierig war, und wenn ich auch einmal fragte, infolge langsamen Denkens die Antwort nicht rasch genug verarbeiten konnte und weil oft eine einmal aufgetauchte schwache tätige Neugierde schon durch Frage und Antwort befriedigt war, ohne auch noch einen Sinn zu verlangen, so blieb mir der Ausdruck ›der Letzte‹ ein peinliches Geheimnis.«[35] Bei Thomas Mann, dem anderen Kaufmannssohn, der in Lübeck nicht minder viel vom ›Ultimo‹ am Monatsende gehört haben dürfte als Kafka in Prag, verhielt es sich umgekehrt: Dieses ›Letzte‹ wurde ihm zum Faszinosum. Die Aufgabe, in diesem Letzten einen ›Sinn‹ zu suchen, verlangte ihm ein einzigartiges Lebenswerk ab, das nun seinerseits scheinbar grenzenlos Lesergeneration um Lesergeneration zu fesseln vermag – nicht zuletzt seiner Art der immer auch (aber nicht nur) spielerisch-ironischen Behandlung des Letzten, Finalen, des Endes wegen.

Lange nach Thomas Manns Tod fand sein pastoraler Vertrauter der letzten Jahre, der schwäbische Dichterpfarrer Albrecht Goes, Strophen, die ebenso genau wie bewegend das bezeichnen, was den späten Thomas Mann bedrängt hatte und wohl für jeden alternden Artisten oder mit dem Späten in der Kultur befaßten künstlerischen Intellektuellen von unmittelbarer Bedeutung ist:

Mühsamer Weg

Vieles, ich weiß, geht voraus:
Dieser furchtsame Anlauf,
Dieses Sechsschrittweit hinein
In den Mischwald Verwirrung.

Und die lähmende Einsicht,
Daß schon alles gesagt ist.
Unwiederholbar gesagt:
Mozart, Neruda, Vermeer.

Ach, der Rückstoß der Trauer,
Und die Ängste des Spätlings,
Schlaflos Beginn um Beginn.

Viel geht voraus – und vergeht.
Doch der Erschrockne schöpft Atem,
Wagt den Weg in der Frühe,
Eine eilige Heimkehr
Zu vertrautem Gerät;
Tisch, Instrument, Staffelei.

Wagt und probt und gewinnt:
Endlich die Braue am Aug',
Endlich die leichte Triole,
Endlich das wirkliche Wort.[36]

Die in Goes' Gedicht thematisierte Melancholie läuft am Ende doch auf einen neuen Schaffensimpuls hinaus, auf einen ›Durchbruch‹ zum Schöpferischen, ganz so wie Thomas Mann zuletzt, Michelangelo zitierend, im Zusammenspiel von »Verfallenheit an das Schöne, Verliebtheit und Produktivität«, doch wieder sagen konnte: »In Eurem Atem bildet sich mein Wort.« (IX, 793)

ABENDSTIMMUNGEN II: QUASI EINE THEORIE DES SPÄTEN

In seinem Oxforder Exil formulierte der junge Adorno, der später in Kalifornien durch seine PHILOSOPHIE DER NEUEN MUSIK, aber auch die ersten Teile der MINIMA MORALIA für Thomas Mann bei seiner Arbeit am DOKTOR FAUSTUS in musiktheoretischen wie aufführungspraktischen Fragen so wichtig werden sollte, folgenden Gedanken: Nach dem »Zeitalter der Interpretationen der Welt«, nach der Epoche der Ideologien also, nehme die Philosophie Abschied, »und im Abschied halten die Begriffe inne und werden zu Bildern [...]. Nicht die Erste Philosophie ist an der Zeit, sondern eine letzte.«[37] Aus solchen innehaltenden, dann aber wieder in Eigenbewegung versetzten Begriffen, die zu bewegten, dabei deutungsbedürftigen Bildern werden, bestehen dichterische Werke. Thomas Mann hat diese Vorstellung vom geschlossenen, gegen alle Auflösungstendenzen – ästhetische – Bewußtseinseinheit manifestierenden Werk noch einmal emphatisch vertreten und sich zu einem dichterischen Schriftsteller stilisiert, der als letzter einer tief ins 19. Jahrhundert reichenden Ahnenreihe noch wisse, was ein (literarisches) Werk sei. Man mag es als Paradoxie oder ironische Pointe verstehen, daß dieses Werk, das Bewußtseinseinheit wollte, so beharrlich den Verfall, das ›Dekadente‹ beschrieb, von einer Stimmung des Fin de siècle ausging und doch das Überzeitliche anstrebte und die Gültigkeit des Mythischen beschwor.

Verfall und Moderne – die deutsche Sprache fügt es sinnig, daß nur eine Betonungsverschiebung zwischen dem Verb ›módern‹ und dem Adjektiv ›modérn‹ liegt. Im Werk Thomas Manns wurde die kuriose Nähe zwischen diesen beiden Begriffen zuletzt noch einmal akut, nämlich in seiner Erzählung DIE BETROGENE, wovon im fünften Kapitel dieser Studie zu handeln sein wird. Daß Thomas Manns Zugehörigkeit zur literarischen Moderne seine zuweilen entschiedene Kritik am Modernismus einschloß – aber eben auch sein Interesse am Surrealismus als einer letzten Steigerung (und Erschöpfung) der Moderne –, bestätigt nicht nur sein ironisches Verfahren, sondern seinen zunehmend politischen »Widerspruchsgeist«, um Hegels Wort für die dialektische Methode zu gebrauchen.[38] Die Dialektik der Moderne, sie war in Thomas Manns Œuvre besonders auffällig am Werk; bewegte es sich doch zwischen Avantgarde und Konservatismus, zwischen kühner bis verwegener Gedankenführung und einer Sprache, die sich dem Experimentieren verweigerte. Dieses Werk oszillierte zwischen Pathologischem und kriminellen Akten, zwischen Wahrheitssuche und lustvoller Betrügerei, Repräsentation (goethisch-bürgerlicher Werte) und mehr oder weniger camouflierter Homoerotik.

Dieses Werk hilft uns dabei zu ermessen, welch lähmenden Reiz es hat, im Danach als Nachgeborene zu leben. Wir haben uns im Post- oder inzwischen schon Transmodernen gleich schlecht wie recht eingerichtet und betätigen uns – absurd genug – als Nachlaßverwalter einer geistigen Tradition, die andere bereits als ›enterbt‹ (Erich Heller) diagnostiziert hatten.

In unserer Zeit hat eine Präposition Epoche gemacht: Das *Nach*, rein zeitlich verstanden übrigens, und ganz und gar um seinen richtungweisenden Sinn gebracht; denn wohin es gehen soll, weiß keiner mehr zu sagen. Dieses Nach gefällt durch seine Aura des Amorphen, Unverbindlichen. Um einen Vers Brechts abzuwandeln: Der bitter-ironisch Lächelnde hat die furchtbare Nachricht schon längst empfangen und sich daran gewöhnt, mit ihr zu leben. Ihren genauen Inhalt erfragt oder hinterfragt er nicht neu; er beläßt es bei ihr.

Es scheint, als gehe gerade vom Spätwerk Thomas Manns eben deswegen eine besondere Wirkung aus, weil es an der Schwelle zu dieser unserer Danach-Erfahrung entstanden ist, gebildet freilich inmitten der Extremsituation des Exils, dem die in MARIO UND DER ZAUBERER geschilderte, bis zum Zerreißen gespannte Atmosphäre gleichsam präludiert hatte. Dieses Werk konstatierte einerseits das Unwiederbringliche, um Fontanes gewichtiges Wort anzuführen, andererseits orientierte es sich am Wesen des Mythos als einer immerwährenden Wiederholung archetypischer Situationen. Man kann noch einen Schritt weitergehen und behaupten, daß Thomas Mann durch sein Werk und das darin aufgearbeitete Leben seinerseits einen Mythos schaffen wollte, den Mythos vom Werk als einem wieder und wieder zu besteigenden, aber auch sesamhaft zu öffnenden ›Zauberberg‹ voller Spuren und kunstvoll montierter Kulturreste.

In unserer Zeit irrlichtern die entwerteten Werte von einst wieder umher, wenn auch in hybrider Form; denn im Danach hat auch das *Neo* Konjunktur, das Pseudo-Neue, das sich an den gefährlichen Spielarten des Nationalismus ebenso wieder versucht wie am kulthaft Spirituellen. Thomas Mann erlebte und reflektierte ihn noch, diesen Zustand am (und beinahe schon nach dem) Ende der Moderne, zu dessen abschließender novellistischer Steigerung er vor allem durch den ZAUBERBERG und DOKTOR FAUSTUS entscheidend beigetragen hatte. Seine späte erzählerische und essayistische Prosa, seine Briefe und Tagebuchaufzeichnungen vor allem nach dem FAUSTUS lassen erkennen, wie nachhaltig er den Zerfall der traditionsgebundenen Zusammenhänge von einst erfahren und verarbeitet hatte.

Wenn wir Harold Bloom folgen, dann wäre Thomas Manns Verständnis von Spätheit verallgemeinerbar; denn laut Bloom eignet jeder künstlerischen Hervorbringung eine Form von »belatedness«.[39] Kunstwerk wäre demnach, was prinzipiell später kommt, nachfolgt, die Quersumme seiner Zeit zieht. Das freilich setzt voraus, daß man weiß, was ein Anfang, ein Ursprung ist. Blooms These setzt die Vorstellung einer Avantgarde praktisch außer Kraft. Und den Futurismus könnte sie nur als eine Stilrichtung *nach* der Zukunft verstehen.

Das Letzte, das Späte, das Ende – Thomas Mann hatte mit diesen Motiven, nein, sehr spezifischen Grundempfindungen sein Werk begonnen, es unter das Zeichen des Verfalls einer lübeckischen Familie gestellt. Sterben und Tod sind allgegenwärtig in dieser Prosa – am unübertrefflich kunstvollsten wohl im TOD IN VENEDIG. Als ein erzählerisches Filigranwerk aus den Endfäden der europäischen Traditionen ließe sich der ZAUBERBERG lesen, freilich auch als ein Werk des Übergangs, einer Verbindung von Märchenhaftem mit Aufklärung á la Settembrini. Unmißverständlich anders dagegen wirkt die Sprachpartitur des DOKTOR

Faustus, die ihrem Verfasser zu einer novellistischen Oper des Letzten wurde. Was folgte, war Satyrspiel, mythisch-burleskes Danach, das Thomas Mann zunehmend zur Last fiel. Im Tagebuch ging er in dieser Frage mit sich unerbittlich ins Gericht:

»So ist es, wenn man sich überlebt. Wagner schrieb mit annähernd 70 sein Schlußwerk, den Parsifal, und starb nicht lange danach. Ich habe ungefähr im selben Alter mein Werk letzter Konsequenz, den Faustus, Endwerk in jedem Sinn, geschrieben, lebe aber weiter. Der Erwählte, noch reizvoll, und Die Betrogene sind bereits überhängende Nachträge, schon unnotwendig. Was ich jetzt führe, ist ein Nachleben, das vergebens nach produktiver Stütze ringt. Den Krull als einen Faust aufzufassen, den es zu beenden gilt, ist schwerlich möglich.« (Tb 6. 8. 1953)

»Das Letzte wär' das Höchsterrungene«, hatte Goethes Faust spekuliert. Mephisto dagegen kommentierte spöttisch: »Den letzten, schlechten, leeren Augenblick,/Der Arme wünscht ihn festzuhalten.«[40] Was nun durfte Thomas Mann als das »Höchsterrungene« gelten? Was war sein »leerer Augenblick«? Der »Durchbruch« in der Kunst – vom kalten Artefakt zum human beseelten Werk –, den sein Adrian Leverkühn erzwingen wollte? Oder das artistische Hochstaplertum Felix Krulls, das er zeitweise sogar in die Nähe von Samuel Becketts groteskem Humor zu rücken bereit gewesen war? (Tb 2. 2. 1954) Und wohin mit der Betrogenen? War ihr Gebärmutterkrebs eine Chiffre für das Ende künstlerischer Fruchtbarkeit?

Thomas Manns Sorge in seinen letzten Lebensjahren war, sich selbst überlebt zu haben; und sein »leerer Augenblick« kam mit der ihn bedrückenden Vorstellung, außer Repräsentation nichts mehr zustande bringen zu können. (Tb 29. 10. 1952) Er beobachtete sich selbst – beim Weiterleben, beim Existieren im Danach, wobei er, der passionierte Hypochonder, gleichsam am Rande der eigenen Vergeistigung ausgerechnet durch das Körperliche phasenweise Selbstbestätigung erfuhr: »Nachts Erregung und Auslösung. Zuweilen ist meine Brunst noch von der Hengste Brunst.« (Tb 8. 4. 1953)

Spätzustände faszinierten ihn. Im Tagebuch vermerkte er: »Wunderliches ›Tagebuchblatt‹ Hesses in der N. Z. Z., wie er als unfähiger Greis einer Radio-Vorlesung eines Werkes seiner Manneskraft zuhört. Höchste Bewunderung! Persönliche Vergänglichkeit und geistige Unsterblichkeit. Nichts von Peinlichkeit, nichts von Erröten. Man war ein Riesenkerl. Etwas degoûtant und komisch.« (Tb 16.3.1955). Hesses ›Blatt‹ bezog sich auf eine Rundfunklesung aus KLINGSOR. Hesse hatte unter anderem geschrieben:

»Ich sah mich während der ganzen Vorlesung doppelt, sah mich als den, der den Klingsor-Sommer [...] erlebt und sah mich als den andern, der ihn, beinahe gleichzeitig, niedergeschrieben hatte. Das waren zwei wunderbar lebendige, sprühende, funkelnde Burschen, der Erlebende und der Dichtende, es schien ihnen nichts zu kühn, nichts zu schwierig, nichts zu ausgefallen und närrisch, sie wurden mit allem fertig [...]

Und wer ist es, der auf dem Sofa liegt, leicht vom Schwindel [im zweifachen Wortsinn, R. G.] gewiegt und entzückt vom Erzähler und seiner Geschichte, ein erloschener Alter, viel weniger wirklich als sein aus der Zeitentiefe zurückbeschworenes Selbstbildnis?«[41]

Selbstspaltung zum Zwecke der Selbsterkenntnis. Für Thomas Mann bedeutete dies eher Maskenspiel, erzählerisches ›Zaubern‹, etwa mit homoerotischen Motiven, die sich oft nur schwer mit seinem bürgerlichen Repräsentationsbedürfnis in Einklang bringen ließen. Die Homoerotik, die verborgene Lust, auch die Lust am Verbergen, die Spannung zwischen Sehnsucht und selbstauferlegter Zurückhaltung – bis hin zur »letzten Liebe« zu einem Kellner im Zürcher Grand Hotel Dolder, Entsagung durchaus im Sinne Goethes, sie bildeten den Hintergrund eines Werkes, dessen Instrument sein Leben war, wie Adorno bei Gelegenheit bemerkte.[42] Es war das Leben eines »Kulturmenschen«, so Thomas Mann über sich selbst, für den ein Zeichen schierer Natürlichkeit, etwa der vom Ostwind angewehte und nur (aber immerhin doch!) mit einem Hemd bekleidete Oberkörper, bereits »nahe an Wollust grenzte«. (Tb 21.5.1920)

Von einer ganz anderen ›Natur‹ waren die kuriosen Blüten, die seiner Meinung nach der von ihm zunehmend verachtete »literarische Betrieb« nach 1945 – also bereits im ›Danach‹ – trieb. Er sprach etwa von pseudoliterarischen »Rasselbanden«; gemeint war die Gruppe 47, gegen die er sich empörte.[43] Anmaßung warf er ihren Mitgliedern vor: »Sie hängt auch wohl mit der lächerlichen Wirtschaftsblüte der amerikanischen Lieblingskolonie ›Westdeutschland‹ zusammen, diesem frechen und unmoralischen Wohlsein nach Schandtaten, die mit der Höllenfahrt von 1945 schlossen, und an die heute zu erinnern nichts weiter als bolschewistisch ist.«[44] In seiner geradezu demonstrativ ungerechten Polemik gegenüber dieser angeblich traditionsverachtenden Spielart des Neudeutschen bemerkte er nicht, daß die überwiegende Mehrheit der Gruppe 47 Thomas Manns Kritik an der Nachkriegspolitik der Vereinigten Staaten, die den Westdeutschen das Vergessen im Namen des Wiederaufbaus leicht machte, vollauf teilte.

Überhaupt das ›Neue‹ – wie vertrug es sich mit der anhaltenden Abendstimmung über dem Schreibtisch in Pacific Palisades, Erlenbach und Kilchberg?

Seine schlichte, den letzten Essayband betitelnde Formel lautete: ALTES UND NEUES. Dieses Neue, wenn es denn Wert und Berechtigung haben sollte, mußte dem Alten entwachsen sein, durfte die Tradition nicht verleugnen. Daß ein dieser neudeutschen ›Rasselbande‹ nahestehender Publizist ausgerechnet in jener Zeitschrift, die seine Erzählung DIE BETROGENE vorabgedruckt hatte, einen üblen Verriß seines Essaybandes publizierte und damit auch sein Prinzip, Altes im Neuen, Neues im Alten zu entdecken, zu diskreditieren versucht hatte, mußte Thomas Mann empören.[45]

›Neu‹ – das war unter diesen Vorzeichen entschieden ambivalent. Seine wiederholte Konfrontation mit dem Surrealen gehörte dazu, wie die Tagebücher belegen, nicht nur bei Cocteau und Beckett, sondern auch bei der Lektüre eines Textes, die er mit dem Vermerk »recht merkwürdig«, bedachte: Ilse Aichingers Prosa DER GEFESSELTE (Tb 4. 9. 1953). Aber auch die BETROGENE, Adorno hatte sie in einem Brief als »skandalöse Parabel« bewundert,[46] durfte Thomas Mann »neu in meinem Werk« nennen (Tb 18. 3. 1953), unerhört im Sinne der Novellen-Definition Goethes, gewagt, aber auch problematisch. Neu war überdies, wie er meinte, das »späte Sprachspiel« des ERWÄHLTEN gewesen (Tb 6. 7. 1953), allesamt freilich Hinweise auf ein literarisch-ästhetisches Phänomen, das Thomas Mann in seiner selten beachteten Würdigung George Bernhard Shaws mit gebotener Skepsis beschrieben hatte:

»Eines seiner Stücke nennt [Shaw] ›Ein leichtes Spiel mit schweren Dingen‹. So hätte er seine sämtlichen Stücke nennen können, und ich gebe mir zu bedenken, ob es nicht vielleicht die Definition aller zukünftigen Kunst ist und ob nicht Shaw der lachende Prophet einer vom Tragischen emanzipierten und entdüsterten Menschheit war. Zugleich aber frage ich mich, ob ihm die Leichtigkeit nicht allzu leicht fiel und ob er je der Mann war, die schweren Dinge so recht schwer zu nehmen.« (IX, 802)

Worin unterschied sich diese Leichtigkeit des Stils vom »späten Sprachspiel« des ERWÄHLTEN? Worin von Krulls Eskapaden? Der Essayist Thomas Mann wußte darauf eine salomonisch formulierte Antwort zu geben, und zwar am Schluß seines VERSUCHS ÜBER TSCHECHOW:

»Und man arbeitet dennoch, erzählt Geschichten, formt die dunkle Wahrheit und ergötzt damit eine bedürftige Welt in der dunklen Hoffnung, fast in der Zuversicht, daß Wahrheit und heitere Form wohl seelisch befreiend wirken und die Welt auf ein besseres, schöneres, dem Geiste gerechteres Leben vorbereiten können.« (IX, 896)

Geformte Wahrheit und heitere Form – eine *schillernde* Verbindung. Denn wer sich primär als Künstler begreift, wer erzählend denkt, meint damit vorrangig eine ästhetische Wahrheit. Ironie ist der Name der »heiteren Form«. Sie aber löst *die* Wahrheit immer in Wahrheiten auf. Den sich allein und unwidersprochen vertretenden Singular läßt die Ironie nicht gelten. Sie erhebt augenzwinkernd Einspruch gegen das Eine. Durch sie, durch ihre Heiterkeit, verwirklicht sie Vielfalt. Ironie spielt mit dem kleinen *peut-être* und dem trotzigen Dennoch. Mit harsch gestellten Entweder-Oder-Fragen hat sie dagegen nichts im Sinn.

Es war – auch so gesehen – staunenswert folgerichtig wie so vieles bei Thomas Mann, daß sein Lebenswerk mit FELIX KRULL endete, jenem »wunderlichen Buch«, wie sein Verfasser sagte, das

»gar nicht auf ein Je-damit-Fertigwerden angelegt« gewesen sei. »Man kann immer daran weiterschreiben, weiterfabulieren, es ist ein Gerüst, woran man alles mögliche aufhängen kann, ein epischer Raum zur Unterbringung von allem, was einem einfällt und was das Leben einem zuträgt« (XI, 530). Heitere Form, die fabulierend sich bestätigt, mit vielen ironisch durchsetzten Wahrheiten eben, postmodernes Collagieren antizipierend, den Reiz, den Zauber des Fragmentarischen im frühromantischen Verständnis Friedrich Schlegels auskostend. Das Letzte als Gang ins Offene, ganz ohne Ringen um den »Durchbruch« zum Humanen wie noch im FAUSTUS, eher ein scheinbar müheloses Parlando, ironische »Bekenntnisse« zuletzt, Eingeständnisse eines betrügerischen Lebenskünstlers nebst heiteren Aufschlüssen über seine (kriminellen) Praktiken, die Delikte als Delikatessen goutieren, aufgezeichnet von einem sich erinnernden Hochstapler aus »feinbürgerlichem, wenn auch liederlichem Hause«.

Das Schöne, die Kunst, sie sollten selbständig werden und getrennt sein vom »Wahren und Sittlichen«, hatte der frühe Friedrich Schlegel gefordert.[47] Löste nun Thomas Mann zu vorgerückter Stunde mit FELIX KRULL diesen Anspruch ein, ausgerechnet zu einem Zeitpunkt, als ihm die moralisch verpflichtende Dimension der Kunst angesichts der ihn bedrückenden Zeitumstände mit erneuter Dringlichkeit bewußt geworden war? Darüber wird im folgenden auch zu reden sein, wobei vorab dieser Befund als Arbeitsgrundlage dienen mag: Im Spätwerk Thomas Manns existiert eine ausgeprägte Spannung zwischen der Aufhebung der romantischen ›Selbstständigkeit‹ des Schönen und der versuchten, vor allem im Namen Schillers betriebenen Rückbeziehung der Kunst auf die Sphäre ihrer »sittigenden Wirkung«. Diese Bemühung prägte, wie zu zeigen sein wird, vor allem die späten Essays. Dagegen schien er in seiner erzählenden Prosa, besonders eben im FELIX KRULL, die ironische Selbstbefreiung der Kunst von den deprimierenden Zwängen der Zeit angestrebt zu haben. Im VERSUCH ÜBER SCHILLER skizzierte er jenen düsteren Horizont, vor dem sich der »Wille zum Schönen«, Heiteren, Gelösten, zur Gesittung und »rettenden Ehrfurcht des Menschen vor sich selbst« entfalten müsse: »Wut und Angst«, so Thomas

Mann, »abergläubischer Haß, panischer Schrecken und wilde Verfolgungssucht beherrschen eine Menschheit, welcher der kosmische Raum gerade recht ist, strategische Basen darin anzulegen, und welche die Sonnenkraft äfft, um Vernichtungswaffen frevlerisch daraus herzustellen.« (IX, 950)

Er sah deutlich eine »Regression des Menschlichen, einen Kulturschwund der unheimlichsten Art« am Werk (IX, 949). Was aber ließ sich dem noch entgegenhalten? Das Pathos später Bürgerlichkeit eines Weltbürgers der Vernunft? Oder eben Geschichten, nichts als Geschichten, gar eine Heiterkeit, von der schon die Rede war, die jedoch angesichts der zeitgeschichtlichen Umstände immer grundloser erscheinen mußte.

Am liebsten wollte sich Thomas Mann als Humorist, nicht als Ironiker sehen, wie Reinhard Baumgart bemerkte, dem der Schriftsteller anläßlich einer Begegnung in München im Jahre 1949 Arthur Schnitzlers Wort über den ZAUBERBERG offenbar mit einem Ausdruck wirklicher Genugtuung zitierte: »Der Humorist lustwandelt in der Unendlichkeit.«[48]

In der Skizze zu einer ›Theorie des Späten‹ hat das Heitere durchaus seinen Platz; denn im Gewicht des Letzten sind die Leichtigkeiten der Anfänge aufbewahrt, ganz so wie ›Abendstimmungen‹ immer auch erinnerte Morgenröten sind. Das ist mit Nietzsche gedacht, was ja im Falle Thomas Manns als durchaus angemessen betrachtet werden darf. Nietzsche, der die letzten Fragen mit tänzerischer Leichtigkeit angehen wollte, genauer gesagt: der denkend zum Tänzer zu werden hoffte, dieser Urheber einer ›fröhlichen Wissenschaft‹ *zwang* sich dazu, ›halkyonisch‹ zu werden – heiter um jeden Preis. Mangelnde Heiterkeit lautete ja auch sein gegen Wagner gerichteter Hauptvorwurf, das Fehlen eines »Tanzes der Sterne« und »übermüthiger Geistigkeit« in seiner Musik.[49] Nietzsche wollte eine »Kunst für Künstler« vermittels der Heiterkeit, so lautet sein denkartistisches Programm in DIE FRÖHLICHE WISSENSCHAFT.[50]

In Thomas Manns mit quasi wissenschaftlicher Akribie betriebener Quellenkunde, die seinen großen Romanen vorausging oder die Arbeit an ihnen begleitete, *und* in seinem erzählerisch freien, am Montageprinzip orientierten parodistischen Umgang mit seinem Material verwirklichte sich Nietzsches Ideal durchaus. DER ZAUBERBERG, die JOSEPH-Tetralogie, DOKTOR FAUSTUS, DER ERWÄHLTE und FELIX KRULL zumal, das sind Beispiele *praktizierter* ›fröhlicher Wissenschaft‹, heiterer Quellenauswertung, parodierender Montage.

Doch dieses ›Halkyonische‹ in Thomas Mann richtete sich nicht wirklich gegen Wagner wie im Falle Nietzsches, dessen Kritik am »Cagliostro der Moderne«, am Schauspieler in der Musik, Thomas Mann sich denn auch nie ganz zueigen machen konnte und wollte, gerade weil ihm, dem Autor des FELIX KRULL, das Schauspielerische nie völlig fernstand – ganz abgesehen von seiner im Alter eher wieder wachsenden Liebe zu Wagners Musik.

Spuren der Heiterkeit – man hat sie selbst im dunkelsten der Werke Thomas Manns, dem DOKTOR FAUSTUS, ausfindig gemacht, besonders in der Art der Namensgebung in diesem Roman – von Serenus Zeitblom, der ›heiteren Blüte seiner Zeit‹, wenn man denn diesen Namen ›übersetzen‹ möchte, der zu dem in sich gefangenen ›inneren Emigranten‹ nur kontrapunktisch passen will, bis zur Bleibe namens ›Schweigestill‹ ausgerechnet für einen Komponisten und der unübertrefflichen Meta Nackedey.[51]

Thomas Mann wollte seine Auseinandersetzung mit den ›letzten Fragen‹, sein Verhältnis zum Späten nicht ihres ›Zaubers‹ berauben; von einer regelrechten Trauerarbeit kann bei ihm – etwa im Gegensatz zu Alfred Döblin[52] – nicht wirklich die Rede sein. Ein wesentlicher Aspekt dieses ›Zaubers‹ lag gerade darin, daß er den Heiterkeitsanspruch bei allen diesen Fragen aufrechtzuerhalten verstand.

Was aber meint hier ›Heiterkeit‹? Es war ein Halkyonismus, der Freiheit verbürgte, Freiheit des Geistes, den er gerade ›zuletzt‹ bei Schiller so bewunderte. Von den wenigen Theorien zur Heiterkeit[53] eignet sich am ehesten jene von Odo Marquard zur Verdeutlichung dessen, was für Thomas Mann daran wichtig (geworden) war.[54] Marquard argumentiert, daß die Kunst der Heiterkeit ein Exil geboten habe, wobei die Heiterkeit der Kunst darin bestehe, daß »sie den Ernst zum Moment« herunterspiele, zu einem Moment neben vielen. Nun die entscheidende, gerade auch für die Beurteilung des Heiteren bei Thomas Mann wichtige These: »[...] zum Moment herunterspielen kann die Kunst den Ernst der Wirklichkeit deswegen, weil sie sich mit dem verbündet, was ihn an Ernst überbietet: dem eigenen Tod.« Und weiter: »[...] die Kunst ist schon zu viel Tod, um noch ganz ernsthaft Leben, und sie ist noch zu viel Leben, um schon ganz ernsthaft Tod zu sein: wenn der Tod zu den letzten Dingen gehört oder das letzte Ding ist, sind Kunstwerke – und dies vor allem stiftet ihre Einmaligkeit: daß sie letzte Blicke sind, für die die Dinge aussehender werden und sozusagen Plädoyers fürs Lebenbleiben und gegen das Sterbenwollen – vorletzte Dinge schlechthin.«[55]

Die Kritik wiederum deutet Marquard als Grund für das Ende der Heiterkeit in der Kunst, wobei er übersieht, daß sich in der Moderne Kunst und Kritik inzwischen wohl unauflösbar verschränkt haben, ein Prozeß, an dem natürlich auch Thomas Mann, vor allem mit dem ZAUBERBERG und DOKTOR FAUSTUS, einen erheblichen Anteil gehabt hat. Doch das ist kein Einwand gegen Marquards Hauptthese, nach der die Kunst Vorhof, Vorspiel, Vor-Schein des Letzten sei, des Todes, was der von Thomas Mann vielbemühten »Sympathie mit dem Tode« eine große Plausibilität gibt. In diesem künstlerischen ›Vorhof‹ also entsteht jener ›Zauber‹, der zu verschleiern versteht, aber auch die ironisch-kritische, eben ›entzaubernde‹ Einsicht in den Vorgang des Verschleierns. Das ist der Ort, wo der Tristan-Akkord erklingen und sich die große Sterbeszene der gebärend verblutenden, aber ihre bezaubernd schöne Rätselhaftigkeit bewahrenden Rahel am Ende der GESCHICHTEN JAAKOBS zutragen kann.

Die eigentliche Komplikation dieser auf das Spätwerk Thomas Manns bezogenen These Marquards ergibt sich, wenn man die lebensgeschichtlichen Umstände mitbedenkt und damit die Tatsache, daß seine Kunst als »Exil der Heiterkeit« ihrerseits ins Exil verbannt wurde. Diese Heiterkeit, die selbst noch in der Art der Schilderung von Rahels Tod präsent ist (»Doch sah sie des Kindes Leben und lächelte«, IV, 388), entstand mithin im potenzierten Exil.

Vergewissern wir uns einleitend nun des zweiten theoretischen, jedoch heiterkeitsferneren Ansatzes zu einer Theorie des Späten,

Adornos Untersuchung von Beethovens ›Spätstil‹. Adorno beschreibt das kompositorische Verfahren des späten Beethoven als einen anti-prozessualen Vorgang; es »zünde« zwischen den Extremen mehr, als daß sich das Material entwickele.[56] Die Musik habe etwas »Zertrümmerndes« (a-moll-Quartett, op. 132); sie tendiere zur Bejahung des Brüchigen, zu »äußerster subjektiver Emanzipation« und zum Experiment mit dem »gebundenen Stil« und damit zum Fragmentarischen.[57] Sein Schlüsselbeispiel sind die SECHS BAGATELLEN FÜR KLAVIER, op. 126; Adorno spricht mit Bezug auf diese Stücke von einer »befremdenden Kürze«, die zugleich jene »seltsame Schrumpfung und Tendenz zum Anorganischen« offenbare, »die ins innerste Geheimnis wie des letzten Beethoven so vielleicht jeden großen Spätstiles führt.«[58] Auf Thomas Mann ließe sich diese These nur in Umkehrung, mit veränderten Vorzeichen anwenden: Ein bewußtes Ablehnen von ›Bagatellen‹ in Prosa, das Insistieren auf erzählerischem Zusammenhang, anti-reduktionistisch, nicht Schrumpfung, sondern ›letzte‹ Expansion des Erzählzusammenhanges, Tendenz zum ›Organischen‹, aber dennoch – und das wäre eine Gemeinsamkeit mit Adornos Beethoven-Deutung – die Bewegung zum Fragment, zur Unabgeschlossenheit – freilich aus Stoffüberschuß.

Doch es gibt noch eine andere, wesentlichere Beziehung zu Thomas Manns ›Spätstil‹, wenn Adorno über den späten Beethoven schreibt: »Seine Zerrissenheit [bei Thomas Mann sorgfältig camoufliert, R. G.] ist nicht stets die von Todesentschluß und dämonischem Humor, sondern oftmals rätselhaft schlechthin, fühlbar in Stücken heiteren, selbst idyllischen Tones.«[59] Das meint, daß man dem ›Halkyonischen‹ nicht immer trauen kann, was im übrigen auch für Nietzsches oft angestrengt wirkende Heiterkeit gilt. Bei Thomas Mann nun trifft man eine ganze Variation von Heiterkeiten an, »dämonischem Humor« fraglos auch, etwa im DOKTOR FAUSTUS, von Einstellungen aufs Späte, (Vor-) Letzte, vor allem aber auf den Versuch, essayistisch, erzählerisch, Briefe schreibend und Tagebuch führend diesen Vorhof des Endes mit zaubergleicher Sprache auszugestalten und bei fast jeder sich bietenden Gelegenheit zu erweitern.

WER SPÄTES ZEITIG DENKT, DEN BELOHNT DIE KUNST. DAS MOTIV DES LETZTEN BEIM FRÜHEN THOMAS MANN

> *»[...] fühle auch meine Kräfte langsam zurückgehen und denke viel an den Tod. Was ich freilich schon immer tat.«*[60]

Literarisches Schreiben gleicht einem gedankenerotischen Spiel mit der Sprache. Das klingt nach bloßer Unbeschwertheit, wäre da nicht der Generalbaß des Todes, der das Dasein grundiert und das Schreiben darüber konditioniert. Oder gibt es Gründe dafür, im Schreiben einen Versuch zu sehen, den Tod zu überspielen – nach Art eines Tanzes der Sätze mit den Ideen?

Die Phase des Reifens, das Pubertieren, erste scheue erotische Phantasien, in den meisten Fällen rasch wechselnde Lieben und das mit ihnen verbundene frühe Leid, die, mit Robert Musil gesagt, Verwirrung der Gefühle, sie sind der Quellgrund des Schreibens, des naiven Dichtens, oft gepaart mit einer im Nachhinein peinlich wirkenden Altklugheit, aber auch mit einem später selten erreichten Ernst, einem ersten Ahnen letzter Dinge, das eigenartig früh in die Welt des Pubertierenden hineinspielt.

Nicht ohne Interesse für die frühen Spuren des ›Zaubers des Letzten‹ im Werk Thomas Manns sind zwei seiner im Jahre 1893 entstandenen Dichtungen, ZWEIMALIGER ABSCHIED und VISION, die eine ein längeres prosahaftes Gedicht in freien Rhythmen, die andere eine lyrisch gestimmte »Prosa-Skizze«. Thomas Manns Versuch eines epischen Gedichts beginnt mit einem eindrücklichen Bild: »Der letzte Abend war's. Wir wanderten/am Strand des Meers, das still und schwarz und schweigend/im Unbegrenzten sich verlor« (VIII, 1102). Junge Liebende nehmen voneinander Abschied, tränenverschleiert, und: »Wir standen still und sahn uns an – so an/zum letzten, letzten Mal ... Kein Laut ringsum./Ein tiefes, dunkles Schweigen um uns her.« Man trennt sich im Wissen eines »Nie, – niemals wieder ...«. Beide scheinen sie verliebt in dieses »letzte Mal«. Tags darauf aber der ›offizielle Abschied‹ am Bahnhof mit Familie, eine trockene, staccatohafte Schilderung: »Ein Lärmen, Hasten, ein feuchtes, schmutziggraues Durcheinander/von Koffern – Menschen – Dampf [...]«. Nun aber sagt man sich nicht nur ›adieu‹, sondern ›au revoir‹: »Auf Wiedersehn [...] Ein letztes Winken noch; dann war es aus.../Wir logen beide. –/Jedoch die schlimmste Lüge war: ›Auf Wiedersehn‹« (VIII, 1103); denn die Wahrheit liegt im Unwiederbringlichen, im »Nie, – niemals wieder« des Vorabends.

FRÜHE MEISTERSCHAFT IM ABSCHIEDNEHMEN

Hier war ein junger Schriftsteller dabei, sich in Abschiedsszenarien, deren Meister er werden sollte, einzustimmen, die Natur des Abschieds als die Form einer Erfahrung von Letztem zu ergründen. Schon in seinen ersten überlieferten Briefen, als Thomas Mann noch mit dem Zusatz »lyrisch-dramatischer Dichter« unterschrieb, spielten Abschiede eine Rolle. Seine beiden Briefe an Frieda Hartenstein vom Oktober 1889 und Januar 1890 erinnern einen vergleichbaren Bahnhofsabschied, wenngleich in ironischer Brechung: »Wie fanden Sie die Abschiedsscene vor Ihrem Wagen auf dem Bahnhofe? Rührend?! Nicht wahr?« (Br I, 3) Monate später verbindet er die Erinnerung an jene »Scene« sogar mit einer klassischen Vorlage, nämlich Schillers Gedicht »Hecktors [sic!] Abschied von Andromache« (Br I, 6).

Verwirft das Gedicht ZWEIMALIGER ABSCHIED den Sinn von Wiederholung als Ausdruck von Selbsttäuschung, ja Lüge, so bekennt sich die Prosaskizze VISION zur wiederholten Erfahrung des Erlebten vermittels der Wiedererinnerung und Phantasie, dieser »fabelhaft talentvollen Künstlerin« (VIII, 9). Was erinnert dieser junge, »mechanisch eine neue Zigarette« drehende Erzähler? Ein unbändiges Verlangen, »grausame Wollust«, eine Mädchenhand, deren Finger »lose« um den Fuß eines Kelches liegen. Man hat darin sogar eine Vergewaltigungsphantasie gesehen, wobei Thomas Mann die Rolle des Mädchens, der Vergewaltigten, angenommen habe.[61] Was immer man von dieser – phantasievollen – Deutung halten mag, der Text betont etwas anderes, eben das Zurückschrecken vor dem ›Letzten‹, dem Vollzug des Liebesaktes: »Laß ab ...« (VIII, 10), denn sonst ist gerade das dahin, worauf es ihm nicht minder ankommt, das Besondere der Atmosphäre, die, wie es im Text heißt, sich »immer mehr ... immer ... mehr« *zaubert.*

Wiederholung erzeugt Kunst, Thomas Mann sollte diesen Gedanken fortan nie mehr aus den Augen lassen; vielmehr wurde er zum Kernpunkt seiner Erzählästhetik. Und noch einen Aspekt hat er in diesen frühen Texten angelegt, der auch später bedeutsam bleiben wird: Bei aller versuchten Genauigkeit des Erzählens kommt er ›wiederholt‹ auf Auflösungserscheinungen zu sprechen, so sehr sich der »Blick auch müht, zeichnend die weichen Konturen aufzufrischen«, nachzuzeichnen. »Im Dunkel zerronnen« lautet allemal die Bilanz oder, wie im Falle des Gedichts, das im Unbegrenzten Sich-Verlieren die Vorgabe.

Es machte ihm augenscheinlich zu schaffen, dieses »Dunkel« der Sinne, das dumpfe Brüten im Inneren vor dem relativ späten, aber »heftigen Durchbrechen« seiner Sexualität, wie er in seiner autobiographischen Skizze LEBENSABRISS (1930) schrieb. Davon zeugt auch sein wiederum weniger an Nietzsche erinnerndes, sondern eher spätromantisches Empfinden aufnehmendes Gedicht NACHT (1893), in dem es heißt: »Kalt wie der Atem des Tods –/ und doch – doch –/Liegt's nicht im Dunkel der Nacht/wie Ahnung des Morgenrots? ...« (VIII, 1104).

Das auffallendste Merkmal der frühen Texte Thomas Manns ist das Auslassungszeichen. Es mag für seine noch nicht voll ausgebildeten sprachlichen Fähigkeiten gestanden haben, bezeichnete aber recht genau auch Berührungspunkte mit dem Letzten, genuin Unaussprechlichen. Man könnte argumentieren, daß sich Thomas Manns künftiges Erzählen mit der Auflösung dieser frühen Auslassungszeichen befaßte. Die Grenzwerte des Unaussprechlichen gerieten zunehmend ins Fließen, lösten sich ihrerseits auf, sprachen aus, was ihm zunächst nur anzudeuten möglich war. Daß sich diese Auslassungszeichen am ehesten durch Ironie auflösen ließen, schien Thomas Mann schon früh bewußt gewesen zu sein. Schon sein nächstes Prosastück, seine erste eigentliche Novelle, mit der er bei Richard Dehmel Eindruck machte,

GEFALLEN (1894), wird von einem »Ironiker«, Dr. Selten, erzählt, von dem es heißt, daß »Welterfahrung und -verachtung in jeder seiner wegwerfenden Gesten« gelegen habe (VIII, 11). Der Erfahrenste erzählt über seine einstige Unerfahrenheit in Liebesdingen, berichtet von seiner Liebe zu einer (was er nicht wußte) dirnenhaft sich verdingenden Schauspielerin, die Unnahbarkeit mimte, und erinnert seine damals geschriebenen, »auf das erregteste interpunktierten« Briefe, die »von einer Fülle anscheinend gänzlich unmotivierter Ausrufungszeichen« strotzten (VIII, 34).

ERZÄHLTE SPÄTZUSTÄNDE

Der erste dem Letzten bereits anheimgegebene Vertreter eines Künstlertypus, der fortan im Werk Thomas Manns beharrlich wiederkehren sollte, heißt Paolo Hofmann in der Novelle DER WILLE ZUM GLÜCK (1896). Erzähler und Hauptperson finden sich vereint in Nietzsches »Pathos der Distanz«, das ihr Verhältnis zu den Mitmenschen kennzeichnet. Paolo aber leidet an einer Herzkrankheit, scheint schon früh lebensuntüchtig, ist »nervös und ungeschickt« und zudem ein nur mittelmäßiger Künstler, der allenfalls die großen Vorlagen gut zu kopieren versteht. Sein Resümee lautet: »Ich bin beinahe täglich am Ende« (VIII, 57). Was ihn am Leben hält, ist die Hoffnung auf die Erfüllung seiner Liebe, sein »Wille zum Glück«. Als die Widerstände in der reichen Familie gegen eine Heirat mit dem mittellosen, beständig kranken Künstler überwunden sind und er seine schon in Schulzeiten angebetete ›Blume‹ heiraten kann, stirbt er »am Morgen nach der Hochzeitsnacht, – beinahe in der Hochzeitsnacht« (VIII, 61). Erfüllte Liebe ist tödlich. Wer die Liebe im Gewand der Schönheit mit allen Sinnen erfahren hat, ist dem Tode unwiderruflich überantwortet, das stand für den einundzwanzigjährigen Thomas Mann bereits unzweifelhaft fest.

Im Rückblick auf seine jugendlichen Bildungserlebnisse hatte der fünfundfünfzigjährige Schriftsteller bekundet, »in Nietzsche vor allem den Selbstüberwinder« gesehen zu haben, das heißt in erster Linie den Nietzsche des ECCE HOMO. Er begriff den Philosophen als großen Relativierer, Umwerter aller Werte, dem er nichts außer eben dieser dauernden ›Umwertung‹ habe glauben können (XI, 110). Nur durch Ironie habe er Nietzsches Denken anzuverwandeln und dadurch dessen berüchtigte »blonde Bestie« ihres »bestialischen Charakters« zu entkleiden vermocht. Übriggeblieben sei schließlich »nichts als Blondheit zusammen mit der Geistlosigkeit«, eine oft übersehene Begründung des ›Blonden‹ etwa im TONIO KRÖGER.

Was diese auf ›Selbstüberwindung‹ beruhende Relativierung der allzu großen Wörter angeht, hat Thomas Mann dies in einer weiteren frühen »Prosa-Skizze« dargestellt mit dem Titel ENTTÄUSCHUNG. Diese (freilich eher rudimentäre) Sprachkritik trägt monologhaft bezeichnenderweise vor der »prachtvoll theatralischen Fassade von San Marco« in Venedig ein Herr unbestimmten Alters vor, den der Erzähler zunächst für einen Engländer gehalten hat. Dieser stellt sich als ein vielfach »Enttäuschter« dar, enttäuscht von den »großen Worten« wie »Gut und Böse, Schön und Häßlich«, von der Theatralik der Sprache, enttäuscht sogar von der Horizontlinie, vom Leben überhaupt, von der Erwartung des Todes. Man greift nicht zu hoch, wenn man in dieser Skizze einen ersten Vorläufer der Erzählung TOD IN VENEDIG vermutet.

Der frühe Thomas Mann – ein werdender Schriftsteller mit erstaunlich reifem Urteil, der sich vorzüglich auf die Darstellung älterer Menschen versteht, spätestens als Zweiundzwanzigjähriger ein Wertkonservativer, der es mit einer Art zivilgesellschaftlichem Sozialmoralismus hält, ein »Mensch von Erziehung«, der »saubere Wäsche trägt und einen heilen Anzug [...] und schlechterdings keine Lust darin findet, mit ungepflegten jungen Leuten an absinthklebrigen Tischen anarchistische Gespräche zu führen«, wie er über sein *alter ego* in der Novelle DER BAJAZZO (1897) sagt (VIII, 123). Die Aura des Späten, um 1900 schon Unzeitgemäßen umfing ihn; eigentlich ›modern‹ war er nur dort, wo er sich der »Lust am Psychologischen« hingab, der Analyse des Widerstreits zwischen geregeltem ›äußerem Leben‹ und dem »Auflösungsprozeß« im Inneren, wie sein Bajazzo sich ausdrückt (VIII, 106). Meistens sei er dem Geist seiner Zeit »entgegen« gewesen, so Thomas Mann im Rückblick (XI, 314), was für seine Art des Modernismus gewiß zutrifft. Mochte er auch noch so intensiv die

Wiener Moderne in Gestalt der Prosa eines Hermann Bahr aufgenommen haben, allein das berühmte Wort »Erkenntnisekel« im TONIO KRÖGER, dem die mehrmalige Evokation des »Ekels« im BAJAZZO vorgearbeitet hatte, war zutiefst antimodern. Nein, auf ›Anarchismus‹ im Künstlerischen war dieser Stil nicht angelegt. Den ›Verfall‹, nicht den Umsturz der merkantilen hanseatischen Patrizierwelt beschrieb er, mehr und mehr stilvollendet, genau kalkuliert, was die Stilmittel und ihre beabsichtigte Wirkung anging.[62]

Seltsam, der in der Welt des Späten sich so heimisch fühlende Thomas Mann sagte von sich selbst – in einem Brief an den Bruder Heinrich vom März 1901 mit Bezug auf BUDDENBROOKS –, daß er nie aus der Pubertät herauskomme (Br I, 27); den Roman selbst nannte er eine Mischung aus »Metaphysik, Musik und Pubertätserotik« (ebd.), was auch schon für viele bis dahin geschriebene Novellen zutraf, vor allem für DER KLEINE HERR FRIEDEMANN, DER BAJAZZO und DER KLEIDERSCHRANK. So sah er sich offenbar – als einen in körperlichen Dingen Spätentwickler, einen geistig früh an traditionellem Bildungsgut Gereiften und als einen Schriftsteller, den die eigene und angeeignete Kunst zu belohnen begann.

Keineswegs modernistisch klingt die früh gestellte Frage nach dem Glück, die sein Bajazzo mit dem Ideal der »Gleichgültigkeit« beantwortet sah. Durchaus ›modern‹ dagegen war, wie der frühe Thomas Mann die ästhetischen Prinzipien Richard Wagners aufnahm, zunächst vorsichtig das leitmotivische Schreiben entwikkelte, sich aber auch an Paul Bourget und ›den Russen‹, Tolstoi vor allem, aber auch Turgenjew orientierte. Hätte es der Bajazzo, dessen bürgerlichen Namen wir nicht erfahren, zu wirklichem Künstlertum gebracht, sein Ideal wäre es gewesen, sich im Sinne des Gesamtkunstwerks gleichzeitig »in Ton, Wort oder Bildwerk zu äußern« (VIII, 125). Was die frühen musikalischen Einflüsse angeht, so wären aber auch die traditionelleren Komponisten Gounod und Chopin zu nennen, die in DER BAJAZZO eine Rolle spielen, wenn auch nicht eine so dominante wie Wagners LOHENGRIN in DER KLEINE HERR FRIEDEMANN.

Die erzählerischen Requisiten der frühen Prosa sind vergleichsweise bescheiden und weit entfernt von irgendwelchem

Experimentieren. Sitzmöbel tendieren zur »Steiflehnigkeit«, die Häusergiebel sind allemal spitz, und ein bis zum weiblichen Ellenbogen zurückrutschender Kleiderärmel wirkt bereits als Erotikum. Konsequent aber wendet sich dieser Erzähler den privilegierten Randfiguren zu, den Sonderlingen aus der gehobenen Gesellschaft, den Möchtegern-Künstlern, den Einsamen, die nach den Vorgaben ihres Selbsttäuschungsprogramms leben, um am Ende mit dem verwachsenen Johannes Friedemann zu erkennen, daß sie beständig Notzucht mit der Lüge verübt haben. Friedemanns Lebenslüge trägt den Namen »Genuß«. Er spielt sich vor, alles genießen zu können, die Glücksmomente wie das Unglück. Er liebte den Schmerz, die Sehnsucht, heißt es von ihm, »um ihrer selbst willen und sagte sich, daß mit der Erfüllung das Beste vorbei sein würde« (VIII, 81 f.). Da taucht es wieder auf, das motivhafte Lob des Nicht-Vollzugs. Friedemann versagt sich so lange erotische Phantasien, bis er der für ihn unerreichbarsten aller Frauen begegnet, Gerda von Rinnlingen, deren skurriler Reiz in ihrer Kälte und Unberechenbarkeit besteht. Auch sie ist eine ›Nervöse‹, wie so viele Charaktere in Thomas Manns Frühwerk, und es ist schwer zu entscheiden, inwieweit sie Herrin ihrer Gefühle ist oder Objekt von deren Willkür (»Ich bin nervös und kenne die merkwürdigsten Zustände«, VIII, 95). Ihre Kälte, ihr Zynismus haben etwas Krankhaftes.[63] Auf Friedemann wirkt beides tödlich, auf ihn, der sich rettungslos dieser *femme fatale* ausgesetzt fühlt. Seine erotischen Phantasien, die er nicht länger kontrollieren kann, und seine sprunghaft gesteigerte Neigung zu dieser wohl frigiden Frau zerstören das Innere dieses ohnehin deformierten Menschen. Daß es eine erotische Ausstrahlung von im landläufigen Sinne nicht begehrenswerten Menschen gibt, behandelte der frühe Thomas Mann auch in seiner Novellette GERÄCHT (1899). Dunja Stegemann, eine Intellektuelle, deren körperliche Reize »die eines Besens« waren, wird für den Ich-Erzähler dann begehenswert, als er, der mit ihr platonische Liebe kultiviert, erfährt, daß sie mit ihrer »entfleischten Brust« einst einen wirklichen Liebhaber gehabt habe (»Dieses Weib hatte sich lieben lassen. Ihr Körper war von einem Manne umfangen worden [...] ich ließ meine Phantasie diesen Körper entkleiden und fand einen abstoßenden Reiz an ihm«, VIII, 165).

Und der Bajazzo? Er ist ein enger Verwandter von Hanno Buddenbrook, wenn man so will, der jedoch zum Leben verurteilt ist, zum »dumpfsinnigen Weiterleben, Weiteressen« (VIII, 140), auch er sinnlos verliebt in eine unerreichbare Frau. Aus ihm wird nichts, wie von seinem Gründervater vorausgesagt; er geht an seinem »Bajazzotum« zugrunde, aber auch an seiner nur rezeptiven Natur. So liest er jede Neuerscheinung, ohne selbst einen Satz zu schreiben. Sein Wille zum Besonderen gründet sich auf keine außergewöhnlichen Begabung, nur auf einen Anspruch, den er glaubt, dem Leben gegenüber geltend machen zu können.

Unter den frühen Beispielen erzählter ›Spätzustände‹ nimmt die »Geschichte voller Rätsel«, wie Thomas Mann seine Novelle Der Kleiderschrank (1899) nennt, eine Sonderstellung ein. Allein der Name der Hauptfigur, Albrecht van der Qualen, signalisiert, was es mit seinem Leben auf sich hat. Michael Maar hat die Wurzeln dieser Geschichte in Andersens Märchen freigelegt,[64] die Erscheinung einer unberührbar Schönen, man hat sie überdies als Thomas Manns Schwester Carla identifiziert,[65] im Kleiderschrank einer schäbigen Pension. Doch nicht das scheint das wirklich Bemerkenswerte an diesem kleinen Prosatext, sondern die so recht spätzeitliche Stimmung, in der sich van der Qualen befindet, dem die Ärzte »nicht mehr viele Monate gegeben« haben (VIII, 153). Er lebt ein Leben in der Schwebe, als sei er, der ohnehin keine Uhr besaß, wie der Erzähler vermerkt, »der Zeit enthoben«. Wichtig ist, daß der Erzähler sich darauf versteht, mit auffallender Genauigkeit diesen Zustand des Ungefähren und seine äußeren wie inneren Zeichen zu beschreiben: »Dort aber, dort, in einer Dämmerung, von der er nicht wußte, ob sie Morgen oder Abend bedeutete, lag ein fremder Ort, eine unbekannte Stadt« (VIII, 154). Wirkliches und Unwirkliches gehen ineinander über; und an diesem Übergang – auch der Bajazzo erwies sich als ein früher Könner in Sachen (musikalischer) Übergänge – empfindet er eine ihm wohltuende absolute Bindungslosigkeit: »Ich habe kein Geschäft und kein Ziel. Ich habe nicht einmal einen Stock, auf den ich mich stütze. Haltloser, freier, unbeteiligter kann niemand sein. Niemand verdankt mir etwas, und ich verdanke niemandem etwas« (VIII, 155). Am Ende wissen weder van der Qualen noch der Erzähler noch der Leser, ob nicht auch diese Empfindung ganz wie die schöne Nackte im Kleiderschrank, die »traurige Geschichten« erzählt und die ihm nicht wehrt, ganz wie van der Qualens Zimmerwirtin, eine Art Erdmutter mit ihrem abscheulichen »eingefallenen Vogelgesicht« mit »moosartigem Gewächs auf der Stirn«, ob sie nicht alle bloße Phantasien sind.

Was bis zum Beginn und während der Arbeit an BUDDENBROOKS entstand, die Arbeiten des frühen Thomas Mann also, zeichnete eine sprunghaft zunehmende stilistische Sicherheit, ja Kunstfertigkeit aus, die das Experiment im Formalen scheute. Formvollendete Sprache lautete das Ziel; Nachlässigkeiten, ironische Schnodderigkeit gestattete er sich allenfalls im Brief. Doch das gleichsam Experimentelle verlagerte er in Richtung ›unerhörte Begebenheit‹ als dem inhaltlichen Kern der Novelle. Hierin bewies er einen unkonventionellen Wagemut, der ihm bis zu seiner letzten großen Erzählung, DIE BETROGENE, bleiben sollte. Das ›Unerhörte‹ verstand er weitaus mehr noch als ein Hermann Hesse oder gar Arthur Schnitzler auszureizen. Mit der Novelle DER KLEINE HERR FRIEDEMANN hatte er dies bereits bewiesen. Überboten findet sich dieses Ausreizen des Unerhörten in der Novelle LUISCHEN (1900), in der Thomas Mann Letztes in grausamer Travestie vorführt. »Es gibt Ehen, deren Entstehung die belletristisch geübteste Phantasie sich nicht vorzustellen vermag« (VIII, 168); gemeint ist die Ehe von Christian und Amra Jacoby, er ein dramatisch übergewichtiger Rechtsanwalt, sie die Sinnlichkeit in Person, kinderlos, versteht sich; er liebt sie mit einer Inbrunst, die »über seine Kräfte« geht, sie betrügt ihn mit einem drittklassigen Musiker und professionellen Beau. Die unerhörteste aller Begebenheiten: Sie fordert von ihrem Mann, daß er beim großen Finale eines von ihr veranstalteten Frühlingsfestes, zu dem alle besseren Kreise der Stadt eingeladen werden, »als Chanteuse mit einem rotseidenen Babykleide« auftrete und etwas vortanze«, und zwar zu einer von ihrem Liebhaber komponierten Tanz- und Gesangnummer mit dem Titel »Luischen«. Die Décadence tanzt einen perversen St. Veitstanz mit tödlichem Ausgang:

»[...] der dicke Mann brach zusammen, daß die Bretter krachten« (VIII, 186). Als käme es angesichts dieser grauenvollen Demütigung noch darauf an, verweist der Erzähler auf die Tatsache, daß dieses »alberne Lied« eine unverhältnismäßig kunstvolle Wendung in der Klavierbegleitung aufweise, »ein plötzliches Kunststück der hohen Musik«, nach komplizierten Disharmonien ein unerwarteter *Übergang* von Cis-Dur nicht nach Fis-Dur, sondern nach F-Dur: »Es war eine vollkommen verblüffende Überrumpelung, eine jähe Berührung der Nerven, die den Rücken hinunterschauerte, es war ein Wunder, eine Enthüllung, eine in ihrer Plötzlichkeit fast grausame Entschleierung, ein Vorhang, der zerreißt.« (VIII, 185)

Was hat es auf sich mit dieser perversen Begebenheit, die auf den ersten Blick eher dem Milieu eines Heinrich Mann zu entstammen scheint? Handelt es sich um das nicht mehr überbietbare Schlußstück von Thomas Manns bizarrer »großer erotischer Konfession«, wie Klaus Harpprecht die frühen Erzählungen bezeichnet?[66] Fraglos gingen in diese Novelle diverse Ängste ein, namentlich vor dem Versagen, und regelrechte Haßgefühle, insbesondere auf die Frau, das Weibliche an sich. Aber als Erklärung für diese drastische Absonderlichkeit im frühen Werk Thomas Manns reicht dies nicht wirklich aus. Buchstäblich auf dem Spiel steht in LUISCHEN die Integrität der Kunst; denn der Erzähler verwendet betont viel Sorgfalt auf die Charakterisierung der unerwarteten Kunstleistung von Amras Geliebtem: großes Kunstmoment in F-Dur *contra* Tod eines zur Perversion getriebenen Rechtsanwalts – dieses verquere Verhältnis steht somit nicht minder als das Fatal-Erotische im Mittelpunkt von LUISCHEN. Es sollte nicht das letzte Mal sein, daß Thomas Mann letzte Dinge bewußt in einer Weise darstellte, die nicht nur seine Kritiker als ›das Letzte‹ im problematisch verwerflichen Sinne des Wortes zu bezeichnen Anlaß hatten.

Nach so viel pubertärer Erotik und Brünstigem, ob »entfleischt« oder nicht, mochte es der junge Thomas Mann als eine geradezu kathartische Aufgabe empfunden haben, etwas zu schreiben, in dem die »sexuelle Liebe« einmal keine Rolle spielte, wie die Redaktion des SIMPLICISSIMUS es in einer Ausschreibung forderte. Das

Ergebnis legte er in Form einer tagebuchartigen Novellette unter dem Titel DER TOD vor, womit er ausdrücklich das thematisierte, worauf auch seine übrigen Geschichten ausnahmslos zuliefen. Es handelte sich, der redaktionellen Vorgabe gemäß, um einen vom Eros emanzipierten Thanatos und einen vom Sexus befreiten Tod. Und vor den BUDDENBROOKS war es (überraschenderweise) der erste Text, der das Meer mit ins Spiel brachte.

Wer das Meer, wer Wellen sieht, wirklich sieht, wer seine Sinne und sein Denken auf ihren Rhythmus einstellt, betrachtet und reflektiert die Dinge immer auch aus der Ewigkeitsperspektive; nicht anders das Ich dieser diaristischen Skizze in den letzten Wochen seines Lebens, das »nur auf das Meer« achtet und aufgrund einer Prophezeiung genau zu wissen glaubt, daß er seinen »letzten Herbst« erlebe und am 12. Oktober zu sterben habe (VIII, 69). Dieses Ich will nicht, daß »Alltäglichkeit und Langeweile an meine letzten Tage rühre«. Dieser von seinen Nerven »gequälte« Aristokrat lebt allein mit seinem alten Bedienten und seiner zwölfjährigen kränkelnden Tochter Asuncion, deren portugiesische Mutter bei der Geburt starb. Der Text zelebriert geradezu dieses Wort: »Der letzte September!«, »der letzte Augenblick, der allerletzte« – er soll das Besondere bringen, »höchste Wollust« (Eros meldet sich hier doch einmal zu Wort), das Unerhörte. Die Pointe aber ist, daß am Vorabend des 12. Oktober seine Tochter einem Herzschlag erliegt, aus panischer Angst vor dem Tod ihres Vaters.

In tragisch-ironischer Gestalt zeigt sich das Letzte auch in der kleinen Novelle DER WEG ZUM FRIEDHOF, in der ein religiöser Eiferer mit dem unvergleichlichen, allen Ernst relativierenden Namen Lobgott Piepsam in heiligen Zorn über einen Radfahrer gerät, der von seinem hochmodernen Gefährt auch auf dem Kiesweg zu den letzten Ruhestätten nicht absteigen will und damit in Piepsams Augen die Pietät dieses Ortes entweiht. Piepsam bricht nach unausgesetzten Zornesausbrüchen über diese Freveltat zusammen, und was folgt, klingt nach Wilhelm Busch: »Er wurde auf das Brett gestreckt und hineingeschoben [in den Sanitätskarren, R. G.] wie ein Brot in den Backofen [...] Das alles ging mit großer Präzision, mit ein paar geübten Griffen, klipp und klapp, wie im Affentheater. Und dann fuhren sie Lobgott Piepsam von hinnen« (VIII, 196). Der junge Thomas Mann war in der Tat bei *der* satirischen Zeitschrift jener Jahre, dem SIMPLICISSIMUS, vorderhand gut aufgehoben.

»Nun will ich noch einmal singen/von Lust und Liebe und Mai,/und wenn die Saiten zerspringen,/dann ist das Ganze vorbei«, heißt es in einem in Heine-Manier verfaßten Gedicht Thomas Manns aus jener Zeit (DICHTERS TOD, VIII, 1104). Scherz, Ironie und tiefere Bedeutung bestimmten auch das selbstparodistische Gedicht MONOLOG (1899), das mit dem überraschenden Einbekenntnis beginnt: »Ich bin ein kindischer und schwacher Fant/ [...] Und dennoch regt die Hoffnung sich im Grunde,/Daß etwas, was ich dachte und empfand,/Mit Ruhm einst gehen wird von Mund zu Munde« (VIII, 1106). Man weiß, in welchem Ausmaß sich diese Hoffnung erfüllte. Wer früh auf Letztes setzt, darf offenbar auf baldigen Substanzgewinn hoffen.

THOMAS BUDDENBROOKS LETZTE LEKTÜRE

Welchen Gewinn der junge Thomas Mann dabei erzielte, sei am Beispiel einer zentralen Episode des vorletzten Teils der BUDDENBROOKS veranschaulicht, die den Senator Thomas Buddenbrook als Schopenhauer-Leser vorführt – ›zeigt‹ und ›entlarvt‹. Die ersten Kapitel des Zehnten Teils dieses Romans beschreiben, wie der Senator für die Lektüre Schopenhauers ›reif‹, um nicht zu sagen ›mürbe‹ wird; denn bis dahin wäre er ein eher unwahrscheinlicher Leser dieses Philosophen gewesen. Im wesentlichen handelt es sich nur um das Kapitel »Über den Tod und sein Verhältnis zur Unzerstörbarkeit unseres Wesens an sich« aus DIE WELT ALS WILLE UND VORSTELLUNG, das sich für ihn als eine nachgerade existentielle Lektüre erweisen wird. Sein Mürbe-Werden beginnt mit der Einsicht, daß seine »phantasievolle Schwungkraft« von einst, sein unternehmerischer Geist dahin seien. Es will ihm nicht mehr gelingen, »im Spiele zu arbeiten und mit der Arbeit zu spielen« (I, 610). Frische, Spannkraft, Humor und »guter Mut« für ein solches Spielen scheinen ihm abhanden gekommen. Diese Selbsterkenntnis beginnt wie ein langsam wirkendes Gift seinen Willen zu lähmen. Zwar schauspielert er gelegentlich noch, indem er die Rolle des lübeckischen Senators und Geschäftsmannes ausfüllt, aber es ist ihm mehr und mehr nach, wenn nicht Verneinung, so doch Stillegung dieses Willens zumute. Der Erzähler fordert dazu auf, dies ganz wörtlich zu verstehen: »Nur ein Wunsch erfüllte ihn [Thomas Buddenbrook] dann: dieser matten Verzweiflung nachzugeben, sich davonzustehlen und zu Hause seinen Kopf auf ein kühles Kissen zu legen.« (I, 615) Noch liest er dabei nicht; dafür betrachtet er lange und immer länger melancholisch, Verhängnisvolles ahnend, seinen kleinen Sohn Hanno; man könnte sagen, er lese in dessen Wesen wie in einem Buch die Zeichen und Symptome des Verfalls.

Diese Welt gleicht jener Vorstellung von Spätheit, Verfall und Ende, wie sie etwa Herman Bang in seinem Roman HOFFNUNGSLOSE GESCHLECHTER von 1880 (deutsche Erstausgabe 1890) entworfen hatte. Die Vergeblichkeit von Willensanstrengungen plagt auch den Protagonisten von Bangs Roman, William Hög: Er »hatte sich selbst gezwungen, gesund zu sein [...] Er hatte sich selbst betrogen, – sich betrogen und es gewußt.«[67]

Auch zu weiten Reisen reicht Thomas Buddenbrooks Willenskraft nicht mehr. Statt dessen vier Wochen Sommerfrische im nahegelegenen Travemünde.[68] Das Resümee dieses Aufenthalts erweist sich als ein weiterer Schritt in Richtung unverhoffter, schicksalhafter Schopenhauer-Lektüre: »[...] wenn man mit diesem Badeaufenthalt den Zweck verfolgt hatte, ihn härter, energischer, frischer und widerstandsfähiger zu machen, so war man jämmerlich fehlgegangen; von dieser hoffnungslosen Wahrheit war er ganz erfüllt. Sein Herz war durch diese vier Wochen voll Meeresandacht und eingehegtem Frieden nur noch viel weicher, verwöhnter, träumerischer, empfindlicher geworden [...]« (I, 636)

Der letzte den Senator auf die Schopenhauer-Lektüre vorbereitende Erzählschritt vollzieht sich durch das Erscheinen des Herrn von Throta, ein Musiker und Galan dazu, der mit der Senatorin musiziert »und nicht nur musizierte« (I, 647), wie Buddenbrook im Nebenzimmer und ganz Lübeck auf offener Straße mutmaßten: Die Musik, für die Buddenbrook eigentlich kein Organ hat, läßt ihn doch spüren, was an Gefährlichkeit in ihr und ihren »aufwogenden Harmonien« lauere, eine quasi toxische Wirkung vergleichbar jener, die dann auch von seiner philosophischen Lektüre auf ihn ausgehen wird.

Zuletzt bricht sie in Buddenbrook durch, die »Hast und Furcht nach der Wahrheit zu suchen, die es irgendwo für ihn geben mußte ...« (I, 653). Es treibt ihn um in Haus und Kontor, das er »zum Erstaunen des Personals« jetzt mitten in der Arbeitszeit verlassen konnte, um sich im Garten zu ergehen. Und dort, im Pavillon, ist der Ort, wo Buddenbrook zum Schopenhauer-Leser wird. Den Band, vor Jahr und Tag »zu einem Gelegenheitspreise achtlos erstanden«, hatte er vor sich und den anderen wie ein anrüchiges Buch seinerzeit »in einem tiefen Winkel des Bücherschranks, hinter stattlichen Bänden versteckt.« (I, 654) Als Buch gehörte es nicht zu den repräsentativen Vorzeigeausgaben im großbürgerlichen Bücherschrank; dieser (nur) zweite Teil »eines berühmten metaphysischen Systems« war auf »dünnem und gelblichem Papier schlecht gedruckt und schlecht geheftet« (ebd.).

Der dem Tode bereits anheimgegebene Schopenhauer-Leser Buddenbrook liest jedoch, da in solcher Lektüre ungeübt, ohne die philosophischen Dimensionen des Textes genau zu verstehen. Er liest gleichsam über seine Verhältnisse; was er aufnimmt, er weiß es, »ist zu viel für mein Bürgerhirn« (I, 655). Und dennoch läßt er nicht ab von diesem Buch. Zu seiner eigenen Überraschung fesselt ihn diese Lektüre mehr als sinnliches denn intellektuelles Ereignis:

»Aber gerade der Wechsel von Licht und Finsternis, von dumpfer Verständnislosigkeit, vagem Ahnen und plötzlicher Hellsicht hielt ihn in Atem, und die Stunden schwanden, ohne daß er vom Buche aufgeblickt oder auch nur seine Stellung im Stuhle verändert hätte.« (I, 654)

›Stuhl‹ und Ambiente, von einem kleinen Schaukelstuhl aus gelbem Rohr ist die Rede, erinnern an das Ostseebad an der Trave und damit an das Entgrenzende der »Meeresandacht«, die sich in der Mengstraße in »wachsende Ergriffenheit« bei der Schopenhauer-Lektüre verwandelt hat.

Was nun löst diese gewissermaßen anti-hermeneutische Lektüre in Buddenbrook aus? Eine ganze Serie von in sich kreisenden pseudo-philosophischen Phantasien, die das Ausmaß seines Nichtverstehens illustrieren. Er reduziert das große Todes-Kapitel Schopenhauers auf die trügerische Augenblicksgewißheit »Ich werde leben!« (I, 656), wobei es ihm später aber nicht mehr gelingt, die Lektüre dieses Buches wieder aufzunehmen. Statt dessen erhält das Dienstmädchen eines Tages Anweisung, das Buch aus dem Pavillon zu holen und »in den Bücherschrank zu stellen« – immerhin verstecken muß er es nun nicht länger.

Der Leser Buddenbrook gerät zur tragikomischen Figur. Als Typus vertritt er den hilflosen Rezipienten, den der Lektüre Ausgelieferten, der nur hoffen kann, von seinem überwältigenden Leseeindruck irgendwie wieder loszukommen oder ihm – wie im Falle des Senators – mit tödlichen Konsequenzen zu erliegen. Genauer gesagt: Indem der Senator Schopenhauer las, unterlief er seine bis dahin mühsam gespielten Rollen. Verborgen bleibt ihm dagegen, daß er damit vollzieht, was Schopenhauer der Subjektivität der Kunst zugeschrieben hatte, nämlich ihr die Konventionen unterlaufendes, auf die Revolvierung, wenn nicht gar Revolutionierung des Inneren zielendes Vermögen.

Ironischer Reiz des Verfalls – in diesem Fall der Fähigkeit zu eingehender Lektüre: Eben das gehört zum Verständnis finaler Zustände beim frühen Thomas Mann. Der novellistische Kunstgewinn, der sich aus der Darstellung dieses Reizes ergibt, schlug beträchtlich zu Buche. Auch dafür mußten der Senator und sein kleiner Sohn sterben.

DER TOD, EIN MEISTER DER KUNST: IN VENEDIG UND ANDERSWO

»Das Letzte und Beste, was sie [die Literatur, R. G.] mich zu lehren vermag, ist dies: den Tod als eine Möglichkeit aufzufassen, zu ihrem Gegentheil, zum *Leben* zu gelangen.«[69] Diese Bemerkung vom Februar 1901 eröffnet eine ganze Reihe von Überlegungen Thomas Manns zum Themenkreis ›Tod und Kunst‹, die nachträglich reflektieren, was er in seiner Prosa erzählerisch bereits zu entwickeln begonnen hatte. In der Folgezeit verstärkte er den bekenntnishaften Ton seiner diesbetreffenden Äußerungen. So schreibt er zur Jahreswende 1914/15, also im ersten Kriegsjahr, an Kurt Martens: »Aber wie ich nun einmal bin, werde ich der Mahnung[,] für das Leben gegen den Tod als Künstler Partei zu nehmen[,] nie folgen können [...] Schließlich sind Tod und Leben nur ästhetisch ein Gegensatz. Religiös sind sie Eins – dasselbe Mysterium« (Br I, 115f.). Zu diesem Zeitpunkt hatte er freilich die ›religiöse‹ Einheit von Tod und Leben längst ins Künstlerische übersetzt, insbesondere in der Novelle DER TOD IN VENEDIG. Im September 1915 gibt er in einem Brief kokettierend zu Protokoll, daß er diese Novelle »fast vergessen« habe. Erinnerlich sei ihm aber dieses: Als Geschichte handele sie hauptsächlich »vom Tode und zwar vom Tode als einer verführerischen, widersittlichen Macht«; sie sei eine »Geschichte von der Wollust des Unterganges«, aber auch von der »Künstlerwürde« und der »Tragödie des Meistertums« (Br. I, 123).

Noch deutlicher äußerte er sich im März 1917: »Der Tod und die geistliche Stimmung, die er erzeugt, war mir von jeher auf besondere Art anziehend und vertraut, meine Bücher handeln eigentlich nur von ihm, und wenn ich nicht Schriftsteller geworden wäre, so hätte ich, glaube ich, ganz gut Geistlicher werden können. Dazu ist nicht so sehr irgendwelche Gläubigkeit notwendig, sondern nur, oder doch hauptsächlich, eine bestimmte Grundstimmung, ein Sich daheim fühlen in der ethischen Atmosphäre von ›Kreuz, Tod und Gruft‹.« (Br I, 134)

Eine erstaunliche Auffassung vom geistlichen Stand! Aber mit dieser Wendung hatte Thomas Mann eines seiner wichtigsten von Nietzsche entlehnten Leitmotive benannt. Denn diese Wendung findet sich in einem Brief des jungen Nietzsche vom 8. Oktober 1868, in dem er bekennt: »Mir behagt an Wagner, was mir an Schopenhauer behagt, die ethische Luft, der faustische Duft, Kreuz, Tod und Gruft etc.«[70] Es ist eine Welt, die Thomas Mann gerade im Frühjahr 1917 auch in Hans Pfitzners Oper PALESTRINA fand und als »eine Apotheose der Musik selbst« bezeichnete (Br I, 135).

Was er aber mit diesen Äußerungen umkreiste, war das Thema ›Tod‹ als erzählerisches, als ästhetisches Problem. Aus der Sicht des ironischen Schriftstellers Thomas Mann bedeutete das die Herausforderung, sich dem Tod als dem unweigerlich Eindeutigen durch das von ihm stets bejahte Zweideutige, Ambivalente, mit *seiner* Auffassung von Kunst eben, zu nähern.

Damit stand er – ihm damals wohl nicht bewußt – in unmittelbarer Nähe zu Gotthold Ephraim Lessings großem Schlußwort zu seiner Studie WIE DIE ALTEN DEN TOD GEBILDET (1769), auf die sich Thomas Mann explizit erst im Jahre 1929 aus Anlaß seines Essays ZU LESSINGS GEDÄCHTNIS beziehen wird (X, 254). Lessing hatte darauf aufmerksam gemacht, daß die ›Alten‹, die Griechen und Lateiner, je zwei Worte für den Tod kannten: Ker und Thanatos, beziehungsweise Lethum und Mors, wobei Ker und Lethum für die Sterbensarten, Thanatos und Mors für den Tod an sich standen.[71] Lessings in dieser Hinsicht entscheidender Satz lautet: »Nur die mißverstandene Religion kann uns von dem Schönen entfernen: und es ist ein Beweis für die wahre, für die richtig verstandene wahre Religion, wenn sie uns überall auf das Schöne zurückbringt«[72] – also auch bei letzten Dingen und der Darstellung des Todes, die Lessing lieber durch Todesengel als durch »Gerippe« erreicht sah. Von klein auf hatte Thomas Mann freilich Engelsgestalten mit Totenköpfen vor Augen, in der Kirche zu St. Marien in Lübeck nämlich.

Ausdrücklich bekannte sich dagegen Thomas Mann schon Jahre vor der Arbeit am TOD IN VENEDIG zu den »Todesversen« des Barockdichters Johann Christian Günther. Die im Jahre 1908 erschienene Habilitationsschrift von Philipp Witkop DIE NEUERE DEUTSCHE LYRIK hatte ihm Günther nahegebracht. Diesem jungen Germanisten gestand Thomas Mann, daß ihn »selten oder nie Gedrucktes so ergriffen« habe wie eben diese Verse Günthers. Es lohnt, sie sich vor Augen zu führen, da sie Thomas Mann wie ein Seelenspiegel aufgenommen zu haben scheint:

Dein armer Dichter kommt schon wieder
Und fällt mit seiner Bürde nieder
Und sieht dich, weil er sonst nichts kann,
Mit Augen voller Schwermut an.

Er hat kein Blut mehr zu den Tränen
Und kann vor Schwachheit nicht mehr schrein –
Mein Heiland laß das stumme Sehnen
Ein Opfer um Erbarmung sein.[73]

Diese resignativ-melancholische, ins Religiöse mündende Stimmung erwies sich für Thomas Mann jedoch nicht als Endergebnis künstlerischer Bemühungen (wie für Günther am Ende seines Lebens); sie bildete zumeist – mit ironischen Brechungen – ihren Ausgangspunkt. Tod und Ironie, Thomas Mann hatte diesen seltsamsten Grundakkord seines Schaffens bis zur Neige variierend ausgekostet. Die ›Beziehung‹, das Beziehungsreiche zwischen beiden, in seinem LEBENSABRISS (1930) gestand er seine Liebe zu diesem Wort, mag bereits erkennbar gewesen sein in jenem seit 1933 verschollenen »römischen Bilderbuch«, das Heinrich und Thomas Mann im Winter 1896/97 in Rom zur Konfirmation ihrer »lachlustigen« Schwester Carla gemeinsam verfaßt hatten, jener Carla, deren Mädchenzimmer ein Totenschädel namens ›Nathanael‹ zierte. In ihm bewahrte sie, die glücklose Schauspielerin, Gift auf, mit dem sie sich Ende Juli 1910 das Leben nahm. Einen »Verrat an der geschwisterlichen Gemeinschaft« sollte Thomas Mann den Freitod der Schwester nennen (XI, 121); und er empfand die Gemeinschaft gegenüber »den Wirklichkeiten des Lebens«, denen er einen »todernsten Charakter« zuschrieb, »im letzten als ironisch übergeordnet« (ebd.). Man kann in diesem

Hinweis auf die Ironie eine »Verlegenheitsformel« sehen, die Thomas Mann »mit inflationistischer Bedenkenlosigkeit prompt bemühte, wenn Widersprüche, Ungereimtheiten, Zweifel an sich selbst, vor allem aber die Distanz zum Leben anderer Menschenkinder zu überdecken waren.«[74] Denn es fällt auf, daß Thomas Mann auf den Suizid seiner Schwester Carla und jenen seines ältesten Sohnes, Klaus Mann, ähnlich *gekränkt* reagierte. Aber die ironische Seite seiner Reaktion auf tragische Vorkommnisse selbst dieser Tragweite war wohl Voraussetzung ihrer produktiven Verarbeitung und der darin sich vollziehenden Verwandlung von Wirklichkeit. Die Erschütterung durch Carlas Suizid wurde letztlich mit zum Nährboden für den TOD IN VENEDIG, ebenso wie der Suizid seines Ältesten in den Roman DER ERWÄHLTE Eingang fand, wie Adorno ihm, sehr zu des Schriftstellers Irritation, brieflich bescheinigte; er nannte den Roman, worauf noch einzugehen sein wird, ein »Requiem für Klaus«, was Thomas Mann gerade deswegen so befremdete, weil er sich durch diese Bemerkung ›entdeckt‹ fühlte.[75]

»Todesromantik plus Lebensja«, so hatte Thomas Mann in einem Brief an Ernst Bertram einmal den Sinn seines ZAUBERBERG-Projekts charakterisiert (Br I, 151). Beides lag als Erfahrung auch dem TOD IN VENEDIG zugrunde. Denn nur wenige Wochen vor Carlas exekutierter ›Todesromantik‹ wurde Thomas Manns viertes Kind, Monika, geboren. Diese unergründliche Nähe von Lust und Tod hatte in satirischer Überzeichnung Heinrich Mann sehr zum Mißfallen seines Bruders Thomas in seinem 1903 erschienenen Roman DIE JAGD NACH LIEBE vorgeführt. In dieser epischen, von kitschigen Elementen nicht freien Satire auf die Schwabinger Bohème um 1900 wähnt sich eine vor Sinnlichkeit berstende, aber stets am Rande der Künstlichkeit agierende Bühnenkünstlerin dann auf dem Höhepunkt ihrer Kunst, als sie ihrem ihr restlos verfallenen Liebhaber erst in dessen finalem Stadium ihre Liebe gesteht. Der Kunstakt wird zur Parodie des Geschlechtsaktes und umgekehrt: die Halbseidene verführt einen Halbtoten.

Sublimierter, kunstvoller, subtiler natürlich, was Thomas Mann unter dieser Summe aus Todesromantik und Lebensja verstand. Und eigentümlich genug, was er in dieser Hinsicht allein in

München um 1910 im (weiteren) Vorfeld seiner Arbeit am TOD IN VENEDIG aufnehmen konnte. Ein ›Lebensja‹ geradezu im Übermaß, und das einmal ganz ohne Todesromantik, erlebte Thomas Mann bei der Münchner Uraufführung der VIII. Symphonie von Gustav Mahler am 12. September 1908. Mahlers mit der Vertonung von Hrabanus Maurus frühmittelalterlichem Pfingsthymnus »Veni, creator spiritus« einsetzendem symphonischen Bekenntnis zum Leben, das im zweiten Teil mit der musikalischen Umsetzung der Anachoretenszene, der Schlußszene aus Goethes FAUST II, dieses Ja zum Leben in einer in der Musik bis dahin nie gehörten Weise noch zu steigern vermochte, dieses Bekenntnis wird nicht einmal im ›Adagissimo‹ der Achten relativiert, das nur zum Schein das todesmystisch-transzendierende Adagietto des vierten Satzes seiner V. Symphonie zitiert. Wie man weiß, war für Thomas Mann das Erlebnis von Mahlers VIII. Symphonie tiefgreifend, und sie mochte noch als Gegenstück zu jenen bulletinartigen Berichten in ihm nachgeklungen haben, die er auf der Insel Brioni im Frühsommer 1911 in der Wiener Presse über die letzten Stunden des Komponisten gelesen hatte (Br I, 185).[76] Doch selbst nach diesem Erlebnis und seiner ersten und einzigen persönlichen Begegnung mit Mahler versagte sich Thomas Mann eine ironische Schlußpointe nicht. Als Gegengabe schickte er Mahler, den er die Verkörperung des »ernstesten und heiligsten künstlerischen Willens unserer Zeit« nannte, seinen soeben erschienenen »epischen Scherz«, den Roman KÖNIGLICHE HOHEIT (Br I, 88).

Mit Mahlers Tod muß Thomas Mann im Jahre 1911 eben diesen besonderen Kunstwillen für erloschen gehalten haben. Nicht zufällig charakterisierte diese künstlerische Willensleistung seinen Gustav von Aschenbach, diesen von Durchhaltewillen beseelten, von ihm aber auch »überbürdeten« Künstler, dessen Selbststeigerungsprogramm in der Atmosphäre Venedigs in Selbstauflösung umschlagen sollte.

Als Thomas Mann am TOD IN VENEDIG schrieb, erschien in München bei Albert Langen ein Pamphlet von Victor Auburtin mit dem Titel »Die Kunst stirbt«. Auburtin beklagt darin den Mangel an wirklichem Avantgarde-Bewußtsein unter den Künstlern –

und das trotz der »Neuen Künstlervereinigung« und des »Blauen Reiter«. Kunst sterbe, so Auburtin, »weil der Boden, den sie braucht, verbaut wurde, der Boden der Naivität und des Wahnes …«.[77] Nicht daß Thomas Mann diese Art Nährboden für seine Kunst gesucht hätte. Überhaupt fällt auf, wie wenig er von der Avantgarde in der bildenden Kunst in seiner Stadt München wahrgenommen hat – keinen Franz Marc, keinen Wassily Kandinsky, keinen Jawlensky.[78] Nur durch seine Bekanntschaft mit Alfred Kubin stand er in leichter Berührung mit dem bildkünstlerischen Modernismus seiner Zeit. Dessen »unheimliche und laszive Graphik« habe ihn »sehr erschüttert«, bekennt er im LEBENSABRISS (XI, 108). Freilich: Thomas Manns spätes Bekenntnis zum Surrealen, auch von ihm soll noch die Rede sein, mag in seiner Offenheit für Kubins unheimliche Bildkunst seine Wurzeln haben.

Auburtin hatte eine neue »künstlerische Idee« gefordert, »künstlerischen Stil« nebst »revoltierender Jugend«. Thomas Mann bot anderes: keine sterbende Kunst, sondern Todeskunst, das Sterben Aschenbachs als ästhetischen Akt, neuen Klassizismus als Stil in Gestalt einer daktylisch-hexametrisch rhythmisierten Prosa und eine Revolte in Gestalt eines bürgerlichen Künstlers, dessen Ende ganz und gar unbürgerlich geriet, von Thanatos geweihte Homoerotik. Etwas Mahler, etwas Schwester Carla (ihr viel bezeugtes Lächeln mochte sich in jenem Tadzios spiegeln), etwas Thomas Mann selbst. Die Grundfrage in jener Novelle lautete: Kann die Kunst den Tod meistern, oder bleibt der Tod auch der Meister der Kunst?

Was triumphiert hier: Wille oder Untergang? Ethos oder Mythos? Glaubt man den Selbstkommentaren Thomas Manns, so war es ihm im TOD IN VENEDIG in der Hauptsache um »ein Gleichgewicht von Sinnlichkeit und Sittlichkeit« (Br I, 176) nach dem Modell von Goethes WAHLVERWANDTSCHAFTEN gegangen, die er während der Arbeit an dieser Schlüsselnovelle gleich »fünf Mal gelesen« habe. Zur Erklärung dieses ›Gleichgewichts‹ verwies Thomas Mann auf seinen poetologischen »Vorsatz« zu seiner Hexameter-Idylle GESANG VOM KINDCHEN (1919), in dem von einem einstigen »höheren Rausch« die Rede ist, den ein »versachlichend Mühen«, ein »kältend Bemeistern« schließlich unter formende Kontrolle gebracht habe: »Siehe, es ward dir das *trunkene* Lied zur *sittlichen* Fabel.« (VIII, 1069; m. Hervorh.)[79] Er hätte auch auf andere Stellen in jenem dem revolutionären Treiben in München abgerungenen GESANG VOM KINDCHEN verweisen können, um zu umschreiben, worum es ihm im TOD IN VENEDIG hauptsächlich gegangen war: Eine träumerische Wirklichkeit darzustellen, die »aus Schönheit und Sehnsucht« (VIII, 1071) entsprang. Und was die Form (nicht nur, aber besonders) dieser Novelle anging, so liefert ein anderes Wort aus dem GESANG den Schlüssel: »Denn *Gewissen* schien immer mir Sinn und Sache der Prosa:/Das Gewissen des Herzens und das des verfeinerten Ohres./Ja, sie schien mir Moral und Musik, – so übt' ich sie immer.« (VIII, 1068; Hervorh. i. Orig.)

Was nun die ›Beziehung‹ von Schönheit und Sehnsucht angeht, zwischen Geist und Leben, Intellektualität und Sinnlichkeit, so sieht sie sich bestimmt von dem, was Thomas Mann als »erotische Ironie«, bezeichnete (Br I, 179), als »berauschende Illusion der Vereinigung« und »ewige Spannung ohne Lösung«.[80] Kommt hierzu noch die Faszination des Krankhaften, die *geistige* Anziehungskraft, die vom Pathologischen ausgehen kann und auf Thomas Mann ausging, wie er in einem Brief an den Graphiker Wolfgang Born vom 18. März 1921 bekannte, der Illustrationen (»graphische Phantasien«) zum TOD IN VENEDIG geschaffen hatte, gesellt sich also zur erotischen Ironie der Kultus des Verfalls, dann komplettiert sich die Szenerie eines fortwährenden Abschieds vom konventionell Erfahrbaren, dessen symbolischste Kulisse ›Venedig‹ heißt.

LETZTES AM LIDO

Die Novelle TOD IN VENEDIG handelt vom Umgang mit letzten Fragen. Beides, diese Fragen wie auch der Umgang mit ihnen, stellt sie als ästhetisches Ereignis dar. Man könnte auch sagen, die Novelle behaupte, daß letzte Fragen nur gerechtfertigt sind, wenn sie sich als ästhetische stellen und auf ästhetische Art und Weise gestellt werden. Gemeinhin liest man den TOD IN VENEDIG als novellistische Illustration von Platens Vers »Wer die Schönheit angeschaut mit Augen,/Ist dem Tode schon anheimgegeben«. Die Novelle ließe sich jedoch auch als das Gegenstück zu Schillers Elegie NÄNIE lesen, als ironisch-ernstes Spiel mit deren Motiven. Aus dem berühmten Anfang der Elegie »Auch das Schöne muß sterben!«[81] wird in der Novelle ein »Das Schöne muß beinahe sterben«, dann nämlich, als Tadzio, die Aschenbach betörende Verkörperung des Schönen im Kampf mit dem schwarzen Jaschu, zu ersticken droht. Jaschu entspricht dem »Eber« der Elegie Schillers, der den »zierlichen Leib« des »schönen Knaben grausam« verletzt. Wie in der Elegie spielen sich die entscheidenden Schlußszenen in der Novelle auf der »Schwelle« zwischen Land und Meer ab, am Strand, im Zwischenreich. (Heißt es in der Elegie: »Und an der Schwelle noch, streng, rief er [der Schattenbeherrscher] zurück sein Geschenk [den schönen Knaben]«, lesen wir in der Novelle: »Der Schauende dort saß, wie er einst gesessen, als zuerst, von jener Schwelle zurückgesandt, dieser dämmergraue Blick dem seinen begegnet war.«) Anders als in der Elegie stirbt in der Novelle jedoch der Betrachter des Schönen. Tröstet die Elegie Schillers mit der Hoffnung darauf, ein »Klaglied zu sein im Mund der Geliebten«, so kann Aschenbach, der Schauende, nur darauf hoffen, sterbend im Blickfeld des Geliebten zu bleiben.

Wer das Schöne sieht, glaubt sich dem Weg ins Jenseitige auf der Spur. Aschenbach hat das Gefühl, im Zusammenspiel von Meeresstimmung, Strandszene und der Gestalt Tadzios die *Natur* des Schönen wahrzunehmen, zu erfassen, »zu begreifen« (VIII, 490), ihr geistig *und* sinnlich nahe zu kommen. Als ihn dann das Verlangen überkommt zu schreiben, soll sein Schreiben zum Ebenbild Tadzios werden; sein Stil soll »den Linien dieses Körpers folgen« (VIII, 492). Im Wort des alternden Künstlers könne dann Eros selbst spürbar anwesend sein. Doch diese Hochstimmung hält nicht an: Tadzio »war schöner, als es sich sagen läßt, und Aschenbach empfand wie schon oftmals mit Schmerzen, daß das Wort die sinnliche Schönheit nur zu preisen, nicht wiederzugeben vermag.« (VIII, 498) Doch entsteht aus diesem Empfinden keine eigentliche Sprachkritik, die um 1910 längst Essenz der literarischen Moderne geworden war. Überhaupt fällt bei Thomas

Mann ein fundamentales Vertrauen in die Sprache auf; und so gesehen, bedeutete die Anwesenheit des »Eros im Wort« auch eine Liebe zur Sprache. In seinem bereits zitierten Brief an Wolfgang Born vom März 1921 äußert sich Thomas Mann entsprechend zufrieden darüber, daß *seine* Sprache im TOD IN VENEDIG dem Zeichner ohne weiteres eine Vorlage liefern konnte: »Aber da Sie, der Künstler, auf mein Wort hin das Individuelle trafen, so muß also die Sprache nicht nur in unmittelbarer Wirkung von Mensch zu Mensch, sondern auch als literarisches Kunstmittel Kräfte der ›Intration‹, suggestive Kräfte bewähren können, die eine Übertragung der Anschauung ermöglichen.« (Br I, 185) Anlaß für Thomas Manns Genugtuung war seine Schilderung Gustav Aschenbachs, die den Zeichner Born in seiner letzten, mit »Tod« betitelten Illustration dazu anregte, ein Gesicht zu zeichnen, das jenem Gustav Mahlers verblüffend ähnelte, der ja tatsächlich, was Born nicht wissen konnte, Thomas Mann als ›Vorlage‹ gedient hatte.

Den Versuch einer Antwort auf letzte Fragen, ein Zeugnis »seltsamer Traumlogik«, spricht Aschenbach mit »halb schlummerndem Hirn« am Rande der Selbstauflösung vor sich hin (VIII, 521). Eine Phaidros-Phantasie entsteht, voller Selbstkritik und – überraschender – Zweifel an seinem eigenen Wirken: »Die Meisterhaltung unseres Stiles ist Lüge und Narrentum, unser Ruhm und Ehrenstand eine Posse, das Vertrauen der Menge zu uns höchst lächerlich, Volks- und Jugenderziehung durch die Kunst ein gewagtes, zu verbietendes Unternehmen. Denn wie sollte wohl der zum Erzieher taugen, dem eine unverbesserliche und natürliche Richtung zum Abgrunde eingeboren ist?« (VIII, 522) In der Kunst sieht Aschenbach ein mühevoll errichtetes Scheingebilde, das den Abgrund verdecken soll. Bei Schiller, in SPRÜCHE DES KONFUZIUS, hieß es noch »Und im Abgrund wohnt die Wahrheit«[82]; die Frage nach dem Wahren kommt Aschenbach erst gar nicht.

Er folgt nur Zeichen, Winken, bloßen Blickkontakten, wie er ja auch die Reise von München nach Venedig nur deswegen antrat, weil er einem Fremden, einem skurrilen Wanderer am Nördlichen Friedhof begegnet war, der in ihm ein Verlangen nach

Ferne ausgelöst, der ihn mit einem solchen Verlangen infiziert hatte.

Als wahr gilt Aschenbach nur das, was er in irgendeiner Weise wahrnimmt, sei es ein Gefühl oder Gedanke, ein Traumbild oder Gerücht. Der Erzähler der Novelle bezeichnet es als »Glück des Schriftstellers«, daß ein Gedanke ganz Gefühl, ein Gefühl ganz Gedanke zu werden vermöge (VIII, 492). Glück, aber – im Falle Aschenbachs – auch Verhängnis, da er am Ende nicht mehr zwischen beiden zu unterscheiden weiß.

Sucht man im Werk Thomas Manns nach einer essayistischen Entsprechung zum TOD IN VENEDIG, dann findet man sie in einem späten Versuch mit dem Titel DIE EROTIK MICHELANGELO's (1950). Es wäre nicht verfehlt, hierbei von einer späten Übersetzung der Venedig-Novelle ins gerafft Essayistische zu sprechen. Anlaß für diesen Essay war die von Hans Mühlstein besorgte zweisprachige Ausgabe der Gedichte Michelangelos, von denen der späte Thomas Mann schreibt, daß sie ihn dank ihrer »Aufgewühltheit«, gar »verzweifelten Gefühlsmacht tief ergriffen« hätten (IX, 783). Er reagiert auf diese Gedichte (für die Dauer der Lektüre und der Rezension, die er sogleich verfaßte), wie er einst auf Platens Lyrik, wie Aschenbach auf Tadzio und Michelangelo auf Vittoria Colonna und Tommaso Cavalieri reagiert hatte: enthusiasmiert, verstört, getroffen, von Herzen dankbar. Die ganze aus dem TOD IN VENEDIG bekannte Motivkette taucht in dieser essayistischen Besprechung wieder auf, wenn auch konzentrierter, womöglich dringlicher: eine Sinnlichkeit, die sich als »transzendente Sehnsucht« deutet, »Verliebtheit in das Bild, das Lebendig-Schöne, den Menschenreiz«, Leiden am Schönen, »noch im weißen Scheitel«, im Alter also, »Narr der Liebe« zu werden (IX, 785). Selbst der »Abgrund« in der (ästhetischen) Liebeserfahrung, Aschenbachs finale Einsicht, kehrt wieder. Jetzt nennt Thomas Mann ihn präziser den »schroffen Abgrund, der zwischen Aug' und Seele gähnt« (IX, 787). Zwischen sinnlicher Wahrnehmung und psychologischer Verarbeitung, geschweige ihrer künstlerischen Umsetzung oder Verwandlung, scheinen zunehmend Welten zu liegen. Am Ende droht – nicht nur bei Michelangelo – die Erfahrung unaufhebbarer Inkompatibilität, ein Leben, ein Ausharren eher, in Unvereinbarkeiten. Was Thomas Manns Leistungsethiker Aschenbach in Venedig an Verfallssymptomen wahrnahm, das Erkranken dieser künstlichen Stadtwelt, erfährt Michelangelo in seiner eigenen Wohnung; und Thomas Mann übersetzt eines der spätesten, fürwahr erschütternden Gedichte Michelangelos, eine grausige Vorwegnahme der Matratzengruft-Gedichte Heines, in seine schonungslos deutliche Sprache. Diese römische Wohnung des Künstlers war ein »Loch, um das Menschenkot lagert, Tierkadaver in Urinflüssen verfaulen, und worin der abgerissene Alte, ein Schreckgespenst sich selbst, schwer hustend und schlaflos vor Ohrensausen und katarrhalischem Keuchen seine Tage und Nächte verbringt« (IX, 792). Es gehört nicht viel psychologischer Scharfsinn dazu, um festzustellen, daß Thomas Manns eigener Hygiene-Kult, dessen diverse Aspekte das Tagebuch wie jede Lektüre oder Arbeitsphase genau vermerkt, seiner Grundangst vor eben jener Art physischem Verfall praktisch und symbolisch entgegenwirken sollte. Was für Aschenbach, was für Thomas Mann selbst galt, fand er in Michelangelo wieder: eine »Zusammengehörigkeit von Verfallenheit an das Schöne, Verliebtheit und Produktivität« (IX, 793), dieses Weibliche, das er im Männlichen sah, das Männliche im Weiblichen, die androgyne Bedingung *wahren* Schaffens, die Thomas Mann beim Betrachten der »wundersamen Zeichnung« des *alten* Michelangelo von seiner Colonna wiedererkennt, in deren Zügen jene des geliebten Tommaso eingearbeitet scheinen, wodurch eine »ungeheure Sinnlichkeit« erreicht werde, mit der jedoch letztlich die »Übersinnlichkeit seiner Erotik« verknüpft sei (IX, 791).

Es gibt ihn, diesen Eros des Letzten, den Eros des Endes, der die Spätphase der eigenen Lebenszeit verklären kann. Wie man es von Thomas Mann erwarten würde, schließt er seine Betrachtung zu den Gedichten Michelangelos mit dessen Bekenntnis zum Wort: »Nel vostro fiato son le mie parole« – In Eurem Atem bildet sich mein Wort. Es ist der Atem des Eros, der beiden bis zuletzt Sprache verlieh.

Das vierte und fünfte Kapitel des Tod in Venedig liefern eine oft besprochene geistige Erotik des Sterbens; genauer: Der sterbende Aschenbach wird von einem sich vergeistigenden Eros heimgesucht. Verfeinerung dieser Art ist in unserer Zeit der Vergröberung kaum zu erwarten. Was Louis Begley in seinem Roman MISTLERS ABSCHIED (1998), einer zeitgenössischen Version von Thomas Manns Novelle, bietet, ist bis auf die letzten drei Seiten plakativ krude Sinnlichkeit, der sich der krebskranke, übererfolgreiche Werbefachmann Thomas Mistler auf seiner letzten Reise nach Venedig in der Erinnerung, in seiner teuren Hotel-Suite und als Voyeur auf dem Vaporetto hingibt (»Ficken ist die Schubkraft, die die Welt bewegt.«[83]). Der Schluß besteht aus einer Verbeugung vor Thomas Mann und Gustav Aschenbach: Thomas Mistler ersteht ein Boot, schwarz lackiert, denn der frühere, inzwischen verstorbene Eigner »wollte es schwarz haben, wie eine Gondel«.[84] Der Bootsbauer, eine Art Charon, verfügt über »glühende Augen«, die sich besonders wirkungsvoll von seinem dunklen Zimmer abheben, in dem die Transaktion getätigt wird. »Mistler hatte seinen Obolus entrichtet.«[85] Lethe wartet auf ihn. Von Thomas Manns Novelle TOD IN VENEDIG zu Benjamin Brittens Quartett gleichen Titels, von Viscontis Verfilmung bis zu Begleys Roman – so wird aus gehaltvoll Letztem zunehmend das Letzte an knallbunter Abgeschmacktheit.

ALPINER TODESZAUBER

Die Finalität des TOD IN VENEDIG bezeichnet im vom Todeszauber und der »Symphatie mit dem Tode« durchdrungenen Werk Thomas Manns freilich nur eine Durchgangsstation auf dem Wege zu einer umfassenden Erkundung des Lethalen in der Kultur. In der Geographie der Todeszonen kommt dem ZAUBERBERG-Roman eine herausgehobene Stellung zu. Die alpine Todeswelt ist das unmittelbare Gegenstück zur schwülen, vergifteten Serenissima. Rilkes Malte und dessen Kommentar über die Pariser Hospitäler nur leicht abwandelnd, möchte man über das Davoser Sanatorium »Berghof« im ZAUBERBERG sagen: So, also hierher kommen die Leute, um zu gesunden, ich würde eher meinen, es stürbe sich hier. Man bedenke, daß der Roman von Thomas Mann ursprünglich als bloßes »humoristisches Gegenstück zum TOD IN VENEDIG«

(XI, 606) gedacht war, als ein erzählerisches »Satyrspiel zu der tragischen Novelle« (XII, 155).

Es ist ein Ort des auffälligen und unauffälligen Verschwindens, ein Ort, halb Klinik, halb Grandhotel, wo Ankunft und Abschied ineinander übergehen. Mit diesem Roman hatte Thomas Mann einer um letzte Dinge und Fragen kreisenden Fabel den Zauber, die Aura eines ins Hochgebirge verlagerten Venusberges verliehen, Wissenschaft und Eros, Phantasie und Erkenntnis, Krankheit und Rekonvaleszenz vereinigt.

In der Todeswelt des Berghofs verschwindet man: lautlos oder hustend der Tisch- oder Zimmernachbar; das kritische Bewußtsein, auch wenn Settembrini gerade dagegen erbittert Widerstand leistet; die Zeit in der »Ewigkeitssuppe«, obzwar gerade sie, die Zeit, als »raunendes Imperfekt« vom Erzähler zum Element des Erzählens und zum Gegenstand seiner Erzählung erklärt wird.

Die essayistischen Einlassungen über die Zeit im ZAUBERBERG, etwa den »Exkurs über den Zeitsinn« im vierten Kapitel (III, 145-148) oder die Ansätze zu narrativen Zeit-Theorien zu Beginn des sechsten und siebenten Kapitels (III, 479 f. u. 748 ff.), gelten im wesentlichen der Frage nach dem *Umgang* mit der Zeit. Ihr unmittelbar verwandt ist die Vergänglichkeitsthematik, die Vorbereitung auf das Sterben, das Sterben selbst – der Umgang mit dem Tod. Dem Zusammenhang dieser ›Existentialien‹ sind die großen Abschnitte »Forschungen«, »Totentanz« und »Walpurgisnacht« des fünften Kapitels gewidmet. Sie weisen den Weg von der Krankheitsanalyse, ihren anatomischen Voraussetzungen zu einer Pathologie, die in ihrer Betonung des Körperlichen »zugleich eine Lustbetonung war« (III, 398) und Krankheit als »unzüchtige Form des Lebens« bezeichnet (ebd.), zum Umgang mit Sterbenden, den »Schweren«, eben hoffnungslos Moribunden, bis hin zur Travestie der Vergänglichkeit im Maskenfest der hochalpinen Walpurgisnacht. Alles das bereitet Hans Castorp, dem aus »Tod und Körperunzucht« auf dem Berghof ein »Traum von Liebe erwuchs« (III, 994), auf sein finales »arges Tanzvergnügen« vor, auf das »Weltfest des Todes«, in dem er fallen wird, auf den großen Krieg, den grausig-apokalyptischen Finalsatz des europäischen Konzerts.[86] Der Roman über die Zeit war eben von Anbeginn auch Zeitroman,[87] fiktiv-authentisches Zeugnis einer prekären Befindlichkeit, einer ›Faszination, die vom Ende ausgeht‹.

Von paradigmatischer Bedeutung für unseren Ansatz ist der Abschnitt »Totentanz«, der zeigt, was unter diesem ›Umgang‹ mit Letztem im ZAUBERBERG zu verstehen sei. Castorp hat inzwischen so viel von Settembrinis aufklärerischem Denken übernommen, daß er dem auf dem Berghof herrschenden »System der Verheimlichung« zu trotzen wagt und gegen das »egoistische Nichtswissen, Nichts-sehen-und-hören-Wollen der anderen« (III, 406) opponiert. Er will den Schleier des Schweigens über dem Verschwinden bestimmter Patienten lüften. Denn diese Schleier verdanken sich keinem ›Zauber‹, sondern der Berghof-Betriebspolitik des Hofrats Dr. Behrens. Das Ableben von Patienten behandeln alle Berghöfler als »diskretes Vorkommnis« (III, 405). Über das Sterben spricht man nicht in Anwesenheit des Todes.

Castorp jedoch will sich mit den Sterbenden beschäftigen, sich auf ihr Sterben einlassen, und zwar als medizinisch Interessierter sowie als humanistisch Empfindender. Er und auf sein Geheiß auch Vetter Ziemßen nehmen sich der Moribunden an, wobei sie die Ironie des Erzählers auf Schritt und Tritt verfolgt. Schon als beide »in Betrachtung am Lager« des soeben verstorbenen ›Herrenreiters‹ aus Kärnten stehen, löst der Erzähler deren Trauer in Ironie auf. Castorps Miene ist derjenigen ähnlich, »mit der er Musik zu hören pflegte« (III, 407); und die Witwe bleibt gefaßt, obwohl auf sie eine »hohe Oxygenrechnung« wartet (III, 409); hat doch ihr Mann in seiner finalen Phase »gewaltige Mengen Sauerstoffes« verbraucht, an einem Tag »bis zu vierzig Ballons, das Stück zu sechs Franken« (III, 406).

Castorp will sich in die Erfahrung des Letzten einstimmen, sieht sich darin jedoch gestört von der vom Wetten besessenen Witwe Hessenfeld, von Karoline Stöhrs Unmöglichkeiten und Hofrat Behrens' wissensgestützter Pietätlosigkeit, nennt dieser doch seine tuberkulösen Patienten »Lungenpfeifchen in ihren Käfigen« (III, 425) und übt sich auch sonst in der Kunst der Sarkastik vor allem, wenn es um das Konstatieren des Exitus geht, beispielhaft in seinen Äußerungen über Peeperkorns Suizid und dessen tödliches Instrument, einem »rätselhaften Ding« (III, 866), einer Art Schlangenbißapparat.

Endstation Berghof. Was in Venedig die Gondeln waren, sind in Davos die Schlitten, das gleitende Gefährt, auf dem sich symbolisch der Übergang ins Jenseits ereignet. Nur verfügt der Berghof über etwas, das Venedig nicht zu bieten hatte: ein technisch hochgerüstetes Laboratorium, halb »Erfinderwerkstatt«, halb Hexenküche. Kultiviertheit, zivilisatorische Errungenschaften, Kommerz und Karneval bis zur »königlichen Narretei« Peeperkorns, alles im Zeichen finaler Stadien. Am eingehendsten ist jenes finale Stadium von Castorps Vetter, Joachim Ziemßen, beschrieben, der seine letzten Stunden wie in einem Zeitraffer als eine Art greisenhafter Jüngling durchlebt (III, 742). An der Seite seines sterbenden Vetters flüchtet sich Castorp in schopenhauerische Sophistik, wenn er behauptet, »daß, so lange wir sind, der Tod nicht ist, und daß, wenn der Tod ist, wir nicht sind; daß also zwischen uns und dem Tode gar keine reale Beziehung besteht [...]«. (III, 734) Das ist ein Echo auf Castorps Traumphantasie im »Schnee«-Abschnitt, in dem ihm aufgeht, dem Tod »keine Herrschaft über meine Gedanken« einzuräumen (III, 685). Das »Interesse für Tod und Krankheit« gilt ihm nun als »Ausdruck für das [Interesse] am Leben«. Phantasierend denkt Castorp über sich hinaus, wenn er zu der Einsicht gelangt, daß der Mensch zu vornehm für den Tod sei, da er, der Mensch, sich als »Herr der Gegensätze« und damit *magister ludi intellectualis* zu bezeichnen das Recht habe (III, 685). Damit relativiert Castorp die ansonsten gepflegte »Sympathie mit dem Tode« und scheint am Ziel seiner Bildungsbemühungen. Der weitere Verlauf des Romans zeigt dann jedoch, daß die Emanzipation von dieser ›Sympathie‹ nicht mehr gelingen kann. Krankheit und Tod stellen auch weiterhin Castorps entscheidende Versuchungen dar; die Überwindung dieser Versuchung in Richtung eines rückhaltlosen Bekenntnisses zum Leben, gar im Sinne eines Widerstandes gegen den Tod, sieht sich im Zwielichtigen gefangen. Erhalten bleibt diese Überwindung als idealtypische Vorstellung, wobei die erzieherische Seite des auch am WILHELM MEISTER orientierten Bildungsromans darin besteht, zu zeigen, wie man die »dauernde Annäherung an das Ideal«[88] gerade im Wissen, dieses nicht erreichen zu können, besteht.

Adorno hat die These aufgestellt, daß Thomas Mann selbst noch nach dem Tode gegriffen habe in seinem »unbändigen Spieltrieb, der sich von nichts einschüchtern ließ«.[89] DER ZAUBERBERG liefert dafür das Musterbeispiel, etwa in Episoden wie dem »Totentanz«. Es gibt, wie Thomas Sprecher gezeigt hat, eine spezielle Davoser Ikonographie des Totentanzes. So findet sich in den DAVOSER FLIEGENDEN BLÄTTERN von 1873 eine Hans Holbein d. J. nachgebildete Karikatur unter dem Titel »Halbtodtentanz«, der den vervielfachten Tod im Ballsaal mit geputzten Damen tanzend zeigt.[90] Im Roman folgt die Szene im Tanzcafé, das Hans Castorp und Joachim Ziemßen mit Karen Karstedt wie auch andere Patienten vom Berghof aufsuchen, ihrem gemeinsamen Kinoerlebnis. Nach dem Tanzcafé geht man hinauf zum Friedhof und steht andächtig vor einer Grabstelle, die Karen erwartet, sie, eine Verwandte der »Rotbeschuhten« aus Andersens Märchenwelt,[91] die sich den Berghof nicht leisten kann und in Davos-Dorf in einer bescheidenen Pension ihre Krankheit zum Tode pflegt. Von der Scheinwelt des kinematographischen Lichtspiels zum Tanz mit Bruder Hein, der später zum apokalyptischen, alles verschleiernden Flockentanz werden wird (III, 666), und der Besichtigung letzter Ruhestätten: In der »Gedanken- und Vorstellungswerkstatt« Castorps geht es bereits hier und nicht erst nach dem Gespräch mit Naphta (III, 723) »drunter und drüber«. Vom Tanz der Bilder also zum Tanz der Halbtoten und der stillgestellten Bewegung auf dem Kirchhof – selbst im Kino bleibt als schaler optischer Nachgeschmack der phantomgleichen Bilder das Wort ›Ende‹. Und dort, wo sich bis dahin buntes Leben abgespielt hatte, findet sich nur noch eine Tafel, von »leerer Helligkeit« überzogen (III, 442).[92] Was bewirkt Kino? »[...] der Raum war vernichtet, die Zeit zurückgestellt, das Dort und Damals in ein huschendes, gaukelndes, von Musik umspieltes Hier und Jetzt verwandelt« (III, 442). Finale Welten im Kino: Ist der Film vorbei, hat die Phantasie ausgespielt. Das unterscheidet diesen Tanz der Bilder vom Tanz der Flocken, durch den Träume, Phantasien freigesetzt werden, wobei dem

Totentanz immer auch das Geheimnis aufspielt, das hinter dem medizinischen Befund steht und mit dem verbunden ist, was das »in die Ewigkeit Hinübertanzen« (III, 443) ausmacht.

Das finale Stadium – was bewirkt es? Im Falle eines moribunden Patienten des Berghofs, Fritz Rotbein, schien es dessen Geschlecht »ausgeglichen« zu haben, wie Castorp und Ziemßen vermuteten und ihm deswegen wie einer weiblichen Patientin eine nach Erde duftende Hortensie schickten (III, 423). Als Naphta Hans Castorp »eine Führung zum Letzten«, zu den letzten Weisheiten über die mystischen Hintergründe der Freimaurerei anbietet, zu deren säkularisierter Form sich sein Widersacher Settembrini bekennt, betont er das »mann-weibliche Produkt aus Sulfer und Merkur, die res bina, die zweigeschlechtige prima materia« (III, 705), die den Kern der Alchimie und damit der ursprünglichen Logen ausmachte.

Je tiefer sich Castorp der Aufklärung über geistige, aber auch obskurante Sachverhalte durch die intellektuellen Spiegelgefechte der eigenwilligen Humanisten Ludovici Settembrini und Leo Naphta ausgesetzt sieht, desto verwirrter wirkt dieses auf sein siebentes Jahr auf dem Berghof zusteuernde »treuherzige Sorgenkind des Lebens«. Naphta empfiehlt sich dabei mit seinem jüdisch-jesuitisch-kommunistischen Hintergrund besonders als Mystagoge, eben weil er die Verwirrung und Verwischung ideologischer Positionen idealtypisch-problematisch verkörpert.[93] So ist es auch ihm vorbehalten, ein Schlüsselwort des Romans auszusprechen: ›hermetisch‹. Und der Erzähler erweist noch auf der letzten Seite des Romans Naphta indirekt seine Reverenz, indem er die Geschichte Hans Castorps ausdrücklich als eine »hermetische Geschichte« klassifiziert (III, 994).

Es ist aufschlußreich, daß Castorp unmittelbar auf Naphtas Verwendung dieses Wortes reagiert, es ein »Zauberwort mit unbestimmt weitläufigen Assoziationen« nennt (III, 706) und es auf eine erinnerte Alltagssituation bezieht, nämlich auf die »*hermetisch* verschlossenen« Einmachgläser, in denen man bei ihm zu Hause »Früchte und Fleisch« konservierte. Er demonstriert, daß er der gelehrige Schüler der beiden Intellektuellen ist, als er sogleich eine quasi philosophische Auslegung nachliefert: »Aber das Zauberhafte daran ist, daß das Eingeweckte der Zeit entzogen war; es war hermetisch von ihr abgesperrt, die Zeit ging daran vorüber, es hatte keine Zeit, sondern stand außerhalb ihrer auf seinem Bort« (III, 706). Naphta legt daraufhin ein Grundprinzip hermetisch-mystischer Pädagogik[94] nach und redet dabei antiaufklärerischem Obskurantismus das Wort: »Der Weg der Mysterien und der Läuterung war von Gefahren umlagert, er führte durch Todesbangen, durch das Reich der Verwesung, und der Lehrling, der Neophyt, ist die nach den Wundern des Lebens verlangende Jugend, geführt von Vermummten, die nur Schatten des Geheimnisses sind« (III, 707).

›Hermetische‹, freilich auch ironische Züge kennzeichnen die Liebesbeziehung zwischen Hans Castorp und Clawdia Chauchat; die ironischste Seite dieser Beziehung verdankt sich wohl dem Umstand, daß ihre erste und einzige Liebesnacht auf einen neunundzwanzigsten Februar, einen Schalttag, fiel. Hier tritt es wieder in Erscheinung, das Wort ›Beziehung‹, deren verschiedene Arten die thematische Substanz des ZAUBERBERG mitbedingen. Da alle wesentlichen Beziehungen im ZAUBERBERG überschattet sind von Krankheit, Todesahnung und dem Sterben selbst, kann man von lethalen Relationen sprechen, die zwar häufig ironisch relativiert, dadurch jedoch nicht in ihrer existentiellen Gewichtigkeit verändert werden. Eine prinzipielle, nicht entscheidbare Frage ist, ob die Idee und Erfahrung der Relativität die entscheidende Dimension im ZAUBERBERG ist[95] oder die Beziehung zum Tode. Es sei schon hier darauf verwiesen, daß der Begriff ›Beziehung‹ im Werk Thomas Manns auch eine entschieden ästhetische Bedeutung hat, und zwar im DOKTOR FAUSTUS, als der junge Adrian Leverkühn seinem Freund Zeitblom erklärt: »Alles ist Beziehung, und die Beziehung bildet den Kreis« (VI, 65). Dem folgt eine genauere Bestimmung des Wortes Beziehung, die, obzwar auf musikästhetische Fragen bezogen, auch rückwirkende Gültigkeit für die Charakterisierung der Beziehungsgeflechte im ZAUBERBERG hat: »Beziehung ist alles. Und willst du sie näher bei Namen nennen, so ist ihr Name ›Zweideutigkeit‹ […] Weißt du, was ich finde? […] Daß Musik die Zweideutigkeit ist als System.« (VI, 66)

Damit ist das Stichwort gefallen, das im ZAUBERBERG auch das

Verhältnis zwischen Hans Castorp und Clawdia Chauchat wie überhaupt die im Roman entwickelten ›Beziehungen‹ zwischen Relativität und lethalen Relationen angemessen wiedergibt: Zweideutigkeit, ein leitmotivisches Wort im Werk Thomas Manns.[96] Das Zweideutige ist die intellektuelle Entsprechung zur Zwei- oder Doppelgeschlechtlichkeit, die ja gerade auch für Clawdia durch ihre Ähnlichkeit mit Castorps Jugendfreund und erster Liebe, Pribislav Hippe, konstitutiv zu sein scheint. So ist es nur folgerichtig, daß der Erzähler sich über die Beziehung zwischen Castorp und Clawdia – das Wort ›Verhältnis‹ lehnt er übrigens aus nicht näher erläuterten Gründen ab (III, 198) – im optisch Zweideutigen, im »Zwielicht« äußert (III, 199). Der Erzähler verhält sich zu Castorps Liebesempfinden durchweg ironisch. Es ist eine Ironie, die, wie Reinhard Baumgart bereits 1952 in seiner inzwischen legendär gewordenen Dissertation Das Ironische und die Ironie in den Werken Thomas Manns festgestellt hat, durch die alles und jeden (zum Schein) entschuldende »Todesnähe« aller Zauberberg-Protagonisten begründet ist.[97] Castorp selbst verhält sich zu seiner Leidenschaft für Clawdia nicht selten schweigend, wobei dieses Schweigen kein »sprachloses Verstummen« ist, sondern einer »verschleiernden und verheimlichenden« Intention entstammt.[98]

REIZ DES RISIKOS

Den Beziehungen im Zauberberg eignet, wie gesehen, etwas entschieden Hermetisches, was auch auf Castorps Bildungsart selbst zutrifft. Es ist eine Hermetik, die sich aus der von Naphta beschriebenen und von Castorp unwillkürlich parodierten, ins Banal-Zauberhafte überführten Abgeschlossenheit eines sozialen Systems, des Freimaurertums, und der ihm verwandten Lebenssituation auf dem Berghof herleitet. Dieses Hermetische ist das Ergebnis eines vielfältigen Ablösungsprozesses, dem alle Bewohner des Berghofes und das Sanatorium selbst als Institution unterworfen sind: Von der gewöhnlichen Alltagswirklichkeit im »Flachland« zum alltäglichen Ausnahmezustand in der sterilen Lebens- und Sterbenswirklichkeit im Sanatorium, die freilich umgeben ist von der ›extremen Natur‹ der Bergwelt. (Hierzu gehört etwa der unablässige Schneefall, in den Castorp gerät. Er geht auf das Schnee-Erlebnis Thomas Manns in Bad Tölz im Winter 1914/15 zurück, verdankt sich aber wohl hauptsächlich der wiederholten Lektüre von Adalbert Stifters Schilderung AUS DEM BAYERISCHEN WALDE, die das Bedrohlich-Verzaubernde des Flockenwirbels eindringlich darstellte.[99]) Diese vom Absurden nicht weit entfernte ›Beziehung‹ zwischen Sterilität, Lebenszauber, Todesverfallenheit, zwanghaft bis krankhaft praktizierter Ironie in allen Lebens- und Sterbenssituationen sowie der extrem wirkenden Natur der Hochalpen, liefert die – notwendig prekäre – Basis für letzte oder im Falle Naphtas extremistische Gedanken. Sie führen in seinem Fall zur extremen Tat: Aus den intellektuellen Spiegelgefechten zwischen Settembrini und Naphta wird ein tatsächliches Duell, in dem Naphta seine Waffe gegen sich selbst richtet und sich das Leben nimmt. Settembrini erklärt Castorp: »Das Duell [...] ist das Letzte, die Rückkehr zum Urstande der Natur, nur leicht gemildert durch eine gewisse Regelung ritterlicher Art, die sehr oberflächlich ist.« (III, 971) Die Todesarten sind damit durchgespielt und werden am Ende nur noch überboten vom Tod Castorps im Sperrfeuer des Ersten Weltkrieges.

Das Letzte, es ist selbst zweideutig; der Zauber nicht minder. Er kann ›erhaben‹ verzaubern oder sich als falscher Zauber erweisen, kann mit technischen Mitteln betören, wie das Grammophon im Abschnitt »Fülle des Wohllauts«, und sich am Rande des Scharlatanhaften bewegen, so in der spiritistischen Episode »Fragwürdigstes«, wie überhaupt die drei Schlußphasen des Romans durch die audio-technische Reproduzierbarkeit der Musik dem Bereich Entzauberung zuzuordnen sind. Ob Verzauberung oder Entzauberung – beides spielt sich *vis-à-vis de rien* ab, im Angesicht des (drohenden oder verdrängten) Nichts. Doch das Besondere dieses Romans und der geradezu extremen Kunstleistung Thomas Manns ist es, daß selbst die Beispiele für Entzauberung – vom Einschalten des »weißen Lichtes«, durch das Castorp die Geisterbeschwörung Dr. Krokowskis blitzschnell beendet (III, 947), bis zur Duell-Szene und dem »Donnerschlag« des Endes – den Leser ungebrochen zu betören vermögen, auf daß der durch das

»Themen-Gewebe« von Anbeginn entstandene »Beziehungszauber«, um Thomas Manns Wort für die Wirkung von Richard Wagners ästhetischem Verfahren zu gebrauchen (IX, 520), selbst über das Gesagte hinaus weiterwebe.

Von einer Beziehung ganz anderer, den ›Reiz des Risikos‹ aber noch steigernder Art handelt die Novelle MARIO UND DER ZAUBERER (1930). Der Cavaliere Cipolla, Zauberkünstler und Hypnotiseur, körperlich mißgebildet und mit »splittrigen Zähnen« (VIII, 703), stellt Beziehungen zu seinen Opfern her, die etwas Ekelerregendes haben. Man könnte – aus der Sicht des Erzählers, nicht unbedingt aus jener des übrigen Publikums – geradezu von einem Beziehungsekel sprechen, der sich auf der Bühne von Torre di Venere, alias Forte dei Marmi bei Viareggio, inszeniert, wobei der tragisch-befreiende Ausgang dieses makabren Spiels aus einer bühnenreifen Affekthandlung des Opfers Mario, der Ermordung des Cavaliere, besteht.

In Torre di Venere hat sich der morbide Zauber von Venedig und Davos brutalisiert: Es geht nur noch um ein Messen der Willenskräfte zwischen dem Zampano des Manipulierens und seinen Opfern. Schon zu Beginn der Veranstaltung weiß der Leser, daß es dabei auch um ein Spiel mit der Zeit geht: »Alle waren spät gekommen, aber niemand zu spät; Cipolla ließ auf sich warten« (VIII, 673). Bereits der zweite Satz der Erzählung weist darauf hin, daß sie auf ein »Ende mit Schrecken« zuläuft, »einem, wie uns nachträglich schien, vorgezeichneten und im Wesen der Dinge liegenden Ende« (VIII, 638). Das »fatale Ende« stellt sich mithin als unausweichlich dar. Zunächst erlebt der Leser, wie Cipolla durch seine hypnotische und geradezu demonstrativ unmoralische Kunst dem Publikum vorführt, wie er jedes seiner Opfer an die Grenzen, an das Ende seiner Willensmöglichkeiten bringen kann, bis er dann selbst zum Opfer eines seiner Opfer wird.

Cipollas Strategie besteht nun darin, es mit jenen aufzunehmen, die das, was *er* will, *nicht* wollen (›anche se non vuole‹); das heißt, er bringt seine Opfer dazu, *ex negativo* zu ›handeln‹. Der Erzähler kommentiert: »Wahrscheinlich kann man vom Nichtwollen seelisch nicht leben; eine Sache nicht tun wollen, das ist auf die Dauer kein Lebensinhalt [...]« (VIII, 702) Vor allem der

Erzähler will eines: das baldige Ende dieses makabren Schauspiels; doch gleichzeitig fasziniert auch ihn das magisch-grausige Spiel, das Cipolla mit seinen Opfern treibt. Der Erzähler erkennt dieses Spiel insofern an, als er es zu seinem Erzählstoff werden läßt und damit Cipollas hypnotische Kunst (nach-)lesbar macht. Mehr noch: Erst die Erzählung verhilft Cipollas zynischer Darbietung zu dauerhafter Wirkung. Dessen Spiel mit Menschen, deren Willenskraft am Ende ist, wie auch sein eigenes Ende können erst durch diese Erzählung Gegenstand wiederholter, wenn nicht endloser Erörterung werden.

Was ist das? Die heimliche Komplizenschaft eines Erzählers, der sich nur zu gerne ›Zauberer‹ nennen ließ und Familienbriefe mit einem magischen Z unterschrieb, mit dem Sinistren, hypnotisch Verführerischen? Cipolla bewirkt im Publikum eine »trunkene Auflösung der kritischen Widerstände« (VIII, 700); und selbst der um kritische Einsicht in das Geschehen bemühte Erzähler gestattet sich ein Wort, das sich wohl sonst bei Thomas Mann nirgends findet: »Es war nun schon alles einerlei« (VIII, 703). Zwar wird Marios Affekthandlung am Schluß, die Ermordung des Künstlertyrannen Cipolla, als befreiende Tat empfunden. Aber damit ist das Problem der Massenhypnose und -hysterie nicht gelöst; denn am Schluß herrscht grenzenloser Tumult (VIII, 711).

Wie groß also, wie intensiv ist die Affinität zwischen Erzähler und Hypnotiseur? Eine Frage, die Thomas Mann noch und gerade im Exil umtreiben sollte und die letztlich auch das Bündnis des Künstlers mit dem Teufel im DOKTOR FAUSTUS als dem Letzten, Äußersten an ästhetischer Unvernunft begründete.

DAS LETZTE? SATAN ALS ›BRUDER‹ – EINE PEINLICHE VERWANDTSCHAFT

Schreibend das Andere entwerfen, um dabei womöglich selbst anders zu werden, diese Absicht verfolgen nicht wenige Schriftsteller. Was aber verbirgt sich hinter dieser Intention? Der Wille zur Selbstentfremdung, weil einem das eigene Ich nicht mehr geheuer ist und man es daher fliehen möchte? Der Wunsch nach Vervielfältigung oder nach einer Ersatzidentität, für die man womöglich nicht mehr verantwortlich zeichnet? Oder will man seinen ›Doppelgänger‹ schreibend ausfindig machen, ihn konstruieren? Rimbauds berühmte Formel »Moi, c'est l'autre« hielt noch an einer Beziehung zwischen dem Ich und dem Anderen fest, geradezu im Sinne einer identitätsphilosophischen Aussage, ungeachtet ihres – je nach Lesart – teils rebellischen, teils melancholischen Untertons.[100] Das oder der Andere ist ›anders‹ nur in bezug auf ein deutlich identifizierbares Ich. Man kann den Satz freilich auch radikaler deuten: Das Ich ist, indem es sich feststellt, bereits ein Anderer. Wirkliche Selbstwahrnehmung kann es unter diesen Umständen nicht geben, denn der vermeintliche Weg zur Erkenntnis des Ichs erwiese sich eher als Fluchtweg, der vom Ich wegführt.

Bevor wir den vielleicht anstößigsten Fall einer – zum erklärten Zweck der Selbsterkenntnis – literarisch entworfenen Doppelgänger-Beziehung untersuchen, Thomas Manns im März 1939 veröffentlichten Versuch Bruder Hitler, scheint es sinnvoll, zumindest ansatzweise den mythisch-philosophischen Horizont auszuleuchten, vor dem dieser Essay zu deuten ist, den seine Kritiker als moralisch verwerflich, als das im abfälligsten Sinne ›Letzte‹ verurteilt haben.

DIE CRUX DES GESPALTENEN, DOPPELTEN, ANDEREN

Neben Rimbaud weiß man gemeinhin vom Fall Fernando Pessoas und seiner multiplen Identität. Schreibend war er Alberto Caeiro,

Ricardo Reis, Alvaro de Campos, war ›Person‹ und ›Niemand‹.[101] Zugegeben, ein Extrembeispiel für die vielfältige Aufspaltung des Ich und des Anderen; aber sofern wir Sartre zustimmen, wenn er betont, daß es der Schriftsteller mit nichts als »Bedeutungen« zu tun habe,[102] könnte man behaupten, Pessoa habe mit den ›Bedeutungen‹ seines Ichs gespielt, genauer gesagt: sie spielerisch ernst genommen und nicht nur zuende gedacht, sondern auch zuende gelebt.

Sucht man nach den mythischen Ursprüngen doppelter Identitäten, dann findet man einen solchen gewiß im Mythos von Leda, der Urmutter des Zwillingshaften, zugleich geschwängert von Jupiter und Tyndareus; aus der göttlichen Verbindung ging das unsterbliche Geschwisterpaar Pollux und Helena hervor, aus der irdischen Vereinigung mit Tyndareus die sterblichen Geschwister Kastor und Klytämnestra.[103] Das Brüderpaar symbolisiert fortan Innigkeit und Freundschaft sowie den Versuch, den Zwiespalt zwischen Ewigkeit und Begrenztheit durch Treue zu überwinden; die Schwestern stehen für berückende Schönheit und Verhängnis. Mythisch ist hier vorgebildet, was zum Charakteristikum ›doppelter Existenzen‹ werden sollte: die leidvolle Nähe zum Anderen, Gefährdeten und Tragischen.

Der Mythos sagt über den emotionalen Zustand der Geschwister nur so viel aus, daß Pollux nach dem Tod seines Bruders Jupiter »anflehte«, entweder auch ihn sterblich zu machen oder mit Kastor seine Unsterblichkeit teilen zu dürfen. Wesentlich ist, daß hier aus einer melancholischen Stimmung (des Pollux) eine durch göttliche Fügung erwirkte Gemeinschaft entsteht. Anders in der Moderne. Hier vollzieht sich aufgrund eines melancholisch gestimmten, »unglücklichen Bewußtseins«, wie Hegel sagt,[104] die Spaltung eben dieses Bewußtseins. Mit Hegel gesprochen, wäre der ›romantische‹ Doppelgänger ein bewußtseinsgespaltener Mensch, der einer inneren Spannung ausgesetzt bleibt, ohne darauf hoffen zu dürfen, diese Spannung in einem dialektischen Prozeß aufgehoben zu sehen.

Die Konsequenz aus dieser melancholischen Grundstimmung des ›modernen‹, seit Montaigne und Descartes über sich reflektierenden Menschen zog Nietzsche, wobei er das Melancholische nahezu ganz abzustreifen vermochte. In MENSCHLICHES, ALLZUMENSCHLICHES (I) konstatierte er, daß sich in der »Moral der Mensch nicht als individuum, sondern als dividuum«, behandele.[105] Er weiß von der »Selbstzertheilung des Menschen«, die er einerseits kritisiert und durch intensivierte Lebenserfahrung oder »Selbststeigerung« überwunden sehen will; andererseits anerkennt er die Existenz einer »zweiten Natur«, ganz unabhängig von der zerteilenden Wirkung der Moral. »Gut«, schreibt Nietzsche seinem ›brüderlichen‹ Freund Rohde im Dezember 1882, »ich habe eine ›zweite Natur‹, aber nicht um die erste zu vernichten, sondern um sie zu ertragen.«[106]

Ideengeschichtlich betrachtet, läßt sich die Konzeption einer ›zweiten Natur‹ des Menschen, besonders des Künstlers, auf die Zeit um 1800 zurückverfolgen. Hölderlins Freund Casimir Ulrich Boehlendorff gebrauchte den Ausdruck, um einen poetisch hochgestimmten Zustand zu beschreiben, der dem Künstler neue Bezüge eröffne: »Erde und Himmel, Staub und Stern« bilden dann einen »schwebenden Zusammenhang«.[107]

Boehlendorffs vermutlich von Hölderlin inspirierte Vorstellung einer poetischen ›zweiten Natur‹ wußte jedoch nichts von der bedrohlichen Dimension romantischen Doppelgängertums, schon gar nichts von einer kultur- oder nationalspezifischen Ausprägung dieses Phänomens. Soweit ich sehe, war es Theodor Fontane, der als erster das »doppelte Wesen« als ein »echt deutsches« Phänomen beschrieb, und zwar in seinem frühen, aber wichtigen Aufsatz über Theodor Storm (1853).[108] Im Idyllischen, aber auch in der ›Kränklichkeit‹ der Poesie Storms gewahrte er eine gelegentliche »Markigkeit des Ausdrucks«, die er im Widerspruch zu einer gewissen »Weichheit« der Aussage sah. Übergeht man diese poetische Wertung in unserem Zusammenhang, so bleibt doch der überraschende Befund Fontanes über die doppelte Wesenheit des Deutschen, die für Thomas Mann zu einem leidvollen, aufs engste mit dem ›Bruder‹-Problem verknüpften Lebens- und Kunstthema werden sollte.

Der Doppelgänger ist nicht nur die unheimliche Dostojewski'sche Gestalt, die man flieht, sondern auch der unheimliche

Verwandte, den man insgeheim sucht. Im erzählerischen und essayistischen Werk Thomas Manns kommt die ›zweite Natur‹ im Sinne Nietzsches ebenso ausgiebig zu ihrem Recht wie die Problematik der vermeintlich ›doppelten Wesenheit‹ des Deutschen.

Diese thematische ›Entfaltung‹ war das Ergebnis eines langen und schmerzlichen Prozesses, der zu Thomas Manns vielzitiertem »Leiden an Deutschland« führte; ein Prozeß, während dessen ihm der duplizitäre Charakter des Deutschen bewußt wurde. Es klärte sich für ihn dabei auch das ›Doppelte‹ seiner eigenen Existenz, die er für paradigmatisch für das Deutsche zu halten geneigt war: »Lübecker Gotik und ein Schuß Latinität«, wie er sich in seiner Ansprache VOM BERUF DES DEUTSCHEN SCHRIFTSTELLERS IN UNSERER ZEIT (1931) ausgedrückt hatte (X, 309). Thomas Mann hatte diese ›Ansprache‹ zum sechzigsten Geburtstag des Bruders, Heinrich Mann, zum Anlaß genommen, über das Brüderliche zu reflektieren, wobei er BUDDENBROOKS und die HERZOGIN VON ASSY, etwas überraschend, als Ergebnis der »Variationsfähigkeit des Grundbrüderlichen« (X, 307), als Gegenstücke, gewissermaßen als die beiden novellistischen Seiten des Stammes Mann vorstellte. Er ging jedoch noch einen Schritt weiter. Hatte er sich fünf Jahre zuvor in seiner Rede LÜBECK ALS GEISTIGE LEBENSFORM zu seiner Heimatstadt im Kontext bürgerlicher Emanzipation und leidlicher Weltläufigkeit neu bekannt, so kam er in seiner Berliner Rede über seinen Bruder auf die problematische Doppelgesichtigkeit seiner Stadt zu sprechen. Bei aller handelsbedingten Offenheit, von kosmopolitischen Lippenbekenntnissen des Patriziats zu schweigen, »[...] hockt in ihren gotischen Winkeln und schleicht durch ihre Giebelgassen etwas Spukhaftes, allzu Altes, Erblasthaftes – hysterisches Mittelalter, verjährte Nervenexzentrizität, etwas wie religiöse Seelenkrankheit –, man würde sich nicht übermäßig wundern, wenn dort, dem marxistischen Bürgermeister zum Trotz, noch heutigen Tages plötzlich der Sankt Veitstanz oder ein Kinderkreuzzug ausbräche – es wäre nicht stilwidrig.«[109]

Dieser Abschnitt liest sich wie eine erste Skizze des Ortes Kaisersaschern im DOKTOR FAUSTUS. Thomas Mann fügte dem das bezeichnende Bekenntnis hinzu: »Unser Künstlertum, [...] ich habe nie umhin gekonnt, es auf irgendeine Weise mit diesem heimlich umgehenden und nicht ganz geheuren Stadtspuk in kausalen Zusammenhang zu bringen [...].«[110] Das aber bedeutet: Dieser Kunst ist nicht ganz zu trauen. Sie durchwirkt etwas Unheimliches; ihr Spiel mag heiter scheinen, es kommt aber ohne das Sinistre nicht aus. In den folgenden Jahren hat Thomas Mann leidvolle Gründe genug, dieses »Seelenkranke« im deutschen Wesen ins Perverse wachsen zu sehen. Aus der Staatskunst war ein pathologischer Fall geworden; das Spiel mit politischen Möglichkeiten und Meinungen sowie ihrer erzählerischen Umsetzung drohte angesichts der grobschlächtigen Inszenierung von Macht zu erstarren. Noch in der letzten Phase seines Schweizer Exils in Küsnacht konnte Thomas Mann seine zunächst tagebuchartig konzipierte Auseinandersetzung mit dem schmierenkomödiantisch-infernalischen Hauptdarsteller im deutschen Machtkunsttheater der Grausamkeit abschließen und im Familienkreis, auch Bruder Heinrich war anwesend, vorlesen.

Bereits vier Jahre zuvor hatte Thomas Mann in Form eines tagebuchhaften Essays eine Problematik abgehandelt, die für ihn angesichts seiner ersten Exilerfahrung zentrale Bedeutung gewonnen hatte: Don Quijotes Entwurzelung in der Kultur, die Inkongruenz von technischem und geistig-moralischem Fortschritt sowie die Frage nach dem Wert und der Wirkung einer Kunst, die den Künstler selbst zunehmend »einsam, melancholisch« gemacht hat (IX, 427-477).

THOMAS MANN ÜBER HITLER – HERR ÜBER WELCHEN GEGENSATZ?

Im Falle seines Essays EIN BRUDER, später als BRUDER HITLER (letzteres hielt er für einen »schlechten Titel«) erschienen (die amerikanischen Titelversionen lauteten THAT MAN IS MY BROTHER beziehungsweise A BROTHER)[111], entschloß sich Thomas Mann dazu, in der Endfassung die Bemerkung »Tagebuchblätter« zu streichen.[112] Man kann dies dahingehend bewerten, daß er nicht länger daran glaubte, es hier nur mit einem übergangshaften Tagesphänomen zu tun zu haben, das sich zwanglos tagebuchhaft abhandeln ließe; vielmehr sah er ein, daß Reflexionen über diesen widrigsten seiner ›Gegenstände‹ doch mehr Kohärenz verlangten.

In einem Brief aus der Frühphase seiner Beschäftigung mit dem BRUDER, auch »Bursche« und »Stupiditätsphänomen« genannt, bezeichnete er sein Vorhaben als einen »kleinen, sehr persönlichen Artikel«.[113] Ende 1938 nennt er es »ein Werk meines Schmerzes und Hasses und Spottes«.[114] Im gleichen Brief bezieht er sich auf seinen Essay als einen »ironischen Spaß«.[115] Das Erzeugnis seiner Beschäftigung mit dem BRUDER, dem grausigsten aller denkbaren Wahlverwandten, gar Doppelgänger, ließ sich mithin für Thomas Mann selbst nur schwer qualifizieren. Es war offenkundig aus einer Mischung aus Gewissensnot, Selbstrechtfertigungszwang, einem starken Empfinden von Peinlichkeit angesichts der entdeckten ›Verwandtschaft‹ und tieferen, vom Exil geprägten Einsichten in die amoralische Janusköpfigkeit der deutschen Kultur entstanden. Man darf es getrost Thomas Manns gewagtestes Stück Essaykunst und eines der faszinierendsten Kuriosa in der deutschsprachigen Essayistik des 20. Jahrhunderts nennen.

»Alle Kunst hängt entweder stillschweigend oder ausdrücklich von politischen Problemen ab«, räumte Thomas Mann in seinem 1934 verfaßten Beitrag LITERATUR UND HITLER ein (XIII, 325). Zu diesem Zeitpunkt hielt er jedoch noch an der Vorstellung des einzelnen Künstlers fest, der ungebunden, »kollektiven Aktionen unter Intellektuellen« fernstehend (XIII, 327), im Kunstwerk Freiheit und Würde verwirkliche – notfalls gegen die Tendenzen der Zeit. Gemeint war der eine und mit sich – gerade in existentieller Gefährdung – einige Künstler, noch ganz Individuum und nicht im Sinne Nietzsches ein Dividuum. Als Künstler dieser Prägung schrieb Thomas Mann den Brief an Eduard Korrodi, in dem er sich dagegen verwahrte, als ein noch in Deutschland publizierender Autor gegen die Emigranten ausgespielt zu werden.[116] Als der eine und unverwechselbare Künstler antwortete er auch dem Dekan der Philosophischen Fakultät der Universität Bonn Anfang 1937, als dieser ihm im Namen des Rektors die Ehrendoktorwürde aberkannt hatte. »Ich bin weit eher zum

Repräsentanten geboren als zum Märtyrer, weit eher dazu, ein wenig höhere Heiterkeit in die Welt zu tragen, als den Kampf, den Haß zu nähren.«[117] Als politisch verantwortlich, das heißt kritisch denkender Künstler, der mit Schiller im Geist der Wahrhaftigkeit Kunst und Moral vereinigen wollte, schrieb Thomas Mann das Vorwort zur ersten Nummer seiner Exilzeitschrift MASS UND WERT. Und als Bewunderer der Idee einer »sozialen Demokratie« trat er 1938 in den Vereinigten Staaten von Amerika auf, nach einem neuen Ideal suchend, weil ernüchtert ob des geistig-moralischen Bankrotts der ›konservativen Revolution‹. In seiner Rede VOM KOMMENDEN SIEG DER DEMOKRATIE (1938) wußte er von einem Schriftsteller zu berichten, der »sein Dichtergenie durch sein politisches [...] Verhalten heillos kompromittiert« hatte: Knut Hamsun, von Mann noch ›großer Kollege‹ genannt,[118] gilt ihm neben Gerhart Hauptmann als Beispiel eines Künstlers, der das Geistige durch politische Blindheit, und das meint: mangelnde Selbstkritik, veruntreut habe. Alles das beurteilte Thomas Mann aus der Perspektive seiner, wie es schien, unteilbaren Individualität, deren Hauptaufgabe trotz vermehrter politischer Stellungnahmen in der Vollendung seiner JOSEPH-Tetralogie bestand. Das Stichwort, das für seinen so überraschenden Essay EIN BRUDER von erheblicher Bedeutung werden sollte, war jedoch gefallen: das ›kompromittierte Genie‹. Im Umkreis des BRUDER-Essays mehrten sich die Anzeichen dafür, daß Thomas Manns Unbehagen an seinem einst unbeirrt vorgetragenen Kulturkonservatismus, von dem er sich nur mühsam, aber nie ganz lösen konnte, akuter wurde. War dieser Kulturkonservatismus, der wilhelminischer Bürgerlichkeit entstammte und den der Verfasser der BUDDENBROOKS immerhin bis zu den BETRACHTUNGEN EINES UNPOLITISCHEN (1918) ungebrochen vertreten hatte, war dieses Beharren auf einem politikverachtenden Künstlertum, das sich selbst vor den Begriffen ›Zivilisation‹ und ›Intellektualismus‹ scheute, nicht mit für die Misere der deutschen Kultur verantwortlich gewesen, so mußte sich Thomas Mann fragen – und fragen lassen (bis zu seinem Brief an Korrodi am unerbittlichsten von Tochter Erika und Sohn Klaus).

Sucht man im Vorfeld des Essays EIN BRUDER nach Hinweisen auf Thomas Manns Auseinandersetzung mit Identitätsverwirrung, gefährlicher Doppelgängerei und Fragen der Ich-Spaltung, dann finden sich zumindest zwei aufschlußreiche Quellen: zum einen das Fragment DER KNABE HENOCH (1934) und seine Rede FREUD UND DIE ZUKUNFT (1936). Das Erzählfragment, das zum Textkorpus der JOSEPH-Tetralogie gehört, thematisiert in antizipierter KRULL-Manier die Lust am Spiel mit Identitäten: »[...] ein bekannter Zeitvertreib bei Kindern und phantasievollen Halbwüchsigen mit Neigung zu heimlichen Träumereien: sie beschließen plötzlich [...] nicht sie selbst, sondern der und der zu sein: ein reicher Kaufmann, ein Kronprinz, ein weiser Zwerg oder Zauberer [...].« (VIII, 952) Der siebzehnjährige Joseph nun spielt in Thomas Manns Text den frühreifen, gar weisen ›Knaben Henoch‹, der es vermocht haben soll, »den Nachstellungen des Bösen« zu entgehen.

Die Freud-Rede wußte von einem anderen ›Spieler‹ zu berichten, der mit Identitäten jonglierte: Napoleon. Als Caesar des modernen Europa prägte er die Formel »Ich bin Karl der Große«. Dazu Thomas Mann: »Wohl gemerkt – nicht etwa: ›Ich erinnere an ihn‹; nicht: ›Meine Stellung ist der seinen ähnlich‹. Auch nicht: ›Ich bin wie er‹; sondern einfach: ›Ich bin's‹. Das ist die Formel des Mythus.«[119] Spiel und Mythus interessierten den Autor des ZAUBERBERG und des JOSEPH am Identitätsproblem vorrangig. Die politischen Implikationen, so nahe sie gerade im Fall Napoleons lagen, ließ er im Jahre 1936 noch auf sich beruhen. Erst bei der Arbeit am Essay über Hitler stellte sich Thomas Mann dem ganzen Ausmaß dieser Problematik und dem peinlichen Ernst dieses ›mythischen Spiels. Verfolgt man die Argumentation dieses in acht Abschnitte gliederbaren Essays, dann ergeben sich die folgenden Hauptthesen (XII, 845-852):

(1) Hitler spielt »den Mann des Schicksals«, und in dieser Rolle könnte man sein »Lebensphänomen fesselnd« finden, wären nicht die Opfer und »umfassenden moralischen Verwüstungen«, die dieser theatralische »Allbezwinger« auf dem Gewissen hat.

(2) Haß auf dieses »öffentliche Vorkommnis« wäre geboten; aber die Ironie des Künstlers erweist sich als stärker; sie führt zum »Wiedererkennen, zur Identifikation, Solidaritätsbekenntnis« in »humoristisch-asketischer Absicht«. (Es stellt sich jedoch

die Frage, ob eine solche Absicht nicht frivol sein muß angesichts der ›Opfer‹, von denen Thomas Mann bereits in der ersten Zeile seines Versuchs gesprochen hat.)

(3) »Der Bursche ist eine Katastrophe; das ist kein Grund, ihn als Charakter und Schicksal nicht interessant zu finden.« Thomas Mann verweist auf Hitlers »massenwirksame Beredsamkeit«, überhaupt auf »dies platt hysterisch und komödiantisch geartete Werkzeug« ideologischer Rhetorik und spricht von »angewiderter Bewunderung« für dieses »Kind der Hölle«.

(4) »Wagnerisch, auf der Stufe der Verhunzung« sei diese machtpolitische Inszenierung; das Märchen eines »Heruntergekommenen«.

(5) Der Vergleich dieses ›Phänomens‹ mit der dubiosen Existenz des Künstlers: »Es ist auf eine gewisse beschämende Weise alles da [bei Hitler, R. G.]: [...] das halb blöde Hinvegetieren in tiefster sozialer und seelischer Bohème, das im Grunde hochmütige, im Grunde sich für zu gut haltende Abweisen jeder vernünftigen und ehrenwerten Tätigkeit – auf Grund einer dumpfen Ahnung, vorbehalten zu sein für etwas ganz Unbestimmbares, bei dessen Nennung, wenn es zu nennen wäre, die Menschen in Gelächter ausbrechen würden.« Die Rede ist vom Sendungsbewußtsein. Der kritisch-beklemmende Ansatz zur Selbsterkenntnis Thomas Manns scheint gefunden.

(6) Es folgt die ›Einsicht‹, es bei Hitler mit einem »unangenehmen und beschämenden Bruder« zu tun zu haben, einem primitiven Negativbild des Künstlers, eines verluderten Künstlers, der sich anschickt, zum politischen Triebtäter zu werden und pausenlos an die rohen Instinkte appelliert und die Entfesselung des Unbewußten propagiert, aber die Erforschung, die Bloßlegung der Mechanismen des Unbewußten ablehnt, aus Angst, ertappt zu werden.

(7) Mit Hitler leistet der Geniekult den Offenbarungseid. Er »ist« nicht Napoleon und nicht Karl der Große, kann mit seiner Identität nicht spielen, sondern führt immer sich selbst auf.

(8) Diesen grausigen Doppelgänger anzuerkennen ist »Ausdruck einer Selbstverachtung der Kunst« und des Künstlers – also auch jener Thomas Manns. Er glaubt jedoch, dieses Opfer einer

Katharsis der Kunst (vorerst nicht mehr durch die Kunst) bringen zu müssen. Nur wenn sie diese ›Reinigung‹ vom Dämonischen besteht, kann sie wieder »hellerer Zauber werden«, gar »beflügelt-hermetisch-mondverwandt«. Wie sie unter diesen Umständen – als neue ›hermetisch‹ gewordene Kunst – noch zwischen »Geist« und »Leben« vermitteln könne, wie er meinte, blieb jedoch sein Geheimnis.

Thomas Mann versuchte in seinem Essay überdies zu zeigen, daß Hitler als Machtkünstler nicht im Sinne des platonischen ›Staates‹ und seiner ›Gesetze‹ Kunst *per se* verbannt habe; er bediene sich völkischen Kitsches, Kunst auf niederster unreflektierter Stufe, um sein ideologisches Horrorkabinett zu tapezieren. Künstler sei er insofern, als er das künstlerische Verfahren des Scheins und der herstellbaren Täuschung genügend durchschaute, um sich seiner ideologisch und politisch bedienen zu können. Antikünstler sei er in dem Sinne, daß er die anspruchsvolle Kunst eines Klee oder Marc als entartet verbanne.

Neben diesen inhaltlichen Erwägungen stellt sich eine andere Frage: Haben diese Arbeit und ihre schwerwiegenden, beklemmenden Befunde über diese ›Verwandtschaft‹ Thomas Manns Selbstverständnis beeinflußt, gar verändert? Wie ging er mit diesem gemeingefährlichen ›Doppelgänger‹ um, mit der schockierenden Einsicht, etwas von ihm selbst, von seinem Künstlertum in Hitler in fratzenhafter Gestalt wiederentdeckt zu haben?

Thomas Mann versuchte auf verschiedenen Ebenen, diese, man darf wohl sagen, ›hochnotpeinlichen‹ Fragen zu beantworten. Zum einen gedanklich, indem er der Frage der Wahrhaftigkeit, der Bemühung um Humanität und Würde breiteren Raum gab und selbstkritisch über seinen früheren Mangel an politischem Bewußtsein Auskunft gab (ON MYSELF, XIII, 127-168). Stilistisch, indem er die Kunstfertigkeit und Differenziertheit seiner Sprache noch steigerte, ein Versuch, der im DOKTOR FAUSTUS kulminiert; sein Deutsch, das ironisch durchwürzte Deutsch Goethes und Fontanes, war nachgerade ein Protest gegen den unsäglichen Nazi-Jargon. Politisch, indem er seine Rolle als Repräsentant deutscher Kultur im Exil noch ernster nahm und weiter ausbaute. Und schließlich motivisch-thematisch, indem er ›doppelte Identität‹, (dämonisches) Doppelgängertum und die Frage nach den im Ich sich auftuenden Abgründen erzählerisch und essayistisch weiter ausarbeitete, vor allem im DOKTOR FAUSTUS, aber auch schon in seinen Erzählungen DIE VERTAUSCHTEN KÖPFE und DAS GESETZ.

Erst im FELIX KRULL gelang es ihm wieder, dieser Thematik Heiteres abzugewinnen und den »Doppelbild«-Charakter seines schelmischen Helden, unbelastet, wie es schien, hervorzuheben.[120] Daß ihn diese kleine, aber gewichtige Arbeit mehr berührt hat, als er sich eingestehen wollte und ihm lieb sein konnte, belegen allein Thomas Manns allzu bemühten Versuche, den Essay ›leicht‹ zu nehmen. Ein »ironischer Spaß« war dieser Versuch über Hitler gerade nicht gewesen, sondern ein unnachsichtiges, auch sich selbst nicht schonendes Ausloten eines der bedenklichsten Aspekte der Künstlerproblematik: ihr Umschlagen in politische Scharlatanerie.

Noch 1945 betonte Thomas Mann in seiner Rede DEUTSCHLAND UND DIE DEUTSCHEN den Kunstcharakter des Politischen, sofern es sich wieder auf das sozial Gestaltende und schöpferisch Vermittelnde zwischen »Idee und Wirklichkeit«, besinne, »ohne ins Teuflische und Verderberische zu entarten« (XI, 1139). Man kann diesen Vortrag als essayistisches Gegenstück zu seinem Versuch über Hitler lesen, in dem er – kaum zwanzig Tage nach der bedingungslosen Kapitulation des Deutschen Reiches – seinen amerikanischen Hörern eine Vorstellung von der »Geschichte der deutschen Innerlichkeit« und mithin von ihrem duplizitären Charakter zu geben versuchte (XI, 1146). In jedem Bereich dieser Innerlichkeit machte Thomas Mann eine »irisierende Doppeldeutigkeit« aus (XI, 1145); der Doppelgänger des kosmopolitisierenden Deutschen sei der provinzielle Hinterwäldler, das zweite Ich des musikalisch Sinnierenden der machtbesessene Expansionist. Auch hier gesteht er ein, daß dergleichen »Wahrheiten« über sein Volk die Ergebnisse einer kritischen »Selbstprüfung« seien. Er zitierte sich selbst in diesem Vortrag, nämlich die oben erwähnten Passagen aus seiner 1931 gehaltenen Rede VOM BERUF DES DEUTSCHEN SCHRIFTSTELLERS IN UNSERER ZEIT, wiederholte seine Beschreibung der heimlich-unheimlichen Verhältnisse in

Lübeck, die ihm einen ersten, aber unauslöschlichen Eindruck von der »geheimen Verbindung des deutschen Gemütes mit dem Dämonischen« vermittelten (XI, 1131).

In seinem Vortrag redete Thomas Mann keineswegs einer Trennung von ›guten‹ und ›bösen‹ Deutschen das Wort; vielmehr hob er ihren Duplizitätscharakter hervor, das teuflisch Inspirierte nebst ihren kulturstiftenden ›Errungenschaften‹. Luthers Reformation zum Beispiel, der auch Thomas Mann seine Sprache verdankte; sie aber habe eben auch die »religiöse Spaltung des Abendlandes, ein ausgemachtes Unglück« gebracht (XI, 1142) und mit ihr den Dreißigjährigen Krieg. Anders gesagt: Die Doppelgängerin der ›Innerlichkeit‹ ist die »Affinität mit dem Tode«.

Erzählerisch hatte er dieses Phänomen im DOKTOR FAUSTUS entwickelt, wobei ihm bereits im Mai 1940 ein Buch zu Hilfe gekommen war, das Deutschland als gut *und* böse dargestellt hatte: Sebastian Haffners Untersuchung GERMANY: JEKYLL & HYDE. Haffners schlichte, aber eindrucksvoll vorgetragene Hauptthese lautete: Deutschland führe ein Doppelleben »wie Dr. Jekyll und Mr. Hyde«, sie seien »sowohl die netten, gastfreundlichen, angenehmen Leute« als auch jene, »welche die Verbrechen« an den Juden und Polen und Tschechen »entschuldigen oder gar selbst begangen haben«.[121] Kurz: »Das gute Deutschland hat das böse hervorgebracht und ist nun nicht in der Lage, sich selbst von seinem bösen Alter ego zu befreien.«[122] Das ist die wesentliche politisch-psychologische Folie für die im DOKTOR FAUSTUS erörterte Problematik einer teuflisch inspirierten Kunst geworden.[123]

»Und wenn du ganz dich zu verlieren scheinst,/Vergleiche dich! Erkenne was du bist!«[124] Diesen Ratschlag, den Antonio in Goethes TORQUATO TASSO dem scheiternden Künstler erteilt, hat, so scheint es, Thomas Mann wörtlich auf sich bezogen – und das in einem nachgerade exzessiven Maße. Mit Vorliebe verglich er sich mit Goethe, aber auch mit Tolstoi, mit Wagner, mit Schiller und Tschechow, wovon noch die Rede sein wird, mit Platen, mit Fontane, stets darum bemüht ›Bruderschaft‹ zu ermitteln, auch dann, wenn er sie nicht unmittelbar auf sich selbst bezog, wie etwa im Falle Theodor Storms, den er mit Turgenjew verglich: »[...] erweitert man den Vergleichsraum ins Menschlich-Typische, so gewinnen Storm und Turgenjew eine geradezu brüderliche Ähnlichkeit; sie sind ein und dieselbe Figur in zwei Abhandlungen, eines Vaters Kinder gleichsam, geboren von zwei Mutter-Erden.« Auch von Thomas Manns im Zeichen des Letzten, Späten stehender Beziehung zu Turgenjew soll im Rahmen dieser Studie gehandelt werden.

Die Erkenntnis, die Thomas Mann aus solchen Vergleichen über sich selbst gewann, hatte zwei Seiten: Sie bestätigte ihn in der Überzeugung, sein Schriftstellertum ›repräsentativ‹ zu verstehen – für die vergleichend evozierte Tradition sprachkünstlerischer Werte in der Moderne. Er stand für den, paradox formuliert, bildungsbürgerlichen Adel des Geistes im Zeitalter der Demokratie. Die andere Seite dieser ›Einsicht‹ bestand in seiner Überzeugung, ein letzter ›Repräsentant‹ dieser Art zu sein; er vermerkte dies stets mit einer Mischung aus Genugtuung und Schmerz.

Nicht immer waren es Lebenskrisen gewesen, die Thomas Mann zu solchen Vergleichen zum Zweck der Selbstvergewisserung drängten; sie ergaben sich für ihn auch in Augenblicken des Hochgefühls oder zwischen großen epischen Projekten. Im Falle von BRUDER HITLER jedoch handelte es sich fraglos um einen Versuch, sich vergleichend selbst zu bestimmen – und das in einer Exilsituation, in der er sich mehrmals zu ›verlieren‹ drohte, bis es ihm gelungen war, seine außerdeutsche Repräsentanz deutscher Kultur überzeugend zu etablieren. Als BRUDER HITLER entstand, begann sich diese neue repräsentative Rolle zwar abzuzeichnen; gesichert war sie noch keineswegs, sondern überwiegend von Unsicherheiten und Unwägbarkeiten geprägt.[125]

Die Art des Vergleiches jedoch barg erhebliche Gefahren und war ihrerseits dazu angetan, sich in Unerhörtheiten zu ›verlieren‹.[126] Der Hitler-Essay spitzte überdies eine andere Problematik zu, die man ohne zu psychologisieren hinter den meisten ›Vergleichen‹ und Bruder-Suchen Thomas Manns vermuten darf: das Verhältnis zu seinem leiblichen, aber eben nicht geistigen Bruder, Heinrich Mann. Es ist bezeichnend, daß sich Thomas Mann noch im Februar 1942 genötigt sah, zu bekräftigen, daß der Gegenstand dieses Essays Hitler und nicht sein Bruder Heinrich gewesen sei.[127] Besagter Essay weist jedoch eine Stelle auf, die beinahe wörtlich einem Satz aus einem Brief Thomas Manns an Bruder Heinrich vom 23. Dezember 1903 gleicht. Zunächst der Briefsatz: »Es sind meine übelsten Stunden, wenn ich Dir feindlich gesinnt bin.«[128] Nun die Formulierung im fünfunddreißig Jahre später verfaßten Essay über Hitler: »Dennoch fühle ich, daß es nicht meine besten Stunden sind, in denen ich das arme, wenn auch verhängnisvolle Geschöpf hasse« (XII, 846). Es ist hier wohl kaum davon auszugehen, daß Thomas Mann bei aller Montagekunst bewußt aus seinem über drei Jahrzehnte zurückliegenden Brief an seinen Bruder zitiert hat. Eher dürften hier Mechanismen des Unbewußten im Gedanken-Spiel gewesen sein. Bezeichnend bleibt dieses gedankliche Vorkommnis seitens Thomas Manns dennoch. Illustriert es doch, welches existentielle Gewicht dieser Vergleich mit Hitler für den Verfasser des ZAUBERBERG hatte und daß Selbsterkenntnis nicht zum Selbstkostenpreis zu haben ist; sie fordert, wenn es in Augenblicken einer wahren Lebenskrisis darauf ankommt, den ganzen Menschen als Tribut, ganz ohne Masken und ironisches Spiel.

Ob, wer erzählt, die Zeit selbst oder (nur) von ihr erzähle, gehörte zu den zentralen Fragen im ZAUBERBERG.[129] Man hat sich hierbei längst auf einen Grundkonsens geeinigt: Wer nicht zwischen Erzählzeit und erzählter Zeit zu unterscheiden weiß, hat seine Uhr als Leser falsch gestellt.

Was das Verhältnis Thomas Manns zur Zeit als Erzählmaterial und Bedingung des Erzählens angeht, so erlaubt ein Blick auf das Gesamtwerk die These, daß in ihm die Erfahrungen von Zeitlichkeit und ihrer – zeitweisen – Aufhebung, sei es im Atmosphärischen eines bestimmten Ortes oder im Kunstwerk (ZAUBERBERG und DOKTOR FAUSTUS), im Mythischen (JOSEPH UND SEINE BRÜDER) und schließlich Kosmischen (Felix Krull im Gespräch mit Professor Kuckuck), einander überlagern beziehungsweise sich wechselseitig durchdringen. Als der ZAUBERBERG erschien, ließ sich jedoch ein solches Zeit-Bewußtsein unter Kritikern und anderen Lesern noch keineswegs voraussetzen. Zwar verstand sich der Roman seit jeher immer auch als ein Zeitpanorama, in England schon seit dem 18. Jahrhundert, in Frankreich, Rußland und im deutschen Sprachraum weitgehend erst ein Jahrhundert später; aber als Form der Zeit-Reflexion etablierte er sich erst durch Marcel Proust und Thomas Mann. Die erste Phase der Rezeption Prousts fällt in den Erscheinungszeitraum des ZAUBERBERG, wobei auszuschließen ist, daß Thomas Mann von den seit 1919 erscheinenden Teilen von A LA RECHERCHE DU TEMPS PERDU beeinflußt wurde. Im Jahre 1932 betont er in einem Brief an Käte Hamburger, daß die »Zeit-Spintisierereien im ›Zauberberg‹ ganz anderer Herkunft« seien »als die Proustschen, nämlich einer romantischen«,[130] wogegen er jene Prousts eher in der Nähe des Physikalischen vermutete, ohne daß er sich jedoch dazu weiter geäußert hätte. In einer 1934 veranstalteten Umfrage »Que pensez-vous de la France« sprach er zwar von Proust als einem »epischen Phänomen«, dessen »Riesenwerk, gebaut aus dem Kleinsten und Feinsten« ihn staunen ließe (XI, 437). Aber der »temps perdu« verlockte ihn auch dann nicht zu eingehenderen Reflexionen. Nun fällt bei der frühen Proust-Rezeption durch deutschsprachige Schriftsteller auf, daß sie das Thema ›Zeit‹ in der RECHERCHE nicht wirklich aufgenommen haben.[131] Ernst Robert Curtius betont in einem im Erscheinungsjahr des ZAUBERBERG veröffentlichten Artikel über Proust in der NEUEN ZÜRCHER ZEITUNG jedoch den Umstand, daß die RECHERCHE die Einheit der Zeit nicht kenne, wohl aber »die Einheit der Erinnerung«.[132] Otto Grauthoff, Romanist, Kunsthistoriker und Thomas Manns Schulfreund von einst, befindet im gleichen Jahr (1924), daß Proust an der Zukunft nicht interessiert gewesen sei, nur an »Unzeitgemäßheit«.[133] Und Hermann Bahr behauptete 1926, daß Prousts Werk »ein Ende« darstelle und unwiederholbar sei.[134]

Von allen prominenteren Zeitgenossen hatte wohl Curtius am deutlichsten erkannt, was die RECHERCHE bedeutete, rückte er sie doch unmittelbar in die Nähe von »dynamischer Psychologie der seelischen Tiefenschichten« und der Relativitätstheorie,[135] also in jene Bereiche, in denen Thomas Mann auch den ZAUBERBERG angesiedelt hatte.

Bedenkt man die frühe Rezeption beider Werke, dann zeigt sich wiederum, daß Prousts RECHERCHE radikalere Antworten erfahren hat als Manns ZAUBERBERG und die wohl eindrucksvollste in Gestalt eines provokativ knappen Essays des jungen Samuel Beckett über das Großepos. Seine stellenweise geradezu subversiv wirkende Betrachtung PROUST,[136] erschienen in London im Jahre 1931, spricht von der Deformierung des Menschen durch das »Gestern« und die Erinnerung, vom Gefangensein in der Zeit, dem Wiederholungszwang in den Lebensvollzügen und der Banalität des Guten, Bösen, Alltäglichen, wobei Beckett impliziert, daß wir mit jedem gelebten und erinnerten Tag das (= unser) Ende bereits proben. Beckett war auch der erste, der die Bedeutung der Musik (besonders der Sonate und des Septetts) in der RECHERCHE erkannte; er nannte sie das »katalytische Element« von Prousts Erzählen.[137] Die Parallele zu Thomas Mann liegt auf der Hand, gerade weil die Musik primär Zeit-Kunst ist, Zeitwerte erklingen und gleichzeitig vergessen läßt.

Zeitwert und Klangwert sollte Thomas Mann später in einer besonders symbolträchtigen Weise im Roman DER ERWÄHLTE als »Glockenschall« vorstellen, durch den der Auftritt des die Glocken läutenden Erzählers angekündigt wird (VII). Wenn sich freilich der ›Laut‹ der Glocke bei festlichen Ereignissen zum »Glockenschwall« vervielfacht, dann »ist nicht Zeitmaß noch Einklang«, und die Glocke täuscht über ihre sonstige die Zeit angebende Funktion hinweg und wird allein zum ästhetischen Ereignis. Bevor es sich Thomas Mann jedoch glaubte leisten zu können, seine ›Glocken‹ *supra urbem* und *supra tempus* läuten zu lassen, stellte er sich der Zeit und ihren Forderungen und das mit einer seit 1930 immer größer werdenden Dringlichkeit. So häufen sich Verlautbarungen zurzeit, zum Schriftsteller in seiner Zeit, Reflexionen über seine Zeit und die Bedingungen, die ihm die Zeitumstände auferlegen. Sah am Ende auch er sich als ein ›Gefangener seiner Zeit‹ im Sinne des jungen Beckett?

Wohl eher als ihr Repräsentant, ihr Zeuge. Was aber repräsentierte, was bezeugte er? Nicht mehr nur das bürgerliche Zeitalter, als dessen Repräsentanten er am Ende der Weimarer Republik Goethe feierte, den Weimarer Dichterfürsten, an dem Thomas Mann, obgleich er in der »Durchrepublikanisierung Europas« (PARISER RECHENSCHAFT, XI, 22) eine Chance für die öffentliche Wirkungsmöglichkeit der Intellektuellen zu erkennen begann, so gerne wie beständig Maß zu nehmen pflegte. Thomas Mann spürte, wußte zuletzt, daß er als geborener Lübecker Bürger das kultur-bürgerliche Selbstverständnis an sein Ende begleitete, es bereits mit seinem Jugendwerk, den BUDDENBROOKS, zu Grabe getragen hatte. Es scheint, daß ihn gerade dieses Bewußtsein für die Frage nach der Zeit und dem Zeit-Wert der Kunst besonders sensitiv gemacht hatte.

Dieses Zeitbewußtsein, sofern es in seinen Romanen sich spiegelte, etwa im ZAUBERBERG, unterschied sich durchaus von jenem Zeitverständnis, wie es Georg Lukács in seiner 1914/15 geschriebenen und 1916 veröffentlichten THEORIE DES ROMANS entwickelt hatte. Lukács untersuchte den Roman als Nachfahr des Epos, wobei er sein besonderes Augenmerk auf den Umstand richtete, daß das Epos noch eine sinnerfüllte Welt beschrieb, nicht dagegen der moderne Roman, der im wesentlichen nur noch von Trostlosigkeiten zu berichten habe und deswegen als »Desillusionsroman« zu verstehen sei. Dabei komme die Zeit, so Lukács, als »depravierendes Prinzip« ins Spiel,[138] aber paradoxerweise auch als Inbegriff der »Fülle des Lebens«.[139] Das Besondere am ›Desillusionsroman‹ sei der zum Scheitern verurteilte Versuch seines Protagonisten, gegen die Macht der Zeit anzugehen, der Zeitlichkeit Widerstand zu leisten. Lukács' bevorzugtes Beispiel für dieses prekäre Verhältnis zur Zeit ist Flauberts EDUCATION SENTIMENTALE und dessen Held Frédéric Moreau, der an Sinnentleerung seines Lebens leide, die er mit weitschweifigen Erinnerungen zu kompensieren versuche. Lukács argumentiert nun, daß erst das Scheitern des Protagonisten Sinngebung ermögliche und ihrerseits eine Form von Sinn sei.[140]

Anders Hans Castorp. Von einem eigentlichen Scheitern kann bei ihm nicht die Rede sein. Und die ›Desillusion‹ stellt sich bei ihm zwar ein; aber es handelt sich dabei eher um eine Ernüchterung seiner romantischen Vorstellungen vom Leben, die ausgeglichen wird durch sein lebhaftes Interesse an der wissenschaftlichen Erforschung der Grundlagen des Lebens. Von einer eigentlichen ›Gegnerschaft‹ Castorps zur Zeit kann man nicht reden, eher – mit Goethe – von einem zeitversetzten »Parallelismus im Gegensatz« zwischen Frédéric Moreau und Hans Castorp.

EINE ÄSTHETISCHE ZEITTHEORIE

Im Abschnitt »Strandspaziergang«, der das siebente ZAUBERBERG-Kapitel einleitet, entwarf der Erzähler, wie eingangs erwähnt, eine Theorie der ästhetischen Zeit. Zunächst verwirft er den Gedanken, daß man die Zeit selbst erzählen könne, als ein »närrisches Unterfangen« (III, 748). Die Zeit könne, so der Erzähler, Hans Castorps inzwischen verstorbenen Vetter Joachim Ziemßen zitierend, weder Subjekt noch Objekt einer Erzählung sein: »›Die Zeit verfloß, sie verrann, es strömte die Zeit‹ und so immer fort, – das könnte gesunden Sinnes wohl niemand eine Erzählung nennen. Es wäre, als wollte man hirnverbrannterweise eine Stunde lang ein und denselben Ton oder Akkord aushalten und das – für Musik ausgeben.« (III, 748) Vetter Joachim und der Erzähler kannten die serielle Musik nicht. Und was den ›gesunden Sinn‹ angeht, der darüber befinden soll, was eine Erzählung ist und was nicht, so weiß der Erzähler ja nur zu genau, daß er sich auf dem Zauberberg der Lungenkranken befindet und dort schon längst Zeuge eines Zustands geworden ist, welcher der Zeit Subjekt- und Objektcharakter zubilligt. Auf dem Zauberberg wirkt sie als Akteurin gerade auch in dem Sinne, daß sie sich selbst aufzuheben scheint, eine ›Aktion‹ der besonderen, weil paradoxen Art. Hier wird sich die Zeit selbst zum Mythos und beschränkt sich keineswegs nur auf ein geordnetes Nacheinander oder darauf, ein bloßes ›Element‹ der Erzählung zu sein, wie dies der über die Zeit im Namen des verstorbenen Joachim theoretisierende Erzähler zunächst noch fordert.

Merkwürdig daran ist, daß er diesen vergleichsweise konventionellen Ansatz zu einer Theorie der Zeit im letzten Kapitel des ZAUBERBERG aufruft, *nachdem* der Leser während sechs langer Kapitel bereits schon von ganz anderen, entschieden unkonventionellen Zeiterfahrungen auf dem Zauberberg gehört hat. Es ist, als erinnerte sich der Erzähler unter Berufung auf »Gelegenheitsworte« des verstorbenen Joachim Ziemßen einer am Realismus orientierten Zeiterfahrung, die noch nichts von den Brechungen des Zeitbegriffs wußte, die im literarischen Modernismus zur Regel werden sollten. Ziemßen selbst hatte diese absurden Zeitverhältnisse durchlebt, aber offenbar nicht durchdacht. Wir lesen, daß es wohl einer »alchemistischen Steigerung seines Wesens« bedurfte, um ihn überhaupt auf solche Gedanken über die Zeit und Musik zu bringen, da diese sonst »nicht in seiner braven Natur« gelegen hätten (III, 750). Wie einst Senator Thomas Buddenbrook über seine Verhältnisse las, als er sich jenes Schopenhauer-Kapitels über den Tod annahm, so hatte offenbar auch Ziemßen über seine Verhältnisse gedacht beim Thema Zeit.

Wie dem auch sei: Nach dieser am Nacheinander des Zeitablaufs ausgerichteten Selbstvergewisserung des Erzählers kann er sich auf das neue Formen annehmende ›Abenteuer Zeit‹ einlassen. Phase eins dieses Abenteuers:

»Eine Erzählung aber, deren inhaltliche Zeitspanne fünf Minuten betrüge, könnte ihrerseits, vermöge außerordentlicher Gewissenhaftigkeit in der Erfüllung dieser fünf Minuten, das Tausendfache dauern – und dabei sehr kurzweilig sein, obgleich sie im Verhältnis zu ihrer imaginären Zeit sehr langweilig wäre.« (III, 749)

Hier füllt die Erzählung einen bestimmten Zeitraum aus, erweitert, transzendiert ihn dadurch jedoch auf imaginäre Weise. Dem folgt Phase zwei des ›Abenteuers Zeit‹, die eine pathologische Dimension hat:

»Man besitzt Aufzeichnungen von Opiumrauchern, die bekunden, daß der Betäubte während der kurzen Zeit seiner Entrückung Träume durchlebte, deren zeitlicher Umfang sich auf zehn, auf dreißig und selbst auf sechzig Jahre belief oder sogar die Grenze aller menschlichen Zeiterfahrungsmöglichkeiten zurückließ, – Träume also, deren imaginärer Zeitraum ihre eigene Dauer um ein Gewaltiges überstieg und in denen eine unglaubliche Verkürzung des Zeiterlebnisses herrschte, die Vorstellungen sich mit solcher Geschwindigkeit drängten, als wäre, wie ein Haschischesser sich ausdrückt, aus dem Hirn des Berauschten ›etwas hinweggenommen gewesen wie die Feder einer verdorbenen Uhr‹.« (ebd.)

Beide ›Abenteuer‹ lassen sich im ZAUBERBERG erleben. Und es mag sein, daß sich der Erzähler gerade deswegen einer konventionelleren Vorstellung von Zeit wieder versichern wollte, um einen Maßstab für diese ›unerhörte‹ Phantasmagorie des Zeitlichen zu gewinnen, die sich im Sanatorium ›Bergfried‹ abspielt. Warum aber ergeben sich alle diese Schwierigkeiten mit der Zeit, die selbst den scharfsinnigen Aufklärer Settembrini sein Alter vergessen lassen? Laut Erzähler ist dies dem am schwächsten ausgebildeten Sinn des Menschen geschuldet, dem Zeitsinn. Es fehle uns ein »Zeitorgan«, das es dem Menschen erlaube, die Zeit von sich heraus bestimmen zu können wie den Duft einer Blume oder den Klang eines Akkords.

Mit dieser Bemerkung rechtfertigt der Erzähler noch einmal sein Projekt: Um dem durch das Fehlen eines Zeitorgans entstehenden Mangel an Zeitbewußtsein abzuhelfen, bedürfe es des

›Zeitromans‹, einer Erzählung über die Zeit und von der Zeit, eines in jedem Sinne durch Zeit konditionierten Kunstaktes also. Dadurch schärfe sich denn auch der Zeitsinn des Lesers.

Kunst hielt Thomas Mann für die »lebendigste Erscheinungsform des Geistes« (X, 299) und das selbst dann noch, als ihr Thema ›Verfall‹ lautete. Wie aber einer solchen Verfallszeit zeitlose Einsichten abgewinnen? Diese Frage stellte sich Thomas Mann dann immer dringender, als er sich dieser Zeitbedingungen seines Schreibens bewußt geworden war, und antwortete darauf mit Vorliebe durch Goethe. So zitierte er im Jahr des hundertsten Todestages dessen schon früh gesprochenes Wort: »Was doch alles Schreibens Anfang und Ende ist, die Reproduktion der Welt um mich durch die innere Welt, die alles packt, verbindet, neu schafft, knetet, und in eigener Form, Manier, wieder hinstellt [...].« (IX, 338) Von dieser ›Manier‹ gehe, so Thomas Mann in seinem Versuch GOETHE'S LAUFBAHN ALS SCHRIFTSTELLER (1932), »Reiz und Bezauberung«, aber auch oppositionelles Denken aus. (ebd.)

Nach der Veröffentlichung des ZAUBERBERG kehrt im essayistischen Werk Thomas Manns die Frage nach der »geistigen Situation des Schriftstellers« in seiner Zeit mit gehäufter Regelmäßigkeit wieder. Was ihn zunehmend bewegt – besonders um 1930 –, ist das Ausmaß der Unverhältnismäßigkeit zwischen zeitgeschichtlichen Bedingungen des Schreibens und zeitlosem Auftrag, dem sich der Schriftsteller stellen zu müssen glaubt. Konkret gesprochen ist es die Einsicht in die »absurde und lebensgefährliche Verfassung Europas«, den zurückliegenden Krieg, »der, wenn es so weitergeht, fast unweigerlich [wieder, R. G.] kommen wird«, die »skandalösen Fehler« in der sozio-ökonomischen Entwicklung und schließlich »die Schmach der materiellen Lebensbedingungen von Millionen Menschen« (X, 302). Thomas Mann folgert: »Es ist schwierig, dies alles vor Augen zu haben und dabei das Recht des einzelnen auf Kulturinnerlichkeit, auf das Spiel der Form, auf ästhetische Freiheit zu verteidigen und den Idealismus der Kunst gegen den Vorwurf der Frivolität zu schützen.« (ebd.) Noch seine späte Rede DER KÜNSTLER UND DIE GESELLSCHAFT (1952) sollte diese Kalamität, diesen Gewissenskonflikt thematisieren: Was kann der (moderne) Künstler durch die in seiner Kunst beinahe zwangsläufig sich vollziehende Ironisierung der Wirklichkeit und ihrer Zeit erreichen? Daß man durch seine Kunst Sinn für das Spiel im Ernst und mit dem Ernst gewinne? Dieses ironische Spiel mit Symbolen – Thomas Mann war darum nie verlegen. Ein Beispiel steht für unzählige: Als er sich 1926 auf dem Weg nach Paris befand, vermerkte er in seiner anschließenden diaristisch-essayistischen PARISER RECHENSCHAFT, daß man auf der »Stadthalle am Rhein« im soeben von den französischen Besatzungstruppen geräumten Mainz »statt der Trikolore die rotgelbe Karnevalsflagge gehißt« habe (XI, 12). Felix Krull ließ sich bereits empfehlen!

WESSEN ZEIT?

Sucht man im Werk Thomas Manns einen Text nach dem ZAUBERBERG, der konzise das Verhältnis von Zeit und Kunst im historischen wie ästhetischen Sinn reflektiert, dann findet man ihn in seinem Vortrag MEINE ZEIT, den er zunächst an der University of Chicago im Jahre 1950 gehalten hatte. Er machte sich diesen Vortrag, wenn man so will, an seinem fünfundsiebzigsten Geburtstag selbst zum Geschenk. Die Tagebucheintragungen belegen jedoch, daß er sich diese Gabe mühsam erarbeiten mußte. Zudem waren die Vorbereitungen vom Tod des ›großen Bruders‹, Heinrich Mann, überschattet. Als »Letztausharrender« der Geschwister schreibt er seinen Vortrag zuende (Tb 11.3.1950) und notiert nach dessen Abschluß: »Er [der Vortrag, R. G.] ward hergestellt unter Kopfschmerzen, die das Zeichen der Erschütterung meines Central-Nervensystems durch das Todesereignis ist. Wußte immer, wie es mir zusetzen würde.« (Tb 17.3.1950)

MEINE ZEIT – die Aufforderung war relativ überraschend an ihn herangetragen worden. Zur Niederschrift blieb nur wenig Zeit. »Die Zeit drängt«, heißt es im Tagebuch (Tb 1.3.1950), und das war ebenso doppeldeutig gemeint wie der Titel des Vortrages selbst. MEINE ZEIT – das signalisierte, daß Thomas Mann sich selbst zur Epoche geworden war; implizierte den Versuch, von seiner Zeit auf welche Weise auch immer, künstlerisch, kritisch,

Besitz zu ergreifen; er meinte auch schlichte Zeitgenossenschaft, konnte aber ebenso einen seufzenden Ausruf darstellen im Sinne von ›meine Güte‹! Und das Ergebnis war einmal mehr ›buchenswert‹.

Wie sooft beginnt Thomas Mann seine Erörterungen mit analogischem, paradoxem Vermessen des Zeitraumes: »Wenn ich nun aber von ›meiner Zeit‹ spreche, so habe ich notwendig doch etwas Doppeltes dabei im Sinn: Die Zeit und die Geschichtsepoche, die den Rahmen meines individuellen Lebens bildete und deren Zeuge ich war, sie ist ja eben die Zeit, die mir gegeben, das Stundenglas, das mir gestellt war und von dessen in feinem Strom durch die Enge rinnendem Sande so wenig noch oben übrig ist, daß es zum Erschrecken wäre, wenn es sich nicht bei der Zeit um etwas so eigentümlich Kostbares und Erfüllbares handelte, daß wenig davon immer noch sehr viel ist.« (XI, 303)

Allein diese Bemerkung genügt, um feststellen zu können, daß Thomas Mann – bei aller Thanatographie in seinem Werk – die Vorstellung des »Seins zum Tode«, wie sie Martin Heidegger drei Jahre nach Erscheinen des Zauberberg entwickelt hatte,[141] nicht hätte teilen können. Dessen ›Sein‹ kann und will die Zeit nicht als etwas »eigentümlich Kostbares und Erfüllbares« begreifen, da es hinter solchen Formulierungen eine Infragestellung der radikalen Weltlichkeit vermuten würde, einen metaphysischen Rest, den es für Heidegger bekanntlich zu verwerfen galt. Heidegger sprach jedoch auch von der »Innerzeitigkeit«, durch die sich ein sehr spezifisches »Seinsverständnis« konstituiere.[142] Das wiederum ließe sich durchaus auf Thomas Mann und seinen seit dem Zauberberg sich stetig konkretisierenden Zeitbegriff übertragen. Sein Bezug auf das ›Stundenglas‹ und das Rieseln der eigenen Zeit, das man in sich spüre, entspricht einer ›Innerzeitigkeitserfahrung‹.

Unüberhörbar ironisch auf das sprachliche Register existenzphilosophischer Eigentlichkeit anspielend, gebrauchte Thomas Mann an zentraler Stelle in seinem Vortrag die Wendung »Meine Zeit – was zeitigte sie nicht alles!« (XI, 310), um dann eine Caprice als Beispiel zu wählen: »Die Bügelfalte der Herrenhose«, deren erstmaliges Auftauchen in der Literatur der quellenkundige Parodist auch sogleich angibt, nämlich Tolstois Spät-Roman AUFERSTEHUNG. Thomas Mann weiter über Tolstoi: »Zeuge war er als das ›Bicycle‹, damals ›Velociped‹ genannt, zunächst als groteskes Hochrad, dann als englisches Niederrad«, verbreitet wurde. Vor dem Fin de siècle mit seiner »müd' ästhetisierenden Überreife« und »mürben Überlieferung des Nervenrausches« diagnostizierte Thomas Mann als Grundbedürfnis des Bürgers »Safety und ›mündelsichere Anlagen‹«. Und er erläuterte: »Safety! Es war das englische Kennwort der Zeit. Die bürgerliche Sicherheit und ihr Liberalismus waren englisch. Im Schatten und Schutz des Britischen Empire ruhte der Kontinent« (XI, 310). Was folgte, war »Décadence« in jedem, auch politischen Sinne, »eine Formel des Ausklangs, die allzu modische und etwas geckenhafte Formel für das Gefühl des Endes, des Endes eines Zeitalters, des bürgerlichen« (XI, 311). Er selbst habe »nie das makabre Narrenkleid des Fin de siècle getragen«, anders als Hofmannsthal und Trakl keine Moden bedient. Dafür ließ er seinen Gustav von Aschenbach am Ende zu einer trostlos ›geckenhaften‹ Erscheinung werden.

»Meine Zeit – sie war wechselvoll, aber mein Leben in ihr ist eine Einheit« (XI, 314), um diesen Nachweis ging es Thomas Mann jetzt (1950). Einheit trotz aller Widersprüche und Unzeitgemäßheit: »Ich war national, als der explosive Pazifismus der Expressionisten an der Tagesordnung war, und ich wehrte mich mit Grauen gegen den Anti-Humanismus und Irrationalismus der Intellektuellen von 1920 oder 25, dessen politische Konsequenzen damals den wenigsten sichtbar waren. Bloße vier Jahre nach dem Erscheinen der Betrachtungen fand ich mich als Verteidiger der demokratischen Republik, dieses schwachen Geschöpfes der Niederlage, als Anti-Nationalist, ohne daß ich irgendeines Bruches in meiner Existenz gewahr geworden wäre [...]« (ebd.).

DIE ZEIT HUMANISIEREN

Thomas Mann, und das ist das Entscheidende in der Argumentation von MEINE ZEIT, betont, daß er selbst sich von der frühen Erfahrung eines Endes, des Fin de siècle, der Décadence habe emanzipieren können, gerade weil er darüber erzählend so erschöpfend Auskunft gegeben habe. Und jetzt, da er sich selbst am Ende seines Lebens wußte, wollte er alle ihm noch verbliebenen Kräfte aufbieten, um nicht in die Stimmung der Zeit um 1900 zurückzufallen. Die Hauptkraft benannte er mit dem Wort ›Humanität‹. Erzählen wurde für ihn synonym mit Humanisieren – selbst dann, wenn von Inhumanem die Rede war, wie etwa im DOKTOR FAUSTUS. Das Ende als Auftakt zu Neuem begreifen und nicht als narzißtisches Projekt ›dekadenter‹ Selbstverfallenheit, das glaubte Thomas Mann noch leisten zu können; in den großen Reden und Essays der Spätzeit gelang es. Als Erzähler aber wiesen die letzten Stoffe, DIE BETROGENE und FELIX KRULL, wieder eher in Richtung ›Décadence‹, weshalb er denn auch nicht müde wurde, sich ihrer angeblich zu schämen.

Humanisieren! Es wurde ihm immer ernster mit diesem Anliegen, sofern einem geborenen Ironiker etwas ganz und gar ernst werden kann. War im ZAUBERBERG die Tendenz unübersehbar, auch das Humanisieren selbst zum Gegenstand der Ironie zu erklären, man denke allein an das »Humaniora«-Kapitel, in dem Hofrat Behrens »das Humanistische« allein auf die vorzugsweise weibliche Körperlichkeit bezieht, diese aber, »die weibliche Plastik«, schlicht als »Fett« charakterisiert (III, 364), bestand also das ›Humanisieren‹ Thomas Manns in jener Zeit in der Hauptsache aus, paradox gesagt, mikroskopischem Distanznehmen von den menschlichen Dingen, so beschwor er während und nach dem Zweiten Weltkrieg die humanisierende Wirkung gemeinschaftlicher Selbstbesinnung. Dieses ›Projekt Humanisierung‹, das er, wenn auch anders motiviert, mit vielen überlebenden ›Abendländern‹ teilt, schien sich damals selbst überlebt zu haben angesichts des Befundes der Existentialisten von Heidegger bis Sartre. Freilich äußerte sich Thomas Manns Humanisierungsprojekt gerade in MEINE ZEIT, und darin unterschied es sich radikal von einer rein am ›abendländischen‹, kulturkonservativen Denken orientierten Rehumanisierung des (vornehmlich europäischen) Bewußtseins, nämlich in seiner unbedingten, von utopischen Zügen nicht ganz freien Forderung nach einem »humanistischen Kommunismus«, den Amerika, also das Amerika Trumans und McCarthys, entwickeln sollte. Amerika könne sich eine »umfassende Finanzierung des Friedens« leisten, so Thomas Mann. Und er ließ keinen Zweifel daran, was er unter einer solchen ökonomisch in Gang gesetzten Humanisierung verstand: »Konsolidierung aller ökonomischen Kräfte der Völker im Dienst gemeinsamer Verwaltung der Erde und einer Verteilung ihrer Güter, welche schmähliche Armut und Hungersnot von ihrem Angesicht tilgte und unnotwendiges, von Gott nicht gewolltes, sondern nur vom Menschen verschuldetes Leiden aus der Welt schaffte« (XI, 323). Wer im düsteren Lichte unserer Erfahrung seit den fünfziger Jahren über diese humane Hoffnung, eine konkrete Utopie, lächeln will, der verhänge lieber als erster seine Spiegel.

Einen Tag bevor Thomas Mann mit der Niederschrift dieses Vortrags begann, hatte er im Tagebuch notiert: »Nachgedacht viel über das, was *Mut* in mir ist. Habe bei aller Lebensscheu doch eine ganze Menge davon bewiesen« (Tb 25. 2. 1950). Eine solche These im Amerika des Jahres 1950 vorzutragen, wo man damals längst zur Hetzjagd auf alle ›Kommunisten‹ geblasen hatte, *war* mutig und wäre es heute nicht minder. Das Späte, Letzte, es hatte für ihn nicht nur an Zauber, sondern auch an Verpflichtendem gewonnen. Denn für Thomas Mann stand nach dem Ende des Zweiten Weltkrieges alsbald fest, daß es nach der unwiderruflichen Selbstliquidierung des Bürgerlichen nun um die Frage des Überlebens der Spezies Mensch ging. Das ›Ende‹, so spricht es aus seinen sorgenvollen Verlautbarungen aus jener Zeit, beziehe sich nun womöglich nicht mehr nur auf den Abschluß einer Kulturepoche, sondern auf die Menschheit selbst. Nicht Décadence, nicht Fin de siècle waren für ihn seit 1945/46 das Thema, sondern ein in den Bereich des Schreckensmöglichen geratenes Siècle du fin.

Nichts sei nun gefährlicher als ein »Nervenrausch« von einst. MEINE ZEIT – damit wollte Thomas Mann jetzt auch sagen, daß diese Zeit auch für einen selbst arbeite, ein Gedanke, der ihm sogar die Anwendung der Dialektik, die sonst nicht zu seinen bevorzugten Denkmustern gehörte, nahelegte: »Die Zeit arbeitet für uns alle, wenn wir sie gewähren lassen bei ihrem Werk des Ausgleichs und der Aufhebung von Gegensätzen zu höherer Einheit und wenn wir sie, der einzelne und die Völker, erfüllen mit der

Arbeit an uns selbst. Die Zeit ist [...] der Friede selbst, und der Krieg ist nichts als das wilde Verschmähen der Zeit, der Ausbruch aus ihr in sinnlose Ungeduld« (XI, 324). Zugegeben, diese zeitgläubige Haltung hatte Thomas Mann in den dreißiger Jahren den Vertretern des politischen *appeasement* gegenüber Hitler in Europa und später in Amerika vorgeworfen. Angesichts der Spaltung der Welt in zwei ideologische Lager hielt er sie jedoch für ein Gebot des Überlebens.

Dieses Hoffen auf Neues, Weiteres, auf Öffnung war auch deswegen für Thomas Mann kein Leichtes, weil er seine eigene Kunst, das Epische, als eine Form ansah, durch welche das Geschilderte unweigerlich zum Ende komme, seinen Abschluß finde. So erklärte er sich im Jahre 1939 Princetoner Studenten gegenüber, als man ihn gebeten hatte, Einführendes zum ZAUBERBERG zu sagen (XI, 606). Es wird noch davon zu handeln sein, daß es in seinem Werk nur eine Ausnahme von dieser ›Regel des Epischen‹ geben sollte, bezeichnenderweise sein letzter Roman, FELIX KRULL, der sich bewußt offen hält und verdeutlicht, daß mit diesem Epos die thematisierte ›Lebensform‹ (das Hochstapeln) nicht zu Ende gekommen ist.

ZEIT ALS MYTHE IM *JOSEPH*

Bedenkt man Thomas Manns künstlerisches wie autobiographisch motiviertes Verhältnis zum Zeitlichen als ein Sich-Zeitigen der Zeit, so ist zu berücksichtigen, daß sein umfänglichstes Epos, die JOSEPH-Tetralogie, dem Ergründen des Uranfänglichen galt, des Ursprungs von Kultur, der »Geburt des Ich aus dem mythischen Kollektiv«, wie er seine mit dem Epos verbundene Intention selbst bezeichnete (XI, 665). Es wurde daraus ein »alles überlebendes Erzählwerk« (XI, 677), das ihm vor allem dabei half, den *ruptus* während des Exils, den Sprung von der Schweiz nach Amerika, zu überstehen, wo dann der Abschluß der Tetralogie, JOSEPH DER ERNÄHRER, quasi zu einer *hommage* für F. D. Roosevelts ›New Deal‹-Ökonomie wurde, während der dritte Band, JOSEPH IN ÄGYPTEN, im Zeichen des erzwungenen Abschieds von Deutschland gestanden hatte.

Wiederholt hat Thomas Mann das Sich-Auswachsen seiner Epik betont, das im Sinne Goethes Nicht-Enden-Können, in dem Größe liege; er verglich sein Schaffen auch mit Heines Wort von eines »Liedes Riesenteppich – zweimalhunderttausend Verse« (XI, 609). Man geht wohl nicht fehl in der Annahme, daß diese schrittweise vollzogenen Überdimensionierungen Ausdruck von Thomas Manns versuchtem Widerstand gegen das Vergehen der Zeit gewesen sind – ganz wie die großen spätromantischen Symphonien. Das Sprachbild des »Vorspiels« zur JOSEPH-Tetralogie aufnehmend, könnte man sagen: Thomas Mann warf in den »tiefen Brunnen der Vergangenheit« unablässig Wort um Wort, um durch deren sich vervielfachendes Echo das Vergangene aufzuheben.[143]

Fragen wir nun danach, welche Spezifika die JOSEPH-Tetralogie den bisher aufgezeigten Dimensionen der Zeiterfahrung bei Thomas Mann hinzufügen konnte, dann versteht man JOSEPH UND SEINE BRÜDER als großen, seinen Dimensionen nach Wagners RING gleichenden Auftakt zum Spätwerk. Mehr noch als im ZAUBERBERG bietet diese Tetralogie ein »Neben- und Ineinander von Epik und Untersuchung, Szene und verspielter Wissenschaftlichkeit«, wie Thomas Mann selbst sagt (XI, 625). Hier geht es um das »Wesen des Mythus als zeitlose Immer-Gegenwart« (XI, 628), das Vorzeitliche, Urzeitliche und die Feier der »heiter-ernsten Wiederholung eines Urgeschehens«, wie Thomas Mann dem Mythenforscher Karl Kerényi schrieb (XI, 648). Was er damit bewirken wollte? Durch humorvolles, scheingenaues Erzählen den Mythos ins Humanistische verwandeln, dem Abgründigen des Mythos ein menschliches Antlitz verleihen, um der Natur jener Grundsubstanz des Lebens und Erinnerns beizukommen, der Zeit. Der Umgang mit ihr hat nichts minder Verführerisches für den Erzähler als das Wesen Mut-em-enets, Potiphars »Titelgemahlin« für Joseph. Ihr schreibt der Erzähler einen »Zauber« zu wie sonst nur Thamar, dieser Kundry-Gestalt, die Jaakob, »dem Geschichtenreichen«, im Haine Mamre in Hebron zu Füßen sitzt (V, 1533).

Im »Vorspiel« zur JOSEPH-Tetralogie vertritt der Erzähler wiederholt die These, daß das Geheimnis keinen Zeit-Wert habe außer jenem unbedingter Gegenwart: »Jederzeit ist das Wort des Geheimnisses. Das Geheimnis hat keine Zeit; aber die Form der Zeitlosigkeit ist das Jetzt und Hier.« (IV, 31) Der Erzähler führt dazu weiter aus:

»Was uns beschäftigt, ist nicht die bezifferbare Zeit. Es ist vielmehr ihre Aufhebung im Geheimnis der Vertauschung von Überlieferung und Prophezeiung, welche dem Worte ›Einst‹ seinen Doppelsinn von Vergangenheit und Zukunft und damit seine Ladung potentieller Gegenwart verleiht [...] Zeiten, in denen man darüber streiten konnte, ob die Oblate der Leib des Opfers ›sei‹ oder nur ›bedeute‹, sollten erst dreitausend Jahre später sich einstellen; aber auch diese höchst müßigen Erörterungen haben nichts daran zu ändern vermocht, daß das Wesen des Geheimnisses zeitlose Gegenwart ist und bleibt.« (IV, 32)

Im Thamar-Teil jedoch, dem Fünften Hauptstück von JOSEPH, DER ERNÄHRER, gewinnt das Thema ›Zeit‹ eine noch schillerndere Dimension. Thamar ist die Geheimnisvolle schlechthin, ein weibliches Geheimnis. Die spezifische Zeitlichkeit ihrer Lebensgeschichte findet sich eigens betont. Es bleibt aber Jaakob, dem Urerzähler vorbehalten, Thamar gegenüber seine Theorie über das Wort ›einst‹ zu entwickeln, wobei der Erzähler der Tetralogie das ihm wichtige Zeit-Motiv aus der einleitenden »Höllenfahrt« aufnimmt und in Thamars Unterweisung in die Kunst des Erzählens einfügt:

»Dies ›Einst‹ war noch frisch, und Jaakobs Stimme bebte dabei, während sie bei den früheren und frühesten, schon ganz mit Zeit bedeckten Einstmaligkeiten höchst episch gelassen gewesen war, feierlich froh im Ausdruck auch bei den grimmen und schweren, denn Gottesgeschichten waren sie alle, heilig zu erzählen. Nun ist aber ganz gewiß, es konnte nicht anders sein, und man muß es wissen, daß Thamars lauschende Seele im Lehrgange nicht nur mit geschichtlich-zeitbedecktem ›Einst‹, mit heiligem ›Es war einmal‹ gespeist wurde. ›Einst‹ ist ein unumschränktes Wort und eines mit zwei Gesichtern; es blickt zurück, weit zurück, in feierlich dämmernde Fernen, und es blickt vorwärts, weit vorwärts in Fernen, nicht minder feierlich durch ihr Kommen-Sollen, als jene anderen durch ihr Gewesen-Sein. [...] Wer nicht das Einst der

Zukunft ehrt, ist nicht des Einst der Vergangenheit wert und stellt sich auch zum heutigen Tag verkehrt. Dies ist unsere Lehrmeinung, wenn wir sie einschalten dürfen in die Lehren, die Jaakob ben Jizchak der Thamar erteilte, und die voll waren vom doppelten ›Einst‹, wie denn auch nicht, da er ihr ja die Welt erzählte, und da das Wort der Welt eben ›Einst‹ ist als Kunde und Verkündigung?« (V, 1552)

Im ›Einst‹ liegt das Duplizitäre der Zeit beschlossen. Es spricht vom Gewesenen und Werdenden, verharrt aber im Ungenauen und ist damit die zeitliche Entsprechung zu Thomas Manns Verfahren, das (nicht nur) die JOSEPH-Tetralogie kennzeichnet, nämlich das in diversen Quellen Aufgefundene durch »lebendige Ungenauigkeit« zu vergegenwärtigen oder erzählerisch zu verwirklichen.[144] Im Strom des Erzählens ereignet sich durch die schiere Überfülle von Thesen und Antinomien eine »Verflüssigung von Gegensätzen«, wie Peter Pütz bemerkt hat. »Nicht das Gegeneinander, sondern das Aufeinander-Zu und letztliche Mit- und Ineinander sind die Ziele poetischer Realisierung. Die Antinomik ist immer nur Vorstufe und zugleich Vehikel ihrer eigenen Überwindung.«[145] Und genau das trifft auch auf die Art der Zeitbehandlung durch den Erzähler und des Umgangs mit der Zeit durch den Erzähler Jaakob zu. Thamar nun, die Geheimnisvolle, Jaakob ergeben Lauschende, erlebt, wie ihr Lehrmeister »das Anfänglichste mit dem Zukünftigsten« verbindet:

»Sie hörte die Welt, die im Frühen das Späte barg als Verheißung, eine ungeheure und vielverzweigte, geschichtenvolle Geschichte, durch welche der Purpurfaden der Zugelobung und der Gewärtigung lief von *einst zu einst* [m. Hervorh.], vom ehemaligsten Einst zum zukünftigsten, wo denn in kosmischer Heilskatastrophe zwei Sterne, die feindlich gegeneinander geflammt, der Stern der Macht, der Stern des Rechts, mit das All erfüllendem Donnergetös ineinanderstürzen und einer sein würden fortan in mildgewaltigem Schein zu Häupten der Menschheit: der Stern des Friedens.« (V, 1553)

Es ist der Stern des Friedensbringers Shiloh, des Menschensohnes, um dessentwillen die Gegensätze sich mit ›Getöse‹ aufeinander einlassen und sich gegenseitig aufheben. »Von einst zu einst« wie eine zeitliche Zwillingserscheinung. Auf Thamar überträgt sich diese Doppelung auf sinnliche Weise: Sie, die zweifache Witwe, wird dem Witwer Juda, Löwe genannt, zuletzt Zwillingsknaben gebären.

Das Thamar-Kapitel endet, wie es begann: mit einem Hinweis darauf, daß diese Geschichten und Episoden »dahinten in offener Zukunft« liegen (V, 1572). Dabei gebraucht der Erzähler in geradezu parodistischer Manier das Wort ›einschalten‹, womit sein erzählerisches Verfahren gemeint ist, das aus dem ›Einschalten‹ von Episoden besteht, die er eben »um keinen Preis ausschalten« wollte. Die vorgegebene Zeitstruktur, ihre betonte Ungenauigkeit (›von einst zu einst‹, im ›Dahinten der offenen Zukunft‹) begünstigt diese Fülle von Einschaltungen. Die eben nur scheingenaue Zeit verwischt durch ihr Vergehen das Wissen, wie es am Ende des zweiten Teils, DER JUNGE JOSEPH, heißt, als es den zehn Brüdern nicht mehr möglich ist zu sagen, was sie wirklich mit Joseph getan haben; »denn ungenauer unterschieden sie mit der Zeit zwischen Tun und Geschehen« (IV, 661). Was die Zeit zeitigt, ist demnach die Relativierung der Erinnerung. Wer erinnert, verwandelt unweigerlich das ursprünglich zu Erinnernde. Es gibt kein identisches Wieder-Holen des Gewesenen durch Erinnerung, wie auch Jaakob in bezug auf den jungen, verschollenen Joseph feststellen muß.

Wenn das Frühe bereits das Späte in sich birgt, wie Jaakob mit prophetischem Blick in Richtung des kommenden Messias meinte, dann offenbart sich in dieser These auch der Charakter des Werkes von Thomas Mann, dessen frühe Phase, wie gesehen, schon die Motive des Spätwerks nahezu vollständig versammelt hat. Daß dieses Empfinden, früh am Ende zu sein, nicht nur in diesen oberen Sphären der Tetralogie wie auch des Mann'schen Gesamtwerkes, sondern auch in den ›niederen Chargen‹ anzutreffen ist, belegt der »Bericht von Mont-kaws bescheidenem Sterben«, diesem »nüchternen Erdensohn, der sich nicht einbildete, besser zu sein als das Leben« (V, 979). Von ihm weiß der Erzähler zu berichten, daß er »ein Mensch war, der damals auf Erden und im Lande Keme wandelte, *spät oder früh, wie man es nimmt,* [m. Hervorh.], zu der Zeit, da das vielfach gebärende Leben gerade ihn hervorgebracht, aber *so früh immerhin bei aller Späte* [m. Hervorh.], daß seine Mumie längst nach ihren kleinsten Teilen in alle Winde und ins Allgemeine zerstäubt ist«.

Spät oder früh, wie man es nimmt – der ironische Chronist spielt mit den Zeitebenen, wann er nur kann, und gibt es für ein solches Spiel keinen plausiblen Grund oder Anlaß, dann ersinnt er einen. Mont-kaw malt sich in letzten Phantasien sein Leben nach dem Tode aus, gibt »sein Letztes« an die großen und kleinen ›letzten‹ Sorgen, etwa an jene, die seinem hienieden schon vor ihm zugrunde gegangenen »Ölbäumchen« gilt und der Frage, ob er es ›später‹ wiedersehen werde (V, 997). *Spät oder früh* – das hat im Kontext dieser Episoden etwas Banales und Erhabenes zugleich. *Spät oder früh,* das findet eine verblüffende Analogie im inzestuösen »alten Ehegeschwister«-Paar aus Absurdistan namens Huij und Tuij (V, 865), wobei es scheint, als habe Thomas Mann genau das bewirken wollen: daß der Leser im Späten und Frühen, Ersten und Letzten ein quasi inzestuöses Zeitverhältnis erkennen sollte, ein ›Geschwisterpaar‹, das vieles bezeugt, aber wenig Konkretes erzeugt.

Immer wieder fragt man sich jedoch, was es denn auf sich habe mit diesem Insistieren des Erzählers auf dem sich dann zumeist als reichlich unverbindlich erweisenden ›Einst‹ oder ›Spät‹ und ›Früh‹. Hinter diesen Zeitformeln verbirgt sich augenscheinlich der Versuch des Erzählers, sich in seiner mythologischen Geschichte, die er vor, während und nach der Emigration Thomas Manns erzählt, glaubwürdig zu positionieren. Wo steht der Erzähler im Spannungsfeld von einer (naturgemäß sehr entrückt wirkenden) mythologischen Zeit und den Zumutungen der zeitgeschichtlichen, bedrückend realen Gegenwart?

So dringlich wurde für Thomas Mann diese Frage, daß er im Abschnitt ›Wie lange Joseph bei Potiphar blieb‹, dem »Vierten Hauptstück« von JOSEPH IN ÄGYPTEN, einen weiteren erzähltheoretischen, den Ort des Erzählers reflektierenden Abschnitt einschaltete. Die zahlreichen Selbstkommentare zur Entstehung der JOSEPH-Tetralogie betonen stets aufs neue, vor allem in seinem aus Anlaß der amerikanischen Ausgabe von JOSEPH UND SEINE BRÜDER entstandenen Essay SECHZEHN JAHRE, die politischen Kontexte, von den »innerpolitischen Nachkriegsspannungen« in der Weimarer Republik (XI, 672) bis zum Exil, dem Eindruck des Zweiten Weltkrieges, aber eben auch dem Erzählwerk blauenden »dem ägyptischen so ähnlichen kalifornischen Himmel«, unter dem er 1942 die Tetralogie abschließen konnte (XI, 679).

Zeit und Kunst – Thomas Mann sprach über sie nicht selten wie über ein ihrerseits kurioses Geschwisterpaar, ein ›gleichgeschlechtliches‹ zumal, zum ›Inzest‹ der besonderen Art fähig, aber auch zur leidenschaftlichen Gegnerschaft. Der Erzähler steht zwischen diesen ungleichen ›Geschwistern‹; er delektiert sich an deren Widerspiel, die Forschung wiederum an dessen Delektieren,[146] eine von Thomas Mann – nicht nur im Falle der Joseph-Romane – durchaus erhoffte Reaktionskette.

Was also sei Ort und Aufgabe des Erzählers? Darauf antwortet das Kapitel »Der Höchste«, womit zunächst Potiphar gemeint ist, in gewissem Sinne aber auch der zum ›Höchsten‹ aufsteigende »religiöse mythologische Hochstapler« Joseph, wie Thomas Mann ihn seit 1926 nannte,[147] und eben auch der Erzähler selbst, so bescheiden er sich geben mag.

Zunächst spricht sich der Erzähler von der Aufgabe los, die Zeitverhältnisse im Roman zu erklären oder zu berechnen. Er ist schließlich kein Positivist. Dann folgt eine erstaunliche Erwägung in rhetorischer Frageform, die den Erzähler eher aus dem Bild als ins Bild rückt:

»Sollte der Erzähler anders vorhanden sein denn als anonyme Quelle der erzählten oder eigentlich sich selber erzählenden Geschichte, in welcher alles durch sich selbst ist, so und nicht anders, zweifellos und sicher? Der Erzähler, wird man finden, soll in der Geschichte sein, eins mit ihr und nicht außer ihr, sie errechnend und beweisend.« (V, 827)

Und schließlich erfolgt ein Vergleich, der den Erzähler tatsächlich, wenn auch deutlich ironisch, in der Nähe des ›Höchsten‹ ansiedelt:

»Wie aber ist es mit Gott, den Abram hervordachte und erkannte? Er ist im Feuer, aber er ist nicht das Feuer. Er ist also zugleich in ihm und außer ihm. Es ist freilich zweierlei: ein Ding sein und es betrachten. Und doch gibt es Ebenen und Sphären, wo beides auf einmal statthat: der Erzähler ist zwar in der Geschichte, aber er ist nicht die Geschichte; er ist ihr Raum, aber sie nicht der seine, sondern er ist auch außer ihr, und durch eine Wendung seines Wesens setzt er sich in die Lage, sie zu erörtern.« (V, 827)

Hier gilt es, noch einmal den Selbstkommentar Thomas Manns über die Tragweite dieses erzählerischen Unternehmens zu berücksichtigen. Wie sagte er doch? »Ich erzählte die Geburt des Ich aus dem mythischen Kollektiv, des abrahamitischen Ich, welches anspruchsvollerweise dafür hält, daß der Mensch nur dem Höchsten dienen dürfe, woraus die Entdeckung Gottes folgt. Der Anspruch des menschlichen Ich auf zentrale Wichtigkeit ist die Voraussetzung für die Entdeckung Gottes [...].« (XI, 665 f.) Der Erzähler als Geburtshelfer des Ich, der das Substrat der (biblischen und der Menschheits-) Geschichte zur Fabel verdichtet. Er schafft dieses Ich (in diesem Falle des Joseph) zu seinem Ebenbild, wobei sich der Erzähler der Besonderheit dieses (Joseph'schen) Ich versichert: Es hat sich vom Kollektiven emanzipiert, und zwar in »übermütiger Absolutheit«, findet dann aber wieder zurück ins »Gemeinsame«. Thomas Mann vergleicht seine Joseph-Figur mit gewissen Rodin-Plastiken, die sich nur halb »aus dem Stein losringen« (XI, 666).

Joseph scheint für Thomas Mann eine Idealgestalt gewesen zu sein, in der sich endlich das vollziehen konnte, was er für sich selbst und das kulturelle Selbstverständnis, das er repräsentierte, am meisten ersehnt hatte: die Aufhebung des Gegensatzes von Künstlertum und Bürgerlichkeit, »Vereinzelung und Gemeinschaft« – und das, wie er prophetisch hinzufügte, »in der Demokratie der Zukunft« (XI, 667), wogegen bei Joseph sich diese Aufhebung noch im Spielerischen, Phantasiereichen, im Märchen ereignete. Denn in den JOSEPH-Romanen erlaubte er sich das mehr oder weniger freie Schwadronieren im Episodischen, eben das, was er zum Beispiel an Hugo von Hofmannsthals FRAU OHNE SCHATTEN so bewundert hatte: »Es muß wunderlich und wollüstig sein, so zu phantasieren, und die Lust und der Mut dazu zeugt doch nicht gerade von steriler Müdigkeit. Es hat etwas Enjouierendes für mich.« (Tb 25. 11. 1919) Genau diese Lust und diesen Mut bewies er nun selbst über mehr als ein Jahrzehnt durch die Arbeit an dieser Tetralogie.

Für seinen Joseph, diesen biblischen Felix Krull, hatte Thomas Mann einen besonderen Werdegang – mit überraschender Kadenz – vorgesehen:

»Der Weg von Kanaan nach dem Ägypten des neuen Reiches ist der Weg aus dem Fromm-Primitiven, dem gottschöpferischen, gottbesinnlichen Idyll der Erzväter in eine Hoch-Zivilisation mit ihren Köstlichkeiten und absurden Snobismen, in ein Land der Enkel, dessen Luft dem Joseph deshalb so wohl behagt, weil er selbst ein Enkel und eine *späte Seele* [m. Hervorh.] ist.« (XI, 667)

Da ist er wieder, der Bezug auf das Späte, Finale. Und was dieses Bewußtsein des ›Späten‹ beinhaltet, deutete sich Joseph – jenseits des Spielens mit Traumdeutungen oder religiösen Hochstapeleien – bereits »In der Höhle« an, seinem ersten, wie er erkennt, durch sein eigenes Verhalten verursachten ›Fall‹. Er erkennt (oder glaubt zu erkennen) die »Einheit des Doppelten [...], die Vertauschbarkeit von Oben und Unten, so daß eins sich ins andere wandelt und Götter zu Menschen, Menschen aber zu Göttern werden können« (IV, 581). Er lernt, ein ausgesprochen spätzeitlicher Zug, das Sein zu »durchschauen«,[148] »sein[en] Charakter als Wiederholung und Rückkehr des Urgeprägten« zu erfassen (IV, 581). Das Späte erfüllt sich demnach dann, wenn aus mythischem Urgrund ein Hintergrund wird, vor dem sich alles Duplizitäre aufheben kann. Auch die drei letzten Erzählungen Thomas Manns, eine davon die neben LOTTE IN WEIMAR wichtigste ›Einschaltung‹ in das große Erzählprojekt des JOSEPH, erkundeten das Späte in diesem Sinne.

ZAUBER DES LETZTEN, SPÄTE DEKADENZ ODER ›PRINZIP TÄUSCHUNG‹: *DIE VERTAUSCHTEN KÖPFE, DAS GESETZ, DIE BETROGENE*

Letzte Fragen lassen sich stellen, letzte Antworten jedoch nicht geben. Vermutlich aber läuft jedes Leben darauf hinaus, daß der Mensch sich selbst zu seiner letzten Frage wird, die er am Ende, *seinem* Ende, gleichsam als Wegzehrung ins ganz Andere mitnimmt. An Letztes rührt, wer es wagt, die Dinge zu Ende zu denken, was zum Beispiel den »nächstbeteiligten und handelnden Personen« in Thomas Manns erzähltem »Lustspiel« KÖNIGLICHE HOHEIT nicht gelingen wollte.[149]

Ein poetischen Zauber verbreitendes ›Letztes‹ hat Thomas Mann in seiner Goethe-Gestalt im Roman LOTTE IN WEIMAR geschaffen,[150] dessen letzter Gedanke zur Verzweiflung tendiert (II, 641), dann aber doch aufgefangen wird durch die Idee des Opfers: »Den Göttern opferte man, und zuletzt war das Opfer der Gott.« (II, 763) Man muß sich als ein Letzter fühlen, um mit Thomas Manns Goethe so bestimmt sagen zu können: »Cultur ist Parodie – Liebe und Parodie« (II, 622), muß den letzten Dingen nahe sein, um das Fest der Wiederholung feiern zu können, die Wiederkehr des – freilich nicht zeitlosen – Urbildes ›Lotte‹, und um in der Gewißheit leben zu können, Zeit zu haben: »Ich harre, mich umkreist die Zeit«, sagt der Goethe des Romans (II, 622), und noch einmal in variierender Wiederholung: »Harrt man nur aus, so bringt die Zeit alles heran.« (II, 715)

Sub specie aeternitatis betrachtet, gewinnen manche Phänomene Symbolcharakter, so auch der Hyalit oder Glasopal, den Thomas Manns Goethe seinem Sohn August zeigt und erklärt, als dieser ihm von der Ankunft der Hofrätin Kestner berichten will. Der Hyalit in seiner Unveränderlichkeit wird dabei buchstäblich zum Gegenstück dieser ›organisch‹-weiblichen Urbild-Wiederholung namens Charlotte. Der Hyalit, ein »Sonnenmal« oder Lichtstein, stellt die innere Beziehung zwischen dem Roman und der JOSEPH-Tetralogie her, indem Goethe auf die mythische Zeitdimension hinweist, die dieser Stein mit den Pyramiden teilt. Beide haben aber, anders als Charlotte Kestner, geb. Buff und Lotte-Vorbild aus dem WERTHER, kein eigenes ›Zeitleben‹, sondern nur »öde Dauer, Nachleben in der äußeren Zeit, ohne innere, ohne Biographie« (II, 687).

KOPFTAUSCH ALS UMWERTUNG DER WERTE

Was es damit auf sich hat, daß Thomas Mann seine Arbeit an den JOSEPH-Romanen zugunsten von LOTTE IN WEIMAR und der »indischen Legende« DIE VERTAUSCHTEN KÖPFE unterbrach, diese oft besprochene Frage findet eine ebenso schlichte wie prägnante Antwort in einem Brief an seinen Bruder Heinrich Mann. Durch den JOSEPH habe er Übung bekommen im »Verwirklichen des Mythos«.[151] So dürfte sich Thomas Mann in seinen Absichten genau verstanden gefühlt haben, als ihm Ernst Cassirer im Februar 1940 über LOTTE IN WEIMAR schrieb, daß ihm durch diesen Roman »ein Traumbild [...] zur vollen Wirklichkeit geworden« sei.[152] Etwas weiteres kam hinzu. Durch die Arbeit am JOSEPH und LOTTE IN WEIMAR, aber auch an DIE VERTAUSCHTEN KÖPFE versicherte sich Thomas Mann unter den verschärften psychologischen Bedingungen des Exils einmal mehr seiner eigenen Goethe-Nachfolge. »Werke der Freiheit und Heiterkeit« nannte er sie im Januar 1941 und seinen Beitrag zur »Entscheidungsschlacht der Menschheit«.[153] Die Zeitumstände drängten Thomas Mann dazu, durch sie dem Mythos (dem biblischen Joseph) und Goethe neue Gegenwart und Geltung zu verschaffen – als Gegenfiguren und Gegenströmungen zum Monopol der totalitären Ideologien. Auch mit diesem neuen Erzählvorhaben, DIE VERTAUSCHTEN KÖPFE, klagte Thomas Mann seine Goethe-Nachfolge ein; knüpfte er doch mit dieser Erzählung an dessen lyrische PARIA-Trilogie von 1820 an, Alterswerk auch das, »geheimste Verdichtung«, wie Erhart Kästner treffend bemerkte, der als einer der ersten nach 1945 auf die Goethe-Nähe dieser Novelle und ihren hohen literarischen Wert aufmerksam gemacht hat, wie Kästner sich ohnehin vor allem im Vorfeld von Thomas Manns Deutschlandbesuch im Goethejahr 1949 um eine gerechte, unvoreingenommene Bewertung des bis dahin vorliegenden Spätwerks des Schriftstellers bemühen sollte.[154] Kästner meldet freilich schon hier leise Kritik an Thomas Manns »Altersmanieren ins Überschmückte, Zierliche [...] geräuschvoll Überdeutliche« an und fragt: »Sind es die Folgen der Einsamkeit? Kann es auch ohne Wirkungen bleiben, wenn ein Autor [im Exil, R. G.] Jahr um Jahr ins Dunkel eines imaginären Publikums schreibt?«[155] Diese Kritik Kästners verstärkte sich zwar nach 1949, etwa im Hinblick auf den Roman DER ERWÄHLTE, unterschied sich jedoch in ihrer Subtilität wohltuend von Schmähungen, die Thomas Mann nach 1946 verstärkt wieder zugemutet wurden, nicht zuletzt auch im Zusammenhang mit der notgedrungen verspäteten deutschen Rezeption der VERTAUSCHTEN KÖPFE.[156] Wogegen Kästner – nicht dagegen Mythenexperten wie Karl Kerényi, Heinrich Zimmer oder Ernst Cassirer – Bedenken anmeldete, war die ironische Behandlung des Mythos und seine zu bloßen Scherzen scheinbar herabgewürdigte Problematik. Aber gerade diese Profanisierung des Mythos schien Thomas Mann Bedingung seiner Vergegenwärtigung.[157] Punktgenau traf Heinrich Manns Urteil über die VERTAUSCHTEN KÖPFE vom Februar 1941:

»Das Buch vertauscht die Bedeutungen, wie Köpfe. Das Schmerzliche wird des Öfteren zum Lachen, der Genuß und Wert zu leben schließt die Hinneigung zum Tode mit ein, und die Vernichtung bekommt viel von einem galanten Spiel. Die Sinne werden verachtet und gefeiert in einem hin. [...] Liebe oder Abschlachtung schweben leichthin, in einer hohen Gleichgültigkeit des Erlebens, vorüber [...] Es könnte sein, daß dieses kleine Buch den unbedingten Werken gleicht; ihrer sind wenige.«[158]

Damit hatte Heinrich Mann auch angedeutet, daß diese Novelle als erzählerische Darstellung der »Umwertung aller Werte« im Sinne Nietzsches gelesen werden könne, aber eben auch als Parodie des ›Prinzips Umwertung‹. *Den Mythos verwirklichen* – das galt Thomas Mann als Akt der Kulturverteidigung im Sinn eines seit Anfang der zwanziger Jahre auch von Walt Whitman geprägten Begriffs des Humanen (Mann lernte Whitmans Bekenntnis zum Humanen und Demokratischen in dessen

CALAMUS-Zyklus in der Übersetzung von Hans Reisinger kennen und berichtete darüber ausführlich in seinem ›Vierten Brief aus Deutschland‹ vom September 1923 an die amerikanische Zeitschrift THE DIAL).[159] Dieses ästhetische Programm der Mythenrealisierung fand jedoch sein bedrohliches, längst verbrecherisch gewordenes Gegenstück in der reichsdeutschen Politisierung des Mythos (von den Nibelungen bis zum Kyffhäuser); eine weitere ›peinliche Verwandtschaft‹, die es für Thomas Mann zu verantworten galt. Mythenverwirklichung also auch hier – im Fall der scheinbar entlegenen indischen Mythenwelt in der Parabel DIE VERTAUSCHTEN KÖPFE, deren Blutigkeit, Sinnlichkeit und Gewalt den guten Geschmack erheblich auf die Probe stellte, stellen wollte.

Ganz wohl schien es Thomas Mann bei dieser Arbeit jedoch nicht gewesen zu sein; denn auffallend oft betonte er in Tagebuch und Brief das Kuriose dieses Erzählvorhabens. Agnes E. Meyer ließ er wissen: »Denken Sie, ich schreibe jetzt etwas Indisches, eine Maya-Groteske aus der Sphäre des Kults der Großen Mutter, zu deren Ehren sich die Leute die Köpfe abschneiden – ein Entzweiungs- und Identitätsspiel, nicht sehr ernst, es wird höchstens ein Kuriosum, und ich weiß noch gar nicht, ob ich's zu Ende mache.«[160] Schickte er sich wirklich an, ein indogermanisches Possenstück voll »wunderlicher Möglichkeiten« zu schreiben im ersten Jahr des neuen Weltkrieges? Wie spielerisch und ohne Ernst kann und darf es zugehen bei einer Geschichte über drei freiwillige Tötungen? Ließ ›Bruder Hitler‹ einmal mehr finster grüßen? Was stand hinter dieser Geschichte? Sollten alte (Schidraman) und neue (Nanda) Welt ihre ›Köpfe‹ tauschen vor der als prekäre Freiheitsstatue gedachten ›unnahbaren‹, dunklen Göttin Kâlî? Und wen stellte die »schönhüftige Sita« dar, um derentwillen die ungleichen, aber wechselseitig sich ergänzenden Freunde mit Hilfe Kâlîs ihre Köpfe tauschen und sich später entleiben, woraufhin sie, die verboten Schöne und gleichsam zweifache Witwe, den Scheiterhaufen zur Selbstverbrennung besteigt? Selten hatte sich Thomas Mann dem Weiblichen gegenüber erzählerisch üppiger verhalten.[161]

Den Stoff hatte Thomas Mann den indischen Mythen-Studien Heinrich Zimmers, des Schwiegersohns von Hugo von Hofmannsthal, entlehnt.[162] Als Zimmer später die Erzählung anonym in TIME besprach[163] und auf die Quellenlage verwies, notierte Thomas Mann pikiert: »Zimmer drängt sich etwas peinlich vor« (Tb 7. 6. 1941). Was sich da abspielte, gleicht einem Probelauf für die weitaus komplexere und problematischere ›Urheberrechtsfrage‹ in Sachen Quellen für Fiktion, die sich im Gefolge der Veröffentlichung des Romans DOKTOR FAUSTUS zwischen Thomas Mann und Arnold Schönberg, mittelbar Theodor W. Adorno ereignen sollte; doch davon später mehr.

Was DIE VERTAUSCHTEN KÖPFE angeht, so rief Thomas Mann vor allem den Freund seines Sohnes Klaus und auch ihm bekannten Jean Cocteau als ›Zeugen‹ für sein Hingezogen-Sein zur »französisch-surrealistischen Sphäre« (Tb 28. 1. 1940), die sich in dieser indischen Legende nun endlich verwirklichen könne. Man hat neuerdings diese Erzählung rein biographisch gedeutet, in Schridaman Thomas Mann selbst gesehen, in Nanda seinen Freund Hans Reisiger und in Sita niemand anderen als die in erotischen Dingen anscheinend unbefriedigte Katia Mann, hat Parallelen gezogen zu Klaus Manns auf einer pazifischen Toteninsel angesiedeltem Theaterstück DER SIEBENTE ENGEL (1946) und dessen früher KINDERNOVELLE (1926), die beide die Unerfülltheit der Mutter Katia aus der Perspektive des Sohnes spiegeln.[164] Ihr Muster: Ein freilich zu allzu vorzeitigem Altern neigender Beau taucht auf (buchstäblich: aus einem See oder Meer), in beiden Texten heißt er Till, in den sich eine lebenshungrige Mutter, deren Gatte das Leben einer Gipsfigur führt, verliebt und eine – man vermutet: erste – Liebesfrucht zur Welt bringt.

Wer wollte bestreiten, daß dergleichen biographische Deutungen gerade im Falle Thomas Manns verfehlt sind, zumal bei einem Künstler, der sich programmatisch, nämlich in seinem Essay BILSE UND ICH (1906), zur »subjektiven Vertiefung des Abbildes einer Wirklichkeit«, unumwundener und Nietzsche folgend zur Preisgabe »seines ganzen Selbst«, bekannt und ›schopenhauernd‹ erläutert hat: »Wie aber kann ich mein ganzes Selbst preisgeben, ohne zugleich die Welt preiszugeben, die meine Vorstellung ist? *Meine* Vorstellung, *mein* Erlebnis, *mein* Traum, *mein* Schmerz? Nicht von euch ist die Rede, gar niemals, seid des nun getröstet, sondern von mir, von mir...« (X, 22). Ecce poeta! Sieh, welch eine Dichteroffenbarung, ein »Manifest« gar, das man ganz wörtlich und so ganz ohne Ironie verstehen soll? Doch wohl nicht. Das rein biographische Deutungsschema reicht bei einem Schriftsteller nicht aus, der eben nicht nur aus »Selbstoffenbarung«, bestand, sondern sich auch dem »höheren Abschreiben« verpflichtet wußte[165] und seinen Stoff durch intellektuelle oder im Schiller'schen Sinne ›sentimentalische‹ Erlebnisse, also in geistiger Auseinandersetzung mit dem Anderen gewann. Autobiographische Erfahrung und geistige Erlebniswerte verschränken sich bei Thomas Mann aufs engste und fruchtbarste. Nie war es das eine ohne das andere, so sehr man auch heute die Schlüsselloch-Perspektive bevorzugt und sich darin durch die Veröffentlichung der TAGEBÜCHER legitimiert sieht. Daß diese Legitimierung für eine rein biographistische Lesart dieses Kunstlebenswerkes trügerisch sein könnte, beginnt einigen Kritikern wieder zu dämmern.

DIE VERTAUSCHTEN KÖPFE mögen durchaus einige Aspekte der zitierten Deutung in sich bergen. Nur sollte man – eingedenk des Kommentars von Heinrich Mann – dann auch die Möglichkeit erwägen, dieses blutige Spiel mit Werten und Vertauschungen als radikale Parodie des Bruderzwistes zwischen Thomas und Heinrich Mann zu lesen, was vielleicht auch des letzteren ebenso spontane wie eingehende Reaktion auf diese blutige Phantasie erklärt.

DIE ›INDISCHE LEGENDE‹ ALS NOVELLISTISCHE FORTSETZUNG VON SCHOPENHAUER

Eines jedoch bietet diese Novelle gewiß: eine erzählerische Fortsetzung oder doch Umgestaltung des großen SCHOPENHAUER-Essays von Thomas Mann aus dem Jahre 1938. Wie gesehen, hatte er schon in BILSE UND ICH – wie als Nachhall auf die BUDDENBROOKS – halb programmatisch, halb parodistisch auf Schopenhauer hingewiesen (*seine* Welt als *seine* Vorstellung); in der »indischen Legende« nun nimmt er entscheidende Motive und Gedanken seines Versuchs über Schopenhauer auf, um sie erzählerisch gleichsam zu illustrieren.

Greifen wir zunächst auf einige der wichtigsten Kennzeichen von Thomas Manns Lesart von Schopenhauer zurück,[166] bevor wir sie in der Novelle aufspüren. Für Thomas Mann stellte Schopenhauers Denken primär Künstlerphilosophie dar, Reflexionen eines Denkers, der, von der Farbenlehre herkommend, sinnliche Wahrnehmung und intellektuelle Verarbeitung nicht getrennt, sondern aufeinander zu beziehen verstanden hatte und mithin prädestiniert war, die Arbeitsweise des Künstlers sowie Natur und Wirkung der Kunst zu verstehen. Thomas Mann hob in diesem Zusammenhang Schopenhauers subtiles Eingehen auf die Musik besonders hervor. Überraschend freilich, daß er in Schopenhauer einen Nachfolger Platons sah, den er seinerseits, kühn genug, als »Künstler« apostrophierte (IX, 535). Diese Behauptung leitete Thomas Mann weniger von Platons Kunst des Dialogs ab als vielmehr von Platons Vorstellung, daß die »Zeit das bewegte Bild der Ewigkeit« sei, eine Vorstellung, von der ein »ungemein sinnlich-artistischer Reiz und Zauber« ausgehe; denn, so Thomas Mann weiter, »die Auffassung der Welt als einer bunten und bewegten Phantasmagorie von Bildern, die für das Ideelle, Geistige durchscheinend sind, hat etwas eminent Künstlerisches« (IX, 534).

Was Thomas Mann aus diesem Ansatz ableitet und wodurch er zu Schopenhauer überleitet, ist dabei weder platonisch noch schopenhauerisch, sondern genuin seine Deutung des Künstlertums. Vermittelnd zwischen »oberer und unterer Welt, zwischen Idee und Erscheinung, Geist und Sinnlichkeit« (IX, 534), nennt er dessen »hermetisch-zauberhafte Rolle«,[167] doppeldeutig ohnehin, am Mond-Symbol orientiert; »androgyn wie der Mond«, so sei der Künstler. Dann spricht Thomas Mann vom »mondhaft-zaubrischen Mittlertum«, dem sich der Künstler verschrieben habe, dabei ironisch disponiert, was aber, Thomas Mann sagt dies nicht, die Wirkung des ›Zaubers‹ zumindest latent zu beeinträchtigen droht.

Und Schopenhauer? Thomas Mann feiert ihn als Analytiker der Selbsttäuschung, der uns gelehrt habe, den »Schleier der

Maja« zu durchschauen; denn dieser habe sich, aus unseren Vorstellungen, Bildern und Projektionen bestehend, um unser Ich gelegt. Thomas Mann argumentiert, daß Schopenhauer in der indischen Weisheitslehre das entscheidende Wort gefunden habe, in dem Verzauberung und Entzauberung zusammenfallen, genauer und paradoxer: in dem die Entzauberung des eigenen Ich einen neuen Zauber freisetzt, den der Ursubstanz unseres Seins. »*Tat twam asi* – Dies bist du«, so lautet die entscheidende Aussage, die Schopenhauer den Schleier der Maja »durchsichtig« werden ließ (IX, 554).

Hinzu komme Schopenhauers Forderung, den Willen stillzulegen, für Thomas Mann gleichbedeutend mit dem »Glück des ästhetischen Zustandes«. Ist der Wille stillgelegt, dann könne auch die Gegenwart ›stehen‹ (*nunc stans*, das stehende Jetzt), wofür Thomas Mann Verse aus Goethes DIVAN zur Illustration heranzieht, die recht genau mit seinem eigenen (keineswegs mit Schopenhauers) Empfinden korrespondierten:

Dein Lied ist drehend wie das Sterngewölbe,
Anfang und Ende immerfort dasselbe,
Und, was die Mitte bringt, ist offenbar
Das, was zu Ende bleibt und anfangs war.

Es ist dies die lyrische Formel, nach der Thomas Mann, wie gesehen, die Vergegenwärtigung des Mythos im JOSEPH begründet und betrieben hat. Und nach diesem ›Glaubenssatz‹ konnte er auch den Zauber der Mitte und des künstlerischen Vermittelns zwischen Anfang und Ende behaupten.

Mit seinen Ausführungen über den Todesbegriff bei Schopenhauer holte Thomas Mann die Schopenhauer-Verehrung seines eigenen Thomas Buddenbrook ein und brachte sich, wenn man so will, auf dessen Niveau, wenngleich dieser Vorgang beim Urheber des Senators Buddenbrook keine existentielle (Todes-)Folgen zeitigte. Der »Sinn für den Tod« sei das letzte und entscheidende Mittel, um den »Schleier der Maja« endgültig beiseite zu schieben, sei Teil jener Askese, die zur Stillegung des Willens führe. Nun hat es freilich etwas Kurios-Ironisches, wenn ein

Künstler einen Denker dafür lobt, daß er die Täuschung durchschauen lehrte; denn schließlich kann ihm, dem Künstler, Thomas Mann, nichts wichtiger sein, als eben dergleichen ›Schleier‹ erzählend, bildend zu weben. Um diesen Widerspruch zumindest begrifflich aufzulösen, bediente sich Thomas Mann gewöhnlich der auf Nietzsche zurückgehenden Formel von der Kunst als einer Form der Erkenntnis. Welchen Erkenntniswert Kunst beinhaltet, welche (kritische oder rein erbauende) Qualität diese Art Erkenntnis haben kann, läßt sich, wenn überhaupt, nur werkspezifisch entscheiden. »Erkenntnis als ›Friede der Seele‹, Kunst als Quietiv, als erlösender, zur Willenlosigkeit erlöster Zustand ›reiner‹ Anschauung und der Künstler als Vorstufe des über den Willen zum Leben überhaupt hinausgekommenen Heiligen, – das ist Schopenhauer [...]«, resümierte Thomas Mann (IX, 575).

Für Die vertauschten Köpfe hat jedoch vor allem jener Teil des Schopenhauer-Essays besondere Bedeutung, der die »Kontrastwelt mit den Polen des Gehirns und der Genitalien«, von der Thomas Mann Schopenhauers Denken bestimmt sah, ausführlich würdigt. Er spricht – durchaus seine eigene sexuelle Problematik mitenthüllend – von einer »furchtbar radikalen Zweiheit und Zerrissenheit der Erfahrung und tiefste[m] Erlösungsverlangen«, von »geistiger Verneinung des Lebens selbst« und von »einem im hohen Sinn grotesken Ergebnis« dieser Sexualnöte, nämlich der dauernden Selbstbeschuldigung. Schopenhauer deutend und fraglos sich selbst meinend, schreibt Thomas Mann weiter:

»Bipolarisch, kontrast- und konflikthaft, qualvoll-heftig erlebt er die Welt als Trieb und Geist, Leidenschaft und Erkenntnis, ›Wille‹ und ›Vorstellung‹. Wie, wenn er ihre Einheit in seinem Künstlertum, seinem Genie gefunden, wenn er verstanden hätte, daß Genie durchaus nicht stillgelegte Sinnlichkeit und ausgehängter Wille, – Kunst nicht spirituelle Objektivität bedeutet, sondern daß sie die produktive und eben erhöhende Vereinigung und Wechseldurchdringung der beiden Sphären ist, – *bezaubernder* [m. Hervorh.], als jede für sich, Geschlecht oder Geist, je sein kann? Daß Künstlertum, Schöpfertum, nichts anderes ist und auch in ihm nichts anderes war als vergeistigte Sinnlichkeit und vom Geschlecht her genialisierter Geist?« (IX, 574 f.)

Und genau *davon* handelt die Novelle Die vertauschten Köpfe, die ein groteskes Gewand haben *muß*, so wie auch Schopenhauer nach Thomas Manns Urteil nicht umhinkonnte, angesichts dieser »Bipolarität« eine »gewisse dualistisch-groteske Überreiztheit und Überheiztheit seines Genies« und seiner »Geistesform« sein eigen zu nennen. Von diesen polaren Kategorien ging Thomas Mann bei der Konzeption seiner »indischen Legende« aus, die dann aber zu dem bizarren Vorhaben wurde, »vergeistigte Sinnlichkeit« und ›genitalisierter Geist‹, wie man die obige Wendung »vom Geschlecht her genialisierter Geist« eigentlich lesen müßte, erzählend, phantasierend bis zum blutigen Ende nicht nur darzustellen, sondern zu erwirken. Denn das Verwirklichen des Mythos beinhaltet ein Erwirken-Wollen eines bestimmten seelischen Zustandes.

Doch damit nicht genug. Thomas Mann zeigt in seiner Erzählung, wie dieses Projekt, die Sinnlichkeit zu vergeistigen und den Geist zu versinnlichen, durch den ›Tausch‹ der Köpfe und Körper scheitert; denn die ironische Pointe ist, daß Schridamans lustloser Körper mit Nandas Sinnlichkeit bergendem Kopf und Nandras sinnenfroher Körper mit Schridamans vergeistigtem Kopf sich mit der Zeit wieder einander angleichen. Und die Frucht dieser wechselseitigen Täuschung und der Vereinigung Sitas mit Schridamans von Nandas Kopf gekröntem Körper, dieses ›natürliche Ergebnis‹ des Projekts »Vereinigung von Geist Schönheit« wird nach dem Tod der Eltern ein zwar angenehmes, aber als bloßer »Vorleser des Königs von Benares« völlig unfruchtbares, weil das Geistige und Schöne nur reproduzierendes Leben führen (VIII, 807).[168] Schöpferisch kann dieses »Früchtchen« Samadhi nicht werden, womit der Sinn dieser bizarren Vereinigung der Gegensätze in Frage gestellt ist. Damit aber scheint die Erzählung Die vertauschten Köpfe eine deutliche Selbstkritik Thomas Manns zu beinhalten, eine Kritik an seinem Lieblingsvorhaben, eben der »Wechseldurchdringung« der Gegensätze. Man könnte jedoch auch behaupten, daß diese Erzählung sagen will: Wenn die wechselseitige ›Durchdringung‹, wörtlich gesprochen, zu »aufgesetzt« beginnt, ganz so wie die Köpfe Schridamans und Nandas nach ihrer jeweiligen Abtrennung vom ursprünglichen

Leib dem jeweils anderen aufgesetzt werden, dann kann aus dieser Durchdringung nichts werden.

DAS GESETZ – DER WECHSELSEITIGKEIT

In der Novelle DAS GESETZ, dem »Nachspiel«[169] zur JOSEPH-Tetralogie, besteht das ›Wechselseitige‹ vor allem in der Beziehung zwischen Moses und Gott, seiner ›Kunst‹ als Steinmetz und der durch ihn erfolgenden Rechtssetzung, seinem Gottesgehorsam und eigenem Führungsanspruch gegenüber den Israelitern, und in gewisser Weise zwischen ihm und Aaron. Seine eigentliche Aufgabe wächst Moses in einem »Übergangslande« zu, wie der Erzähler sagt, »zwischen der Väterheimat und dem eigentlichen Ägypten«; er soll der »gestaltlosen Seele, ohne sichere Lehre und schwankenden Geistes« Gestalt geben (VIII, 814). Der Erzähler schreibt ihm »Bildnerlust« zu (VIII, 819) – gerade weil sein Gott, Jahwe, anders als die ägyptischen Götter ohne Bild, unsichtbar war, diese Unsichtbarkeit aber Schaffensraum gewährte.

Thomas Mann begann mit der Niederschrift seiner Moses-Novelle zwei Tage nach der »deutschen Katastrophe bei Stalingrad« (Tb 16. 1. 1943). Die Arbeit an der Novelle vorbereitend, liest er Freuds Studie DER MANN MOSES UND DIE MONOTHEISTISCHE RELIGION, die im Todesjahr Freuds 1939 im Amsterdamer Exilverlag Allert de Lange erschienen war, vertieft sich in »Kunstbücher«, des MOSES von Michelangelo wegen, und beschäftigt sich mit Goethes bibelkritischem Essay ISRAEL IN DER WÜSTE aus den »Noten und Abhandlungen« zum WEST-ÖSTLICHEN DIVAN sowie besonders mit Elias Auerbachs Untersuchung WÜSTE UND GELOBTES LAND. GESCHICHTE ISRAELS VON DEN ANFÄNGEN BIS ZUM TODE SALOMONS (Berlin 1932).[170] Mit erneuter, nie nachlassender »Bewunderung« hört er in dieser Zeit wieder das der Moses-Welt sehr ferne Spätwerk Tschaikowskys, dessen SYMPHONIE PATHÉTIQUE, von der gerade im Exil auf ihn ein unwiderstehlicher Zauber ausging.

Es war die einzige erzählerische Auftragsarbeit, der sich Thomas Mann unterzogen hatte. Die Novelle sollte einen Band einleiten, der als Beitrag zum Widerstand gegen den Hitlerismus in der Welt konzipiert war. Sie erschien erstmals in englischer Übersetzung in der Anthologie THE TEN COMMANDMENTS, die den Untertitel führte: »Ten Short Novels of Hitler's War against the Moral Code« (1943); Thomas Manns Beitrag sollte die moralisch-religiöse Gesetzgebung thematisieren. Diese »Gesetzgebung« bezeichnete er als das »Eigentliche« an dieser Arbeit und überdies »als eine Art von michelangeleskem Skulpturwerk an einem Rohmaterial von Volkskörper«,[171] eine kuriose Formulierung, gerade was die Verwendung des faschistisch konnotierten Begriffs ›Volkskörper‹ in diesem Zusammenhang angeht. Dazu gehört, daß er sich bei der Arbeit am Steinmetz-Sohn Moses selbst wie ein erzählender Bildhauer vorkam. »Die Züge meines Mose sind *nicht* ›borrowed from Michelangelo's might monuments‹, sondern von Michelangelo *selbst*«, beschied er die Germanistin Anna Jacobson apodiktisch. Nicht das Monument habe er erzählerisch abgebildet, sondern DAS GESETZ nach den ästhetischen ›Gesetzen‹ Michelangelos gearbeitet, eine These, die er später, in seinem Roman über den Roman DIE ENTSTEHUNG DES DOKTOR FAUSTUS, noch einmal wiederholte (XI, 154 f.).

Wieder einmal galt, daß ihn dieser seriöse Stoff, zu schweigen von dem mehr als ernsten Anlaß, offenbar primär »sehr amüsiert« hatte. »Realistisch-grotesk« nannte er die Geschichte gegenüber Sohn Klaus, besonders wegen der Episode mit dem »goldenen Kalb«, für ihn »ein komisch-trauriger Rückfall«.[172] Es freute ihn, wie er dem eng befreundeten Dirigenten Bruno Walter berichtete, daß Franz Werfel, der neben Sigrid Undset, Rebecca West und anderen einen Beitrag zu dieser Anthologie lieferte, seine einleitende große Novelle »ein Vorspiel auf der Orgel« genannt hatte.[173] ›Der Orgel‹ – und das in bezug auf eine Moses-Novelle? In der verkehrten Welt des Exils mit ihren ›vertauschten‹ oder vollends schon umgewerteten Werten gerieten, so scheint es, eben auch die Metaphern ins Rutschen.

Mit der JOSEPH-Tetralogie ließe sich die Novelle DAS GESETZ als Teil jenes großen Projektes von Thomas Mann verstehen, das ›Orientalische‹ gegen das christliche Abendländische aufzuwerten.[174] Doch kamen ihm bei diesem Projekt durchaus Zweifel. Nachdem er im November 1944 erneut Wagners RING gehört hatte, die Rheintöchter bei Siegfrieds Rheinfahrt, vermerkt er im Tagebuch: »Sollte das vom Germanischen Hergeleitete doch am Ende schöner sein, als das Babylonisch-Ebräische [sic!]?« (Tb 29. 11. 1944)

Was nun die Frage nach dem Charakter des Zaubers im Alterswerk Thomas Manns angeht, so ergibt sich in der Moses-Novelle oder, wie Thomas Mann sie bei Gelegenheit nannte, »Sinai-Phantasie« eine besonders reizvolle, weil spannungsreiche Konstellation. Bei Auerbach findet Thomas Mann, bezogen auf die zehn Gebote, den Hinweis, daß der Name Gottes nicht zu »zauberischen Zwecken« angerufen werden sollte.[175] Von Spengler wußte er jedoch, daß Moses zu den »magischen Seelen« zu rechnen war,[176] daß seine Wirkung auf einer quasi ›magischen‹ Ausstrahlung beruhte. Und diese Ausstrahlung ist es, die Thomas Mann neben der ›Gesetzesgebung‹ in den Mittelpunkt seiner Erzählung über den »sinnenheißen«, an seiner Selbstüberwindung arbeitenden Gottesmann gestellt hat.

Der Moses der Thomas-Mann-Novelle kann sich jedoch seiner ›magischen‹ Fähigkeiten nicht immer sicher sein. Er, der in einem Sprachendurcheinander aufwuchs (VIII, 817) und gerade in diesem für sein Wirken alles entscheidenden Medium keine wirkliche Identität finden konnte, sehnte bei seinem ersten Versuch, die Gebote Gottes aufzuzeichnen, regelrechten »Bedeutungszauber« (VIII, 864) herbei, um seine Gottesbotschaft mit einer sinnfälligen Verbindlichkeit zu versehen.

Künstler Moses – ein unsicheres ›Künstlertum‹ war das, was dieser Gottesmann vorlebte. Thomas Mann hatte diesen Gedanken von Heine entlehnt und wollte seinen Moses als einen mit dem »widerspenstigen menschlichen Rohstoff schwer unter entmutigenden Niederlagen arbeitenden Künstler kennzeichnen.« (XI, 155)[177] Eine Oase mit Namen »Heiligtum« bezeichnet der Erzähler als Moses' »Werkstatt«; aber Mose selbst kommen Zweifel an seiner Fähigkeit, daß er in dieser Werkstatt die richtigen Werkzeuge hat, um damit aus seinem Volk für Jahwe »eine reine Gestalt« zu errichten (VIII, 854). Dieser wiederum baut auf Mose und bleibt davon überzeugt, daß ihm dieses Werk gelingen werde. Nur seine eigenen Halbgeschwister, Aaron und Mirjam, neiden ihm sein »geistliches Meistertum«, seine exklusive Nähe zu Jahwe, wobei Thomas Mann darauf verzichtete, den Halbbruder-Konflikt zwischen Moses und Aaron auszuführen, wie dies Arnold Schönberg in seiner gleichnamigen Oper getan hat.[178]

Thomas Manns Moses, der sich an den »Bergesbrüsten« einer »Mohrin« ehebrechend gütlich hält (VIII, 855), will eines unbedingt: Gottes Wort *sein* (VIII, 857) und dieses Sein vorbildlich wirken lassen. Er will eins werden mit dem göttlichen Gesetz. Sucht man neben Michelangelos MOSES nach einer anderen bildlichen Verwirklichung dieses Wollens, dann findet man es am ehesten in Ernst Barlachs Moses-Holzplastik von 1919.[179] Zwar darf man ausschließen, daß Thomas Mann diese Darstellung gekannt hat, aber sie zeigt vielleicht noch anschaulicher als die berühmte Monumentalskulptur Michelangelos, worum es ihm in seiner Novelle gegangen ist: um das Identisch-Werden von Moses mit den Gesetzestafeln. Barlachs Figur hält die seiner Körperform sich angleichenden Tafeln vor sich; sie werden zu seiner Brust und Schulter, sind Schaustück und Brustwehr, Geschaffenes und Herzeigbares, kurz: Sie sind, was er ist – Anfang und Ende aller Gesetzesgebung.

Nun gibt es Versuche, die Novelle primär im Umkreis von Thomas Manns politischen Schriften zu deuten – insbesondere mit Bezug auf seinen Vortrag aus dem Jahre 1938 VOM KOMMENDEN SIEG DER DEMOKRATIE.[180] Man kann jedoch schwerlich umhin zuzugeben, daß diese Novelle und die Art, in der sie über ›das Volk‹ spricht, alles andere als ein glühendes Bekenntnis zur Demokratie abgibt. Dieses Volk taumelt – von Sieg zu Ratlosigkeit, von Führergläubigkeit zu gottverlassenem Hedonismus (»Tanz ums goldene Kalb«). Ein solches Volk, von dem es an einer Stelle sogar heißt, es sei »los« gewesen wie sonst nur der Teufel oder die Hölle, bringt aus sich heraus nichts zuwege; ethisches Verhalten muß ihm von Mose, den es für Gott hält, verordnet werden. Wenn das ein Plädoyer für demokratisches Bewußtsein sein soll, dann wohl eher im Sinne der Definition, die Thomas Mann in seinem Vortrag SCHICKSAL UND AUFGABE von 1944 gegeben hat: »Ich verstehe Demokratie nicht hauptsächlich als einen Anspruch und ein Sichgleichstellen von *unten*, sondern als Güte, Gerechtigkeit und Sympathie von *oben.*« – mit dem gebotenen »Sinn für Distanz« (XII, 933).

Zwar agiert Mose in erster Linie »naiv« triebhaft – gerade auch in religiöser Hinsicht und weniger »sentimentalisch« reflektierend; aber es liegt auf der Hand, was Thomas Mann mit dieser Novelle ebenfalls andeutete: Er selbst wollte mit seinem Werk wie ein literarischer Mose auf die Deutschen wirken, wollte ihr ›Kalb‹, diese nazistische Spottgeburt aus blindlings eingeschmolzenen Gedanken durch seine Werke zerschlagen, so wie sein Mose das ›goldene Kalb‹ mit seinen ersten Gesetzestafeln zertrümmerte. (Sein Mose prägt dafür sogar ein neues Wort: Die Tafeln habe er am Kalb »zerscheitert«, VIII, 874). Hatte nicht Heine in seinen GESTÄNDNISSEN eine (fatale) Nähe zwischen Judentum und Deutschtum konstatiert?[181] Selten hatte sich Thomas Mann so aufwendig versteckt wie hinter seiner Moses-Figur. Man vermutet ihn ja nicht unbedingt in einem sinnenheißen Mann, dem es zum Abenteuer wird, sich im Kuß in die »Wulstlippen« einer bis zur karikierend-typisierenden Diskriminierung üppigen schwarzen Schönheit zu versenken. Andererseits wollte er sich, Wechselseitigkeit auch hier, wie seinen Moses sehen, als »Bildner des Volkes« (VIII, 855), als einen, der auch »von außen« (als gewissermaßen bedingt artfremdes »Mischblut« – der eine halb Hebräer, halb Ägypter; der andere halb Lübecker, halb Brasilianer) sein Volk betrachten kann. Oder wie Jahwe zu Manns Mose sagt: »Gerade weil du ihnen nur halb verwandt bist [...], bist du der Mann, sie [die Israeliten, R. G.] mir zu bearbeiten [...]. Denn steckst du mitten darin und wärst recht einer von ihnen, so sähst du sie nicht und könntest nicht Hand an sie legen« (VIII, 855). Wie Mose ein erster und letzter zu sein, ein Vollender, ganz und gar eins mit seinem Werk, dem politische Bedeutung zuwächst, ohne daß es selbst dem nur Politischen entwachsen wäre, das alles fügt sich zum Idealbild vom Kunst-Erzieher, sprich: Erzieher durch Kunst, das Thomas Mann mit der Zeit entworfen hatte. Es ist schon ein werkbiographisch wichtiges Datum, daß Thomas Mann nahezu übergangslos von der Arbeit an seinem Moses zu DOKTOR FAUSTUS übergehen konnte – zum tragischen Künstlerroman schlechthin –, hatte er doch eines in seiner Novelle DAS GESETZ übergangen: das weitere Schicksal des Mose, dessen Tragik, das Gelobte Land nicht mehr betreten zu können.

LOB DER TÄUSCHUNG UND ABGESANG AUF DAS ROMANTISCHE

Betrug, Täuschung, das Vertauschen von Werten, diese Motive stehen anders als in der Erzählung DIE VERTAUSCHTEN KÖPFE im GESETZ eher im Hintergrund. Aber sie sind vorhanden, wenn auch in anderem Sinne: So täuscht sich Mose wiederholt über den wahren Charakter seines Volkes; Aarons und Mirjams Verhalten während Moses' vierzigtägiger Abwesenheit kommt einem Vertrauensbruch gleich. Der Tanz um den Götzen Mammon ist eine profanisierende Umwertung des Glauben-Könnens.

Dieses Mose-Volk will sich dem Leben in seiner »verführerischen Banalität« hingeben, wie es in der frühen Erzählstudie DIE HUNGERNDEN (1903) einmal geheißen hatte. Dort fand sich auch der Satz, daß Künstler wenn überhaupt dann im »Lande der Betrogenen« und der nach Leben Hungernden »daheim« seien (VIII, 270). Und eben dort siedelte Thomas Mann auch seine letzte Erzählung an, DIE BETROGENE, die er im Mai 1952 noch in Pacific Palisades begonnen und im März 1953, also bereits nach seiner Rückkehr nach Europa in Zürich-Erlenbach abgeschlossen hatte. DIE BETROGENE bietet nicht nur eine späte Werkessenz, die nahezu alle seine Leitmotive noch einmal versammelte und das im Rahmen einer Fabel, die gewagt war und an Kühnheit wenig zu wünschen ließ; die Arbeit an dieser Prosa überbrückte auch jene schwierige Phase der Ablösung von seinem Hauptexilland, den Vereinigten Staaten, und der Rückgewöhnung ans (geistig freilich nie verlassene) Europäische, an die letzte Lebensphase in der Schweiz.

So mutlos resigniert er der Arbeit an dieser Erzählung oft begegnete, so mulmig konnte ihm werden bei dem Gedanken an die Rezeption dieses heiklen Themas: Eine Frau mit fünfzig Jahren erlebt ihren zweiten, jedoch trügerischen Seelenfrühling mit dem amerikanischen Hauslehrer ihres Sohnes, man befindet sich in den ›goldenen‹ Zwanzigern in Düsseldorf, wobei sich ihre unverhofft einsetzende Schein-Menstruation, von ihr, Rosalie von Tümmler, als Zeichen von Revitalisierung und Liebesverlangen mißdeutet, als finales Stadium von Gebärmutterkrebs herausstellt. Entscheidend für die Bedeutung dieser Erzählung ist, daß Rosalie diesen ›Betrug‹ der Natur als Gnade zu empfangen versteht; sie kommt sich nicht betrogen, sondern durch diesen Betrug beschenkt vor.[182] Der Schleier der Maja, so könnte man sagen, wird Rosalie zum fiktiven Brautschleier.

Man hat darauf verwiesen, daß durch diese Betonung der ›Gnade‹ die Erzählung als ein unmittelbares Echo des Gregorius-Romans Der Erwählte gelesen werden könne, in dem das Thema Gnadenwahl zentral entfaltet wird. Desgleichen finde sich in dieser Erzählung mehr unmittelbarer Lebensgehalt als in den zuvor besprochenen altindischen und alttestamentarischen Legenden, wodurch Die Betrogene in die Nähe des Tod in Venedig rücke,[183] ein Vergleich, den Thomas Mann ausdrücklich mißbilligte (XI, 529). Überhaupt erfreut sich Die Betrogene unter Interpreten anhaltender Beliebtheit, gerade weil sie die einzige Erzählung Thomas Manns ist, in deren Mittelpunkt eine Frau steht (Rosalie als »weibliche Maske Thomas Manns«), in den zwanziger Jahren spielt und zudem an der westlichen Peripherie des deutschen Sprachraums. Man hat die Nähe dieses Textes zu Goethes prototypischer Novelle über das Altern Der Mann von fünfzig Jahren aus Wilhelm Meisters Wanderjahren festgestellt, aber auch zu Baudelaires Gedicht Une charogne und dessen Thematisierung einer Erotik, die von Verwesung ausgehen kann.[184] Des weiteren wurde Die Betrogene als späte Antwort Thomas Manns auf Theodor Storms themenverwandte Novelle Ein Bekenntnis erkannt, aber auch als Ausdruck verborgener Ängste des Autors: »Angst der spätneuzeitlichen Menschen vor dem Krebs; Angst der Deutschen vor dem Fremden [verkörpert durch Ken Keaton, R. G.]; Angst eines lübischen Patriziersohns vor Demokratie und Republikanismus und vor allem eben auch Angst des Mannes vor der Sexualität der Frau.«[185]

Warum also Düsseldorf als Ort dieser prekären Handlung? Wir erfahren, daß die rheinische Frohnatur Rosalie von Tümmler bis zum »recht sinnlosen« Unfalltod ihres Mannes im ersten Kriegsjahr 1914 in Duisburg wohnte, wohl aber kaum in der Zechensiedlung Dieselstraße, sondern in der Nähe der Garnison, »sinnlos«, weil der Oberstleutnant eben nicht im Gefecht gefallen war. Mit ihrer künstlerisch begabten, jedoch mit einem Klumpfuß behafteten Tochter Anna und ihrem eher technisch (und zu ihrem Leidwesen weniger humanistisch) orientierten Sohn Eduard zog die ›Kriegswitwe‹ daraufhin in einen Düsseldorfer Villenbezirk, der Kunstakademie und der »schönen Parkanlagen« wegen; »denn Frau von Tümmler war eine große Naturfreundin« (VIII, 877). Nein, Thomas Mann lag bei dieser Erzählung nicht an einer Milieuschilderung der Kumpelwelt an Nordrhein und Ruhr. Nur auf der Rückfahrt von Schloß Benrath, das man gemeinsam mit Hausfreund Ken Keaton zuletzt noch besucht hatte, streifen wir per lärmender »elektrischer Tram« Fabrikbezirke und »Kolonien von Arbeiterhäusern« (VIII, 947). Mehr nicht, nicht genug, um ernsthaft behaupten zu können, Thomas Mann habe hier die Kruppstahlwelt treffen wollen, das industrielle Herzstück der Weimarer und (der ihm zutiefst suspekten) Adenauer-Republik. Zugegeben, verlockend wäre es, die Krebserkrankung der Rosalie von Tümmler auch mit dem, wie Thomas Mann glaubte, Maroden der jungen bundesdeutschen Wohlstandsrepublik in Verbindung zu bringen. Doch das Rheinland und Düsseldorf führte er als Schauplatz in einem Brief an einen befreundeten Gynäkologen, von dem er Expertenauskunft in Sachen Gebärmutterkrebs erbat, eher beiläufig an. Diesen Fall »grausamen Naturbetrugs«, den Thomas Mann »fast anekdotisch« darstellen wollte, diese ursprünglich nur als »knappe Kurzgeschichte« geplante Novelle »wird *jetzt* erzählt«, man schrieb, wie gesagt, Mai 1952; sie »spielt zwischen den Kriegen [...] im Rheinland, sagen wir: in Düsseldorf.«[186]

Düsseldorf, man vergesse das Offensichtlichste bei dieser scheinbar beiläufigen Ortswahl für diese ironisch-tragische Liebesgeschichte nicht, Düsseldorf ist in erster Linie die Geburtsstadt Heinrich Heines und der letzte Wirkungsort Robert Schumanns. Die Problematik des Ironischen in Liebesdingen steht in dieser Erzählung ebenso zur Debatte wie die Parodierung des Heine-Schumann'schen Zyklus FRAUEN, LIEBE UND LEBEN, wenn auch das

Musikalische im engeren Sinne eine für Thomas Mann auffallend geringe Rolle in dieser Prosa spielt. Es will aber scheinen, als fragte diese Erzählung: Ist nicht die Ironie eine Art Krebsgeschwür im Liebenden? Was ist noch geblieben vom romantischen Empfinden, und was ist daran weiterhin glaubwürdig?

Thomas Mann bot in der Tat ein ganzes Arsenal von Anspielungen auf, um das Verhängnis seiner Rosalie gleichzeitig zu ironisieren *und* zu verzaubern. Hier noch nicht genannt wurde der Bezug auf die kurze Rheinfahrt stroman nach Benrath, die einer Parodie von Siegfrieds Rheinfahrt gleicht. Rosalie träumt davon, weiter rheinaufwärts zu fahren in Lorelei-Nähe; aber sie kommt nur zur nächsten Parodie, zum schwarzen Schwan im Benrather Schloßteich, einer LOHENGRIN-Verballhornung. Das Entscheidende ist, daß diese Parodien nicht einfach zu Lächerlichkeiten werden und damit abgetan werden könnten, sondern – und da liegt der ›Zauber des Letzten‹ begründet – in der Schwebe bleiben: als Motive, quasi romantische Erfahrungen, als Todesboten. Der schwarze Schwan, so die sterbende Rosalie zu ihrer Tochter, habe sie »angezischt« mit seinem »blutroten Schnabel« und »schwarzen Schlag seiner Schwingen« (VIII, 950) – nach der versuchten, aber gescheiterten Liebesvereinigung mit Ken Keaton.

Zum Arsenal der Anspielungen in dieser Erzählung gehören noch weitere Beispiele, die, wie die zuvor genannten, im Zusammenhang mit dem besonderen Formproblem zu sehen sind, das sich Thomas Mann bei der Komposition dieses Textes stellte. Er selbst ließ sich dazu wie folgt vernehmen:

»[DIE BETROGENE ist] die Geschichte einer Täuschung, eines bitteren Natur-Truges, erlitten von einem guten Kinde der Natur, danach geartet, ihr ihre Tücke zugute zu halten. Das ist nun freilich sonderbar erzählt. Die Art des Vortrages scheint manchem zu dem kruden Gegenstand nicht zu passen. Aber so ist es nun einmal: daß die kraß klinische Geschichte gewissermaßen ihrem Charakter entgegen, im Stil der klassischen Novelle erzählt werden müsse, gehörte zur Konzeption, zur Ironie des Gegenstandes, und die unrealistischen Dialoge zwischen Mutter und Tochter wollen dem Peinlich-Vertraulichen Form und eine gewisse ästhetische Höhe verleihen. – Kurzum, es war ein Experiment.« (XI, 529 f.)

Erprobtes und Wagnis kamen zusammen in dieser Novelle; das seit den Tagen von Tonio Kröger und Lisaweta Iwanowna eingespielte Gespräch über das Verhältnis von (nunmehr abstrakter) Kunst und Leben, Geist und Natur findet sich hier ebenso wie der klinische Befund, wenngleich seiner zauber(-berg-)haften Aura entledigt. Aufschlußreich übrigens, daß Thomas Mann, als er mit Frau Katia kompositorische Probleme der Novelle bespricht, die »Mängel und Unstimmigkeiten«, die er – und dies ist ein weiterer Bezugstext – in Goethes Drama DIE NATÜRLICHE TOCHTER zu entdecken geglaubt hatte, als einen »Trost« bezeichnete (Tb 24. 1. 1953). Blieb er doch davon überzeugt, daß es in jedem Fall das Sicherste sei, »sich ans große Alte« zu halten (Br III, 304) – auch und gerade dann, wenn er sich am Rande des Scheiterns wußte.

Der Hinweis auf die NATÜRLICHE TOCHTER ist jedoch nicht nur aus ästhetischen Gründen von Belang. Handelt es sich doch bei diesem Drama – oder Fragment einer geplanten Trilogie – um Goethes maßgeblichste dichterische Antwort auf die Französische Revolution. Auch Thomas Manns Novelle »reagierte« auf ein epochemachendes Geschehen: Im Verhältnis zwischen der in den Wechseljahren begriffenen Rosalie von Tümmler und Ken Keaton, diesem vierundzwanzigjährigen »vom Kriege herübergeführten Amerikaner«, der sich als Sprachlehrer und amouröser Gesellschafter lebenshungriger Düsseldorferinnen verdingt, ein blasser Felix Krull aus dem Staate Michigan, in diesem Verhältnis spiegelt sich auch die erste intensive Phase einer Art Kulturrevolution nach 1920: die Amerikanisierung der westeuropäischen und besonders der (west-)deutschen Kultur, deren zweite, ungleich heftigere und, wie erwähnt, von Thomas Mann kritisch bedachte Phase in den späten vierziger und frühen fünfziger Jahren durch den Erzählmodus in die Novelle Eingang gefunden hat.

Sein wichtigster Kunstgriff bestand nun darin, dem Leser eine ›Betrogene‹ vorzustellen, die dieses Betrogen-Werden als Güte der Natur auffaßt. Wirklich ›betrogen‹ von der Natur fühlt sich dagegen die körperlich behinderte, in der Liebe tief enttäuschte, aber künstlerisch fähige Tochter Anna. Der Erzähler betont das intellektuelle Vermögen dieser bildenden Künstlerin und ihre

Naturferne. Rein cerebrale Kunst bringe sie hervor, bar jeder Sinnlichkeit, moniert ihre Mutter. Ihr ist eine, wie es in der Erzählung heißt, »höchst geistige, die bloße Naturnachahmung verschmähende, den Sinneseindruck ins streng Gedankliche, abstrakt Symbolische, oft ins kubisch Mathematische transfigurierende Richtung« zueigen (VIII, 879). Ihre Mutter, naiv romantisierend und naturbejahend, bringt ihrer Tochter nur »betrübte Hochachtung« entgegen. Die ironische Pointe ist hier freilich, daß die Tochter ihre in Rede stehende Arbeit nach der Natur benennt: »Bäume im Abendwind«.

Anders als zuvor noch Adrian Leverkühn in der Musik bemüht sich diese Bildkünstlerin nicht um einen »Durchbruch« aus der Welt des kalten Kunstkalküls in die Sphäre human-sinnlicher Kunst. Sie beschränkt sich vielmehr auf eine »ins Geistige übertragene, in Kubusse und Spiralen« überführte Natur (VIII, 891). Ihre Mutter kommentiert: »Ich verstehe, [...] daß Genie dazugehört, sich eine so vielsagende Linie wie deine da auszudenken. Mir sagt sie nichts, aber ich sehe ihr deutlich an, daß sie vielsagend ist« (VIII, 880). Rosalie will eben Zauber, die Tochter Entzauberung *durch* die Kunst.

Rosalie hat nichts mit Kubussen im Sinn, wohl aber mit Krokussen. »Ist es nicht merkwürdig«, fragt sie, »wie [der Krokus] der Herbstzeitlosen gleicht? Es ist ja so gut wie dieselbe Blume! Ende und Anfang – man könnte sich in den Herbst zurückversetzt meinen beim Anblick des Krokus und an den Frühling glauben, wenn man die Abschiedsblumen sieht.« (VIII, 934)

Für den – in dem Falle wie vielleicht überhaupt – trügerischen ›Zauber des Letzten‹ ist diese »geistreiche Theorie« über Blumen von besonderem Wert. Denn in dieser scheinbaren Identität von »Ende und Anfang«, in dieser Sehnsucht, im Letzten wieder das Erste zu gewahren, spricht sich ein Grundverlangen der Modernen aus, die gerade deswegen künstlerisch so viel wagen (Tochter Anna ist da ein durchaus probates Beispiel), um stets wieder das Gefühl zu haben, von neuem beginnen zu können, ein Sisyphos-Geschick freilich, das sie aber – insgeheim zumindest – auch als Glück empfinden. Anna erkennt in Äußerungen wie diesen das uneingestandene Verlangen ihrer Mutter, auch ihrerseits die

Natur »etwas« zu intellektualisieren, mit Worten genau das zu versuchen, was sie, die Bildkünstlerin, mit ihren »Kubussen und Spiralen« im Sinn hat: eine Interpretation des Naturhaften und nicht das bloße Akzeptieren der Natur.

Den »Anfang«, das Beginnen verkörpert in der Novelle der junge Amerikaner Keaton, der mit dem Späten, Letzten und vom Gewicht der Zeit Befrachteten nicht nur in Gestalt von Rosalie von Tümmler in Berührung kommt, sondern auch durch seine Begeisterung für Europas Geschichte – einschließlich des Brauchtums. Laut Auskunft des Erzählers beklagt er Amerikas »Mangel an historischer Atmosphäre« (VIII, 897). Thomas Mann spielte bei der Charakterisierung Ken Keatons mit herkömmlichen amerikakritischen Klischees, aber auch mit überraschenden, die üblichen Vorurteile gegen Amerikaner relativierenden Nuancen. So begeistert sich Keaton für »ganz frühe Geschichtszahlen«, die jenseits der amerikanischen Geschichtserfahrung liegen. Überhaupt scheint es, als habe ihn die Begegnung mit Europa skeptisch gegenüber seinem Herkunftsland gemacht. Er ist ein seinen Ursprüngen entfremdeter Fremder. Doch vermischen sich in ihm irritierenderweise subtile Kenntnisse geschichtlicher und ethnologischer Fakten mit stereotypisierenden Verallgemeinerungen: »Die französischen Kathedralen, die italienischen Campaniles, Palazzi und Galerien, die Schweizer Ortschaften, ein Platz wie Stein am Rhein, das sei ja most delightful indeed.« (VIII, 838) Man glaubt Henry James' entwaffnend naive Amerikanerin, Daisy Miller, zu hören, wie sie zum ersten Mal »old Europe« erkundet.

Etwas aber scheint mit Keaton nicht zu stimmen. Anna ahnt es. Sie mißtraut seiner »primitiven Harmlosigkeit«, seinem angelernten Wissen, mit dem er um die Gunst seines reifen weiblichen Publikums wirbt. Und tatsächlich geht ihm eines völlig ab: Gefühlstiefe. Mag sein, daß er die, wie der Erzähler sich ausdrückt, »kolossale Durchschnittlichkeit« seines Heimatlandes hinter sich lassen wollte (VIII, 897); in Wahrheit aber haftet sie ihm an. In Fragen des Herzens bleibt er sprachlos, reglos. Bezeichnend genug, daß er das aufwallende Begehren der ihn liebenden Rosalie in keiner Weise erwidert. Nur als technisch Wissender bewährt er sich. Als es darum geht, den Geheimnisgang zum »toten Lustgemach« im Benrather Schloß zu öffnen, dort also, wo sich Rosalies angestaute Gefühle ihm gegenüber Bahn brechen werden, ist er es, der die »Druckfeder fand, der die Tür gehorchte«. (VIII, 945) Er selbst bleibt jedoch kalt, verschlossen und ist in keiner Weise dem Gefühlsansturm Rosalies gewachsen.

Eine vielsagende Situation: Altes und Neues, Herzwerk contra Know-how: Eine wirkliche seelische Bindung zwischen beiden entsteht nicht: »In der Stadt, nahe der Königsallee, nahm man Abschied.« (VIII, 947) Daß Keaton sie später am Krankenbett aufsuchen würde, wäre unter diesen Umständen undenkbar. Caritative Liebe ist ihm fremd. Auch zum Mystagogen eignet er sich nicht; diese Aufgabe kommt in der Erzählung dem Kastellan, einem Kriegsversehrten, zu, der ihnen den Weg ohne Arm weist (VIII, 943). Keaton ist kein Tadzio; ihm fehlt jeglicher Zauber. Vielmehr hat er etwas von einem Eklektiker, der von dieser und jener Frau allenfalls kostet.

Aber gerade einen wirklichen Mystagogen sucht die ›Betrogene‹ in ihrem jungen Amerikaner, einen, der ihr den Weg weist durch das morbide Dunkel und das nach Moschus riechende Dikkicht ihrer Gefühle. Nach dem Schloß-Besuch, nachdem Rosalie und Ken den mythischen Urgründen entstiegen waren, bemerkt der Erzähler: »Es sah keiner den anderen an.« (VIII, 947) Rosalies mystisch-mythische Liebeserfahrung ereignete sich jenseits der herkömmlichen Kommunikation.

In der entscheidenden letzten Phase der Arbeit an der BETROGENEN vermerkt das Tagebuch wiederholt die Lektüre Turgenjews, was schwerlich überrascht. Denn die Stimmung seiner Novelle, die melancholische Lebensbejahung, aber auch das Ruinöse der Liebe deckt sich mit jener Atmosphäre, die Turgenjews Erzählungen und Romane erzeugen, mit denen sich Thomas Mann von Januar bis März 1953 – zum Teil erneut – beschäftigte. Er las in jenen Wochen und Monaten Turgenjews Briefnovellen FAUST, den KÖNIG LEAR DER STEPPE, vor allem dann EIN ADELSNEST und die, wie er befand, »eigentümliche Charakterstudie« RUDIN (Tb 26. 3. 1953). Hinzu kam Turgenjews Meisterwerk VÄTER UND SÖHNE.

Es war wohl die Aura des Späten, des getröstet Vergeblichen, die Turgenjews Werke umgibt, von der sich Thomas Mann in dieser Schaffensphase besonders angesprochen fühlte. Hinzu kommt Turgenjews ausgesprochen »zarte Naturschilderung« (Tb 22.2. 1953), die Thomas Mann eigens hervorhob, wobei er sich auf den Roman EIN ADELSNEST bezog. Man nehme etwa den Anfang dieses Romans: »Ein heller Frühlingstag neigte sich dem Abend zu, kleine rosige Wölkchen standen hoch am klaren Himmel, und es schien, als schwebten sie nicht vorüber, sondern zögen in die lasurblaue Tiefe davon.«[187] Wohl unter dem Eindruck solcher Schilderungen ermahnte sich Thomas Mann: »Am Manuskript [DIE BETROGENE, R. G.]: Beschreibung des Parks zu verbessern.« (Tb 11.3. 1953)

Maßgeblicher noch dürfte der Schluß von Turgenjews Roman auf Thomas Mann gewirkt haben. Er endet mit Fragen und einer behutsam resignierten Wendung, die mit jener Stimmung wahlverwandt ist, in der wir den Erzähler nach Rosalies und Kens Gang entlang des unterweltlich-mystischen Liebespfades antreffen: »Was beide gedacht, was sie empfunden haben? Wer kann es wissen? Wer kann es sagen? Es gibt im Leben Augenblicke, Gefühle ... Man kann nur auf sie hinweisen – und vorübergehen.«[188] Und um eine letzte Stelle in Turgenjews zweitem Roman zu nennen, die gleichsam spiegelbildlich die innere Verfassung der Protagonisten von Thomas Manns später Novelle wiedergibt: »Lawretzki ritt im Schritt heimwärts. Der Zauber der Sommernacht umfing ihn; alles ringsum erschien ihm auf einmal sehr seltsam und gleichzeitig längst bekannt und süß vertraut. Nah und fern – und man konnte weithin sehen, wenn auch das Auge vieles von dem, was es sah, nicht deutlich wahrnahm – lag in tiefer Ruhe, aber in dieser Ruhe spürte man das junge, aufblühende Leben ... Lawretzki gab sich diesem Genuß hin und freute sich dieses Genusses. Nun, noch leben wir, dachte er, noch hat sie uns nicht gänzlich aufgezehrt.«[189]

Eines jedoch fehlt, wie bereits angedeutet, in dieser späten Erzählung Thomas Manns, etwas, von dem Turgenjews Roman ebenso erfüllt war wie die überwiegende Mehrzahl der Werke Thomas Manns: die Musik. Nicht einmal das Jubilieren von Vögeln gewährte er seiner Rosalie von Tümmler in ihrem späten

Frühling. Anders bei Turgenjew. Da singt die Nachtigall den Liebenden ihr Lied, die Bäume raunen eine alte Mär; sogar ein eigenes, von einem natürlich deutschen Komponisten geschaffenes »Lied der triumphierenden Liebe« erklingt.[190] In der BETROGENEN bleibt es beim Geifern des schwarzen Schwanes, den Rosalie sogar um seine Nahrung bringt, weil sie jenes ihm zugedachte Stück Brot, noch »warm von Kens Körper«, selbst ißt (VIII, 941).

In Thomas Manns später Liebesgeschichte versagt die Musik ihren symbolisch-leitmotivischen Dienst. Keine Liebestod-Anklänge, kein LOHENGRIN-Vorspiel, kein elegischer Abgesang, keine Platen'sche zauberhafte »Fülle des Wohllauts«, keine Anklänge an »Fausti Weheklag«. Am Ende findet sich nur ein Operationstisch, auf dem die Ohnmacht der ärztlichen Kunst offenbar wird und auch, daß Rosalie dabei ist, ein sie auszehrendes, »tödliches Freßgezücht« zur Welt zu bringen. Was da allenfalls nachklingt, ist ein entzaubert klinisches Versatzstück aus der ZAUBERBERG-Welt: Das Ende ist »carcinomatös«, betrogen um seine Verklärung und um jeglichen »Wohlklang« gebracht, so milde Rosalies Tod auch sein darf, so tief ihre Liebe zur Natur mit allen Konsequenzen auch gewesen sein mag. Dieses für Thomas Mann so ungewöhnlich musikabstinente Erzählen einer Liebesgeschichte (was bis zum Verzicht auf ein betont sprachmusikalisches Erzählen reicht) deutet darauf hin, daß es ihm im Tiefsten auf die Unstimmigkeit zwischen Rosalie und Ken ankam, auf die Darstellung einer letzten Liebe, welcher der Zauber versagt blieb.

Spuren des Verfalls, des ›Dekadenten‹ durchziehen alle drei in diesem Kapitel besprochenen Erzählungen; es lassen sich in ihnen aber auch deutliche Zeichen eines ›neuen‹ Moralismus ausfindig machen: die durch den Flammentod ›gereinigten‹ Liebenden in DIE VERTAUSCHTEN KÖPFE, der freilich etwas tolpatschig bis berserkerhaft in Erscheinung tretende Moralismus des Mose in DAS GESETZ und in Gestalt des im Zeitalter der atomaren Bedrohung naiven Naturvertrauens der Rosalie von Tümmler in DIE BETROGENE.

Ungleich farbenprächtiger, wortmächtiger, geradezu gedankensinnlicher wirken jedoch jene Passagen, die den Verfall, das

Dekadente in diesen Texten vorführen. Pikanterweise erhielt Thomas Mann, als er an der Erzählung DIE BETROGENE arbeitete, von einem Studenten namens Harald Kohtz dessen Staatsexamensarbeit zum Thema »Thomas Mann und das Problem der Dekadenz« zugeschickt. Der so Bedachte reagierte mit einer eingehenden Kritik, die Dankbarkeit und Irritation verrät. Die Dekadenz, so Thomas Mann in seiner Antwort an den Studenten, sei »ein Gesichtspunkt, der ein Hauptglied meiner Produktion, ›Lotte in Weimar‹ fast ganz ausfallen läßt, und mit dem auch der ganze ›Joseph‹ nicht viel zu tun hat« – daher könne er ihn nun eben »nicht den glücklichsten nennen«. Schon in einem Renaissance-Stück aus der Münchener Zeit, FIORENZA, habe er gegen das dekadente »fidele Münchener Karnevalisten-Künstlertum« protestiert und – gegen Nietzsche – behauptet: »Die Moral ist wieder möglich.«[191] Die in Arbeit befindliche BETROGENE erwähnte Thomas Mann in seiner Antwort nicht und damit auch nicht die Tatsache, daß ihn das Problem ›Dekadenz‹ und ›Kritik der Moderne‹ programmatisch bereits seit seinen umfangreichen Notizen zum Themenkomplex »Geist und Kunst« (1908) beschäftigt hat. Die »asketisch-moralistische Kunst«, in der Terminologie von 1908 gesprochen,[192] repräsentiert in DIE BETROGENE Annas Kubismus; sie ist weder verführbar durch Ken Keatons (schwache) Schauspielerei in Gefühlsdingen noch von der dekadent-morbiden Welt, in die ihre Mutter gerät.

Das Entstehen einer zagen Moral aus dem Zauber des Verfalls prägt das Spätwerk Thomas Manns. Wie er diesen Vorgang ›orchestriert‹, wie er diesen Zauber des Späten musikalisiert hatte, führte der Roman DOKTOR FAUSTUS vor, den er für seinen PARSIFAL gehalten hat, für ein novellistisches Weihfestspiel, das keine Bühne mehr brauchte, und für eine sprachmusikalische Apotheose seines Werkes. Was nach seinem FAUSTUS noch gekommen war, nannte Thomas Mann wenige Monate nach Abschluß der BETROGENEN »überhängende Nachträge, schon unnotwendig« (Tb 6.7.1953). Wie ›unnotwendig‹ verrät die Tatsache, daß Thomas Mann, einer der wohl musikbewußtesten Romanschriftsteller des 20. Jahrhunderts, nach DOKTOR FAUSTUS in keinem seiner erzählerischen Werke mehr die Musik eigens thematisierte, sieht man von dem »Glockenschall« und etwas Kirchenmusik in DER ERWÄHLTE ab. Mit letzter Konsequenz verabschiedet sich mit DOKTOR FAUSTUS die Musik als Thema aus dem Werk – im wesentlichen auch aus seinem essayistischen; dafür bleibt sie eines der Hauptmotive in den Tagebüchern.

ADRIAN LEVERKÜHNS MUSIK DES LETZTEN

Im ›Vorspiel‹ zu den BETRACHTUNGEN EINES UNPOLITISCHEN (1918) hatte Thomas Mann geschrieben, daß hinter diesem zwölfteiligen Opus für ihn eine Art Kriegsdienst und eine Grundangst gestanden habe, die Vorstellung nämlich, daß es um die Musik, die deutsche in erster Linie, geschehen sein könne. Dieser monumentale, ihm schon bald nach 1918 problematisch erschienene Essay verdankte sich demnach primär der Furcht vor einem Sieg der westlichen Zivilisation über den deutschen Geist, Angst vor der Vorherrschaft angelsächsisch-romanischer Oberflächlichkeit über die vermeintlich tiefere deutsche Innerlichkeit und des liberalen Demokratismus über die deutsche Musik von Heinrich Schütz bis Hans Pfitzner. *Finis germaniae* und *finis musicae* wurden Thomas Mann in dieser Zwangsvorstellung ein und dieselbe Form des Untergangs ›wahrer‹ Kultur. Im Originalton des besagten ›Vorspiels‹ klingt das so:

»Richard Wagner erklärte einmal, vor der Musik vergehe die Zivilisation wie Nebel vor der Sonne. Daß eines Tages die Musik, sie ihrerseits, vor der Zivilisation, der Demokratie, wie Nebel vor der Sonne vergehen könne, hat er sich nicht träumen lassen ...« (XII, 39)

Was demnach das Hauptanliegen der BETRACHTUNGEN sei? Gegen diesen vermeintlichen »Fortschritt Deutschlands«, nämlich jenen »von der Musik zur Politik« zu opponieren (XII, 40). Als Thomas Mann exakt ein Vierteljahrhundert später darangeht, die Lebensgeschichte des »deutschen Tonsetzers Adrian Leverkühn« von dessen Freund Serenus Zeitblom erzählen zu lassen und damit die Musik selbst zu einem der Hauptprotagonisten erklärt, hatte sich die politische Position des Schriftstellers zwar grundlegend verändert, aber der Zusammenhang vom (1943 sich deutlich abzeichnenden) ›Untergang‹ Deutschlands und dem damit verbundenen (selbstverschuldeten) Ende der bürgerlich-deutschen Kulturtradition und der Musik schien ihm akuter denn je.

Im Roman DOKTOR FAUSTUS nun erhebt Thomas Mann die Musik zum Paradigma des Kunstproblems in der Moderne und seines zeitgeschichtlichen Umfeldes. Die ›Angst‹ ist jetzt eine andere geworden, es ist die Angst, daß das musikalische Schaffen obsolet und, gesellschaftlich gesehen, irrelevant geworden sein könnte, verbunden mit der radikalen Vereinsamung des Künstlers, wie sie der Roman thematisiert. Es handelt sich dabei um eine Einsamkeit, welche die Art des Schaffensprozesses bedingt; denn es ist von einem künstlerischen Material die Rede, zu dem diese Einsamkeit selbst gehört.

Thomas Manns wichtigster Ratgeber in Sachen Musikinterpretation und Kompositionslehre, Theodor W. Adorno,[193] schrieb in seiner PHILOSOPHIE DER NEUEN MUSIK, die er dem Schriftsteller im frühen Stadium seiner Arbeit am FAUSTUS-Roman im Typoskript zur Verfügung stellte, im Kapitel »Schönberg und der Fortschritt«: »Daß aber die Angst des Einsamen zum Kanon der ästhetischen Formensprache wird, verrät etwas vom Geheimnis der Einsamkeit.«[194] Es handelt sich dabei um eine Einsamkeit, die durch keine Freundschaft aufgehoben werden kann, auf Leverkühn bezogen weder durch jene mit Serenus Zeitblom, dem Schulfreund und Erzähler seiner Lebensgeschichte, noch durch die mit Rüdiger Schildknapp, der ihm unter anderem auch die englische Literatur nahebringt. Potenziert wird diese Einsamkeit Leverkühns durch das Liebesverbot, das seit dem Teufelspakt Bedingung seines Schaffens ist. Das zeigt sich entscheidend darin, daß sein engster Freund, der Musiker Rudolf Schwerdtfeger, dem er ›verbotenerweise‹ zugetan ist, der möderischen Eifersucht Ines Roddes zum Opfer fällt.[195] Leverkühn hatte Schwerdtfeger zudem gebeten, für ihn bei Marie Godeau zu werben, ein Freundschaftsdienst, der eine Konstellation wiederholt, die sich zwischen Friedrich Nietzsche, Paul Rée und Lou von Salomé ergeben hatte. Und wie sich einst Rée bei diesem Freundschaftsdienst in die Umworbene verliebte, so widerfuhr es auch Schwerdtfeger, nur daß dieser seinen Liebesdienst mit dem Tode bezahlt. Ines Rodde, Schwerdtfegers frühere Geliebte, erschießt ihn in aller Öffentlichkeit in der Straßenbahn. Ein Ende mit Schrecken, nachdem zuvor ihre Schwester Clarissa, eine gescheiterte Schauspielerin,

Selbstmord verübt hatte, ein Ende, das der Erzähler nur noch mühsam zu ästhetisieren versteht. Ermordet wird Schwerdtfeger nach einem Konzert, dessen Ende – ein subtiles Paradoxon – das Vorspiel zu den MEISTERSINGERN bildete. Der Erzähler, der sich zum Zeitpunkt der Tat gleichfalls in der Straßenbahn befand und somit als Augenzeuge plausibel fungieren kann, betont, daß dann die Schüsse Schwerdtfeger »gräßlich getroffen« hätten. Der ›Zauber des Letzten‹ droht hier buchstäblich zu verenden, zu verbluten. Nur einen Augenblick lang scheint dieser Zauber noch einmal auf: »Er hob den Kopf mit dem Versuche, etwas zu sagen, doch traten sogleich blutige Blasen zwischen seinen Lippen hervor, deren sanfte Dicke mir *auf einmal rührend schön erschien*, er verdrehte die Augen, und der Kopf fiel hart auf das Holz zurück.« (VI, 597; m. Hervorh.)

In Leverkühns engerem und weiterem Umfeld herrscht der Tod. Erfahrungen des Letzten konditionieren sein kompositorisches Schaffen wie auch die »Katastrophe der humanen, bürgerlichen Welt« (VI, 503); das immer mehr in Trümmern versinkende Deutschland bedingt das Erzählen Zeitbloms. Am unmittelbarsten trifft Leverkühn der qualvolle, jeden Gedanken an Zauber annullierende Meningitis-Tod seines Lieblingsneffen Nepomuk Schneidewein, genannt »Echo«; er wird zu einem ›Echo‹ des Todes und geht als solches in Leverkühns Musik ein, in die finale »Weheklag«, so wie auch Hetaera Esmeralda, die den Komponisten mit Syphilis infiziert hatte, in Gestalt des h-e-a-e-es-Motivs im Werk wiederkehrte. Gemeinschaft mit geliebten Menschen gibt es für den Komponisten nur, wenn er sie in sein Werk einverwandeln, Thomas Mann spricht sogar von »einverseelen«,[196] kann.

Das Sterben des kleinen Nepomuk stellt der Erzähler mit äußerster analytischer Intensität dar. Der Zauber des Letzten, die verklärende Dimension des Endes fehlen nahezu ganz; vielmehr sehen sie sich dekonstruiert; selbst das Berückende, das vom Blick Nepomuks ausging, bleibt davon nicht verschont:

»Ich füge hinzu und sage, daß für die, die Nepomuk sahen, ein Nebensymptom vielleicht das Schrecklichste war. Es war das zunehmende schielende Verschießen seiner Himmelsaugen, zu erklären aus einer mit der Nackenstarre einhergehenden Augenmuskellähmung. Es verfremdete jedoch das süße Gesicht aufs gräßlichste und erweckte besonders im Verein mit dem Zähneknirschen, in das der Heimgesuchte bald verfiel, einen Eindruck von Besessenheit.« (VI, 630)

Leverkühns letzte Konsequenz aus diesem Schreckensszenarium lautet »Zurücknahme«, eine Verneinung des humanen Gehalts von Beethovens Neunter Symphonie. Er stilisiert sich zu einem Gegen-Beethoven, der es ernst meint mit der Enthumanisierung der Kunst und der Aufkündigung des Zaubers. Doch auch diesen Widerruf kann er wiederum nur als Kunstakt vollziehen, der jedoch einen unauflöslichen Rest an verzaubernder Wirkung bewahrt, ganz gleich wie »undynamisch, entwicklungslos, ohne Drama« sein großes Lamento auch sein mag.

Das Magische dieses Schlußwerks geht wesentlich vom Eindruck absoluter Einsamkeit und Verlassenheit aus. Und einsam fühlt sich auch der Erzähler, der in Freising lebende, aber wie Adrian Leverkühn aus Kaisersaschern an der Saale stammende Apothekersohn, Altphilologe und Historiker Dr. Serenus Zeitblom, einsam in seiner inneren Migration in das Leben seines im Jahre 1941 in geistiger Umnachtung gestorbenen Freundes. Die Arbeit an dieser Biographie ließ Zeitblom – mitten im Grauen – die Selbstbarbarisierung und Verwüstung seines Vaterlandes überstehen, das er am Ende seiner Erzählung »von Verzweiflung zu Verzweiflung« stürzen sieht (VI, 676), wobei er auf ein Umschlagen »letzter Hoffnungslosigkeit« in »ein Wunder, das über den Glauben geht« hofft – auf ein naturgemäß zweideutiges »Licht der Hoffnung« wie am Ende der GÖTTERDÄMMERUNG.

Es ist nicht unerheblich, daß dieser Erzähler als selbsterklärter Laie in Sachen Musik darangeht, Leben und Werk seines tonsetzenden Freundes zu beschreiben. Als ein eingestandenermaßen »altmodischer Mensch« mit verschwommenen »romantischen Anschauungen« (VI, 37) schickt Zeitblom sich an, Werdegang und Werk eines Avantgardisten in der Musik zu beschreiben, der gerade das romantische Erbe hinter sich lassen will. Man kann jedoch auch die in (musik-)ästhetischen Dingen (späte) Entwicklung Zeitbloms betonen, die sich in seiner Auseinandersetzung mit dem ›Material Leverkühn‹ Kapitel um Kapitel ereignet. Das wiederum will besagen: Die ›neue Musik‹ ist allen Unkenrufen und Vorurteilen gegen sie zum Trotz zugänglich, versteh- und beschreibbar. Sie gehört nicht nur zur Bildung – auch eines konservativen Humanisten vom Schlage Zeitbloms –, sie vermag ihrerseits zu bilden, den Menschen zu beeinflussen und zu verändern.

Nach der ersten Lektüre von Adornos philosophischer Erörterung der neuen Musik notierte Thomas Mann unter anderem: »Die verzweifelte Lage der Kunst ein stimmiges Moment.« (Tb 26. 7. 1943) Stimmig in dem Sinne, daß ihm diese Untersuchung die Situation Adrian Leverkühns deutlicher machte, wobei er sich dazu ermahnte, über diesen subtilen und höchst diffizilen Problemen der Musikästhetik den »Hauptgedanken der erkauften Inspiration [...] nicht aus dem Gesicht zu verlieren.« (Tb 26. 7. 1943) Erkauft war die Inspiration seiner Hauptfigur dadurch, daß sie die Einsamkeit und Selbstisolierung als *conditio sine qua non* für das Hervorbringen von Kunst ebenso akzeptierte wie den Pakt mit dem Teufel als infernalisch-wahnhafte Steigerung des eigenen Schaffensvermögens und das in einer politisch wahrhaft ›teuflischen‹ Zeit.[197]

ENDSPIELER IN DER MUSIK

Thomas Mann hatte seinen Adrian Leverkühn dazu bestimmt, Endspieler in der Musik zu sein.[198] Ebenso wie Thomas Mann Serenus Zeitblom einen Roman schreiben ließ, der Spätwerk sein sollte, ein Endspiel in der Kategorie des ›klassischen Bildungsromans‹, so sollte auch der junge Leverkühn lauter Spätwerke komponieren, das späteste, ganz und gar am ›Letzten‹ orientierte, das große Lamento über den Stand der Kultur, die Kantate »Dr. Fausti Weheklag«, die sich als Zurücknahme der Neunten Symphonie Beethovens versteht. Man hat in der »Weheklag«, die auf einer einzigen, dem Satz »Denn ich sterbe als ein guter und böser Christ« (VI, 646) unterlegten Zwölftonreihe aufgebaut ist, die Gegenwart des Finales von Mahlers Neunter Symphonie sowie des »Abschieds« aus dem Lied von der Erde und Alban Bergs fragmentarischer letzter Oper Lulu nachgewiesen.[199] Besonders kommt es dem Erzähler jedoch darauf an, zu betonen, daß die »Weheklag« ein Echo der Musik Monteverdis darstelle (VI, 644) und eine »Rekonstruktion des Ausdrucks«. Was es damit auf sich hat, erklärt der Erzähler folgendermaßen: Bei dieser Rekonstruktion handele es sich um die »höchste und tiefste Ansprechung des Gefühls auf einer Stufe der Geistigkeit und Formenstrenge, die erreicht werden mußte, damit dieses Umschlagen kalkulatorischer Kälte in den expressiven Seelenlaut [...] Ereignis werden könne.« (VI, 643)

Die Klage selbst breitet sich in »konzentrischen Kreisen« aus (VI, 645), womit Leverkühn einen Gedanken aus seiner Frühzeit zu voller Entfaltung bringt. Seinem Schulfreund Zeitblom gegenüber hatte er seinerzeit betont, daß die Beziehung (eines der Schlüsselwörter des im Leben Einsamen) bestimmter Zusammenklänge einen Kreis bildeten (VI, 65), was sich auch bildlich in der »Windrose der Tonarten« oder im Quintenzirkel zeige. Dieser Einsicht in die zirkuläre Struktur der Töne und Klänge, die im Grunde dem Reihungsprinzip diametral entgegensteht, folgte dann der erste eigentliche Hauptgedanke über das Wesen der Musik im Roman: »Musik ist die Zweideutigkeit als System« (VI, 66) und gerade deswegen geeignet, Paradigma der Kunst in der Moderne zu sein.

In seinen Leipziger Studententagen hatte Leverkühn den zweiten Hauptgedanken über (seine werdende) Kunst formuliert: »Schein und Spiel haben heute schon das Gewissen der Kunst gegen sich. Sie will aufhören, Schein und Spiel zu sein, sie will Erkenntnis werden.« (VI, 242) Dabei handelt es sich um eine der vielen nahezu wörtlichen Übertragungen aus Adornos PHILOSOPHIE DER NEUEN MUSIK, wo die Stelle in Ableitung von Schönbergs Thesen heißt: »Mit der Negation von Schein und Spiel tendiert Musik zur Erkenntnis.«[200] Im ›Echo‹ der erzählten Musik Leverkühns, die ihrerseits, vor allem im Bereich seiner späten Kammermusik, eine Tendenz zur Prosa hat (VI, 605), müßte man diese These wohl etwas abändern. Diese Musik tendiert dazu, sich in ihren Strukturen erkennen zu lassen. So hermetisch sie auch wirken mag (nach Aussage Zeitbloms vor allem Leverkühns Streichquartett, hinter dem besonders Bergs Lyrische Suite für

Streichquartett zu vermuten ist[201]), sie ist auf prinzipielle Durchschaubarkeit angelegt. Ihre Transparenz (der durchsichtig gewordene Schleier der Maja) gehört ebenso zu ihrem Zauber wie ihre Knappheit (Ausnahme die »Weheklag«) und eben Zweideutigkeit. Für Leverkühn, den mathematikkundigen Komponisten, ist dabei das »magische Quadrat« aus Dürers MELENCOLIA I von 1514 Emblem der Embleme für sein kompositorisches Wollen. Ob man senkrecht, waagerecht oder diagonal die Zahlen dieser sechzehn Felder, die Leverkühn über seinem Pianino angebracht hatte, addiert, immer ergibt sich die Summe vierunddreißig. Das eigentlich ›magische‹ Geheimnis dieses Quadrats ist die Verteilung der Zahlen auf den Feldern. Und so versteht Leverkühn auch sein Komponieren: Bei aller Kalkulierbarkeit der tonalen und atonalen Verhältnisse, das eigentliche ›Setzen‹ der Töne bleibt sein, des Komponisten Geheimnis.[202]

Einen »Zauberberg von Musik« hat der schon einmal im Zusammenhang mit den VERTAUSCHTEN KÖPFEN bemühte Literat und Kritiker Erhart Kästner den Roman DOKTOR FAUSTUS in einer ausgesprochen verständnisvollen Besprechung genannt,[203] was im damaligen Literaturbetrieb (1949) durchaus noch eine Seltenheit war. Kästner wies darauf hin, daß der FAUSTUS nicht nur deswegen ein Musik-Roman sei, weil er es gewagt habe, »niegehörte Kompositionen mit Worten« zu schildern,[204] sondern weil es Thomas Mann gelungen sei, umfassendes Sprachmaterial vor allem des Alt- und Oberdeutschen zum Klingen zu bringen – und das »auf der anderen Seite des Erdballs« als ein im wesentlicher »Einsamer«, wie der Kritiker betont. Eine solche Sprachvirtuosität, eine solchermaßen vollendete Komposition wie der FAUSTUS-Roman sei, so mutmaßte Kästner halb im Scherz, »nur mit Hilfe des Magisters Gottseibeiuns, des schwarzen Kesperlin« möglich gewesen.[205] Der ›schwarze Kesperlin‹ hieß Adorno, und die ans Magische grenzende Sprachleistung Thomas Manns haben Generationen von Germanisten durch ihre Analysen der Mann'schen Montagetechniken mehr oder weniger erfolgreich zu entzaubern versucht. Die Pointe ist, daß Thomas Mann das zumindest teilweise Durchschauen seines montierenden Spielens mit den Quellen, mit Verschlüsselung und scheinbarer Entschlüsselung wohl auch gewünscht und dieses ›Durchschauen‹ in gewisser Weise, aber nicht selten irreführend, vorbereitet hat; denn nur der DOKTOR FAUSTUS und seine komplexe Quellenlage verlangte von ihm ein ausführliches Nachspiel in Gestalt von erzählter Theorie und Autobiographie, brachte einen »Roman eines Romans« hervor, den hier noch zu bedenkenden Text DIE ENTSTEHUNG DES DOKTOR FAUSTUS.

Zuvor jedoch noch einmal zurück zur gedanklich-sprachlichen Behandlung der Musik im Roman, einer, man könnte sagen, novellistisch entfalteten Philosophie der Musik. Sieht man vom Kanonsingen mit einer Stallmagd ab, so sind es im wesentlichen die musikalisch illustrierten Vorträge über Musik durch Leverkühns genialischen Lehrer Wendell Kretzschmar und nicht etwa ein bestimmter Konzerteindruck, welche die Vorstellung von Musik in diesem künftigen Komponisten geprägt hatten. Von besonderer Wichtigkeit sind dabei nicht nur seine berühmten Beethoven-Analysen, namentlich jene an Adornos Versuch über den SPÄTSTIL BEETHOVENS orientierten der Sonate op. 111, sondern etwa auch sein Vortrag DIE MUSIK UND DAS AUGE. Dieser Vortrag widmet sich der für die Moderne so wichtigen Frage nach der Synästhetik und skizziert eine Theorie der musikalischen Optik, die sich im Notenbild zeige. Shakespeares Vers »To hear with eyes belongs to love's fine wit« sowie der Verweis auf die »Büßerin in der Hülle des Zauberweibes« (VI, 85), Kundry, aus Wagners abschließendem Bühnenweihfestspiel PARSIFAL als Verkörperung des Sinnlich-Geistigen, der verschmelzenden Farben und der Düfte, Worte und Gesten, liefern Kretzschmar geeignete Illustrationen für seinen Vortrag. Auf Leverkühn hat dieser Vortrag eine langfristig klärende Wirkung: Er spricht sich gegen das Synästhetische aus, hält an der »Unterscheidung zwischen den Typen des Augen- und des Ohrenmenschen« fest und nennt sich kategorisch einen letzteren (VI, 236). Mit Ariels Bemerkung »[They] lifted up their noses/As they smelt music« aus Shakespeares THE TEMPEST (IV.1, V.177f.) hat Leverkühn nichts im Sinn. Der Sinn seiner Musik fragt nur bedingt nach Sinnlichkeit. Damit stellt er sich eindeutig gegen eine Auffassung von Komposition, die das Klang-Bildwerkhafte betont, was ihn jedoch nicht daran hindert, seine »Apocalipsis cum figuris« nach den fünfzehn Kupferstichen Dürers zu komponieren, und zwar getreu des zuvor erwähnten Strukturmerkmals seines kompositorischen Verfahrens als Zyklus.[206] Schon seine erste im eigentlichen Sinne bedeutende Komposition, »Meerleuchten«, hatte sich nur scheinbar in die Tradition »Debussy–Ravel« gestellt, wie Zeitblom bemerkte. Die »koloristische Orchesterbrillanz« dieses »Meisterstücks« offenbarte im Grunde nur eine Parodie der Klangmalerei, war »intellektuelle Ironisierung« des Genres »Tongemälde« (VI, 202).

»Alles drängt und stürzt dem Ende entgegen, in Endes Zeichen steht die Welt«, schreibt Zeitblom (VI, 599). Es ist ein Ende, das Leverkühn Werk um Werk musikalisch vollzieht und dabei auch das Ende des Werkbegriffs behauptet. Sein Biograph Zeitblom sieht vor allem die deutsche Tradition am Ende und *ad absurdum* geführt durch den Widersinn des Hitlerismus. Leverkühns Art des Komponierens, so sehr sie die Kunst eines zutiefst deutschen »Tonsetzers« ist, verweist darüber hinaus auf das Ende eines national geprägten Musikstils, der sich ja tatsächlich (spätestens) nach 1945 nicht mehr erkennen läßt.

Zeitbloms wachsende Verzweiflung über den Stand der Dinge geht einher mit seiner wachsenden Einsicht in die Kunst seines Freundes. Diese Verzweiflung läßt sich mit den Worten Alfred Anderschs ausdrücken, die sich im Nachwort zu seiner letzten Veröffentlichung, DER VATER EINES MÖRDERS (1980), finden: »Schützt Humanismus denn vor gar nichts?« Das war schon Zeitbloms unausgesprochene Frage gerade angesichts der fatalen Lage, in die sich Leverkühn komponiert hatte. Sein Komponieren unter faustischen Vorzeichen, seine Kunst, die sich nur steigern ließ um den Preis des Liebesverbotes für ihren Urheber (wer oder wen Leverkühn liebt, ist dem Tode schon anheimgegeben – ob Geigerfreund Schwerdtfeger oder Lieblingsneffe Nepomuk), diese Musik hat einerseits etwas Totales in ihrem Anspruch im Sinne von ›völlig absorbierend‹ und vermag am Ende doch auf einem »letzten verschwebenden Laut« menschlichen Empfindens, dem »hohen g eines Cellos« als dem »letzten Wort« zu schließen, »langsam vergehend« als Pianissimo-Fermate (VI, 651). Was bleibt, ist ein ungeheurer Moment in der deutschen Prosaliteratur des 20. Jahrhunderts, ein lyrischer Moment, der sich prosaisch auflöst, verklingt als »nachschwingend im Schweigen hängender Ton, dem nur die Seele noch nachlauscht« als »Ausklang der Trauer«.

Der Erzähler versteht dieses Schlußwerk Leverkühns als ein »Werk der Befreiung« (VI, 644); und man hat diese Art der Befreiung sehr konkret gedeutet als eine »Befreiung der Musik von ihrem latenten Nationalismus«, den Kritiker in Leverkühns mittlerer Phase, seiner »Kaisersaschern-Musik«, wahrgenommen haben im Gegensatz zu Leverkühns entschieden »kosmopolitischen Anfängen«.[207] Und es ist gewiß richtig, daß Leverkühns Behandlung des Faust-Stoffes in der »Weheklag« gerade dadurch ›transnationalisiert‹ und in seiner deutschen Substanz relativiert wird, daß er sich in der Konzeption seiner Kantate vor allem am Franzosen Hector Berlioz und dessen REQUIEM (1837) orientiert, also am Komponisten von LA DAMNATION DE FAUST (1846). Dieses hohe g *eines* Cellos könnte aber auch die minimalistische Variante oder Transposition des LOHENGRIN-Vorspiels sein, die Entsprechung zum Ende der GÖTTERDÄMMERUNG, reduziert freilich auf die eine Stimme, die aber, so will es scheinen, weniger das Urvertrauen in die Humanität einer Kunst darstellt, die »mit der Menschheit auf du und du« steht, wie Leverkühn einst hoffte (VI, 429), und radikale Vereinzelung symbolisiert, gerade auch das Ende des Kollektiven, des Ensembles. Dieser Ton ist wohl eher Leverkühns Entsprechung zum »Remember me« von Purcells Dido als die große humanistische Geste.

Daß in der Geschichte der Kunst »Spätwerke die Katastrophen« seien, hatte Adorno in seinem Versuch über den SPÄTSTIL BEETHOVENS behauptet. Sie seien es, weil in sie das Katastrophale, Skandalöse einbreche. Vom Tode berührt, so Adorno, gebe »die meisterliche Hand die Stoffmassen frei, die sie zuvor formte«, womit er auf Goethe hinweisen wollte, auf die »Stoffmassen« des FAUST II und der WANDERJAHRE.[208] Man hat dieses Phänomen auf DOKTOR FAUSTUS bezogen,[209] doch scheint dieses Freiwerden von Material in diesem Ausmaße erst auf FELIX KRULL zuzutreffen. Denn gerade im FAUSTUS hält Thomas Mann geradezu programmatisch am ›Prinzip Formung‹ fest. In einer Welt, in der alles in Auflösung begriffen ist, soll Zeitbloms Erzählung noch einmal ›letzte‹ Gestaltungsmöglichkeiten als Gegen-Schöpfung demonstrieren.

George Steiner hat in seinem großen – allzu umstrittenen – Essay VON REALER GEGENWART geschrieben: »Was wir sagen können [...] ist, daß es Musik gibt, die die ernste Beharrlichkeit, die Endgültigkeit des Todes vermittelt und zugleich eine bestimmte Zurückweisung eben dieser Endgültigkeit darstellt.«[210] Leverkühns Musik, gerade seine »Apocalipsis«, versucht genau das: den Letzten, den Tod, anzuerkennen, um so über ihn hinauszuweisen. Auch das entscheidende ästhetische Mittel, die »Rekonstruktion des Ausdrucks«, dient diesem Ziel, den Tod, mit Adorno gesagt, im Werk zu brechen.

Hinzu kommt noch folgendes: Adrian Leverkühn behauptet, daß seine Kunst dergleichen nur leisten könne, wenn sie von Kürze bestimmt sei: »Echt und ernst ist allein das ganz Kurze, der höchst konsistente [man möchte ergänzen: ›konzise‹, R. G.] Augenblick ...« (VI, 241). Dieses für Thomas Mann eher überraschende Bekenntnis zur Knappheit hat freilich ein Vorbild in seiner 1920 entstandenen Würdigung von Peter Altenberg (X, 422-426), dem pointiertesten Miniaturisten der (Wiener) Moderne. Daß die Kunst der Zukunft ›kurz‹ sein solle, hat freilich als wohl erster Hans Christian Andersen behauptet.[211]

Wie dem auch sei, Thomas Mann vermied im DOKTOR FAUSTUS alles, um nicht den Anschein eines »Greisen-Avantgardismus« zu erwecken, den er unüberhörbar mokant seinem Bruder Heinrich mit Blick auf dessen gleichfalls 1947 erschienenen letzten Roman DER ATEM bescheinigte.[212] Leverkühns ›Avantgarde‹ dagegen sollte auf der Höhe ihrer Zeit sein; seine Musik ein letztes Aprèslude auf die Tradition, der sie sich verdankte.

Gleichfalls unter dem Eindruck des Zweiten Weltkrieges, aber auch der späten Streichquartette Beethovens, dichtete T. S. Eliot seine FOUR QUARTETS; man könnte sie, vor allem den vierten Teil (»Little Gidding«), als eine lyrisch polyphone Auseinandersetzung mit Prosperos düsterer Feststellung am Ende von Shakespeares THE TEMPEST verstehen, die ja auch für Leverkühn zentral war: »And my ending is despair,/Unless I be relieved by prayer«. Eliot beharrt auf der Zweideutigkeit des Endes, des Letzten als etwas Finalem und Neues in Aussicht Stellendem: »The end is where we start from [...] Every phrase and every sentence is an end and a beginning«.[213] Aber gerade diese Möglichkeit zu einem im Glauben begründeten Neuanfang steht im FAUSTUS in Frage.

NACHSPIEL ALS ERZÄHLTE THEORIE

»Wer heute im Ernst die Verantwortung auf sich nimmt, über Sie zu schreiben, müßte es schon so tun, daß er sich nicht damit begnügt, plump herauszuholen, was Sie mit tiefsinniger Zartheit in Ihrem Werk versteckt haben, sondern stattdessen was das Werk selbst versteckt. Es müßte Interpretation im philosophischen Sinn, kein Kommentar des philosophischen Inhalts sein.«[214]

Diese These Adornos sollte jeder Arbeit über Thomas Mann vorangestellt sein; aber sie ist ihrerseits deutungsbedürftig; findet sie sich doch in einem Brief, den der Philosoph und Kulturkritiker ein Jahr nach Erscheinen des ›Romans über einen Roman‹ DIE ENTSTEHUNG DES DOKTOR FAUSTUS (1949) geschrieben hat.[215] Bedenkt man, daß Thomas Mann dieses epische ›Nachspiel‹ eigens zur »Beruhigung« seines ›geheimen Rates‹ Adorno verfaßt hatte, um dessen Mitwirkung am DOKTOR FAUSTUS in nahezu allen musiktheoretischen und kompositionspraktischen Fragen Gerechtigkeit widerfahren zu lassen, dann überrascht, wie spärlich Adornos Reaktion auf diesen autobiographischen Text gewesen ist. Nach dem Erscheinen des Buches kam Adorno nur einmal unmittelbar auf den ›Roman‹ zu sprechen, und zwar auf das »Operationskapitel« (XIII), in dem Thomas Mann seinen Aufenthalt im Billings Hospital in Chicago schildert, wo er 1946 eine schwere Lungenoperation erfolgreich überstanden hatte. Der Gedanke an die noch nicht vollendete Arbeit am DOKTOR FAUSTUS, so berichtet er in diesem Kapitel, habe ihm geholfen zu gesunden. Anders als sein Adrian Leverkühn, der durch Krankheit zur werkbildenden Selbststeigerung fähig wurde, betont Thomas Mann als seine späte Lebenserfahrung den Gegensatz von Werk und Krankheit. Adorno spricht von der »spiegelglatten

Heiterkeit« dieses Kapitels und nennt es ein »Meisterstück«.[216] Zum eigentlichen Thema des ›Romans‹, seinem Anteil am FAUSTUS, schweigt er sich aus. Auch fehlt bezeichnenderweise Thomas Manns Widmungsexemplar der ENTSTEHUNG in Adornos Bibliothek.

War also Adorno – so sehr er offenbar autobiographische Reflexionen Thomas Manns zum Thema ›mein Anteil am FAUSTUS‹ gewünscht, sogar auf sie gedrungen hat – dann doch mit dem Ergebnis unzufrieden, und zwar nicht, weil er sich darin zu wenig berücksichtigt fühlte, sondern weil ihm die Art der Selbstinterpretation Thomas Manns mißfiel? Hatte Thomas Mann mit der ENTSTEHUNG nicht selbst jenen biographistisch operierenden Interpreten seines Werkes – vom Schlage eines Hans Mayer, den Adorno geringschätzte – Vorschub geleistet? Hatte er nicht selbst jene »tiefsinnige Zartheit« zerstört, mit der er – nach Adornos zuvor zitierter Ansicht – Wesentlichkeiten in seinem Werk »versteckt« habe, und dieses Versteckte »plump« herausgeholt? Und schließlich: Hatte sich Thomas Mann nicht der nach Adorno ›eigentlichen‹ Aufgabe verweigert, nämlich zu sagen, was sein Werk als solches verberge, also einer »Interpretation im philosophischen Sinn«?

Sprechen wir nun von diesem von allen Werken Thomas Manns am wenigsten gewürdigten »Roman eines Romans«, einem Zwitterwesen eines Romans, der seinerseits das Zweideutige zum Thema erklärt. In mehrfacher Weise geht der ›Roman‹ auf jenen Bekenntnisbrief Thomas Manns an Adorno vom 30. Dezember 1945 über sein ausgesprochen unbekümmertes Verhältnis zur literarischen Montage und zum »höheren Abschreiben« zurück.[217] Thomas Mann betonte in diesem Brief, daß die Arbeit an seinem »Roman der Musik« von Anbeginn erfordert habe, »vor keiner Anlehnung, keinem Hilfsgriff in fremdes Gut« zurückzuschrecken: vertrauend, daß das Ergriffene, Abgelernte (sic!) sehr wohl in der Komposition eine selbständige Funktion, ein symbolisches Eigenleben gewinnen könne.[218] Zwar meint er, Molières Maxime »Je prends mon bien où je le trouve« sei nicht ganz ausreichend zur Begründung dieses Verfahrens – er las zu jener Zeit gerade Sainte-Beuves große Studie über Molière (Tb 30. 12. 1945) –, doch gewinnt man den sehr bestimmten Eindruck, als habe er genau dieses Prinzip verfolgt: sich zu nehmen, was sich an ›Gutem‹, Brauchbarem für den alle Mittel heiligenden Roman finden lasse.

Die Entstehung des Doktor Faustus – was stellt dieser ›Roman‹ dar, dessen Manuskript Thomas Manns damalige Sekretärin, Hilde Kahn, mit den Worten kommentierte: »Ich sollte das alles nicht wissen.« (Tb 20. 10. 1948) Die Parodie eines Romans? »Bekenntnis über ein Bekenntnis«, wie Thomas Mann dieses wohl kurioseste seiner Werke nannte? (Tb 20. 10. 1948) Hermann Hesse gegenüber gestand er, daß er sich dieses »Dokuments« [der Entstehung, R. G.] »etwas schäme, das nur entstanden ist, weil ich mich nach der Vollendung des Buches nicht so bald davon abzulösen vermochte, – wahrscheinlich aus dem Gefühl: ›Das kommt nicht wieder‹.«[219] Thomas Mann war sich anfangs wohl selbst nicht darüber im klaren, was dieser ›Roman‹ sein oder werden sollte; abwechselnd nennt er ihn »Faust-Bericht« oder »Erinnerungen«. Welchen fiktionalen Wert konnte ein solches quasi-novellistisches Projekt haben?

Was dieses Buch in jedem Fall ›dokumentiert‹, ist der Schaffensprozeß unter den Bedingungen einer Spätzeit, in diesem Fall des Endes des Literaturschaffens im bürgerlichen Zeitalter, in dem das ›Genie‹ mehr und mehr von der Gewitztheit im sinnigen Montieren von Quellen abgelöst wird. Des weiteren betrieb Thomas Mann in der Entstehung eine Art von Selbsthistorisierung.[220] Er wurde sich selbst zum »buchenswerten« geschichtlichen Ereignis.

Die Entstehung ist in diaristischer Prosa abgefaßt wie zuvor Meerfahrt mit Don Quichote und bereits die Pariser Rechenschaft. Damit betonte Thomas Mann den entschieden persönlichen Charakter seiner Auseinandersetzung mit dem Faustus-Thema. Desgleichen nimmt er die Tonlage seines ebenfalls diaristisch operierenden Erzählers Serenus Zeitblom auf. Bemerkenswert ist seine Einlassung: »Den Ich-Bericht mit nur einigem Geschmack zu behandeln ist schwieriger, als die gewagteste Geschichte zu erzählen.«[221] Das liest sich wie das Echo einer Feststellung, die E. M. Forster in seiner Cambridge-Vortragsreihe Aspects of the Novel im Jahre 1927 getroffen hatte: »The novelist who betrays too much interest in his own method can never be more than interesting; he has given up the creation of character and summoned us to help analyse his own mind, and in a heavy drop in the emotional thermometer results.«[222] Forsters Kritik richtete sich in erster Linie gegen André Gides Roman LES FAUX-MONNAYEURS; sie sollte jedoch auch eine Tendenz treffen, die Forster als besonders verhängnisvoll in der Moderne ansah, nämlich die Selbstbezüglichkeit ihrer Prosa.

Das Motto für seinen ›Roman‹ entnahm Thomas Mann, sinnig genug, Goethes DICHTUNG UND WAHRHEIT:

»Denn obgleich jedes dichterische Werk zurzeit seiner Erscheinung auf sich selbst ruhen und aus sich selbst wirken soll, und ich deswegen bei keinem weder Vor- noch Nachwort [...] geliebt, so werden doch solche Arbeiten, insofern sie in die Vergangenheit zurücktreten, unwirksamer, eben je mehr sie im Augenblick gewirkt, ja man schätzt sie weniger, je mehr sie zur Verbreitung der vaterländischen Kultur beigetragen haben [...]. Deshalb ist es billig, ihnen einen historischen Wert zu verschaffen, indem man sich über ihre Entstehung mit wohlwollenden Kennern unterhält.«[223]

Durch das Historisieren, einschließlich der Werk- und Selbstmythisierung, versuchte Thomas Mann – einmal mehr mit Goethe als Gewährsmann –, der Kritik an seinem FAUSTUS entgegenzuwirken. Unmittelbar vor dem Beginn der Niederschrift dieses ›Romans‹ hatte Thomas Mann ein neuerliches Beispiel von »feindseliger Kritik« in Gestalt einer Besprechung erreicht, die in einem österreichischen Periodikum erschienen war, die er zwar als »dummes Zeug« abtat (Tb 15. 6. 1948), die ihn aber doch getroffen zu haben scheint, zielte sie doch auf das, was ihm so wichtig war: auf den durch das Werk im Sinne Goethes gewährleisteten Lebenszusammenhang. Die Kritik bescheinigte seinem DOKTOR FAUSTUS das blanke Gegenteil, nämlich »anarchische und nihilistische Auflösung der Lebenseinheit, die Goethe noch hatte, die aber durch irreparable schizoide Schübe des Menschengeistes endgültig verloren ist und die nur ein Wunder Gottes wieder zurechtrücken kann.«[224] Nur einen Tag nach Erhalt dieser Kritik ging Thomas Mann daran, mitten in seiner Arbeit am

Roman DER ERWÄHLTE, die gut vorangegangen war, seine Tagebücher nach brauchbarem Material für seinen ›Rechenschaftsbericht‹ mit roter Tinte durchzugehen. Und auf seine JOSEPH-Tetralogie bezugnehmend, betonte er bereits im dritten Abschnitt seines neuen ›Romans‹ – als wollte er unmittelbar auf diese Art Kritik antworten – die Tatsache, daß dieses »große Erzählwerk« selbst in den Tagen seines Exils »die Einheit meines Lebens« sichergestellt hatte (XI, 153). Er legt nahe, daß dies vielleicht noch mehr mit DOKTOR FAUSTUS der Fall gewesen sei. Gerade deswegen war ihm später das Goethe-Motto für die ENTSTEHUNG so wichtig.

Bewußt war ihm freilich auch, daß gerade der Roman als Gattung inzwischen zu einem »exzentrischen Avantgardismus« tendierte; er denkt mit dem Kritiker Harry Levin, aber auch T. S. Eliot an das ihn durchaus faszinierende ›Problem‹ Joyce, verglichen mit dem seine Werke wie »flauer Traditionalismus« wirken könnten (XI, 205). Und er zitiert Levin im Original: »The best writing of our contemporaries is not an act of creation, but an act of evocation, peculiarly saturated with reminiscences« (ebd.). James Joyce, »dieser andere«, wie Thomas Mann ihn nennt und Robert Musil nennen könnte, habe die Schwierigkeiten enorm erhöht, ein Romancier zu sein.[225]

Sonderbar tief habe ihn dieser Kritiker (Levin) berührt, gesteht Thomas Mann, weil er die alles entscheidende Frage gestellt habe: Kommt auf dem Gebiet des Romans »heute nur noch das in Betracht, was kein Roman mehr« ist? (XI, 205) Unter diesen Umständen, angesichts des düsteren Zeithorizonts, der persönlichen, von Erschöpfung und Krankheit geprägten Lebensbedingungen und den ›objektiven‹ Befunden über den Zustand des Novellistischen an sich, mußte es geradezu als ›Fiktion‹ anmuten, daß Thomas Mann *dieses* Werk zuende zu bringen verstand. Und eben das ist der eigentlich fiktionale Gehalt seines ›Romans‹ DIE ENTSTEHUNG DES DOKTOR FAUSTUS, nämlich die wesentliche ›unerhörte Begebenheit‹, von der dieser autobiographische Text erzählt.

Daß Thomas Mann darin besonders auf seine eigene Krankheitsgeschichte abhebt, soll nicht verwundern. Wieder einmal steht im Hintergrund die Vorstellung vom ›Repräsentativen‹;

denn diese Krankheit (Lungenkrebs) stellte er dar, als sei sie paradigmatisch für den Zustand seiner Zeit gewesen; sie selbst und mehr noch die Art, in der er diese Krankheit als existentielle Erfahrung von Letztem überwinden konnte – durch *künstlerische* Arbeit und Vertrauen in die *Kunst* der Ärzte.

Das Hervorbringen des FAUSTUS entsprach damit ganz und gar dem Bild vom schöpferischen Prozeß als einem schmerzvollen Vorgang nebst »kreißender Qual«, wie er ihn bereits in seinem frühen programmatischen Essay BILSE UND ICH entworfen hatte (X, 19). In der ENTSTEHUNG nun beschreibt Thomas Mann eine noch subtilere, gleichsam tiefenpsychologische Dimension dieser Erfahrung. Nach seiner Operation hatte er folgendes Gespräch mit seiner Frau Katia:

»Noch stark benommen sprach ich gegen alle Gewohnheit englisch zu ihr, und sonderbar! Ich führte Klage. ›It was much worse than I thought‹, sagte ich. ›I suffered too much!‹ Noch heute denke ich nach über den Sinn dieses Unsinns. Wovon redete ich? Ich hatte von allem ja nichts gespürt. Gibt es irgendwelche Tiefen des Vitalen, in denen man, bei völlig ausgeschaltetem Sensorium, dennoch leidet? Ist Leiden vom Erleiden im Untersten nicht vollkommen zu trennen? Dies könnte sich sogar auf den ›toten‹ Organismus beziehen, von dem niemand weiß, wie tot er vor seiner wirklichen Auflösung ist; es könnte, wenn auch als mißtrauische Frage nur, ein Argument gegen die Feuerbestattung bilden. Um englisch zu sprechen: ›It may hurt.‹« (XI, 261)

In gewissem Sinne war diese Schilderung auch eine Aussage über seine innere Verfassung beim Schreiben des DOKTOR FAUSTUS. War doch dieser Roman aus tiefem Schmerz über den Zustand der deutschen Kultur, aus dem »Leiden an Deutschland« entstanden. Und bei der Arbeit daran, so impliziert Thomas Mann in jener Episode, sei dieser Schmerz immer, wenn auch wohl zeitweise unbewußt, vorhanden gewesen.[226]

Wenn es zutrifft – und vieles spricht dafür –, daß der Roman DOKTOR FAUSTUS einen großangelegten Versuch darstellte, musikalisiertes Denken, Empfinden und Erleben, ja, musikalisierte Geschichtserfahrung vorzuführen,[227] dann gilt für seinen ›Roman‹ ENTSTEHUNG Verwandtes: Scheint es doch, als habe er seine poetologischen Erwägungen um ›sinnliche‹ Dimensionen erweitern wollen, indem er so ausführlich auf seine jeweilige Befindlichkeit in dieser oder jener Arbeitsphase einging. Indem er seinen Gesundheitszustand reflektierte, seine Spaziergänge und gesellschaftlichen Verpflichtungen als wesentliche Rahmenbedingungen seiner Arbeit am FAUSTUS beschrieb, wollte er offenbar den narratologischen Fragen ›Leben‹ zuführen. Diese auffällige Bemühung Thomas Manns um die Integration von Lebenswelt ins Werk kann auch als Versuch gelesen werden, Adornos Befund über das sich »tautologisch auf sich selbst beziehende Kunstwerk«, das stets »nur wieder die Kunst zum Gegenstand« habe und sich auf diese Weise selbst »aushöhle«, gerade in diesem Künstlerroman entgegenzuwirken.

Die ›gelebte‹, vom Anthropologischen ausgehende Ästhetik, die Thomas Mann in seiner ENTSTEHUNG vorführte, einem Roman, der ja als offizielle Danksagung an Adorno konzipiert war, richtete sich indirekt gegen dessen betont lebensfernen theoretischen Ansatz, den seine PHILOSOPHIE DER NEUEN MUSIK zu vertreten versuchte. Diese ironische Pointe, die sich Thomas Mann offenbar nicht versagen wollte, gewinnt noch an Schärfe, wenn man bedenkt, wie eingehend er in der ENTSTEHUNG seine (auch im Tagebuch zu verfolgende) Beschäftigung mit Igor Stravinskys Erinnerungen hervorhebt, Stravinsky, den Adorno in seiner PHILOSOPHIE DER NEUEN MUSIK als Vertreter einer restaurativen Kunst geißelte und dessen Musik sich dem »kalkulierten Schwachsinn der Massenkultur« anbiedere.[228]

Der Verweis auf Stravinsky, wie Thomas Mann selbst und ganz im Gegensatz zu Schönberg ein gesellschaftlicher Mittelpunkt in der kalifornischen Exil-Bohème, beinhaltet ein Bekenntnis zur kommunikativen, gemeinhin ›verständlichen‹, nachvollziehbaren Kunst. Schönberg und sein Schaffen entfaltete, wie Adorno bemerkte, eine »Dialektik der Einsamkeit«, die ihrerseits die »Fortschrittlichkeit« dieser Musik begründet habe – ein Echo übrigens von Schönbergs eigener, im Jahre 1933 vorgetragener These, daß das ›Progressive‹ des (späten) Brahms auf der Vereinzelung des musikalischen Materials, auf seinem Minimalismus beruhe. Adorno argumentiert, daß Schönberg auf den »gesellschaftlichen Charakter der Einsamkeit gestoßen« sei, »indem er diese bis ins Extrem [in seiner Musik, R. G.] festhielt.«[229] Im einzelnen Ton oder in der Sequenz von Tönen artikuliere sich diese Einsamkeit, ein Charakteristikum, das ja auch Leverkühns kompositorisches Verfahren auszeichnet.

Thomas Mann nun schildert in der ENTSTEHUNG DES DOKTOR FAUSTUS eine ganze Fülle von gesellschaftlichen Aktivitäten, die wie Kontrapunkte zur Einsamkeit seines Protagonisten Leverkühn wirken. Der politisch und auf dem Parkett der großen Gesellschaft geradezu hyperaktive Schriftsteller entwarf mit Leverkühn sein fiktives, in Isolation schaffendes Gegenbild. Oder darf man vermuten, daß Thomas Mann selbst mit dieser Einsamkeit nur zu vertraut gewesen war – bei allen gesellschaftlichen Verpflichtungen – und daß diese oft auch eine Flucht vor Isolation (im Exil) darstellten? Nicht umsonst sollte ihn wenig später Philip Toynbee im OBSERVER einen »einsamen Weltbürger« nennen, was Thomas Mann als sinnvolle Charakterisierung erschien.[230]

In seiner immer auch ironischen Auseinandersetzung mit Adorno schlug Thomas Mann eine (von der Kritik kaum bemerkte) Volte, die den jungen Philosophen gleichsam aushebeln, ihn – und das ist die ironischste der Pointen – als Thomas Manns ›Schüler‹ vorführen sollte. Adorno, so Thomas Mann, habe durch den TOD IN VENEDIG das Entscheidende über den Zusammenhang von »Tod und Form«, »das Ich und das Objektive« gelernt und es dann in seiner PHILOSOPHIE DER NEUEN MUSIK nutzbringend umgesetzt, wodurch der Gedanke wiederum auf ihn, Thomas Mann, seinen Urheber, zurückgekommen sei. Ein hermeneutischer Zirkel der besonderen Art, ein *circulus virtuosus:* »Nach einem langen geistigen Wirken«, so Thomas Mann, »geschieht es sehr häufig, daß Dinge, die man voreinst in den Wind gesät, zu einem zurückkehren und einen an sich selbst und das Eigene erinnern [...] Sie mochten in der philosophischen Schrift des Jüngeren ihren Platz behaupten und daneben ihre funktionelle Rolle spielen in meinem Seelen- und Epochengemälde.« (XI, 175) Nun folgt die gelinde Abwertung des ›Einflusses‹ durch den jungen Adorno: »Ein Gedanke als solcher wird nie viel Eigen- und Besitzwert haben in den Augen des Künstlers.

Worauf es ihm ankommt, ist seine Funktionsfähigkeit im geistigen Getriebe des Werkes.« (XI, 175) Aus der Sicht des intellektuellen Narziß Adorno mußte dies ein haarsträubendes Argument sein. Spätestens an dieser Stelle – und hier darf man spekulieren – muß es Adorno aufgegangen sein, daß er diesem Virtuosen der Ironie nicht gewachsen war. Verwundert da noch sein Schweigen über die ENTSTEHUNG DES DOKTOR FAUSTUS? Handelte es sich dabei doch um das Schweigen eines Denkers, der sich auf diese Weise zum verlorenen Sohn eines Thomas Mann'schen Gedankens erklärt sah.

Doch auch damit nicht genug. »Ich kenne im Stilistischen eigentlich nur noch die Parodie«, so zitiert sich Thomas Mann in der ENTSTEHUNG und ergänzt: »Darin nahe bei Joyce.« (XI, 180) Wenn also das Parodistische zum Prinzip seines erzählerischen Verfahrens geworden war, dann galt dies auch für die ENTSTEHUNG selbst, deren Untertitel »Roman eines Romans« bereits nach Parodie klingt. Der ›Roman‹ ist demnach primär als eine Parodie auf Reflexionen über erzähltheoretische Fragen zu lesen. Damit ließe sich ebenfalls behaupten, daß Thomas Manns geradezu obsessives Zitieren aus den eigenen Tagebüchern in diesem Roman Adornos Betonung der Selbstbezüglichkeit des modernen Kunstwerks parodiert.

Bekannt ist, daß Thomas Mann nicht viel von Adornos Klavierspiel (»höchst instruktiv« – aber eben nicht artistisch) gehalten hat. Wenn er nun in der ENTSTEHUNG einbekennt, daß ihm Adornos Vortrag von Beethovens Sonate op. 111 dabei geholfen habe, sein achtes Roman-Kapitel, Kretzschmars für Leverkühns Musikverständnis entscheidende Reflexionen über Beethoven, umzuarbeiten, dann handelt es sich hier um einen weiteren Fall von Parodie. Adornos sozusagen didaktisches, kunstfernes Spiel, eine Travestie wirklichen Virtuosentums, verwandelt sich in der Hand des Meisters der Parodie in große Literatur.

Auch die Selbstironie fehlte nicht. Thomas Mann hatte die Arbeit am DOKTOR FAUSTUS als eine den Geist und den Körper herausfordernde, bis an ihre Grenzen belastende Aufgabe geschildert. Auf diese Weise war sie ihm selbst zur Medizin geworden, was auch für die ENTSTEHUNG gelten sollte. Im Sommer

1949 erwachte er eines frühen Morgens mit ungewöhnlich heftigen Magenkrämpfen. Anstatt zu Medikamenten zu greifen, nahm er seinen »Roman eines Romans« zur Hand, und die Beschwerden verschwanden. (Tb 17. 7. 1949) Die intellektuelle Erfahrung lehrt, daß nicht alle poetologischen Arbeiten über eine solche Wirkung verfügen.

VERLEUGNETE WAHLVERWANDTSCHAFT. THOMAS MANN UND RICHARD STRAUSS ALS KÜNSTLER DES SPÄTEN

Im Januar 1954 erwog Thomas Mann einen Essay oder Vortrag über Wagners Alterswerk PARSIFAL, ausgehend von der Frage, weshalb Kundry von »Parzifals Sündenfall Erlösung« erhoffte (Tb 7. 1. 1954). Es wurde nichts aus diesem Vorhaben, wie sich überhaupt Essays über Musik oder Komponisten im Werk Thomas Manns nach Abschluß des DOKTOR FAUSTUS und der ENTSTEHUNG nicht mehr finden, sofern man einige Miszellen ausnimmt, offene Briefe zumeist, vor allem in Sachen »Wagner und kein Ende« (1949) und anläßlich einer Baseler Aufführung der MEISTERSINGER (1951), sowie das Vorwort zu einem Buch mit Gesprächen über Pablo Casals (1954). Ohnehin fällt auf, daß Thomas Mann, der ja seine Erzählkunst primär musikalisch bedingt sah und wiederholt den Roman als symphonische Arbeit bezeichnet hatte, vergleichsweise wenige Versuche über musikalische Themen geschrieben hat. Zu den Ausnahmen gehörten grundlegende Überlegungen zum Phänomen und Problem Richard Wagner, dessen »Leiden und Größe« er im fünfzigsten Todesjahr des Komponisten (1933) in einem seiner bedeutendsten Essays untersuchte. Die Münchner Redefassung dieses Essays hatte eine bis dato beispiellose Hetzkampagne gegen ihn zur Folge gehabt, die für Thomas Mann die Emigration zu einem überlebensnotwendigen Schritt machte. Eine bittere Ironie lag darin, daß seine psychologische Auseinandersetzung mit diesem so lange exilierten Künstler zum Anlaß für sein eigenes Exil wurde, ganz abgesehen von der Tatsache, daß Künstler, die ihm einst nahestanden (wie der Komponist Hans Pfitzner, dessen Musik – vor allem der Oper PALESTRINA – er gleichfalls eingehende Betrachtungen hatte zuteil werden lassen (1917), und der Dirigent Hans Knappertsbusch, damals Direktor der Bayerischen Staatsoper), zu den Hauptinitiatoren dieses perfiden, am 16./17. April 1933 in den gleichgeschalteten MÜNCHENER NEUESTEN NACHRICHTEN erschienenen »Protests der Richard-Wagner-Stadt

München« gegen Thomas Mann gehörten. Die Hintergründe dieses Protests, der erschreckend deutlich machte, welche Tonlage von nun an den Diskurs über deutsche Kultur im Reich bestimmen würde, dürfen als aufgeklärt gelten;[231] offen bleibt aber, weshalb auch Richard Strauss, Villen-Nachbar und Rotarier-Freund Thomas Manns, diesen »Protest« unterzeichnete. Ihre persönliche Bekanntschaft dürfte sich bereits um 1905 im Haus Pringsheim in der Arcisstraße ergeben haben; denn im Hause von Thomas Manns Schwiegervater, dem Mathematiker und passioniertem Wagnerianer Alfred Pringsheim, verkehrte auch Strauss, der damals noch als direkter Erbe der Kunst Richard Wagners galt. Es scheint tatsächlich so gewesen zu sein, wie Karl Vossler über diese Ungeheuerlichkeit an Benedetto Croce im Mai 1933 schrieb: »Ich höre, daß Richard Strauss, der zu den Unterzeichnern des Protests gehört, hat zugeben müssen, daß er den beanstandeten Vortrag nicht einmal gelesen hatte. Wenn der politische Wind bläst, kommt der Staub hoch – der bekanntlich immer da ist – und wirbelt in der Luft herum und belästigt Nase und Lungen.«[232] Und trübt die Sicht auf die wirklichen Verhältnisse. Hans Rudolf Vaget spricht von Straussens »nahezu unfaßbarer Ahnungslosigkeit« in politischen Dingen; noch unfaßbarer wohl, daß selbst Olaf Gulbransson, der wohl bekannteste Karikaturist seiner Zeit, den »Protest« gleichfalls ohne Kenntnis des Wortlauts unterschrieben hatte, wie er Thomas Manns Verleger Bermann Fischer gegenüber einbekannte.[233]

Wie über Wagner hätte sich Thomas Mann über Richard Strauss essayistisch verbreiten können; war doch auch der Komponist der SALOMÉ und ELEKTRA eines seiner, wenngleich betont diskret behandelten Lebensthemen gewesen. Denn beide standen und schufen sie in der Überzeugung, letzte Vertreter kulturbürgerlichen Bewußtseins zu sein und die eigentlichen Vollstrekker des Testaments klassisch-romantischer Kunsttradition. Denn mit den späten Kompositionen von Richard Strauss, besonders den METAMORPHOSEN, dem zweiten Hornkonzert, dem Oboen- und Klarinettenkonzert, vor allem aber mit den VIER LETZTEN LIEDERN und dem Lied »Malven« sang sich die klassisch-romantisch geprägte Tonalität zu Ende.[234] Und Thomas Mann verstand seine Rolle in der Erzähltradition wenig anders. Das humanistische Erbe beschwörend, wenngleich aus der Blickrichtung des Exils, zog er in seinem erzählerischen Schaffen Werk um Werk gleichsam Bilanz im Hinblick auf das, was durch seine letzten Romane und Erzählungen an Traditionsentwicklungen zu einem (aus seiner Sicht der Dinge: definitiven) Abschluß gekommen war.

Bedenken wir hierbei einige Voraussetzungen und Ausprägungen dieser Wahlverwandtschaft zwischen beiden an sich so verschiedenen Künstlerpersönlichkeiten. Sie können illustrieren, wie konkret, politisch brisant und damit problematisch die Frage nach der Repräsentanz deutscher Kulturwerte unter den Vorzeichen spätbürgerlichen Bewußtseins und in einer Zeit ihrer geradezu perversen Selbstinfragestellung gewesen ist.

Bereits 1895, also ein Jahr nachdem Thomas Mann in München angekommen war, hatte der junge Schriftsteller Richard Strauss gleich nach Wagner als seinen Lieblingskomponisten genannt. Vaget verdanken wir eine subtile, die biographisch-psychologischen sowie künstlerisch-ästhetischen Dimensionen berücksichtigende Darstellung dieses komplexen, im Laufe der Zeit bemerkenswert sich verändernden Verhältnisses, so weit dies aufgrund der gegebenen Quellenlage möglich ist.[235] Seine Befunde, die in der These einer »Zeitgenossenschaft ohne Brüderlichkeit« gipfeln, lassen sich wie folgt zusammenfassen: Nach anfänglicher Bewunderung für die Orchesterkompositionen von Strauss, aber auch für seine von Mann als »tolle Zauberei« bezeichnete Skandaloper SALOMÉ (1905)[236] sei Thomas Manns Zweifel an dessen Kunst besonders nach der ELEKTRA (1907) und dem ROSENKAVALIER (1911) gewachsen, bis er ihn in den BETRACHTUNGEN EINES UNPOLITISCHEN mittelbar und unausgesprochen wie einen »Zivilisationsmusiker« (analog zum Zivilisationsliteraten und Bruder Heinrich Mann) behandelt und zugunsten von Pfitzner entwertet habe. Beiden sei es zeitweise um eine Wagner-Nachfolge gegangen; beide seien dieser Rolle entwachsen – Thomas Mann, indem er Goethe zum Vorbild seiner künstlerischen ›Repräsentanz‹ wählte, und Strauss, der seit dem ROSENKAVALIER besonders das Erbe Mozarts unter den Bedingungen des 20. Jahrhunderts weiterzuführen versuchte.

Mann habe nach 1933 – namentlich im Tagebuch – Strauss immer wieder als Vergleichsfigur ins Spiel gebracht, diesen »sonntagskindlichen Geist« (XIII, 83), dieses in politischen Fragen »naive Gewächs des Kaiserreichs«, der »dumm und elend genug« sei, dem dritten Reich »seinen Ruhm zur Verfügung zu stellen« (Tb 2. 5. 1934). Schließlich aber habe Thomas Mann den Komponisten und *praeceptor musicae Germaniae*, der knapp zwei Jahre als Präsident der Reichsmusikkammer amtierte, bevor er von den braunen Machthabern zum Rücktritt gezwungen wurde, »eigentlich recht nachsichtig« behandelt. Vermutlich sei Mann uneingestandenermaßen einiges Wahlverwandtschaftliche mit Strauss aufgegangen. Es sei bemerkenswert, so Vaget, »wie bei Strauss und Thomas Mann Modernität in durchaus vergleichbarem Sinn nicht als revolutionärer Bruch mit der Tradition verstanden wird, sondern als ihre liebende Auflösung und verjüngte Fortschreibung«.[237]

Was Thomas Mann außerdem zu einer gewissen »Nachsichtigkeit« Strauss gegenüber bewogen haben dürfte, war der Tatsache geschuldet, daß dieser erhebliche Zivilcourage bewies, als er an seinem »jüdischen Librettisten« Stefan Zweig unbedingt festhalten wollte und darauf bestand, daß dessen Name bei der Dresdner Premiere seiner Oper DIE SCHWEIGSAME FRAU (1935) auf dem Programmzettel verbleibe. Die Gestapo hatte von Strauss an Zweig in diesem prekären Zusammenhang geschriebene Briefe abgefangen, was alsbald zu seiner Amtsenthebung führte. Zweig hatte Thomas Mann im Juli 1935 in Küsnacht persönlich von diesen Vorfällen berichtet, und dieser notierte befriedigt in seinem Tagebuch: »Nachricht Zweigs, daß R. Strauss alle seine Ämter niedergelegt hat. Gut.« (Tb 14. 7. 1935)

WER REPRÄSENTIERT DEUTSCHE KULTUR?

Was nun Strauss angeht, so machte seine Signatur unter dem »Protest« wohl am wenigsten Sinn. Hatte doch gerade er durch sein Schaffen für die Opernbühne während der zwanziger Jahre überdeutlich unter Beweis gestellt, daß er auf dem Weg zur Kammeroper die vermeintliche Wagner-Nachfolge weit hinter sich gelassen hatte. Weder DIE FRAU OHNE SCHATTEN (1919) noch INTERMEZZO (1924), weder DIE ÄGYPTISCHE HELENA (1928) und schon gar nicht ARABELLA (1933) konnten ihn als Wagnerianer ausweisen. Diese Werke standen zudem völlig quer zum Zeitgeschmack; orientierten sie sich doch an der Frage, wie sich die Opernästhetik des späten 18. Jahrhunderts fruchtbar umwerten ließ. Am Kommerz und Buhlen mit dem Zeitgeist waren diese Opern gewiß nicht ausgerichtet. Thomas Mann hatte durchaus genau gehört, wenn er notierte, daß Strauss im Grunde ein »Unzeitgemäßer« geworden war. Und er lag auch mit seiner Frage »Müßte er [Strauss] nicht als Künstler viel unmöglicher im ›3. Reiche‹ sein als ich?« (Tb 2.5.1934) nicht daneben, wenn man bedenkt, wie ein Goebbels in Wahrheit über Strauss dachte, den er als Gallionsfigur der deutschen Musik auszunutzen verstand, solange ihm dies propagandistisch opportun schien.

War Richard Strauss in seinen Augen zum eigentlichen Konkurrenten in Sachen Repräsentanz deutscher Kultur geworden? Im Juni 1939 fühlte sich Thomas Mann von der Nachricht regelrecht ›verfolgt‹, daß Hitler zu einer Festaufführung von Straussens Oper DER FRIEDENSTAG nach Wien geflogen kam und dort ihm zu Ehren ein Essen im Hotel Imperial gab, in dem ja auch Thomas Mann immer abzusteigen pflegte (Tb 18.6.1939). Drei Monate zuvor hatte die Zeitschrift TAGE-BUCH seinen Essay BRUDER HITLER veröffentlicht, in dem er, wie gesehen, die Teufelsverwandtschaft des notwendig manipulierenden Künstlers schonungslos bloßgestellt hatte. Nun schien ihm Strauss diesen Teufelsbund vorzuleben, wenngleich mit einer Oper, welche die Idee des Friedens zum Thema hatte. Zudem hatte Strauss in Wien seine SINFONIA DOMESTICA dirigiert, neben den Tondichtungen EIN HELDENLEBEN und TILL EULENSPIEGEL jene, die am offenkundigsten dem Prinzip Parodie und Selbstironie verpflichtet war, also genau jenen Stilformen, die Thomas Mann selbst so virtuos praktizierte.

Waren sie, Mann und Strauss, folglich einander in ästhetischer Hinsicht zu nahe, zu verwandt – bei aller exilbedingten Distanz und trotz aller fundamentalen Unterschiede im Politischen?

Leverkühn, so bilanziert Thomas Mann im September 1949, zwei Wochen nachdem ihn die Nachricht vom Tode von Richard Strauss erreichte, den er »mit Ernst« aufgenommen hatte (Tb 8.9. 1949), sein fiktiver Komponist sei der »nach-Strauss'sche Komponist, den es hätte geben müssen.« (Tb 23.9.1949) Als »nach-Strauss'scher Komponist« wäre Leverkühn dann auch ein Künstlertypus, der sich von der Aufgabe der Repräsentanz hätte befreien können: kein Amt und die Würde nur im Werk.

Das achtzehnte und das neunzehnte Kapitel des DOKTOR FAUSTUS bieten eine ganze Reihe von Hinweisen auf den Themenkomplex ›Richard Strauss‹, den sie teils konkret nennen – Leverkühn besucht die österreichische Premiere der SALOMÉ in Graz im Mai 1906 (VI, 205) –, teils umspielen oder nur vage ironisch andeuten. Leverkühns fiktive Orchesterkomposition »Meeresleuchten« kann auch als Gegenstück zur ALPENSYMPHONIE von Strauss verstanden werden und nicht nur als Fortsetzung von Debussys Tondichtung LA MER. Die Charakterisierung von »Meeresleuchten« als »glaubensloses Meisterstück koloristischer Orchesterbrillanz« mit »heimlichen Zügen der Parodie und der intellektuellen Ironisierung der Kunst« paßt eher auf Strauss. Was man aber nicht überlesen sollte, ist der Zusatz des Erzählers: die Parodie und Ironisierung tat sich »in Leverkühns späterem Werk so oft auf eine unheimlich-geniale Weise« (VI, 202) hervor. So weit konnte es also nicht her sein mit dessen vermeintlicher »Überwindung« dieses Straussischen Erbes, die der Erzähler ansonsten betont. Leverkühns subtile Kenntnis der »deutschen, österreichischen Spät-Romantik« läßt sich freilich nicht nur auf Strauss beziehen; damit dürften auch Bruckner und vor allem Mahler gemeint sein, dessen Hang zur Parodie und Ironisierung des musikalischen Erbes nicht minder ausgeprägt war als jener von Strauss. Im Gegenteil. Bemerkenswert ist, daß Thomas Mann zu einem Zeitpunkt, als er gegenüber Strauss eindeutig ›milder gestimmt‹ war, von Mahler Abstand nahm. So notiert er im Juni 1954 in seinem Tagebuch: »Abends die 6. Symphonie von Mahler. Diese Musik tut mir nicht gut. Hörte das Finale nicht mehr.« Handelte es sich doch gerade bei dieser Symphonie um ein Musterbeispiel für jenen »hypertrophischen Klangapparat des nachromantischen Riesenorchesters«, die der zwanzigjährige Adrian Leverkühn – laut Erzähler – nur noch eines »kühlen Blickes« gewürdigt hatte (VI, 101). Das »Tragische« Mahlers, womöglich an Nietzsches Konzeption des Tragischen orientiert, die »Hämmer« seines Philosophierens erscheinen hier als Hammerschläge des Schicksals; entsprechend verlangt Mahlers Orchester Celesta, Kuhglocken (wie später auch Strauss in seiner ALPENSYMPHONIE), eine Peitsche und einen Hammer. Gerade dieses Aufgebot an Klanggewalt, einschließlich der Marschparodien im ersten Satz, verstörte nun auch den Urheber des Leverkühn. Das Grandios-Hinreißende dieser Symphonie, es drohte jetzt – im letzten Lebensjahr – diesen bis zuletzt äußerst feinnervigen Hörer Thomas Mann innerlich zu zerreißen.

PFEIFFERING CONTRA GARMISCH

Aber zurück zu Leverkühn und Strauss; der fiktive Komponist zieht 1913 ins oberbayerische Pfeiffering, wenige Jahre nachdem Strauss Garmisch zu seinem Hauptwohnsitz gemacht hatte (1908). Das erdachte Pfeiffering erscheint als ein Gegen-Garmisch. Adrian, der »innere Kosmopolit« aus dem Hallisch-Thüringischen (VI, 239), in tiefer bayerischer Provinz contra Strauss, dem bajuwarischen Mann von Welt, der noch in der Provinz weltläufig zu sein versteht und die Welt zu Gast hat; der Syphilitiker gegen den Kerngesunden. Denn in Pfeiffering kommt Leverkühn bereits als Infizierter an. Daß er magische sieben Jahre zuvor die Grazer Aufführung der SALOMÉ besucht hatte (im Auditorium befanden sich, wie Thomas Mann vermutlich auch von Adorno und aus Stefan Zweigs Erinnerungen DIE WELT VON GESTERN wußte,[238] die er unter anderem während der Arbeit am FAUSTUS las, Gustav Mahler, Alexander Zemlinsky, Arnold Schönberg, Alban Berg und der junge Adolf Hitler), daß Leverkühn, der die Oper bereits von ihrer Dresdner Premiere her kannte, sich ins Steirische aufmachte, um die SALOMÉ noch einmal zu hören, hat einen delikaten Grund: Er wollte auf diesem Wege auch nach Preßburg, um Haetera Esmeralda wieder aufzusuchen, um sich von ihr syphilitisch infizieren zu lassen.

Man kann diese syphilitische Infektion als »Äquivalent des Faustischen Pakts« deuten;[239] als Versuch einer »liederlichen« Selbststeigerung seiner künstlerischen Möglichkeiten, die auf eine Überwindung des Spätromantischen zielten.[240]

Was Leverkühn nicht wissen konnte: Auch in Graz bei SALOMÉ und nicht nur in Preßburg bei Haetera Esmeralda war der (werdende) Teufel in Gestalt des jungen Hitler anwesend. Doch hinter diesen Vorgängen verbirgt sich eine ästhetische Aussage über das Phänomen Wiederholung, ohne das (moderne) Kunst nicht denkbar ist. Erst im wiederholten Aufsuchen einer Erfahrung oder eines Themas setzen sich deren (potentiell infernalische) Wirkkräfte frei. In der Wiederholung erst zeigt sich das Wesen des Wiederholten. So vermag Leverkühn nur nach diesem wiederholten Hören der SALOMÉ ein Urteil über sie und ihren Komponisten abzugeben:

»Was für ein begabter Kegelbruder! Der Revolutionär als Sonntagskind, keck und konziliant. Nie waren Avantgardismus und Erfolgssicherheit vertrauter beisammen. Affronts und Dissonanzen genug, – und dann das gutmütige Einlenken, den Spießer versöhnend und ihn bedeutend, daß es so schlimm nicht gemeint war ... Aber ein Wurf, ein Wurf ...« (VI, 208)

Soweit Leverkühn über den Komponisten der SALOMÉ. Die Wendung ›Kegelbruder‹ und ›Sonntagskind‹ mit Blick auf Strauss hatte Thomas Mann bereits 1941 in einem Brief erprobt und dabei auch sein Selbstverständnis reflektiert: »Übrigens ist ein Schriftsteller immer etwas anderes und etwas mehr, als ein bloßer Künstler, und für unverantwortlich kegelspielende Sonntagskinder der Kunst, wie Richard Strauss, habe ich immer eine gelinde Verachtung gehabt [...].«[241] Um aber vom »Kegelbruder« zum kompromißlosen, auf bürgerliche Kunsterwartung keinerlei Rücksicht nehmenden Avantgardisten zu werden, bedarf es infernalischer Inspiration, die den Pakt mit dem ›Teufel‹ voraussetzt. Genau diesen Schritt, so impliziert die soeben zitierte, im Juni/Juli 1944 geschriebene Stelle, habe Strauss jedoch nicht getan – trotz seiner späteren Nähe zur Inkarnation des Bösen. Als er im Dezember 1945 noch einmal eine BBC-Rundfunkansprache in seiner Reihe DEUTSCHE HÖRER! aufnimmt, findet sich darin ein

Verweis auf die »monumentale Wurschtigkeit eines Richard Strauss« in seinem betont laxen Verhältnis zum »Teufelsdreck, der sich Nationalsozialismus« nennt (XIII, 744).

HOFFNUNG AUF HARMONIE

Bevor Thomas Mann seinen Leverkühn dessen zusammenfassendes Urteil über die »liederliche« Oper SALOMÉ fällen ließ, hatte er – mitten in der Arbeit am vierzehnten Kapitel des DOKTOR FAUSTUS – eine Miszelle zum fünfzigsten Dirigenten-Jubiläum Bruno Walters (bekanntlich auch eines großen Strauss-Dirigenten) unter dem Titel DIE SENDUNG DER MUSIK verfaßt (März 1944), eine seiner glänzendsten ›Gelegenheitsarbeiten‹ aus jener Zeit. In diese Würdigung seines engen Freundes flocht er auf knappe Weise den ganzen Begründungszusammenhang seines Romanprojekts DOKTOR FAUSTUS ein. Die Miszelle geriet ihm zum ›Vorwurf‹ des großen Musiker-Epos:

»Ist die Welt Musik, so ist umgekehrt die Musik das Abbild der Welt, des dämonisch durchwalteten Kosmos. Sie ist Zahlenwerk, Zahlendienst, heilige Rechnung, klingende Algebra. Aber steckt nicht im Zahlenwesen selbst ein magisches Element, etwas von Hexerei? Musik – eine Zahlen-Theologie, eine strenge Gotteskunst, für die aber alle Dämonen sich interessieren, und die unter allen Künsten den höchsten Grad innerer Möglichkeit besitzt, zur Teufelskunst zu werden. Denn sie ist Moral und Verführung zugleich, Aufforderung zu höchster Wachheit und Lockung zu süßem Zauberschlaf zugleich, Vernunft und Widervernunft, – kurz, ein Mysterium [...].« (XIII, 861)

»Hoffnung auf Harmonie« bestimme die Menschen heute; doch gerade dies bot die zeitgenössische Musik kaum noch, sie schien sie ihren Hörern sogar zu verweigern – vor allem in Gestalt der konstruktivistisch anmutenden Zwölftontechnik, wie sie Leverkühn nach Schönberg'schem Vorbild praktizierte. Nun ist die ironische Pointe, daß es Strauss war, der in seinen letzten Kompositionen nach eben dieser ›Harmonie‹ fragte, um sie rang und mit ihr um das Problem der Wiedergewinnung des Humanistischen in der und durch die Musik, in den METAMORPHOSEN etwa, seiner »Studie für 23 Solostreicher« (1944/45); Mann hört sie Anfang November 1949 zum ersten Mal, hält sie für Straussens »letztes Werk«, das einen »müden und traurigen Eindruck macht« (Tb 8.11.1949). Dabei war es doch ein Variationswerk ganz nach Leverkühn'schem Geschmack gewesen, wenngleich ihm das »Durchbruchhafte« fehlen mußte; es ist ein Werk, das von fundamentaler Erschütterung zeugt und diese durch das Variationsprinzip zu bändigen, ihrer Herr zu werden versucht.

Straussens DON QUIXOTE hörte er im Dezember 1947 »mit Wohlgefallen«. Dagegen fiel ihm am DON JUAN wiederholt etwas auf, das er mit dem englischen Wort ›efficiency‹ bezeichnete, womit Mann offenbar Straussens Effizienz im Umgang mit dem musikalischen Material meinte, die auf (frühe) Wirkung aus war. Im Juni 1944 führt der Vermerk »efficiency« noch den pejorativ gemeinten (insgeheim aber vielleicht anerkennenden) Zusatz »deutsch« (Tb 7.6.1944), der später entfällt.[242]

Das von perfiden Zügen nicht ganz freie Satyrspiel im ›Beziehungsdrama‹ zwischen Thomas Mann und Richard Strauss inszenierte Klaus Mann, und zwar in der Rolle des »correspondent Smith« der amerikanischen Armeezeitschaft STARS AND STRIPES. In dieser Eigenschaft besuchte er nach Kriegsende unter anderem München und Garmisch, wo er, wohlgemerkt *incognito*, den über achtzigjährigen Richard Strauss aushorchte, ausfragte nach dessen Rolle im Dritten Reich. Das Ergebnis war ein Brief an seinen Vater (vom 16. Mai 1945) und ein Artikel in der Mittelmeer-Ausgabe von STARS AND STRIPES, den die Strauss-Apologeten für eine an Rufmord grenzende Invektive halten, die Anhänger Klaus Manns aber für ein Glanzbeispiel seiner unerschrockenen Aufklärungsarbeit. Klaus Mann bescheinigt dem greisen, aber rüstigen Komponisten einen »rotten character«; es folgt eine regelrechte Kaskade abschätziger bis verunglimpfender Adjektive, die man sich im Original vor Augen führen muß: »ignorant, complacent, greedy, vain, abysmally egotistic, completely lacking in the most fundamental human impulses of shame and decency.«[243]

Auffallend nur, wie Klaus Manns Vater auf diesen Brief reagierte – nämlich gar nicht. Erst am 21. Juni 1945 bedankt er sich summarisch, aber seinerseits egozentrisch für den Brief und Klaus' Beitrag zum Geburtstagsheft der NEUEN RUNDSCHAU für ihn (»Hat mich alles innig gefreut, denn schließlich spricht es ja doch gewissermaßen für den Vater, wenn die Söhne, begabte, ehrenvoll ihren Mann stehende Söhne, es sich so angelegen sein lassen, ihm Liebes zu erweisen«[244]); der »lange, interessante Brief« sei »viel herumgereicht« worden. Mehr nicht. Vaget vermutet, daß Thomas Manns auf Strauss bezogene Wendung von der »monumentalen Wurschtigkeit« Monate später sich Klaus' Brief verdanke,[245] was dann aber eine erhebliche Abmilderung im Ton bedeutete. Es scheint, daß Thomas Mann die veröffentlichte Strauss-Denunziation seines Sohnes in STARS AND STRIPES (»Strauss still Unabashed About Ties With Nazies« vom 29. Mai 1945) entweder nicht erhalten oder nicht kommentiert hat, wohl aber Klaus' Artikel über das zerstörte Haus in der Poschinger Straße (»You can't go home again« vom 20. Mai 1945).

Wir wollen in Parenthese vermerken, daß sich nicht alle amerikanischen Befreiungssoldaten in Garmisch wie Klaus Mann verhielten. Betont dankbar vermerkte Strauss in einem Brief an seinen Schweizer Freund Willi Schuh vom 10. Mai 1945, daß nun »unser armes, geschändetes, zerstörtes Deutschland aus 12 jähriger Sklaverei befreit« sei und daß höhere amerikanische Offiziere »in höchst artiger und respektvoller Weise mein Haus (residence of Richard Strauss) mit einer großen Tafel ›Off limited‹ [sic!] von jeder Beschlagnahme« freigestellt hätten. »Jedenfalls benehmen sich die Amerikaner äußerst liebenswürdig und wohlwollend, ich kann mich kaum retten vor Autographenwünschen – mußte des öfteren den Rosencavalierwalzer einmal das Don Juanmotiv von mir geben. Ein biederer Chordirigent aus Minneapolis brachte mir sogar ein Programm vom Jahr 44, auf dem der Eulenspiegel und Lieder verzeichnet waren.«[246] Später sollte er noch die Bekanntschaft mit einem musikalisch hochbegabten amerikanischen Soldaten machen, der ihn zur Komposition seines zweiten Oboenkonzerts anregte.

Klaus Mann hätte übrigens in Garmisch auch Hans Pfitzner treffen können, der dort, was er nicht wußte, in einem Flüchtlingslager »elend in einem kleinen Zimmer« hauste in nächster

Nähe der Strauss-Villa.[247] Ihm, dem »Unbelehrbaren«, von »unverbesserlichem Dünkel« Gezeichneten, konnte Thomas Mann nicht verzeihen; und dieser blieb für Pfitzner verachtenswert, galt ihm als ein »bis zur Lächerlichkeit eitler, und bis zum glatten Volksverrat perfider Charakter.«[248]

Wie dem auch sei, man kann nicht umhin, zu vermuten, daß sich Thomas Mann dem Phänomen und Problem ›Richard Strauss‹ innerlich näher, verwandter wußte, als er dies je sich selbst, geschweige öffentlich einzugestehen bereit war. Daß Strauss seinerseits eher zu den ›unpolitisch‹ sein wollenden Problembagatellisierern gehörte, ist unbestritten. So überliefert Katia Mann, daß Strauss kurz nach der Machtergreifung und dem »Protest der Richard-Wagner-Stadt München« bei der letzten Schülerin Franz Liszts, Lilly Reiff-Sertorius, in Zürich gewohnt und den Wunsch geäußert habe, Thomas Mann wiederzusehen. Im Hause Mann habe man die daraufhin erfolgte Einladung Reiffs abgelehnt, was Strauss mit den Worten quittiert habe: »So? Ach. Wegen der dummen Geschicht' damals?«[249] Gemeint war der noch keineswegs ins Damals gerückte »Protest«.

GOETHE ALS WAHLVERWANDTER ZEUGE DER SPÄTZEIT

In diesem schwer auslotbaren Verhältnis zwischen Thomas Mann und Richard Strauss gibt es eine letzte, in ihrer symbolischen Bedeutung für die latente Wahlverwandtschaft zwischen beiden Künstlern nicht zu überschätzende Episode. In ihrem Zentrum steht Goethe. Wie erwähnt, hatte Thomas Mann Wagner als Identifikationsfigur durch seine Hinwendung zu Goethe und dessen repräsentativem Künstler- und Menschentum ersetzt, wenngleich ihm Wagners Musik gerade im Exil – bei allen Vorbehalten – wieder verstärkt zu einer emotionalen Stütze geworden war.

Richard Strauss seinerseits wurde im Alter unter den Vorzeichen des Letzten zum eingehenden, man kann sagen umfassenden Goethe-Leser. Daß Goethe den geistigen Widerstand gegen die Zumutungen der Zeit in den verschiedensten Epochen und eben auch im Dritten Reich inspiriert hat, ist bekannt. Das vielleicht eindrucksvollste Beispiel dafür lieferte Hans Carossa in seiner 1938 gehaltenen Weimarer Rede WIRKUNGEN GOETHES IN DER GEGENWART.[250] Die nachweisbare Intensität der Strauss'schen Beschäftigung mit Goethe nach 1941 nimmt jedoch einen durchaus besonderen, wenngleich selten beachteten Platz in der Geschichte der Goethe-Rezeption ein.[251] Gehen wir – exkurshaft – dieser Lektüre im einzelnen nach.

Als Richard Strauss an seiner 1941 vollendeten vorletzten Oper CAPRICCIO (op. 85) arbeitete, drängte sich ihm ein besonderes Projekt auf, das er tatsächlich in den kommenden Jahren verfolgte: die Lektüre sämtlicher Dichtungen, Schriften, Tagebücher und Briefe. Mit Goethe blickte er gleichsam zurück auf sein eigenes Leben und Schaffen; an Goethe nahm er spätes Maß; und durch Goethe versuchte er sein Lebenswerk gegen eine Zeit zu stellen, deren Barbarei ihn zunehmend bedrückte. Man könnte sagen, Strauss habe seine innere Emigration mit Goethe gelebt im Gegensatz zur Repräsentation deutscher Kultur in Goethes Namen, wie sie Thomas Mann im Exil betrieb.

Mit CAPRICCIO, diesem »musikalischen Konversationsstück« über das Thema ›Oper‹, hatte sich Strauss selbst in die frühe Goethe-Zeit eingestimmt. Spielt doch diese ›Laune‹ oder Künstlerfarce im Frankreich des Jahres 1770. Ob man dieses eher verspielt wirkende Bühnenwerk von Strauss als schiere Frivolität angesichts der zeitgeschichtlichen Umstände seiner Entstehung betrachten will, als Widerstand gegen die rapide Verelendung der Kultur oder als Selbstverhöhnung der Oper (»eine Oper ist ein absurdes Ding«), eines wird man diesem Werk nicht absprechen können: die magische Wirkung seiner Kunst, die souverän bleibt, gerade auch weil sie über sich selbst lächeln kann.

Ein Vergleich drängt sich auf, jener nämlich zwischen dem Mondschein-Zwischenspiel aus CAPRICCIO und der Stimmung in Goethes Gedicht AN DEN MOND. Parallelen ergeben sich auch zwischen dem in CAPRICCIO thematisierten Verhältnis von Text und Melodie und der Frage nach der Beziehung zwischen Wort und Ton, die auch Goethe bis zuletzt beschäftigt hatte. Es erstaunt daher nicht, in Strauss vor allem einen genauen Leser der Briefe Goethes an seinen Komponistenfreund Zelter zu finden.

Im dreißigsten Band seiner Propyläen-Ausgabe der Werke Goethes[252] stieß Strauss im Herbst 1943 auf einen Brief des Dichters an Knebel vom März 1817. Eine, bedenkt man den Zeitpunkt der Lektüre, besonders bezeichnende Stelle strich er sich an und verwendete sie umgehend als Zitat in einem Brief an Clemens Krauss, den Librettisten von CAPRICCIO: »Die Paar Tage, die mir noch gegönnt sind, will ich benutzen, um auszusprechen, was ich für wahr und recht halte und wäre es auch nur, um wie ein dissentierender Minister, meine Protestation zu den Akten zu geben.« (30, 40) Seinem Schweizer Vertrauten, dem Musikkritiker Willi Schuh, schrieb Strauss: »Ich arbeite so still für mich hin (nach Goethes erhabenem Vorbild), habe ein Rondo für 16 Bläser gemacht«[253] (gemeint war das Finale der 2. Sonatine in Es-Dur). Und weiter an Schuh, sich erneut auf Goethe beziehend: »Mit Capriccio ist mein Lebenswerk beendet und die Noten, die ich als Handgelenksübung (wie Hermann Bahr sein tägliches Diktieren nannte) jetzt noch nur für den Nachlaß zusammenschmiere, haben keinerlei musikgeschichtliche Bedeutung, ebenso wenig wie die Partituren all der anderen Sinfoniker und Variationiker. Es ist nur, die Langeweile müßiger Stunden zu vertreiben, da man nicht den ganzen Tag Wieland lesen und Skatspielen kann.«[254] Ungezählt sind die Stellen in Tagebuch und Brief des späten Thomas Mann, die – abgesehen von Wieland-Lektüre und Skatspielen – denselben Gedanken artikulieren.

Strauss suchte in Goethe keineswegs nur die Bestätigung einer bürgerlichen Lebensform oder das bloße Bewahren überkommener Werte. Ihn interessierte der weltoffene, der eigenen Kultur gegenüber kritische Künstler und weniger der Wissenschaftler Goethe; er befaßte sich mit Goethes Umgang mit dem poetischen Material und der lebendig sich entwickelnden Form. Und überdies entdeckte er in Goethe den großen Unzeitgemäßen. Mit Goethe glaubte er sich in einer Welt, »wo die leidige Politik [...] alle freundschaftlichen Verhältnisse aufzuheben und alle wissenschaftlichen Verbindungen zu zerstören droht« (August 1791). Thomas Mann freilich versuchte seit 1920 gerade umgekehrt, Goethe in seinem politischen Denken zu fassen und für das bürgerlich-demokratische Bewußtsein fruchtbar zu machen.

Es ist aufschlußreich zu verfolgen, was den späten Strauss an Goethe fesselte: dessen unbedingtes Ja zur Kunst, ihre Entwicklung »von innen heraus«, aber auch dessen Wissen um die Gesetze, nach denen wir angetreten, wie Goethe in URWORTE, ORPHISCH sagt.[255] Ausgesprochene Zustimmung vermerkte Strauss auch bei der Lektüre von Goethes Brief an Johann Heinrich Meyer vom 13. März 1791, in dem dieser betont hatte, daß ein Künstler nicht »beschränkt« genannt werden dürfe, wenn er sich »Gesetzen« unterwerfe, ebensowenig als der »Musikus, der auch nicht aus den bestimmten Verhältnissen der Töne und Tonarten herausgehen, sich aber innerhalb derselben ins Unendliche bewegen kann.« (7, 206) Eben diese Bewegung ins scheinbar Unendliche ereignet sich in der Musik von Strauss besonders im Alterswerk auf so besondere Weise: Traditionen parodierend, eigene Melodien verfremdend zitierend und das musikalische Material ins Zauberhaft-Melancholische transzendierend.

Mit Goethe wußte er das Ohr im Bunde mit dem Schicksal, da es gleichsam immer wieder neu den Puls der Schöpfung höre. Deswegen konnte Strauss schreiben, daß nur die Musik es wirklich wagen könne, das faustische »Reich der Mütter« ohne Schauder und Entsetzen zu betreten.[256] Stehe doch wahre Musik in Einklang mit den »Urformen« oder den, Goethe abwandelnd, orphisch klingenden Urworten. Diese vom Teufelspakt-Motiv freie Begründung einer Verbindung von Faust und Musik[257] liefert ein reizvolles Pendant zu Thomas Manns FAUSTUS-Konzeption.

Strauss hielt übrigens TORQUATO TASSO und nicht FAUST für Goethes wichtigstes Bühnenwerk und in ihm die Art, in der Goethe die Künstlerproblematik dargestellt hatte, nämlich als ein Schaffen am Rande der Selbstüberschätzung, als ein waghalsiges Unterfangen, das gesellschaftliche Anerkennung sucht *und* flieht, noch im Gelingen dem Scheitern nahe.

Bei seiner umfassenden Goethe-Lektüre nahm Strauss Anstreichungen so sparsam, aber bestimmt vor, wie er beim Dirigieren den Stab zu führen pflegte. Diese Anstreichungen in der Propyläen-Ausgabe und in brieflichen Anspielungen auf Goethe spiegeln ein späteres Bedürfnis nach Selbstvergewisserung. In

Goethe suchte er einen Wahlverwandten, den es für ihn unter den zeitgenössischen Komponisten nach Mahler ebensowenig gab wie – aus seiner Sicht – unter den Sprachkünstlern nach dem Tod Hofmannsthals und der in den Selbstmord führenden Emigration Stefan Zweigs. Der Name Goethe stand für Strauss zuletzt für ein Kulturerbe, dessen musikalischer Testamentsvollstrecker er zu sein glaubte. In seinen späten Kompositionen und Selbstzeugnissen hört man den unausgesprochenen Satz: Nach mir die Stille ...

Die Briefe, Notizen und Lesespuren von Strauss erlauben das Urteil, daß dieser Komponist in einem ungewöhnlichen Maße zitierend reflektierte, das Zitat zu einem eigenen Gedanken erklärte. Dieses Verfahren entsprach übrigens auch seiner Kompositionsweise, die (Selbst-)Zitat und Montage von musikgeschichtlichem Material in einem geradezu Thomas Mann'schen Sinne nutzte und zudem das Autobiographische konzertreif machte. Gegen seine Kritiker hat Strauss dies wenige Monate vor seinem Tod zu rechtfertigen versucht: »Gerade bei Goethe forschen alle Literaturhistoriker fast in jedem Werk und in jedem Satz nach den Beziehungen der Persönlichkeit, des Erlebnisses zum Kunstwerk – warum sieht man nicht das Neue an meinen Werken, wie an ihnen, wie nur noch bei Beethoven der Mensch sichtbar ins Werk spielt.«[258]

Vertonungen Goethe'scher Verse bilden im kompositorischen Werk von Strauss eher Ausnahmen, auch wenn sie für jede große Schaffensphase nachweisbar sind. Im Gedicht ZUGEMESSNE RHYTHMEN REIZEN FREILICH aus dem Buch Hafis des WEST-ÖSTLICHEN DIVAN hatte Strauss Verse gefunden und im Februar 1935 vertont, die genau das aussprachen, was sein ästhetisches Credo bis zuletzt bleiben sollte: Bloße Imitationen vorgebildeter Formen werden schnell zu »hohlen Masken ohne Blut und Sinn«. Der wahre Geist in der Kunst müsse auf »neue Form«, bedacht sein und der »toten Form ein Ende« machen. Strauss setzte in seiner Vertonung des Gedichts diesen Gedanken um, indem er die »hohlen Masken« durch eine herkömmlich-stereotyp klingende e-moll-Kadenz illustrierte und den Bereich des bloßen Talents durch das Zitat des Hauptthemas des Schlußsatzes aus der

Ersten Symphonie von Brahms bezeichnete. Auf das genuin ›Neue‹ spielte Strauss an, das MEISTERSINGER-Thema zitierend, wobei er seine eigenen Kompositionen als Belege für das Streben zum Neuen zitiert: TOD UND VERKLÄRUNG sowie der Anfang des F-Dur-Duetts der Schwestern aus der ARABELLA.[259] Die ironische Seite dieser Vertonung und dieses Umgangs mit dem Motiv des Neuen liegt freilich darin, daß diese Zitate des *einst* neu Gewesenen im Februar 1935 eben nicht mehr ›neu‹ waren.

In Goethe erkannte Strauss einen Fürsprecher des Neuen, aber auch einen Sachwalter des wertebewußten Arbeitens mit kulturgeschichtlich geprägten Formen; Goethe sprach in diesem Zusammenhang vom »unendlich Motivbaren« (14, 123), eine Stelle, die Strauss ebenso hervorgehoben hat wie die folgende in einem Brief an Zelter vom 18. März 1811, die den tieferen Sinn solchen Schaffens erläutert: »Jeder echte Künstler ist als einer anzusehen, der ein anerkanntes Heilige bewahren und mit Ernst und Bedacht fortpflanzen will. Jedes Jahrhundert aber strebt nach seiner Art ins Säkulum und sucht das Heilige gemein, das Schwere leicht und das Ernste lustig zu machen; wogegen gar nichts zu sagen wäre, wenn nur nicht darüber Ernst und Spaß zugrunde gingen.« (23, 86)

Strauss, der Autobiograph unter den Komponisten, der virtuose Zitierer, Umgestalter, der dem Humor in der Musik sein Recht verschaffte wie vor und nach ihm kein anderer, ihm waren »Aneignungsgeschäfte« und »höheres Abschreiben« nach dem Muster seines norddeutschen Gegenübers in der Literatur nie fremd. Und sein spätes, durch intensive Lektüre belegtes Bekenntnis zu Goethe ist in seiner symbolischen Bedeutung jenem Thomas Manns – bei allen Unterschieden in der Verwendung Goethe'scher Motive und Deutung – zutiefst verwandt. Beide bedrückte zuletzt die Sorge, sich überlebt zu haben. Um noch einmal Vaget zu zitieren: »Strauss und Mann sind beide durchdrungen von dem Geist der Spätzeitlichkeit, sie blicken beide zurück und haben nicht zuletzt aus diesem Grund keine Schüler und Nachfolger im eigentlichen Wortsinn gefunden [...] So spricht aus beider Werk das Pathos des Unwiederbringlichen und Endzeitlichen, aber auch die Stimme einer herbstlichen Humanität.

Bei Thomas Mann ist, anders als bei Strauss, dieser Ton von Anfang an da; in gewissem Sinne sind alle seine Romane ›letzte Lieder‹.«[260]

Doch das sinnigste, beinahe unheimliche Beispiel des wahlverwandten Verhältnisses der beiden zu Goethe und damit mittelbar zueinander ist wohl folgendes: Als Willi Schuh den hochbetagten Komponisten ein letztes Mal in Garmisch besuchte, griff Strauss zum vierundvierzigsten Band seiner geliebten Propyläen-Ausgabe und las ihm auf Seite achtundzwanzig folgende Stelle aus Goethes letztem (an Wilhelm von Humboldt gerichteten) Brief vom 17. März 1832 vor: »Verwirrende Lehre zu verwirrtem Handel waltet über die Welt, und ich habe nichts angelegentlicher zu tun als dasjenige, was an mir ist und geblieben ist, womöglich zu steigern und meine Eigentümlichkeit zu kohobieren.«

Es gab in diesem Verhältnis immer wieder Phasen, in denen bei Thomas Mann vor allem im Rückblick auf den Komponisten die Lust am verharmlosenden Parodieren, das schiere Vergnügen an Straussens vermeintlicher ›Naivität‹ obsiegte. So etwa in einem Brief an Adorno vom 9. Januar 1952: »Heiter erwartungsvoll« sei er gespannt auf dessen Studie über den »Strauss-Richard«, die unfehlbar höchst amüsant werden muß. Der Revolutionär als Sonntagskind – es ist doch ein einmaliger Fall und belustigend im besten Sinn. Ich habe immer viel für ihn übrig gehabt, wohl ansichtig seiner Erfolgswindbeutelei. Seine Nonchalance war sympathisch, und er hatte bei seinem enormen Talent viel Liebe und Aufblick: ›Der Mozart! Wie der schreibt! Ich kann's net.‹«[261]

Wie aber wird einem zumute, wenn man bemerkt, daß Thomas Mann in einem Brief an Hermann Hesse, dessen Gedichte FRÜHLING, BEIM SCHLAFENGEHEN und SEPTEMBER drei der Vorlagen zu den VIER LETZTEN LIEDERN von Strauss abgaben, daß Thomas Mann in diesem Brief vom Juni 1952 genau dieselbe Stelle zitiert, nach dem Wort »Welt« jedoch abbricht und hinzufügt: »So ist es heute, ärger noch, wie es scheint, gefährlicher, schwerer noch für den geistigen Menschen, sich anständig zu halten und zu stellen gegen den absurden, konfusen Tag.«[262] Dieser deutenden Fortsetzung der Goethe-Stelle hätte Strauss ohne weiteres zustimmen können.

Und die Schlußkadenz in der ›Wahlverwandtschaft‹ der ebenso tatsächlichen wie auch nur vermeintlichen Intimfeinde? Als der Süddeutsche Rundfunk im Jahre 1954 Thomas Mann bat, in der Reihe »Mein Wunschkonzert« seine Lieblingsstücke kommentierend vorzustellen, da stellte er an den Anfang das Vorspiel zum ersten Akt des LOHENGRIN und nennt als einzigen Gewährsmann und musikalische Autorität für seine Auffassung, daß hier der »Gipfel der Romantik« bestiegen sei, Richard Strauss, demzufolge diese Musik nicht mehr überbietbar und nie mehr erreichbar sei.

Natürlich ist Thomas Manns Verhältnis zu Strauss nicht getrennt von seiner Beziehung zur Musik überhaupt zu verstehen; und was unseren Zeitraum, seine späte Lebens- und Schaffensphase angeht, so bestimmte die Spannungszone zwischen Traditionalismus und Modernismus das »Liebesverhältnis zur Musik«, von dem er in besagter Rundfunksendung sprach. Musik galt ihm als »Seelenzauber«, dem er sich – laut Tagebuch – zunehmend nicht nur hörend, sondern »lauschend« hingab, das LOHENGRIN-Vorspiel weiterhin meist in Tränen (»Genialität des Vorspiels, nie genug zu bewundern«, Tb 5. 9. 1953), wogegen ihn nach Abschluß des FAUSTUS-Projekts und der anschließenden urheberrechtlichen Kontroverse mit Arnold Schönberg die musikalische Moderne herzlich kalt ließ. Die Ausnahme heißt hierbei Alban Bergs Oper WOZZECK, von deren zeitübergreifender Bedeutung er überzeugt blieb.

Es ist schon außergewöhnlich, daß die intensivste Auseinandersetzung mit Schönberg und der Wiener Moderne im Rahmen des FAUSTUS-Romans mit Abschluß seines Epos zu einem geradezu abrupten Ende kam, ganz so wie er für die Zeit der Arbeit am ZAUBERBERG zum medizinischen Experten avancierte, in den Jahren von JOSEPH UND SEINE BRÜDER zum Mythologie-Fachmann wurde und der Arbeit am ERWÄHLTEN zuliebe zum Mediävisten. Mit dem Abschluß der jeweiligen Arbeit pflegte er dann auch dieses Fachwissen »aufzuräumen«.

In den letzten Jahren öffnete er sich etwas der italienischen Oper, »lauschte mit aufmerksamster Empfänglichkeit« Verdis

La forza del destino, in der er ein Meisterwerk erkennt (Tb 2. 5. 1953), und nennt die Bekanntschaft mit dieser Oper eine »Errungenschaft« seiner römischen Reise; dieses Hörerleben stellt er dann sogar neben den Eindruck von seiner Begegnung mit Papst Pius XII., der ihn am 29. April 1953 in Privataudienz empfangen hatte (Tb 1. 5. 1953). Zuvor hatte er vom »glücklichen Wurf« von Il Pagliacci des Ruggiero Leoncavallo gesprochen (Tb 16. 4. 1953); weitere Ausflüge in die musikalischen Romania gelten Debussys Prélude, César Francks Symphonie in d-moll und Berlioz' Harold en Italie. Doch dann ging es immer wieder zurück zu Parsifal und Beethovens Leonore (III)-Ouvertüre, Schumanns Liedern und zum Ring des Nibelungen. So sehr ihn dieser »Seelenzauber«, etwa auch der Schluß des Lohengrin »sättigen« konnte – daß Musik zur ›Nahrung‹ werden kann, ist eine Vorstellung, die man sonst eher bei Kafka findet[263] –, wonach Thomas Mann besonders verlangte, waren Beispiele für ein integeres Artisten- und Musikantentum. Neben Bruno Walter hatte er dafür in Pablo Casals ein bedeutendes Beispiel gefunden: »Er [Casals] ist zum Symbol geworden eines Künstlertums, das unverführbar auf sich hält, zum Symbol unerschütterlicher Einheit von Kunst und Moralität.« (X, 826) Doch wenige nach Friedrich Nietzsche wußten so genau wie Thomas Mann, daß eben eine solche Integrität bei jenen Künstlern, die das Bedeutendste im (spät-)romantischen Repertoire, das Thomas Mann für so unverzichtbar hielt, geschaffen hatten, nur selten anzutreffen war – am allerwenigsten bei Wagner.

In seinem Buch Von der Musik und dem Musizieren, es war als ›Finale‹ zur Autobiographie Thema und Variationen konzipiert, zitierte Bruno Walter, einer der ganz wenigen Duz-Freunde Thomas Manns, Verse Friedrich Schlegels, die einst Schumann zu seiner Klavierphantasie in C-Dur inspiriert hatten: »Durch alle Töne tönet/Im bunten Erdentraum/Ein leiser Ton gezogen/ Für den, der heimlich lauscht.«[264] Wenn, wie T. S. Eliot meinte, jedes Gedicht auch ein Epitaph ist, dann wären gerade diese Verse auch als Grabspruch für Thomas Mann denkbar gewesen, diesen so ungewöhnlich musikbewußten Schriftsteller und bis zuletzt »Lauschenden«, wenn auch sein Lauschen weniger ›heimlich‹ war; er ließ dabei durchaus gerne photographieren (ganz wie Strauss bei seiner Goethe-Lektüre). Bruno Walter schrieb den Epilog zu diesem »Finale« übrigens im August 1955, dem Todesmonat seines Freundes.

Lauschen – es scheint, als habe sich Thomas Mann seine Leser auch als Lauschende gewünscht. Dabei fühlt man sich einmal mehr an Barlach erinnert, der nicht nur die Plastik des Lesenden oder lesenden Mönchs geschaffen hat, sondern eben auch den »Fries der Lauschenden«, der ursprünglich für ein Beethoven-Denkmal geplant war, dessen Krönung keine eigentliche Beethoven-Skulptur oder Büste, sondern eine Beethoven-*Maske* hätte sein sollen. Auch das ein Ausdruck des Späten, die Vorstellung, nur noch mit Masken des Gewesenen, der großen Traditionen zu tun zu haben. Tönenden Masken lauschen, womöglich hätte sich Leverkühn dazu entschließen können, ein solches Szenario zu komponieren, wenn er in seinem fiktiven Leben bis nach Venedig gekommen wäre.

»Vorwegnahmen und Überlagerungen kommen im creativen Leben ja häufig vor«, kommentiert Serenus Zeitblom den Versuch seines Freundes, Episoden aus dem mittelalterlichen Legendenbuch, den GESTA ROMANORUM, fürs Puppentheater zu vertonen (VI, 425). Was der Erzähler des DOKTOR FAUSTUS damit meinte, betraf den Ort der GESTA-Vertonungen in Adrian Leverkühns Werken. Sie ließen bereits die »Apocalipsis cum figuris« und »Fausti Weheklag« ahnen, hörten sich jedoch auch wie eine »Regression auf den musikalischen Stil von ›Love Labour's Lost‹« an.

Diese Einschätzung traf in vergleichbarer Weise auf Thomas Manns eigene Werkkonstellation zu: Was sein Adrian Leverkühn hier komponierte, das wunderliche Leben des Papstes Gregor, wurde zur Vorlage seines vorletzten Romans DER ERWÄHLTE (1951). Als Thomas Mann im Oktober 1945 auf diese Episode aus den GESTA stieß, notierte er: »Die Heiligkeit, verdient durch die Entstehung aus Geschwister-Verkehr und Blutschande mit der Mutter, abgebüßt auf dem Felsen.« (Tb 13. 10. 1945) Das auf diese Lektüre aufbauende 31. Kapitel des DOKTOR FAUSTUS beschreibt dann nicht nur eine Nahtstelle im Schaffen Adrian Leverkühns, sondern kann als Antwort auf die Frage gelesen werden, was Thomas Mann an diesem Stoff aus den GESTA so faszinierte – und das Jahre bevor er mit der Niederschrift des ERWÄHLTEN begann.

Wieder heißt es, zu ›lauschen‹ – den Zwischentönen in besagtem 31. FAUSTUS-Kapitel, den Äußerungen dessen, der im ERWÄHLTEN der »Geist der Erzählung« genannt werden wird. Zunächst ist festzustellen, daß Leverkühn die Motive und Legenden der GESTA ROMANORUM als Vorwand für die Komposition »genialischer Puppen-Grotesken« benutzte (VI, 419). Das heißt, er benutzt die »Gesta-Spiele«, um seiner Lust am Parodistischen zu frönen. Er komponiert mit dieser Musik, wenn man so will, das Satyrspiel *vor* der tragischen Zuspitzung seines Schaffens und

Lebens. Der Erzähler, Serenus Zeitblom, findet gleichfalls Gefallen an diesem Stoff, auch wenn sein Interesse daran deutlich verhaltener ausfällt. Inzest gehört nun einmal nicht zu den Lieblingsthemen des katholischen Gymnasiallehrers Zeitblom, zumal dann nicht, wenn der durch Inzest Geborene in späteren Jahren mit seiner Mutter-Schwester »das Ehebett besteigt« und später noch Papst wird. »Ich will das alles nicht ausführen«, fällt sich Zeitblom selbst ins Wort (VI, 423), aber nur, um wenig später die Legende unter mehrfachen Brechungen vollständig nachzuerzählen.

Der innere Zusammenhang zwischen den beiden späten Romanen DOKTOR FAUSTUS und DER ERWÄHLTE besteht demnach in zwei subtilen motivischen Verschränkungen: Zum einen ist der fiktive Komponist, Adrian Leverkühn, ein in seiner teuflisch inspirierten musikalischen Hochbegabung ›negativ‹ Erwählter, wenngleich seine Verfehlungen im Gegensatz zu jenen des künftigen Papstes Gregor bewußt kalkuliert gewesen sind. Zum anderen erweist sich die Nacherzählung der Gregor-Legende durch Zeitblom als Vorerzählung, die dann sein ›Schöpfer‹, Thomas Mann, seinen in Sankt Gallen sitzenden irischen Mönch, Clemens, zum Roman entfalten läßt. Selbst der berühmte Anfang des Romans DER ERWÄHLTE findet sich in jenem FAUSTUS-Kapitel vorgebildet, der »Glockenschall« und »Glockenschwall«. In Zeitbloms Worten klingt er so: »Wie sie [Gregor und sein Troß, R. G.] aber nach Rom kommen, und die Glocken sollen geläutet werden, warten die darauf nicht, sondern läuten von selber, – alle Glocken läuten aus freien Stücken [...].« (VI, 425)

Leverkühn komponiert die Puppenspielversion unter Aufbietung »aller kindlichen Eindringlichkeit, Phantastik und Feierlichkeit der musikalischen Ausmalung«, ernst und parodistisch zugleich im Wissen »um eine zu Ende gehende Kunstepoche« (VI, 425). Wozu aber führt das? Zu einer erstaunlichen These Leverkühns, die sein Freund Zeitblom denn auch gleich als nicht zu dem ansonsten eher hochmütigen Komponisten passend empfindet. Es ist die These von der »Vereinigung des Avancierten mit dem Volkstümlichen, von der Aufhebung der Kluft zwischen Kunst und Zugänglichkeit, Hoch und Niedrig«. Leverkühn fragt durch seine Komposition der GESTA-Episoden, ob es nicht (wieder) möglich sei, die Trennung und Entfremdung zwischen »dem Würdigen und dem Unterhaltenden, dem Fortschrittlichen und dem allgemein Genießbaren« aufzuheben im Sinne von: zu beseitigen (VI, 427). Hinter diesem betont von Adornos ästhetischen Auffassungen sich absetzenden kompositorischen Ansatz mag man Stravinskys L'HISTOIRE DU SOLDAT (1918) vermuten[265] oder die Welt der CARMINA BURANA von Carl Orff. Wirklich bedeutsam daran ist, daß hier Leslie A. Fiedlers Forderung von 1968, die zum Credo der Postmoderne werden sollte, »Überquert die Grenze, schließt den Graben«, die/der zwischen hoher Kultur und populärem Genuß verlief, um gut zwanzig Jahre vorweggenommen zu sein scheint.[266]

Mit seiner Auffassung, einer Art reflektierendem Zwischenspiel vor der finalen Kunstleistung dieses Komponisten, bewegt sich Leverkühn jedoch selbst auf einer Grenze. Seine ausgerechnet aus seiner Vertonung des Gregor-Stoffes abgeleitete Maxime überrascht nicht nur Schildknapp und Zeitblom, sondern auch uns Leser; sieht er doch die Kunst, die Musik künftig wieder als »Dienerin an einer Gemeinschaft«, »eine Kunst ohne Leiden, seelisch gesund, unfeierlich, untraurig-zutraulich, eine Kunst mit der Menschheit auf du und du ...« (VI, 429). Das also wäre der Inhalt einer Kunst, die »aus geistiger Kälte« durchbricht in eine »Wagniswelt neuen Gefühls« (VI, 428). Leverkühn scheint an dieser Stelle seine eigene ›teuflische Inspiriertheit‹, die seine Kunst bald in ganz andere abgründige Höhen treiben wird, vergessen zu haben. Phasenweise nähert er sich hier tatsächlich einem Kunstbegriff, der nicht nur emanzipatorische Aufgaben und *avant la lettre* postmoderne Grenzüberschreitungen meint; seine negative Seite verrät sich durch Begriffe wie »Dienst an der Gemeinschaft« und »seelisch gesund«; das ist das Sprachregister jener, die Leverkühns Musik als »entartet« verfemt hätten, was Thomas Manns fiktiver Komponist in seiner Isolation nicht wirklich wahrzunehmen vermag.

Das ist die selbstreferentielle Grundlage des Romans DER ERWÄHLTE, der Ort der Genese des Werks aus dem vorangegangenen Werk. Das bedeutet, daß man dem Glockenläuten am

Anfang des Gregor-Romans von Thomas Mann noch etwas anders ›lauscht‹, es gewissermaßen durch den im FAUSTUS-Roman begründeten musikalischen Zusammenhang hört. Denn im Glockenklang – *supra urbem sed intra mundum* – vermittelt sich diese ›Vereinigung‹ von Getragenem und Volkstümlichem, Heiligem und die Zeit des Alltags Strukturierendem.

DIE SPRACHE HINTER DEN SPRACHEN ›LÄUTET‹

Wer läutet also? Der in Clemens dem Iren personifizierte Geist der Erzählung; er läutet den »Durchbruch« in die »Wagniswelt neuen Gefühls« ein, das freilich so alt ist, wie die umfassend erzählte Legende selbst. Denn dieser Roman handelt in der Tat von Gefühlswagnissen ungeheuerlicher Art, aber auch von Erlösung und dem Mittel aller Mittel, um diese Verhältnisse darzustellen: Er thematisiert die Sprache. Clemens, der mönchische Erzähler, bekennt – nicht ohne Ironie natürlich:

»Keineswegs behaupte ich, daß ich die Sprachen alle beherrsche, aber sie rinnen mir ineinander in meinem Schreiben und werden eins, nämlich Sprache. Denn so verhält es sich, daß der Geist der Erzählung ein bis zur Abstraktheit ungebundener Geist ist, dessen Mittel die Sprache an sich und als solche, die Sprache selbst ist, welche sich absolut setzt und nicht viel nach Idiomen und sprachlichen Landesgöttern fragt. Das wäre ja auch polytheistisch und heidnisch. Gott ist Geist, und über den Sprachen ist die Sprache.« (VII, 14)

Es ist wie mit dem Glockenschall: Die vielen Glocken erzeugen den einen Glockenschwall *supra urbem*, über den Kirchen der Stadt und Städte. So auch die Sprache über oder hinter den Sprachen. Der das schrieb, saß nicht nur an Notkers fiktivem »Pulte« in Sankt Gallen (VII, 10), sondern auch in einer sehr realen Sofaecke in Pacific Palisades; und dort gab die Arbeit am ERWÄHLTEN, seinem »späten Sprachspiel«, seinen Vormittagen Sinn, wie er sich nach seiner Übersiedelung nach Erlenbach bei Zürich erinnert (Tb 6. 7. 1953).

Wenn in dieser knappen Beschreibung eines Sprachideals vom ›Spätstil‹ Thomas Manns die Rede sein kann, dann brachte er sich selbst auf den Begriff. Gemeint war ein Erzählen und Schreiben auf dem Weg zur Sprache der Sprachen, reich an mythischen Bildern, an Legenden geschult, an der Musik sowie deren Beschreibung erprobt und am Ausschwingen der Glocken, ihrem vollen Klang orientiert (nicht am konzentrierten ›Gong‹ wie etwa beim späten Rilke).

WER IST DER ERWÄHLTE?

Worum geht es in diesem – trotz prominenter Fürsprache[267] – neben dem JOSEPH nach wie vor wohl ungelesensten Roman Thomas Manns? Gregor oder Grigorß ist die Frucht einer inzestuösen Beziehung zwischen Sibylla und Wigilis, den Kindern Grimals, des Herzogs von Flandern-Artois. Bald nach seiner Geburt wird er von seiner Mutter mit einer Tafel, auf der die Umstände seiner Herkunft angedeutet sind, in einem Faß auf dem Meer ausgesetzt, wächst auf einer normannischen Insel in der Obhut eines Abtes auf, der besagte Tafel aufbewahrt. Mit siebzehn erfährt er durch Zufall die Art seiner Herkunft, verläßt die Insel in unglücklichem Bewußtsein und macht sich auf, Buße zu tun für etwas, das er nicht verschuldet hat. Ohne es zu wissen gelangt er auf dem Weg zum Heiligen Grab in das Land seiner Mutter Sibylla, die abgeschworen hat, sich je zu vermählen; ihr Bruder-Mann Wigilis hatte sie aus Scham verlassen und als Buße das Heilige Land aufgesucht, um dort seinen Tod zu suchen und zu finden. Sibylla, umworben von einem fremden Herzog und von diesem ob ihrer Weigerung bekriegt, wird aus ihrer Lage von Gregor, den sie nicht als ihren Sohn erkennt, befreit; Gregor erschlägt den Herzog, und Sibylla ›erhört‹ ihn. Die Potenzierung des Inzests vollzieht sich, wird schließlich zum Entsetzen aller entdeckt. Gregor tritt erneut eine Bußfahrt an, läßt sich gefesselt auf einer »flutenumbrandeten Felseninsel« aussetzen, schleudert den Schlüssel für die Fesseln ins Meer, wo er von einem Fisch verschluckt wird, vegetiert siebzehn Jahre lang auf diesem Felsen, bis er auf wundersame Weise auf Geheiß der göttlichen Stimme gerettet, zum Papst erhoben wird, in Rom seine pilgernde Mutter empfängt und sie nach ihrer Generalbeichte zur Äbtissin macht. Beide erfreuten sich dann eines hohen Alters und Gregor einer immer größer werdenden Wirkung. Soweit die Legende, wie sie Hartmann von Aue überliefert und an die sich Thomas Mann im wesentlichen gehalten hat. Was der ›Geist der Erzählung‹ davon weiter ausgestaltet und zum Anlaß für ›späte Sprachspiele‹ genommen hat, erklärt er selbst am Beispiel der Übernahme des Wortes ›blatten‹ für »Anlocken des Wildes durch Blasen auf einem Blatt‹: Das Wort, dessen er sich nun mit »Scheingeläufigkeit« bediene, habe er »eben nur aufgeschnappt«. Und nun das Eingeständnis: »Aber so ist es die Art des Geistes der Erzählung, den ich verkörpere, daß er sich anstellt, als sei er in allem, wovon der kündet, gar wohlerfahren und zu Hause« (VII, 24 f.).

Im Kapitel »Die schlimmen Kinder«, das den ›Urinzest‹ dieser Legende zur Sprache bringt – der eigentliche Akt wird auf Altfranzösisch verbrämt –, echot sowohl die Erzählung UNORDNUNG UND FRÜHES LEID, das Wort »unordentlich« gewinnt dabei einen geradezu leitmotivischen Charakter, als auch WÄLSUNGENBLUT, wobei anders als in jener Erzählung dieses Kapitel im ERWÄHLTEN der musikalischen Grundierung entbehrt. Doch auch hier prägt der Zusammenhang von Liebe und Tod den Gestaltungsmodus. Der Tod des Vaters Grimald, der noch aufgebahrt in der Burghalle liegt, und die Tötung des Hundes Hanegiff, der allzu deutlich mißbilligenden Laut gibt, sind die Voraussetzungen dafür, daß Sibylla und Wigilis den Inzest vollziehen. »Uns darf niemand fragen. Seit Grimald tot ist, niemand, Schwester-Herzogin, mein süßes Neben-Ich, Geliebte«, so Wigilis vor dem Akt (VII, 37), dessen sinnliche Seligkeit Sibylla beinahe ›tötet‹ (»Ouwê, mais tu metues!« – der Geist der Erzählung gefällt sich im alliterierenden Sprachspiel selbst im Alt-Französischen).

Aber der Geist der Erzählung gibt sich auch betont gewunden; er nennt sich einen »mitteilsamen Geist, welcher gefällig seine Leser und Lauscher überall hinführt, selbst in die Einsamkeit seiner aus Worten gesponnenen Gestalten und in ihr Gebet.« (VII, 159) Doch, so der Erzähler über seinen ›Geist‹, er wisse auch zu schweigen und »schonend auszusparen, was gegenwärtig zu machen ihn allzu mißlich dünkt, und was er im Schatten der Wortlosigkeit hält, mögen auch die Geschehnisse keinen Zweifel lassen, daß es zwischenein Wort, Gegenwart und Szene war.« (ebd.) Sprache und Syntax machen sich hier, so scheint es, bewußt alt. Der Geist der Erzählung gibt sich altersweise, gerade wenn er in verspielter Verschämtheit über das inzestuöse Gebaren dieser Adeligen spricht und dieses durchaus nicht verschweigt.

ZUMUTUNGEN DER NATUR

In dem Kapitel, das die Vermählung von Sohn Gregor mit Mutter Sibylla beschreibt, empört sich freilich der Geist der Erzählung gegen die Natur und ihre Indifferenz, selbst dem Inzest gegenüber. Die Natur sei »des Teufels, denn ihr Gleichmut ist bodenlos« (VII, 160). Zur Schande genügen ein unwissender attraktiver Jüngling und eine attraktive reife Frau; was danach für den Ungeist der Natur allein noch zähle, sei das Ausleben, die Wirkung der ›fatalen Attraktion‹. Und schon hängt der »Narr an den Brüsten, die ihn säugten«, strotzend durch diesen ›Fall‹ ermächtigt, »den Schoß zu besuchen, der ihn gebar« (VII, 161). Die eigentliche (gespielte oder echte) Empörung des Prinzips Geist gegen das Prinzip Natur, die allem seinen Lauf zu lassen scheint, kleidet der Erzähler in folgende Satz- und Gedankensequenz:

»Ja, die Natur ist sich selbst einerlei, denn wie könnte sie sonst wohl zulassen, daß ihre eigene Richtung, Zeit und Zeugung sich verkehren und ein vom Weibe Geborener nicht vorwärts zeugt in der Zeit, sondern zurück in den Mutterschoß und Nachfahren erweckt, denen, so zu sprechen, das Gesicht im Nacken sitzt?« (VII, 161)

Der Geist der Erzählung entlarvt das Unnatürliche in und an der Natur und nimmt zu diesem Zweck die Legende des Hartmann von Aue für betont bare Münze. Andererseits dreht und wendet er diesen doppelten Fall von Inzest hin und her, variiert seine Gedanken darüber Seite um Seite, so daß man als »Leser und Lauscher« den sehr bestimmten Eindruck gewinnt, als delektiere er sich insgeheim auch an diesem »Leib aus Sünde«. Zumindest behagt ihm die Möglichkeit, sich am Beispiel des Inzests in Paradoxa zu üben und zu ergehen, gar zu ernähren, wenn man bedenkt, daß Gregor in der büßenden Selbstverbannung auf den

Felsen von »Steinsaft« lebte. Die Paradoxa werden deutlich benannt, ein Beispiel steht für viele: »So mag aus dem Greulichen das Vollkommene erblühen, wie ich in klösterlicher Besinnlichkeit erwäge.« (VII, 164) Das ist mehr als ein Paradox; es enthüllt ein weiteres Grundmotiv dieses Romans: den qualitativen Umschlag von Sünde in Heiligkeit, von absoluter Einsamkeit (Grigorß auf dem Felsen, einem ›reinen‹ und doch auf wundersame Weise seinen einsamen Bewohner versorgenden Naturort) in ein unbedingtes Mittelpunktsdasein mit Gregor als dem Weltkind auf dem Stuhle Petri sowie von unnatürlicher Natur in souveräne Geistigkeit. Natürlich ist bei diesen Erwägungen immer auch die Ironie mit am Werk, welche die ›klösterliche Besinnlichkeit‹ ganz unfromm durchsetzt, eine Ironie, die dem Erzähler wie Schalk im Nacken sitzt. Zum »späten Sprachspiel« des ERWÄHLTEN gehört auch das Spielen mit Fragen, genauer gesagt, das Spielen mit Frage und Frageverbot: »Nicht fragen! Im Fragen, das ahn ich, lauert Gefahr und Tod«, fürchtet Sibylla in einer Art Spiegelung des Frageverbots in Wagners LOHENGRIN (VII, 171). Und doch sind es die Fragen, die sich im Kapitel »Abschied« häufen und zuspitzen, die das Ungeheuerliche letztlich aufdecken und zur Sprache bringen. Der Geist der Erzählung fragt mit Sibylla nach der wahren Identität ihres Geliebten. Die Wahrheit über sich und ihn kann die Mutter-Geliebte, von Gregor zurückgehalten und herausgefordert, dann selbst aussprechen, eine Szene, die potentiell hochdramatisch, dadurch jedoch eher parodistisch klingt, da der »Leser und Lauscher« durch den Geist des Erzählers längst alle Details kennt: »Mutter, Entweihte, sprich nicht so ausdrücklich! Aber tue es nur! Ich begreife, warum du es tust. Wir sollen ausdrücklich sprechen und die Dinge beim Namen nennen zu unserer Kasteiung. Denn die Wahrheit sagen, das ist Kasteiung.« (VII, 177)

GNADE ALS EXTREM

Doch selbst diese Wahrheit kann nicht alles sein. Über ihr steht nach der Konzeption des Romans das Erwähltsein, das also, was »der Vernunft nicht zugänglich ist« (VII, 199). Dieser Zustand ist

Gnade, aber auch ein Extrem. Und dieses für Thomas Mann erst seit seiner indischen Legende DIE VERTAUSCHTEN KÖPFE erzählfähige Wort erweist sich als Schlüsselbegriff im den Roman abschließenden »Audienz«-Kapitel. Die büßende Pilgerin Sibylla erzählt ihrem Papst, Gemahl und Sohn ihre »extreme Geschichte« neu (VII, 253); Gregor erteilt ihr quasi die Absolution, indem er sagt: »Groß und extrem ist Eure Sünde, Frau, und bis zum Grunde habt Ihr sie dem Papste gestanden. Diese Gründlichkeit im Extrem ist die größere Buße, als wenn Ihr nach Eures Sündengatten Verfügung den Bettlern die Füße wuschet.« (VII, 255) Die letzte Steigerung in diesem Diskurs über das Extreme bringt dann erneut einen paradoxen Umschlag: »›Ach, Grigorß‹, entgegnete sie, ›diese Geschichte ist so extrem, daß darin das Erstaunlichste einen nicht mehr erstaunt.‹« (VII, 257) Dem Erzähler ist es vorbehalten, mit einem scheinbar sehr weisen Satz zu schließen, der jedoch, sechs Jahre nach dem Ende des Zweiten Weltkrieges und des Holocaust veröffentlicht, nicht ungefährlich, weil mißdeutbar, und in seiner Weisheit geradezu ›extrem‹ klingt: »Aber klug ist es freilich, im Sünder den Erwählten zu ahnen, und klug ist das auch für den Sünder selbst. Denn würdigen mag ihn die Ahnung seiner Erwähltheit und ihm die Sündhaftigkeit fruchtbar machen, so daß sie ihn zu hohen Flügen trägt.« (VII, 260) Kann sich auf diese Weise nicht auch der schlimmste Verbrecher ›entsündigen‹ und sein Verbrechen zur großen Tat stilisieren?

Was also stellt dieser Roman – wie der FAUSTUS ein Spätwerk, »ein Endwerk in jedem Sinn« (Tb 6.7.1953) – eigentlich dar? Ist es ein Experiment mit Glaube, Sünde und Absolution? Ein intensives Liebäugeln des norddeutschen Protestanten mit der katholischen Welt, die, was Thomas Mann angeht, bis zu einer Privataudienz bei Papst Pius XII. führen sollte? Ein seltsamer Gegenstand, um an ihm »Zerstreuung« nach der Schwerstarbeit am FAUSTUS zu finden, seinen Spaß zu haben, »Altersunterhaltung« zu betreiben, allesamt Bezeichnungen Thomas Manns für diesen Roman, der sich ihm wahlweise als ein »etwas verspieltes Ding« und »leichtsinniges Phantasiewerk« darstellte. Und dennoch ist es das letzte seiner Werke, mit dem sich Thomas Mann ganz identifizieren konnte, wie Walter Jens hervorgehoben hat.[268]

Das mag daran liegen, daß das Hauptthema des ERWÄHLTEN die Gnade ist, also das, was Thomas Mann an sich selbst so oft erfahren hatte.

Die Briefformel Luthers: »Gnade und Friede in Christo« sieht sich hier abgewandelt in: Gnade und Liebe in der Kunst – in ihrem Namen und durch sie. Es ist eine Gnade, die das abgeschlossene Werk, überhaupt: das Werk durch seine prinzipielle Abschließbarkeit und dadurch erreichte (bei Thomas Mann zumeist harmonisierende) Abrundung dem Schaffenden gewährt. Was der Roman feiert, ist eine Liebe jenseits der Tabus. Das eigentliche Verbrechen, das dieser Roman benennt, war die Tötung des Hundes Hanegiff durch Wigilis, wie der Erzähler unmißverständlich zu erkennen gibt (VII, 36). Und so überrascht es nicht, daß nur Wigilis, Papst Gregors Bruder-Vater, seine Sünde mit seinem Leben zu sühnen hat.

Eros und Sexus stehen gleichsam Pate bei dieser ›extremen‹ Gnadenwahl. Am 21. April 1951 schrieb Thomas Mann an Albrecht Goes: »[...] aber mit der Idee der Gnade ist es mir recht christlich ernst – sie beherrscht seit langem mein ganzes Denken und Leben. Ist es denn nicht auch die reine Gnade, daß ich nach dem verzehrenden ›Faustus‹ noch dies in Gott heitere Büchlein – heiter in seiner Gnadengabe, der Kunst – hinbringen konnte?«[269]

Das »Audienz«-Kapitel im ERWÄHLTEN fand Thomas Mann während seiner Audienz beim Papst quasi ›bestätigt‹. Diese späte Wiederbegegnung mit Rom und dem »In- und Nebeneinander der Jahrhunderte« dort schien tiefe Spuren in ihm hinterlassen zu haben:

»[...] wie im Traum, einem Traum von Größe, nahm ich alles auf, und wie ein sehr starker, ins Gemüt dringender Traum wirkt und lebt es in mir fort. Der Ungläubige und Erbe protestantischer Kultur beugte ohne die leiseste innere Hemmung das Knie vor Pius XII. und küßte den Ring des Fischers, denn es war kein Mensch und Politiker, vor dem ich kniete, sondern ein weißes Idol, das, umgeben vom gemessensten geistlich-höfischen Ceremoniell, zwei Jahrtausende abendländischer Geschichte sanft und ein wenig leidend vergegenwärtigte.«[270]

Auch in seiner nach dem Aufenthalt in Rom gehaltenen Ansprache vor Hamburger Studenten, in der Thomas Mann jenes seither immer wieder zitierte Wort von der »Europäisierung Deutschlands« prägte, thematisierte er das Phänomen Gnade, von der er sagt, daß dieser Begriff in seine »späteren dichterischen Versuche«, er nennt die JOSEPH-Tetralogie, den FAUSTUS und die »Wiedererzählung der Gregoriuslegende«, »immer stärker hineingespielt« hätte: »Gnade ist es, was wir alle brauchen [...] Gnade sei mit Deutschland und helfe ihm, sich aus Wirrnis, Widerstreit und Ratlosigkeit ins Rechte zu finden.« (X, 400)

DER ERWÄHLTE – EIN »REQUIEM FÜR KLAUS«?

Zu den ersten Reaktionen, die Thomas Mann auf seinen Roman DER ERWÄHLTE erhielt, sie war auch zugleich die bei weitem fundierteste, gehörte ein ausführlicher Brief Adornos.[271] Der Brief umfaßt drei wesentliche Punkte: Erstens die These, daß Thomas Mann nicht den mittelalterlichen Mythos ironisiert habe, denn »die Ironie liegt vorweg in der Wahl des legendären Stoffes«. Zweitens sieht Adorno durch den Rückgriff auf die Gregor-Legende eine »eigentümlich verzaubernde Distanz« am Werke, die etwas Rettendes habe. Adorno meinte damit vor allem die Ironie, die dem Tabu gilt, »mit dem der Inzest belegt« ist. Drittens, und das führt zur Frage nach der Sprache zurück, verweist er auf das »Murmelnde« in der Sprache dieses Romans, das zum »Verwischen der Sprachgrenze« tendiere. Was folgt, ist als würdigende, aber auch dem Adressaten gegenüber äußerst gewagte Kritik der Sprache Thomas Manns im ERWÄHLTEN und als Signum seines Spätstils so bedeutsam, daß es verdient, *in extenso* zitiert zu werden:

»Es ist, als hätten Sie hier, in Ihrem eigensten Material, etwas von dem verwirklicht, was der zwischen den bestimmten Tonbezirken gleitenden Musik Leverkühns zugeschrieben war. Die Kühnheit und Modernität dieser Dinge ist, sieht man von Joyce ab, beispiellos, nicht geringer aber die Behutsamkeit, mit der die Suspension des ›Deutschen‹ vollzogen wird. Manches klingt, als wäre Ihnen an einer Verfallsstufe der Sprache, dem Emigrantendeutsch, die latente Möglichkeit eines Europäisch aufgegangen, die durch die nationale Spaltung verhindert ward, aber nun am Ende, wie eine Urschicht, durchleuchtet kraft des Spätesten; und diese sprachliche Promiskuität steht wohl in der genauesten Beziehung zu der Rettung des Inzests: es geht auf eine zarte Weise den Ordnungen an den Kragen. Gerade angesichts Ihres unerhört disziplinierten sprachlichen Verfahrens gewinnt dies Nachgeben, Loslassen seine ganze Dignität; gar nicht so fern von bestimmten Intentionen des späten Schönberg [der Brief steht auch unter dem Eindruck der Nachricht vom Tode Schönbergs, R. G.], in denen auch eine seltsame Lockerung sich beobachten läßt, etwas was ich in meiner Terminologie Kritik der Authentizität nennen möchte.«[272]

Thomas Manns Antwort darauf fiel betont dürftig aus: eine Ansichtskarte aus Bad Gastein mit »gerührtem Dank für Ihren schönen Brief«.[273] Er durfte sich wieder einmal von seinem einstigen »wirklichen Geheimen Rat« aus der FAUSTUS-Zeit verstanden und durchschaut fühlen, »vollkommen zugedeckt von Intellektualität«, wie er später nach der Lektüre von Aufsätzen Erich von Kahlers, Karl Löwiths und eben Adornos schreiben wird, eine ›Intellektualität‹, gegen die er noch im April 1953, als er sich wieder mit den »alten KRULL-Papieren« beschäftigte, seinen »Geist der Erzählung« ein letztes Mal geradezu frohgemut ins Feld führen sollte.[274] Im Tagebuch dagegen äußerte er sich sogar unwirsch über den Brief Adornos und die an Zumutung grenzende Ausdeutung seines Romans; denn der Philosoph hatte noch etwas ganz anderes behauptet, daß nämlich DER ERWÄHLTE nichts anderes darstelle als »ein Requiem für Klaus [Mann] und die ganze Seelenlage, für die er einsteht«. »Adorno [...] will befremdender Weise Beziehungen zu Klaus' Schicksal spüren.« (Tb 1.9.1951) Man gäbe schon einiges dafür, zu erfahren, was Erika Mann von dieser These, die Adorno nicht weiter ausführte, gehalten haben mag.

Was meinte Adorno damit? Implizierte er, daß er Thomas und Katia Mann eher als Geschwister wahrgenommen hatte, mit Klaus als einer »Inzestgeburt«? Spielte er auf die große ›intime‹ Nähe zwischen Klaus und seiner Mutter an? Gewiß auf die vermeintliche, aber nicht ›bewiesene‹ Wälsungenblut-Beziehung zwischen Klaus und Erika. Wohl auch darauf, daß Klaus ein durchaus ›Erwählter‹ war, eine Ausnahmebegabung zweifellos, dem aber die (er-)lösende Gnade anders als dem Grigorß der Hartmann-Legende versagt geblieben war. Für Thomas Mann eine »befremdende« Vorstellung, vielleicht gerade weil sie zumindest mittelbar zutraf? Schließlich stand die Hauptarbeit am ERWÄHLTEN tatsächlich im Schatten von Klaus' Selbstmord.

Doch zurück zu Adornos eigentlicher Interpretation. Sein erster Punkt betraf eine Ironie, die sich aus der geradezu demonstrativen Unzeitgemäßheit von Thomas Manns Themenwahl im Falle des ERWÄHLTEN ergab. Eine wichtige Bemerkung auch deswegen, weil sich diese Ironie in der Tat nicht auf die eigentliche Legende bezieht. Der buchstäblich abgründigen Auseinandersetzung mit der Natur der deutschen Kultur im DOKTOR FAUSTUS, aber auch in den Versuchen DEUTSCHLAND UND DIE DEUTSCHEN (1945) und NIETZSCHE'S PHILOSOPHIE IM LICHTE UNSERER ERFAHRUNG (1947) folgte mit dem ERWÄHLTEN eine Fortsetzung seines Bekenntnisses zum Mythisch-Legendenhaften als der eigentlichen Quelle des Erzählens. Mit der wohl nicht nur mit dem Verweis auf die Ironie begründbaren Wahl eines mittelalterlichen Stoffes, der wie schon im Falle der Hinwendung zur Josephs-Legende entschieden außerhalb der mythischen Vorlieben Wagners angesiedelt war (diese klingen nur von ferne an, am deutlichsten bekanntlich Wolframs PARZIVAL), antizipierte Thomas Mann die allenthalben offenkundige Mittelalter-Renaissance in unseren Tagen, die von der Staufer-Welle der siebziger Jahre, den kulturgeschichtlichen Untersuchungen Otto Borsts (ALLTAGSLEBEN IM MITTELALTER) und Jacques le Goffs (DAS LACHEN IM MITTELALTER u. a.), die weite Verbreitung gefunden haben, bis hin zur Literatur Umberto Ecos (IM NAMEN DER ROSE) sowie den Nacherzählungen mittelalterlicher Mythen bei Dieter Kühn (Tristan) und Adolf Muschg (Parzifal) reicht. Was heute als die »Aktualität des Mittelalters« bezeichnet wird, nämlich seine Funktion als individueller *und* »kollektiver Erfahrungsspeicher«,[275] exemplifizierte Thomas Mann bereits an diesem Extrembeispiel psychologischer Erfahrung.

Von Adornos zweitem Punkt, der Ironisierung des Inzest-Tabus im ERWÄHLTEN, war bereits mehrfach die Rede; so bleibt sein Hauptaspekt, die Sprache. Adorno knüpft bei seinen Reflexionen augenscheinlich an jene Stellen zur Sprache in Thomas Manns Roman an, die wir eingangs zitierten. Aber das Besondere an seiner Argumentation ist, daß er dieses teils artifiziell wirkende, teils kauderwelschende Deutsch (laut Marcel Reich-Ranicki »das schönste Kauderwelsch, das es je in der deutschen Literatur gegeben hat«[276]), daß Adorno dieses sprachliche Gleiten des »irischen« Erzählers mit den *glissandi* des fiktiven Komponisten Leverkühn in Beziehung setzt. Dann freilich der für den Briefempfänger eigentlich starke Tobak: daß die Sprache, letztlich also auch die Thomas Manns, eine Verfallsstufe erreicht habe, und zwar das Emigrantendeutsch. Dieses wiederum stehe an der Schwelle zu einem neuen ›Europäisch‹ (laut Adorno eben nicht ›Amerikanisch‹), ein Sprachenmischniveau, durch welches das ›Späteste‹ in der Kultur qualitativ umschlagen könnte in eine zwischen den sprachlichen Grenzen gleitende Ausdrucksweise. Man kann diese Art der Sprachbehandlung durchaus als ein gelungenes Beispiel für das nehmen, was Roland Barthes das »glückliche Babel« genannt hat, eine durch die Sprachenvielfalt sich artikulierende Kreativität.

Diese Auffassung sieht sich indirekt bestätigt durch Thomas Manns prinzipielle Einschätzung seines Romans, die an das anknüpft, was auch DOKTOR FAUSTUS repräsentiert hatte:

»›Der Erwählte‹ ist ein Spätwerk in jedem Sinn, nicht nur nach den Jahren seines Verfassers, sondern auch als Produkt einer Spätzeit, das mit Alt-Ehrwürdigem, einer langen Überlieferung sein Spiel treibt. Viel Travestie – nicht lieblos – mischt sich hinein [...] Merkmale einer Spätheit, für die Kultur und Parodie nah verwandte Begriffe sind. Amor fati – ich habe wenig dagegen, ein Spätgekommener und Letzter, ein Abschließender zu sein und glaube nicht, daß nach mir diese Geschichte und die Josephsgeschichten noch einmal erzählt werden. Als ich ganz jung war, ließ ich den kleinen Hanno Buddenbrook unter die Genealogie seiner Familie einen langen Strich ziehen, und als er dafür gescholten wurde, ließ ich ihn stammeln: ›Ich dachte – ich dachte –

es käme nichts mehr.‹ Mir ist, als käme nichts mehr. Oft will mir unsere Gegenwartsliteratur, das Höchste und Feinste davon, als ein Abschiednehmen, ein rasches Erinnern, Noch-einmal-Heraufrufen und Rekapitulieren des abendländischen Mythos erscheinen, – bevor die Nacht sinkt, eine lange Nacht vielleicht und ein tiefes Vergessen. Ein Werkchen wie dieses [DER ERWÄHLTE, R. G.] ist Spätkultur, die vor der Barbarei kommt, mit fast fremden Augen schon angesehen von der Zeit. Aber wenn es das Alte und Fromme, die Legende parodistisch belächelt, so ist dies Lächeln eher melancholisch als frivol, und der verspielte Stil-Roman, die Endform der Legende, bewahrt mit reinem Ernste ihren religiösen Kern, ihr Christentum, die Idee von Sünde und Gnade.« (XI, 691)

Tatsächlich hat niemand nach Thomas Mann den Stoff des biblischen Joseph oder die Gregor-Legende noch einmal erzählt, was aber nicht bedeutet, daß dies so bleiben muß. Auch endete die Genealogie seiner eigenen Familie nicht mit ihm. Wollte er mit seiner Großfamilie gleichsam einen ironischen Kontrapunkt zum Befund seines Hanno über die Buddenbrooks setzen? Wobei die Mann-Familie lediglich durch die Nachkommen der beiden jüngsten Kinder, Michael und Elisabeth, in der Hauptlinie sich fortsetzt. Doch diese Einschränkungen nehmen dem gerade Zitierten nichts von seiner rhetorischen Wucht; das ist als Finale gesagt, als Koda eines Lebenswerkes und einer ganzen Kultur.

Dieses unbedingte Festhalten Thomas Manns an der These, daß er ›Endgültiges‹, Unwiederholbares, Allerletztes geschaffen habe, steht freilich in erheblichem Widerspruch zu seiner Arbeit mit mythischen Stoffen, die ja gerade durch ihre prinzipielle Wiederholbarkeit – unter welchen Zeit- oder Kulturkonstellationen auch immer – mythisch sind. Es sei denn, daß Thomas Mann wirklich geglaubt haben sollte, durch *seine* Bearbeitung mythischer Stoffe diese ein für allemal ›erledigt‹ zu haben; der Parallelfall wäre hierfür in der Tat Joyce mit seinem ULYSSES.

Nicht nur durch dieses Zitat zieht sich ein Gedanke: Es muß ein Ende haben mit einem Kulturerbe, dessen sogenannter Humanismus vor keinerlei Inhumanität zu schützen wußte, ein Ende, das Thomas Mann, Weltbürger von der Trave, allen Ernstes überzeugt war, herbeischreiben zu können. Einen »Vollbringer« nannte er sich Adorno gegenüber, als ihn das neue alte letzte Projekt quälte, die Bekenntnisse eines Hochstaplers.[277] Auch hier richtete sich die Ironie auf die Wahl des Erzählgegenstandes, wenngleich die Gefahr bestand, daß der Gegenstand seinen Urheber, der gewitzte Ungeist des Erzählten den »Geist der Erzählung«, daß Felix Krull seinen Autor ironisierte. Mußte mit einem solchen Thema nicht der Anspruch, Abschließendes zu sagen, seinerseits zum Gegenstand von Parodie werden? Diese Problematik erklärt, weshalb Thomas Mann mit diesem Stoff so leicht arbeiten konnte und sich gleichzeitig damit so schwer tat.

HOCHSTAPELEI ALS GEISTIGE LEBENSFORM MIT OFFENEM ENDE – DER FALL FELIX KRULL

›Bekenntnisse‹ lassen sich als die Steigerungsform von ›Betrachtungen‹ verstehen. Bei ›Bekenntnissen‹ denkt man an Augustinus, an Rousseau, an Bekennermut zur Generalbeichte und den Sinn des Autobiographischen. Als im Jahre 1922 der erste, mit »Buch der Kindheit« überschriebene Teil der BEKENNTNISSE DES HOCHSTAPLERS FELIX KRULL erschien, war dies, abgesehen von der 1919 veröffentlichten ›Idylle‹ HERR UND HUND, die erste bedeutende Buchpublikation Thomas Manns nach den BETRACHTUNGEN EINES UNPOLITISCHEN (1918), die im Jahr der BEKENNTNISSE bereits ihr zwanzigstes Tausend erreicht hatten.

Unfertiges zu veröffentlichen war bekanntlich Thomas Manns Sache nie gewesen. Mit den BEKENNTNISSEN machte er eine Ausnahme – aus gutem Grund. Der Erzählgegenstand ›Hochstapelei‹ schien nicht ganz respektabel für einen Autor, der sein Leben so früh schon auf bürgerliche Repräsentation und – neben Gerhart Hauptmann, Hugo von Hofmannsthal und Hans Carossa – auf Goethe-Nachfolge angelegt hatte. Zudem wirkte der Erzählansatz, als habe er es mit den BEKENNTNISSEN geradezu auf Unabschließbarkeit abgesehen. Schon in der ersten Arbeitsphase an den BEKENNTNISSEN (1909-1914) hatte Thomas Mann die Beschäftigung mit diesem Manuskript immer wieder unterbrochen, vor allem um der Arbeit am TOD IN VENEDIG (1912) willen.[278] Auch im Mai 1943, als er erstmals eine Fortsetzung des KRULL erwog, wandte er sich »nach flüchtiger Berührung damit« (Tb 25.11.1950) wieder ab, aber nur, um sich dann endgültig dem FAUSTUS zuzuwenden. Die BEKENNTNISSE gelten ihm als Lückenbüßer selbst dann noch, als er sich im November 1950 genau einen Monat nach Abschluß des ERWÄHLTEN dafür entscheidet, die Arbeit an diesem Schelmenstück ernsthaft wieder aufzunehmen, weil sich nichts Besseres fand. Die Stoffe »Friedrich« (der Große), ein Roman über Macht und Geist, »Maja« über das Illusionäre, »Die Geliebten« und ein Geschwister-Roman über den Inzest oder eine Novelle über Luther–Erasmus als finales Zeugnis europäischer Humanität waren entweder überholt, durch die Zeitläufte unmöglich geworden, das galt für das Friedrich-Projekt,[279] oder aufgebraucht, vor allem durch den DOKTOR FAUSTUS und im Falle Luthers durch verschiedene Essays.

Als sich ihm dann die Arbeit an der BETROGENEN aufdrängte, zeigte Thomas Mann sich nur zu bereit, seinen FELIX KRULL abermals zu unterbrechen, und zwar zwischen April 1952 und März 1953. Man könnte natürlich auch sagen, die BEKENNTNISSE ließen sich leicht unterbrechen und immer wieder fortsetzen, was aber wohl nur für das letzte Neuanknüpfen an das große Fragment im April 1953 galt, als er nach einer Besprechung mit Katia über die »wirtschaftliche Ratsamkeit« sich entschlossen hatte, »den Krull fortzuführen« (Tb 10.4.1953), aber hinzufügte, daß er sich vor dem Krull fürchte. Die Furcht ließ sich in zwei Tagen überwinden, und die Arbeit ging am achten Kapitel des dritten Teils weiter (VII, 581). Einer gewissen Wiedereinstimmung bedurfte es aber auch in diesem Falle. Max Rychner teilte er mit, daß er noch den »spezifischen ›Sangeston‹« für die Fortsetzung der Arbeit suche.[280] Er fand ihn mit Hilfe eines – in Anbetracht der Hochstapler-Thematik etwas eigenartig anmutenden – abendlichen Plattenkonzerts mit TRISTAN-Musik (Tb 11.4.1953).

Weitaus komplexer war der Wiederanknüpfungsprozeß im November 1950 verlaufen:

»Für den ›Hochstapler‹ spricht der Reiz des Ausfüllens eines weit offen Gelassenen im Werk; des Bogenschlagens über 4 mit soviel anderem erfüllte Jahrzehnte hinweg. Das Jugend-Buch ist originell, komisch und mit Recht berühmt. Aber ich blieb stekken, war überdrüssig, wohl auch ratlos, als es weitergehen sollte und ich mich stattdessen zum ›T. i. V.‹ [TOD IN VENEDIG] wandte. Wird es möglich sein, neu anzugreifen? Ist genug Welt und Personal, sind genug Kenntnisse vorhanden. Der homosexuelle Roman interessiert mich nicht zuletzt wegen der Welt- und Reiseerfahrungen, die er bietet. Hat meine Isoliertheit genug Menschen-Erlebnis aufgefangen, daß es zu einem gesellschaftssatirischen Schelmenroman reicht? Alles, was ich weiß, ist, daß ich unbedingt etwas zu tun, eine Arbeitsbindung und Lebensaufgabe haben muß. Ich kann nicht nichts tun. Doch zögere ich, das alte Material wieder vorzunehmen, aus Besorgnis, es möchte mir nach all dem inzwischen Getanen nichts oder nicht mehr genug sagen, und ich möchte gewahr werden, daß mein Werk tatsächlich getan ist.

[...] Mittags mit Erika über den ›Krull‹ als Plan und Idee. Das Faustische des Stoffes. Das Insistieren Schillers bei Goethe, Faust müsse in die Welt geführt werden. Erweiterung des Schauplatzes nach Amerika? Erweiterung von Felix' Rollenfach ins Alles-Mögliche, denn in jeder Maske muß er überzeugend sein.« (Tb 25. 11. 1950)

In konzeptioneller wie schaffenspsychologischer Hinsicht ist dieses Zitat gerade als Zeugnis aus Thomas Manns Spätzeit bemerkenswert. Der Arbeit am KRULL schrieb er in seiner damaligen Lebensphase einen in erster Linie therapeutischen Wert zu; sie eignete sich nicht nur dafür, Selbstzweifel zu erproben und notdürftig zu überwinden, nach der Welthaltigkeit seiner Kunst zu fragen; selbst im Fall des KRULL galt es, neu am Klassischen Maß zu nehmen: Hochstapelei als faustisches Projekt. Tochter Erika fiel dabei die Rolle Schillers zu, um dem goetheschen Vater Mut zuzusprechen, Krull nach faustischem Vorbild »in die Welt« zu führen. Daß dieser dann nur bis Lissabon kommen sollte und nicht bis Amerika, war den Schaffensumständen geschuldet. Die Hauptthese am Ende des Tagebucheintrags wurde zum Schlüssel der Fortsetzung, Felix Krulls Erweiterung ins »Alles-Mögliche«, eine glänzende Charakterisierung, die so gar nichts Spätzeitliches zu haben scheint.

Es sollte dann noch genau einen Monat dauern, bis es am zweiten Weihnachtstag des Jahres 1950 endlich so weit war: »Schrieb merkwürdiger Weise zum erstenmal wieder nach 40 Jahren am ›Hochstapler‹ weiter, nämlich am Schluß des abgebrochenen 4. Kapitels des II. Teils, vor der Militär-Untersuchung«, heißt es im Tagebuch (Tb 26. 12. 1950). Möglichst nahtlos sollte die Fortführung des Romans bewerkstelligt werden. Dafür spricht, daß nur ein kleiner Gedankenstrich den Übergang andeutet, ein Bindestrich eher zwischen 1913/14 und 1950. Wohl nie hatte ein Satzzeichen mehr zu überbrücken gehabt.

Mitten in dem Versuch des jungen Felix Krull, in Frankfurt seine Sinne für eine künftige artistischere Verwendung zu schärfen, just an dem Punkt, an dem Krull Parfüms und Essenzen französischer Herkunft als Vorgeschmack auf sein Pariser Abenteuer in den Auslagen Frankfurts zu schätzen lernte, hatte Thomas Mann 1913/14 den Roman abgebrochen (VII, 344). Der Satz, mit dem er nun, am zweiten Weihnachtstag des Jahres 1950, an diese Erziehung der Sinne anknüpfte, lautet: »Die Gabe des Schauens, sie war mir verliehen, und sie war mein ein und alles zu dieser Frist – eine erziehliche Gabe gewiß, schon so weit das Dingliche, die lockend-belehrenden Auslagen der Welt ihren Gegenstand bilden. Aber wie viel tiefer doch ins Gefühl greift das Erschauen, das Mit-den-Augen verschlingen des Menschlichen [...].« (ebd.)

Zu dieser ›Erziehung‹ gehörte für Krull auch die richtige Verwendung bestimmter Papiersorten für die »kavaliersmäßige Korrespondenz«; es ist bezeichnend, daß auch Thomas Mann das Papier betont, auf den er diesen gedankenvollen Bindestrich der Fortsetzung des Krull setzte. In einem Brief an seinen neben Karl Kerényi wichtigsten Berater in Sachen Mythen und Freund aus der Zeit in Princeton, Erich von Kahler, schreibt er im Februar 1951: »Ich habe tatsächlich auf demselben Münchener Manuskript-Blatt (von Prantl, Odeonsplatz), auf dem ich damals nicht weiterkam, zu schreiben fortgefahren.«[281] Er schlendere ins Unbekannte mit dieser Fortführung, meinte Thomas Mann im gleichen Brief, wobei man diese Selbsteinschätzung doch bezweifeln darf. Die Fortsetzung verrät deutlich, worum es Thomas Mann zu tun war – um eine Vertiefung des bloß Sinnlichen, um die Transformation des Schauens ins Erschauen und um die Überführung vom rein Szenisch-Episodischen ins Typologisch-Charakteristische. Dabei sind die Augen Krulls »empfänglicher« denn je (VII, 344), aber er zeigt sich bereit und fähig, eine der »Szenen der schönen Welt« länger als nur einen Augenblick festzuhalten und sie so zu schildern, daß sie paradigmatischen Charakter annehmen kann, eine Szene, mit der Krull, der sich eigens nach dieser Wiederanknüpfung wieder als Erzähler in eigener Sache vorstellt, den Leser behelligen möchte, und das obwohl diese Episode keinerlei unterhaltende ›Handlung‹ enthalte. »Vielleicht aber«, so fügt er erklärend hinzu, »ist es bei der Beschreibung des eigenen Lebens noch am ehesten erlaubt, statt den Gesetzen der Kunst den Vorschriften seines Herzens zu folgen.« (ebd.) Tatsache ist, daß dieses kleine ›Herzstück‹ einen erzählerischen Kunstgriff erster Ordnung darstellt, der Krulls narzißtisch-autoerotische Grunddisposition ebenso illustriert wie die duplizitäre Struktur seiner Existenz. Es handelt sich um die Balkonszene im Hotel Zum Frankfurter Hof. Krull beobachtet ein Geschwister-, gar Zwillingspaar leicht exotischen »bildhübschen« Aussehens. Indem er sich so ins Schauen versenkt, ins Erschauen des zutiefst Schönen, und das Erschaute dieses menschliche Besondere mit den Augen verschlingt, was er sich zuvor verschrieben hatte wie ein Rezept gegen falsche (sprich: unästhetische) Lebensführung, wird Krull zum Voyeur seines Selbst; das Geschwisterpaar ›erschaut‹ er als Bild seines eigenen Ich:

»Liebesträume, Träume des Entzückens und des Vereinigungsstrebens – ich kann sie nicht anders nennen, obgleich sie keiner Einzelgestalt, sondern einem Doppelwesen galten, einem flüchtig-innig erblickten Geschwisterpaar ungleichen Geschlechtes – meines eigenen und des anderen, also des schönen. Aber die Schönheit lag hier im Doppelten, in der lieblichen Zweiheit [und darin, R. G.], daß das Bild des Mädchens allein, ohne ihr brüderliches Gegenstück, vermögend gewesen wäre, meinen Geist in so süße Träume zu wiegen. Liebesträume, Träume, die ich liebte, eben weil sie von – ich möchte sagen – ursprünglicher Ungetrenntheit und Unbestimmtheit, doppelten und das heißt doch erst: ganzen Sinnes waren, das bedrückend Menschliche in beiderlei Geschlechtsgestalt selig umfaßten.« (VII, 346)

Was Krull hier betrachtet, ist seine eigene Selbstaufspaltung und neue Vereinigung; das Geschwisterpaar auf dem Balkon ist das buchstäblich ausgestellte Androgyne seiner Natur, welches sich an dieser Stelle im Roman zum ersten Mal so deutlich exponiert sieht. Das wiederum bedeutet, daß Thomas Mann seinen Roman mit einer Art visueller Reflexion, die das ›Eigentliche‹ von

Krulls Persönlichkeit enthüllen sollte, fortsetzte, mit einem knappen, aber eindrücklichen ›retardierenden Moment‹.

SPRACHKRITIK EINES WORTVERTRAUTEN

Doch damit nicht genug. Thomas Mann schließt dieses wiederaufgenommene vierte Kapitel des zweiten Buches mit einer weiteren Selbstcharakterisierung Krulls, die komplementär zu seiner androgynen Disposition zu verstehen ist. »Von zarten und schwebenden Dingen heißt es zart und schwebend reden, und so werde eine zusätzliche Betrachtung hier behutsam eingerückt.« (VII, 348) So beginnt dieser neuerliche reflektierende Einschub, der, ironisch genug, Krulls Skepsis gegenüber dem Wort, der Sprache begründet: »Nur an den beiden Polen menschlicher Verbindung, dort, wo es noch keine oder keine Worte mehr gibt, im Blick und in der Umarmung, ist eigentlich das Glück zu finden, denn nur dort ist Unbedingtheit, Freiheit, Geheimnis und tiefe Rücksichtslosigkeit.« (ebd.) Und weiter und in steigendem Maße überraschend:

»Hier herrscht das Wort, – dies matte und kühle Mittel, dies erste Erzeugnis zahmer, mäßiger Gesittung, so wesensfremd der heißen und stummen Sphäre der Natur, daß man sagen könnte, jedes Wort sei an und für sich und als solches bereits eine Phrase. Das sage ich, der, begriffen in dem Bildungswerk meiner Lebensbeschreibung, einem belletristischen Ausdruck gewiß die erdenklichste Sorgfalt zuwendet. Und doch ist mein Element die wörtliche Mitteilung nicht; mein wahrstes Interesse ist nicht bei ihr. Dieses vielmehr gilt den äußersten, schweigsamen Regionen menschlicher Beziehung; jener zuerst, wo Fremdheit und bürgerliche Bezugslosigkeit noch einen freien Urzustand aufrechterhalten und die Blicke unverantwortlich, in traumhafter Unkeuschheit sich vermählen; dann aber den anderen, wo die möglichste Vereinigung, Vertraulichkeit und Vermischung jenen wortlosen Urzustand auf das vollkommenste wiederherstellt.« (VII, 348 f.)

Der das sagt, wird später mit polyglotter Eleganz in Pariser Grand Hotels bedienen, als Marquis de Venosta bis Portugal reisen und mit geradezu akrobatischer Sicherheit dessen Sprache und Sprechweise sich zueigen machen. In dieser sprachkritischen Einlassung stapelt also der angehende Hochstapler ein erstes und einziges Mal tief, das aber ausgerechnet mit Bezug auf jenes Medium, in dem er am eindrucksvollsten zu brillieren versteht, sofern man von seinen einschlägigen intimen Leistungen in Madame Houpflés Hotelzimmer einmal absieht, die er als Armand-Hermes und diebischer Liebhaber vollbringt.

Wirkungsvolle Sprachkritik, man kennt dies seit Hofmannsthals Chandos-Brief und dessen sprachkritischem Umfeld,[282] setzt unbedingte Sprachkompetenz voraus, ein intimes Verhältnis zum Wort, das sich paradoxerweise gerade dann bewährt, wenn man es wie Krull hier verwirft.

Im Werk Thomas Manns gehören solche explizit sprachkritischen Passagen zur Seltenheit. Diese Stelle im KRULL gleicht demnach einer spät nachgeholten Sprachskepsis, die jedoch gerade das Schwelgen (Krulls und Manns) in der Sprache nicht ausschließt. »Liebesträume, Träume, die ich liebte [...]«, wer so mit Sprache zu spielen versteht, ein zusammengesetztes Substantiv solchermaßen spielerisch aufzulösen weiß, der demonstriert genau das Gegenteil von Sprachskepsis, nämlich ein Grundvertrauen in die Sprache, das auch das Gleiten von einem Sprachmedium in das andere ermöglicht.

Daß dieses sprachliche Gleiten, dem wir bereits im ERWÄHLTEN begegnet sind und das wir als linguale Entsprechung zum Glissando in der Musik wahrgenommen haben, wenngleich Thomas Mann dem Glissando eine inhumane, dem Gleiten in der Sprache jedoch eine betont menschliche Qualität zugemessen hat, daß dieses Gleiten gerade auch vor nationalen Grenzen keinen halt macht, illustriert der KRULL-Roman auch. Im siebenten Kapitel des zweiten Buches erinnert sich Krull an seinen in jeder Hinsicht schicksalsvollen Grenzübertritt,[283] bei dem er Landes- und Selbstverrat begeht und sich des Diebstahls schuldig macht, indem er das Schmuckkästchen der Klosettschüsselfabrikantengattin Houpflé in absichtsvoller Unschuld in seinen Koffer gleiten läßt. Der Inhalt dieses Kästchens erweist sich in Paris dann als materielle Grundlage für Krulls neuen Lebensabschnitt. Auf die

Frage des Grenzbeamten, der sich über Felix' gewandtes Französisch wundert: »Étes-vous français?« antwortet Krull mit bezeichnender Ambiguität, die ganz ungefragt eine Distanzierung von der deutschen Annexion Elsaß-Lothringens im Jahre 1871 einschließt: »Oui et non [...] A peu près. A moitié – a demi, vous savez. En tout cas, moi, je suis un admirateur passionné de la France et un adversaire irréconciliable de l'annexion de l'Alsace-Lorraine!« (VII, 389)

Der Grenzübertritt Krulls ist dadurch, daß er sogleich »in vorbereiteten Wendungen« mit dem Zöllner parliert, bereits vollzogen, gerade *weil* er diese von seinem Herkunftsland erzwungene, seit der Reichsgründung neue Grenze, sei es zum Schein und dem französischen Grenzer zu Gefallen, *nicht* anerkennt.

Duplizität, Zwillingshaftigkeit, die an der Grenze bekundete ›Halbheit‹ Krulls prädestiniert ihn für das, was er später als den seine ›Bekenntnisse‹ bestimmenden Hauptgedanken nennen wird: das Prinzip »Vertauschbarkeit« (VII, 491), Rollentausch, Spiel mit Identitäten, einmal Felix, dann Armand, einmal Kroull (sic!), dann schon Venosta. Vertauschbar werden und doch unverwechselbar Felix Krull bleiben, sich verstellen bis zur Kenntlichkeit, das wird zu den Signa einer vergnüglich-betrügerischen Lebensform, die nur darauf bedacht ist, die Reichen etwas zu prellen, niemandem wirklich zu schaden und sich selbst bei Laune zu halten, indem man sich immer neue Anreize und Herausforderungen schafft.

Worauf aber soll das hinauslaufen? »Das fernere Leben Krulls«, so schien es Thomas Mann geplant zu haben, »wird eine Ehe- und eine Zuchthaus-Episode bringen und ein Leben der beständigen Täuschung darstellen, das sehr anstrengend ist und seinen Mann früh schon abnutzt. Er setzt sich zur Ruhe schon mit vierzig Jahren mit einer kleinen Erbschaft, die er von seinem Paten macht, und schreibt in London seine Memoiren, denn, wie Napoleon sagte, man taugt nur einige wenige Jahre für den Krieg.«[284] Diese Hochstapelei soll in den Leerlauf führen; eine Lebensform am Rande der Formlosigkeit.

Da Krull die schauspielerisch-imitatorische Seite des Künstlertums gegeben war – im Gegensatz etwa zur asketisch-moralistischen Kunst eines Gustav Aschenbach –, würde ihm am Ende nichts anderes übrig bleiben, als sich mit vierzig Jahren selbst nachzuahmen. Sehr plausibel klingt das nicht. Eher hat dies etwas von jener »Manieriertheit aus Ermüdung«, die Thomas Mann noch einen Tag vor seiner Fortsetzung des KRULL-Romans auf den letzten Seiten der Erstfassung wahrgenommen hatte (Tb 25. 12. 1950).

Vergegenwärtigen uns noch einmal das Besondere dieses Wiederanknüpfens. Thomas Mann wiederholt im Falle des KRULL, was auch schon bei Vorbereitung auf die Niederschrift des DOKTOR FAUSTUS ausschlaggebend gewesen war: Er griff auf Vorhandenes zurück, nicht nur auf einen »Drei-Zeilen-Plan« aus dem Jahre 1901, der zur Vorlage des FAUSTUS wurde, sondern auf ein bereits ausgewachsenes Textkorpus. In beiden Fällen setzten, wie gesehen, diaristisch geführte Selbstgespräche ein – bewegtere über den FAUSTUS als über den KRULL, die eher arbeitstechnischem Kalkül entsprangen, aber im Prinzip vergleichbar. Gerade dieses Wiederanküpfen-Können und -Müssen wurde von Thomas Mann als spätzeitliches Phänomen registriert, da ein genuin ›neuer‹ Stoff nicht mehr vorhanden war. Im KRULL sollte eines gerettet werden und sogar im Mittelpunkt stehen, das Heitere, das sich im FAUSTUS nur noch mühsam aufrechterhalten ließ.

ZWEI EINLEITUNGEN ZU LESUNGEN AUS DEM *KRULL*

Aufschlußreich, besonders was Wandel und Kontinuität in der Konzeption des KRULL angeht, sind nun die Texte von zwei überlieferten Einführungen zu Lesungen Thomas Manns aus diesem Roman, die eine aus dem Jahr 1916, die andere von 1952. Die einführenden Worte, die Thomas Mann in der Berliner Sezession im Herbst 1916 sprach, zeugten von eigentümlicher Ambivalenz gegenüber seinem Hauptgenre, dem Roman; sie klingen, als habe er sie den zu jener Zeit im Entstehen begriffenen BETRACHTUNGEN EINES UNPOLITISCHEN entnommen: »Nicht wahr, der Roman überhaupt, in seiner Gemischtheit aus synthetisch-plastischen und analytisch-kritischen Elementen ist eigentlich keine sehr deutsche Gattung.« (XI, 701 f.) Als primär gesellschaftskritische

Leistung, damit waren die Romane des Bruders Heinrich gemeint, schien Thomas Mann damals der Roman geradezu suspekt. ›Legitim‹ im Sinne deutschen Kulturbewußtseins sei dagegen die autobiographische Spielart, von »romantisch-unpolitischem Bildungsindividualismus« geprägt.

Was Thomas Mann fürchtete, war die »intellektualistische Zersetzung« der »deutschen Prosa-Epopöe« (XI, 703), also der Triumph des ›westlichen‹ Zivilisationsromans über die urdeutsche Innerlichkeitsprosa, vorgebildet im WILHELM MEISTER, aber auch durch Stifter. Doch bleibt er an dieser Stelle nicht stehen, sondern schlägt eine regelrechte Volte, indem er einräumt, selbst dem ›Intellektualistischen‹ in Gestalt der Parodie nicht allzu fern zu stehen: »Der deutsche Bildungs- und Entwicklungsroman, parodiert und der Schadenfreude des Fortschritts ausgesetzt als Autobiographie eines Hochstaplers und Hoteldiebes –, das wäre denn also der melancholisch-politische Zusammenhang, in den ich dies Buch zu stellen hätte?« (XI, 703)

Zweites Kriegsjahr hin, Arbeit an den BETRACHTUNGEN her – mit dieser Lesung im Berliner Herbst des Jahres 1916 wollte Thomas Mann schlicht unterhalten, das Lebensvolle dieses Manuskripts hervorkehren. Und er bat sein Publikum, ihm zu sagen, ob »es sich lohnen würde, das vor Jahren begonnene Werk in Zukunft einmal fort- und zu Ende zu führen.« (ebd.)

Als er im September 1952 Teile aus dem ›Fortgesetzten‹, das Kuckuck-Kapitel, im Zürcher Kongreßhaus vorlas, führte er seine Lesung mit einem weitaus weniger theoretisch befrachteten Vorwort ein. Als Vorbild benannte er jetzt den Schelmen- oder Abenteuerroman nach dem Muster des SIMPLICIUS SIMPLICISSIMUS (XI, 704). Die Frage nach dem Vollenden des Romans beschied er mit dem Wörtchen ›vielleicht‹. Und den Hauptgedanken hinter den BEKENNTNISSEN charakterisierte er wie folgt: »Verliebt in die Welt, ohne ihr auf bürgerliche Weise dienen zu können, trachtet er [Krull] danach, sie wiederum verliebt zu machen in sich selbst [...].« Wobei hinzukommt, daß er durch sein schauspielerisches Vermögen in die »Sphäre der Vornehmheit« hinüberstrebt, sich dorthin hinüberspielt (XI, 704).

Kein anderes seiner großen Manuskripte hat Thomas Mann

beiläufiger, kommentarloser von seinem Schreibtisch verabschiedet als nach Abschluß des ›Dritten Buches‹ seinen FELIX KRULL. Zwar tröstet ihn das Wort seines Verlegers, Gottfried Bermann Fischer, daß das Buch »mitten ins Schwarze unserer fragwürdigen Epoche« treffe (Tb 23.6.1954); aber was er da abgeschlossen hatte, erschien ihm einmal mehr nur wie ein Abbrechen dieser im Grunde unendlichen Geschichte. Zu weitläufig schien dieses Erzählprojekt, als daß auf einen wirklichen Abschluß zu hoffen gewesen wäre.

OFFENHEIT DES ERZÄHLENS UND WISSENS

Doch es ist gerade dieses prinzipiell Offene des ›Erzählprojekts KRULL‹, seine Unabschließbarkeit, die ihm etwas Märchen-, etwas Zauberhaftes verleiht. Mit den BEKENNTNISSEN DES HOCHSTAPLERS FELIX KRULL hatte Thomas Mann auch das Mythische keineswegs verabschiedet. Nicht nur die sporadische Anwesenheit des Hermes belegt, daß das Mythische in seinem Erzählen nach wie vor präsent blieb. Es liegt in der Konzeption der BEKENNTNISSE, daß dieser Roman so etwas wie sein eigener Mythos werden konnte, der Mythos vom Erzählen nach dem Vorbild von Grimmelshausens SIMPLICISSIMUS, ein Abenteuerroman, der mit der Bemerkung beginnt, daß die Zeit, in der er spielt, die letzte sei, aber auch ein Erzählen nach orientalischer Weise. TAUSENDUNDEINE NACHT scheint nie fern, zumal nicht in jener Begegnungsszene zwischen Krull/Venosta und Professor Kuckuck im Nachtzug nach Lissabon, als dieser sein ›Märchen‹ von der Entstehung der Welt erzählt, beinahe eine halbe Nacht lang, deren zweite Hälfte Felix Krull, aufgewühlt von solchem Wissen, darüber nachdenkend, schlaflos verbringt. Im übrigen geht es in eine Stadt, auf deren »arabisch-maurisches Gepräge« Kuckuck seinen jungen Freund eigens hinweist (VII, 533).

Die Pointe dieses zweiten Teils von Kapitel drei des KRULL-Romans ist, daß der für seinen Verfasser nicht wirklich abschließbare Roman eine kosmologische Theorie von Anfang und Ende enthält, vorgetragen von Kuckuck, diesem Falstaff der Gelehrsamkeit, in einer Mischung aus Wissenschaftssprache und Es-war-einmal-Rhetorik, voller unbewiesener und unbeweisbarer Behauptungen, die der Lissabonner Gelehrte und Museumsdirektor deutscher Herkunft apodiktisch in den bewegten Raum des Speisewagens stellt.

Grenzen spielen auf dieser Reise keine Rolle mehr. Der Zug steht für das Transitorische, permanent Grenzüberschreitende; und in ihm, in Kuckucks Quasi-Monolog, ereignet sich der Übergang der Übergänge, nämlich vom Irdischen ins Kosmische. Kuckuck weist seine Reisebekanntschaft, die außer Lissabon nichts Konkretes über ihre weiteren Reiseziele anzugeben weiß, zunächst darauf hin, »den Anfang nicht auf die leichte Achsel zu nehmen, nur weil er eben bloß ein Anfang ist.« (VII, 531) Doch schon bald danach spricht er von jenen Anfängen, die ihn eigentlich interessieren: »Es hat nicht eine, sondern drei Urzeugungen gegeben: Das Entspringen des Seins aus dem Nichts, die Erweckung des Lebens aus dem Sein und die Geburt des Menschen.« (VII, 542) Dabei definiert er das Sein als eine »verhältnismäßig rasch vorübergehende Episode – zwischen Nichts und Nichts«. Das Sein habe einen Anfang gehabt und werde auch ein Ende finden.

Felix Krull alias Marquis de Venosta sieht sich mit einer Art existentialistischer Kosmologie konfrontiert, an deren zeit-räumlichen Dimensionen gemessen selbst seine kühnsten Hochstapeleien sich bescheiden ausnehmen. Das Nichts definiert Kuckuck als »stehende Ewigkeit«, raum- und zeitlos, als Abwesenheit von Anfang und Ende. Das Menschliche aber, das Charakteristische am Menschen sei, daß er ein »Wissen von Anfang und Ende« habe, vom »Kaum-schon-Sein« des Seins und seinem unweigerlichen Verfließen ins »Kaum-noch-Sein« (VII, 546). Es fällt auf, daß Kuckuck die Frage nach Anfang und Ende wertneutral abhandelt. Ihm geht es nicht um des »Schrecklichen Anfang« oder das Ende in einer Katastrophe. Nur eines gesteht er zu: daß allein das Episodische, das einen Anfang und ein Ende habe, interessant sei und Sympathie errege. Mit dem Nichts könne es keine Sympathie geben.

Gesagt ist das vor dem Hintergrund einer sehr realen Sorge seitens Thomas Manns, jener nämlich vor einer atomaren Katastrophe. Kernspaltung und Weltspaltung sah er in jener Zeit zunehmend als *einen* Problemzusammenhang.[285] Man hat hierbei Immanuel Velikovskys Studie WELTEN IM ZUSAMMENSTOSS als eine Hauptquelle Thomas Manns ermittelt,[286] dabei aber übersehen, daß es der mit Thomas Mann befreundete Exilschriftsteller Alexander Moritz Frey gewesen war, der ihn auf dieses Buch hingewiesen hatte. Frey, Autor von Antikriegsromanen und novellistischer Phantastik (etwa DER PASS von 1915, ROBINSONADE ZU ZWÖLFT von 1925 und DAS ABENTEUERLICHE DASEIN von 1930), war nämlich der Autor des ›Waschzettels‹ für Velikovskys Arbeit gewesen, dessen deutsche Fassung bei Emil Opprecht in Zürich erschien.[287] Mit Frey teilte Thomas Mann das in den frühen fünfziger Jahren sich verstärkende Interesse an der Überführung mythologischer Fragestellungen ins Kosmologische. Wie Thomas Manns Brief an Frey vom 19. Januar 1952 belegt, tauschten sie sich gerade über die einschlägige Literatur dazu aus (Br III, 241).

Indem Thomas Mann seinen Professor Kuckuck das Episodische im Aufgreifen wissenschaftlicher Problematiken verteidigen läßt, macht er ihn auch zum Apologeten seines Erzählverfahrens in diesem Roman. Dieses Episodische ist augenscheinlich etwas anderes als der von Adorno so bezeichnete und auf den ERWÄHLTEN und die BETROGENE bezogene »Guckkastencharakter der Erzählung«, welche die »Unwirklichkeit der Illusion einbekennt.«[288] Auch geht es nicht eigentlich mehr um die Frage, ob hier der Anspruch gestellt wird, ›Wirkliches‹ zu schaffen oder nicht. Die Problematik des Scheins stellt sich für Kuckuck gar nicht, sofern es nicht um das ›reale‹ Flimmern oder lichte »Getümmel« der Milchstraßen geht (VII, 548). Der Schein hat sich zum Stern verdichtet und damit zum Bestandteil eines bestimmten Sonnensystems. Hatte der ERWÄHLTE tatsächlich noch etwas Balladen- oder Bänkelsängerhaftes, so suchen die BEKENNTNISSE DES HOCHSTAPLERS FELIX KRULL bei allem Humor und aller Situationskomik nach einem Ansatz, dieses lebensvolle Sein als Ort der Liebe zu begreifen, die ihrerseits als Zaubermacht jegliche Hochstapelei zu unterlaufen oder schlicht aufzulösen versteht. Andererseits ist gerade diese Zaubermacht immer wieder Gegenstand von Täuschung und Selbsttäuschung, Betrug und Verrat, was für Felix Krull zuletzt im Hause Kuckuck beinahe zu Verwicklungen führt. Denn was sich zwischen ihm und der längst einem anderen versprochenen Tochter des Hauses, Zouzou, anbahnt, kann nur durch die feurige Intervention Senhora Kuckucks unterbrochen und in ihre Richtung umgelenkt werden. »Unsinn und Verwirrung« habe Krull/Venosta ins Hause Kukkuck getragen, so die Senhora, was sich nur dann noch zum Guten wenden lasse, wenn er seinen »Mannesmut« auf sie richte (VII, 661).

FELIX KRULL ALS SPÄTEREIGNIS

Wer je die Aufzeichnung der grandiosen Lesung des »Kuckuck«-Kapitels durch Thomas Mann vom September 1952 in Zürich gehört hat, kann der plastischen Schilderung, die Reinhard Baumgart von der wenig später erfolgten KRULL-Lesung Thomas Manns in den Münchener Kammerspielen gegeben hat, noch mehr abgewinnen. Diese Beschreibung illustriert zudem, worauf die einleitende Skizze einer ›Theorie des Späten‹ mit dem Hinweis auf Thomas Manns schauspielerische Existenz anspielte:

»[...] diese humoristische Vision der Entwicklung des tierischen und menschlichen Lebens auf der Erde, die dem jungen Hochstapler die Augen öffnet für die Natur als Spiel und Schauspiel ewiger Verwandlung, das er klammheimlich ja auch betreibt.

Und wieder war zu dieser Vorführung seiner selbst und seines Werks ein Lübecker Herr erschienen, untadelig gekleidet, wieder dunkel mit Plastron und Perlennadel, wieder steif sich verbeugend in den festlichen Empfangsbeifall, doch sich dann bis fast zur Unkenntlichkeit verwandelnd, so lange er vorlas. Steif blieb nur sein Oberkörper über dem Tischchen, während unter ihm ein über das andere geschlagenes Bein energisch wippte im Rhythmus der Sätze, den Beat dieser Prosa schlagend. Noch unerwarteter, fast peinlich schien die mimische Verwandlung des Gesichts, dieses Hochreißen der Augenbrauen, diese zur Pointe geschürzten Lippen, dieses dauernde Changieren zwischen professoraler Doziermiene und hochstaplerischer Verschlagenheit. Denn dieser Stimmenzauberer mußte und wollte immer beides sein und war es auch, Professor Kuckuck und sein listig und naiv staunender Zuhörer, der Rollenspieler Felix Krull. Er spielte diese Zweideutigkeit, dieses Sichverwandeln und -verlieren in Figuren, mit Hingabe und war und blieb doch immer zugleich Thomas Mann, der Spielmacher und Figurenerfinder, der unsichtbare dritte Mann, der Zauberer. Nur ein Lübecker Herr war er nicht mehr und wurde das erst wieder, als er sich in steifer Würde mehrfach vor dem Schlußapplaus verbeugte.«[289]

Man hätte wohl nichts vom ›Zauber des Letzten‹ in diesem Werk und Leben verstanden, wenn man diese aufführungspraktische Seite bei Thomas Manns unterschlüge. Hier wurde eine Heiterkeit, ein kaum noch befangenes Schauspielertum ganz jenseits der ›Repräsentation‹ Wirklichkeit, das fesseln und bezaubern konnte.

Soll man nun diese Krull'schen Episoden banal nennen, nur noch unbedeutend amüsant, im Vergleich etwa mit der Liebe Hans Castorps zu Madame Chauchat und seiner auf dem ›Zauberberg‹ gemachten Zeiterfahrung, im Vergleich auch zu Adrian Leverkühns Empfindungen für Hetaera Esmeralda und Rudi Schwerdtfeger? Und wie steht es mit dem mythologischen Unterbau der BEKENNTNISSE – mit Felix als Hermes der Grand Hotels? Hielte dies einem Vergleich mit der Welt des JOSEPH auch nur annähernd stand? Man versteht Thomas Manns eigene Bedenken nur zu genau, aber auch seine Skepsis gegenüber dem großen Erfolg, den er mit FELIX KRULL noch erleben konnte. Denn war dieser Erfolg nicht verräterisch, bezeichnend für eine Kultur, die im Abstieg zur bloßen Unterhaltung begriffen war und die er – zu seiner eigenen Verwunderung – durchaus bedienen konnte? War nicht, anders gesagt, zu viel Heinrich Mann in diesen BEKENNTNISSEN DES HOCHSTAPLERS FELIX KRULL gewesen?

Vergewissern wir uns noch einmal der Anfänge des KRULL, seines werkgeschichtlichen Entstehungszusammenhangs. Sie bildeten die Entsprechung zum Roman KÖNIGLICHE HOHEIT (1909). Mit dessen Hauptfigur, Klaus Heinrich, teilt Krull den Willen zur

Selbsterschaffung und -darstellung – im Falle der ›Königlichen Hoheit‹ mit einer amerikanischen Finanzspritze für das darbende Duodezfürstentum, im Falle Krulls durch die Mobilisierung seiner ganzen betrügerischen Fähigkeiten.

Bekannt ist, wer in der Hauptsache hinter Krull stand: das hochstaplerisch gelebte Leben des rumänischen Kriminellen George Manolescu. Aber hatte nicht auch Thomas Manns Königliche Hoheit, Klaus Heinrich, getäuscht, nämlich sich selbst über die wahren Verhältnisse und seine amerikanischen Gäste über den Zustand seines absurden Fürstentums? Damit ist auch der entscheidende Unterschied zwischen Klaus Heinrich und Felix Krull benannt: Letzterer arbeitet an seiner Undurchschaubarkeit, ersterer pflegt seine Naivität, versteht sie im Bedarfsfall aber auch einzusetzen.

Rollentausch hier wie dort: Samuel Spoelmann »finanzierte den Staat« (II, 352) und zieht im Hintergrund dieser Staatsattrappe die Fäden, an denen künftig auch der *de facto* verarmte Klaus Heinrich nach seiner Verehelichung mit Spoelmanns Tochter Imma hängt; und Felix Krull, mittellos im Grunde, tritt als Marquis de Venosta in Erscheinung und kümmert sich um seine eigenen Fäden.

In beiden Romanen gab Thomas Mann seinem Bedürfnis nach »Heiterkeit und Bevorzugung« offen nach, aber auch seiner Lust an Selbstparodie. Entsprach doch Klaus Heinrichs »strenges Glück« mit Imma durchaus dem seinen mit Katia; und kannte nicht auch Thomas Mann, der einstige Schulversager, das Gefühl, mit seinem für die Arbeitsdauer eines Romans aufgehäuften Spezialwissen etwas hochstaplerisch aufzutrumpfen?

Und doch ist das Eigene immer etwas mehr als das, was davon als Abglanz ins Werk eingeht. Und das liegt an der Intensität des ursprünglichen Erlebens, des Durchlebens dessen, was dann künstlerisch verwertbarer Stoff wird. Man nehme Thomas Manns Tagebucheintrag vom 4. Oktober 1951, nachdem er in Chicago das naturhistorische Museum besucht hatte:

»Höchst lebhafter und fruchtbarer Eindruck. Das Ur-Leben. Schwämme, die 50 Millionen Jahre überlebt haben. Querschnitte von ebenfalls sehr frühen Muscheln in feinster Ausarbeitung des

Gehäuses. Frühestes organisches (Pflanzen-)Leben in der Meerestiefe. Dort fing alles an. Die Erde noch leer, mit baumähnlichen Farrenschaften, weich. Wunderschöne zoologische Modelle aller Art. Skelette der Reptil-Monstren und gigantischen Tiermassen, die, allzu plump, die Erde beherrschten. Eier gebärende Säugetiere mit Tragtaschen. Menschenaffen. Höhle mit Neanderthal-Menschen. Der Mann, plumpnackig, mit blutigem Kniee, haarig nicht sehr. Das Baby im Arm des Weibes am heutigsten. Bewegt. *Etwas wie biologischer Rausch. Gefühl, daß dies alles meinem Schreiben und Lieben und Leiden, meiner Humanität zum Grunde liegt.*« (m. Hervorh.)

Was dann Krull/Venosta im Museu Sciências Naturaes von Lissabon sehen wird, schildert er fraglos ausführlicher, wenngleich genau an jenem Museumsbesuch in Chicago orientiert, einschließlich des blutigen Knies und plumpen Nackens des Neandertalers; nur vermag nicht einmal Krull das Gesehene so ausschließlich auf sich selbst zu beziehen wie Thomas Mann. In einem »biologischen Rausch« wähnten sich beide, aber nur Thomas Mann konnte selbst das Vorzeitliche auf *sein* »Schreiben und Lieben und Leiden« beziehen, es zur Voraussetzung seines Schreibens erklären.

Krull/Venosta zieht andere Schlüsse aus der Erfahrung mit der Natur. Auf seinem »botanischen Spaziergang« mit Senhora Kuckuck, Zouzou und dem Neandertaler und sonstige gewesene Lebewesen herstellenden Dermoplastiker oder »Ausstopfer« gibt er folgendes zu bedenken:

»Es ist der Ort, einzuschalten, daß die Natur, und sei sie noch so erlesen, gebe sich noch so sehr als Sehenswürdigkeit, uns wenig Aufmerksamkeit abnötigt, wenn uns das Menschliche beschäftigt und unser Sinn von diesem eingenommen ist. Sie bringt es dann trotz aller Ansprüche nicht über die Rolle der Kulisse, des Hintergrunds unserer Empfindung, einer bloßen Dekoration hinaus.« (VII, 589)

Krull/Venosta scheut sich dabei jedoch nicht, die Natur auch anzüglich zu interpretieren. Farnbäumen, so erläutert er der darüber scheinempörten Zouzou mit hochstaplerischer Kennerschaft, »schreibe der Glaube primitiver Menschen seit Urzeiten allerlei geheime Kräfte zu, besonders daß sie gut seien zum Liebeszauber.« (VII, 590) Man mag darin eine TRISTAN-Parodie, eher schon Verballhornung sehen oder ein weiteres Beispiel für Krulls Sprachgeschick; läßt er es doch damit nicht bewenden: »›Gegen welchen Bestandteil des Wortes wenden Sie sich?‹ wollte ich wissen. ›Gegen die Liebe oder gegen den Zauber?‹« (ebd.) Eines ist es keinesfalls – eine rein subjektivistische Deutung des Gesehenen.

Der Imperativ, unter den Thomas Mann die Fortsetzung seines KRULL gestellt hatte, das Schauen, war ja bekanntlich nicht der bevorzugte seiner Sinne. Dieser Umstand war der einzige, der seine Goethe-Nachfolge ernstlich in Frage stellte. In dieser Hinsicht wußte er sich unbedingt Schiller verwandter und, wie ihm zuletzt noch aufgeht, Mozart.

Die Frage nach Individuation, Individualität und Subjektivität stellt sich in dieser Autobiographie eines Hochstaplers mit spürbarer Dringlichkeit, wobei für Krull/Venosta der eigentliche Bewußtseinsschub durch die Begegnung mit Professor Kuckuck herbeigeführt wird. Ihr wiederum liegt Thomas Manns Lektüre des Buches THE UNIVERSE AND DR. EINSTEIN zugrunde,[290] die seinem Krull-Roman eine entscheidende Wendung ins Vergeistigend-Intellektuelle gab. »Wie und wann trat im Nichts die erste Schwingung des Seins auf? Dies etwas Neues« (Tb 23. 12. 1951), wie Thomas Mann bei der Lektüre dieses Buches notierte, anspielend auf die Neuheit dieser Fragestellung selbst.

Was zuvor ›kosmologischer Existentialismus‹ genannt wurde, versteht sich somit als Gegenstück zur Subjektivität, zielt gar auf Entlastung des Menschen; richtet sich der Blick doch auf das scheinbar Zeit-, aber auch Wesenlose.[291] Im KRULL entfaltet sich unter dem Vorzeichen der Heiterkeit und unterhaltenden Absicht eine dialektische Spannung zwischen Naivität und (hochstaplerischem) Kalkül, zwischen unbedingter Subjektivität und ihrer Relativierung, wenn nicht Aufhebung durch ein ins Kosmische, Vorzeitliche erweitertes Bewußtsein. Nicht überprüfbar ist, was sich daraus entwickelt, wie ›tief‹ sich diese Bewußtseinserweiterung in Krull festsetzt, ob sie Auswirkungen auf sein späteres Verhalten hat oder ob sie ihrerseits zum Gegenstand einer im eigentlichen Sinne *intellektuellen* Hochstapelei Krulls (eine solche gibt es in den BEKENNTNISSEN ja nicht!) werden wird.

»Das Letzte. Aber das ist eine von jenen Empfindungen des Lebens, von denen wir sagen: unbegreiflich und närrisch zugleich«, heißt es in Albrecht Goes' Erzählung DAS BRANDOPFER.[292] Unbegreiflich, wenn es in gewissen Lissabonner Gärten als ›Liebeszauber‹ in Erscheinung tritt oder in närrischer Gestalt, wenn begnadete Hochstapler damit ihr Spiel treiben. Beides, das freud- und leidvoll Unbegreifliche wie auch das Närrisch-Eitle, kam bei Thomas Mann ganz ohne Maske freilich nirgends mehr zu ihrem Recht als in den späten Tagebüchern, dem »Roman eines Lebens«.[293]

TAGEBUCH DER EITELKEITEN NEBST SPÄTER POLITIK UND LEKTÜRE

»Modern ist, wer seinem Zeitalter gewachsen ist«, schreibt Max Bense in seiner 1946 erschienenen Schrift DER GEISTIGE MENSCH UND DIE TECHNIK.[294] Dieser Satz hatte zu jenem Zeitpunkt etwas Anspruchs- und Hoffnungsvolles, aber gleichzeitig etwas Anstößiges. Denn wie konnte man jenem Zeitalter der Vernichtung je ›gewachsen‹ sein? Was war diese Art Moderne nach der Shoa noch wert? Und doch stand dieses Motto, seinem Zeitalter, je vielgestaltiger, aber auch bedrohlicher es wurde, diesem raschen Wechsel gerade jetzt – nach dem Ende des verheerendsten Vernichtungskrieges aller Zeiten – politisch wie künstlerisch ›gewachsen‹ zu bleiben, auch hinter Thomas Manns unablässiger Arbeit am Tagebuch[295] und seiner während des letzten Lebensjahrzehnts bleibend vielfältigen, in mancher Hinsicht weiter denn je in die Moderne ausgreifenden Lektüre. Die Tagebücher geben beredten Aufschluß darüber, was Thomas Mann unter diesem ›der-Zeit-Gewachsen-Sein‹ verstand.

Wer sein Leben auf Repräsentation angelegt hat, dem verwischen sich irgendwann die Grenzen zwischen Privatem und Öffentlichkeit. Die Öffentlichkeit fordert geradezu das Private ihres ›Repräsentanten‹ heraus, will darauf ihr gieriges Licht werfen. Das Seltsame ist, daß jene Gesellschaft, die Thomas Mann angetreten war zu repräsentieren, nur noch rudimentär vorhanden war, als die Veröffentlichung seiner Tagebücher einen tiefen Einblick in seine Privatsphäre ermöglichte.

Gewiß, es kamen ihm Zweifel an diesem seinem längsten Projekt, dem er selbst jedoch keinerlei literarischen Wert zubilligen mochte. Oder kokettierte er mit dieser Selbsteinschätzung bereits mit der Nachwelt, die in seinem Diarium inzwischen sein »zweites Hauptwerk«[296] sieht: »Warum schreibe ich dies alles? Um es noch rechtzeitig vor meinem Tode zu vernichten? Oder wünsche, daß die Welt mich *kenne*? Ich glaube, sie weiß, wenigstens unter Kennern, ohnedies mehr von mir, als sie mir zugibt.« (Tb 25. 8. 1950)

Ironisch genug, daß es im wesentlichen die sukzessive Veröffentlichung der Tagebücher war, die dann nach 1979 zu einer umfassenden Neubewertung Thomas Manns geführt hat, nachdem sich zumindest unter zeitgenössischen Schriftstellern ausgerechnet im Jahr seines hundertsten Geburtstages ein absoluter Tiefstand seiner Wirkung konstatieren ließ.[297]

Ein Charakteristikum der zwischen 1945/46 und 1955 verfaßten Tagebuch-Notate ist in der Tat die Tendenz zu kritischer Selbstbefragung, was sogar für seine letzte tiefgehende homoerotische Erfahrung im August 1950 gilt: »Ist mein Schauen, meine Liebe nur egoistischer Genuß?« (Tb 15. 8. 1950) Wiederholt stellten sich nun die »Leiden der Sinne« ein (Tb 29. 8. 1950), die ihn auch die »Komödie der Irrungen«, wie er sie aus August von Platens Tagebüchern kannte, neu durchleben und überdenken ließ (Tb 21. 10. 1950). Und sogleich spielte er mit dem Gedanken (»es lockt mich immer von weitem«), seinen Platen-Essay von einst (1930) »zu einer größeren Abhandlung zu erweitern« (ebd.). Nun aber bleibt vieles Plan, Entwurf, unvollendbares Projekt.

Die Konkretheit des im Tagebuch Reflektierten, der minutiöse Vermerk bloßer Alltäglichkeiten, die jedoch durch ihre diaristische Registrierung eine quasi symbolische Bedeutung erlangten, dieses Verfahren kontrastierte scharf mit jenem »hunger for transfiguration and transcendence«, der gerade sein Spätwerk bestimmte und in seinen Überlegungen zum Begriff des Ideals bei Schiller am Spürbarsten wurde.[298]

»Man muß Katastrophen zu vermeiden suchen«, notiert Thomas Mann im November 1950 (Tb 20. 11. 1950). Damit waren private Kalamitäten gemeint, Störungen des häuslichen Betriebes, etwa die Spannungen zwischen Ehefrau Katia und Lieblingstochter Erika, aber eben auch und besonders die politische Sphäre, die von ihm beinahe täglich mitbedacht wurde. Teil dieser Katastrophenvermeidung im Privaten war die Arbeit am Tagebuch selbst, eine Willensleistung, die an jenes Notat über Balzac erinnert, das sich in Thomas Manns erstem Notizbuch findet: »Der Wille – ein Fluidum, das nach Belieben alles, sogar die absoluten Gesetze der Natur modifizieren kann.«[299] Nur eines ließ sich in Wahrheit nicht ›modifizieren‹, die eine Katastrophe nicht vermeiden: Klaus Manns Suizid, wenn auch sogar in diesem Falle das Tagebuch das entscheidende Mittel der Verlustbewältigung, genauer der (den Leser irritierenden) Irritation des Vaters über die Tat des wohl begabtesten Sprosses der Familie blieb. (»Mein Mitleid innerlich mit dem Mutterherzen und mit E. [rika]. Er hätte es ihnen nicht antun dürfen [...] Viel über ihn und den von langer Hand unwiderstehlich wirkenden Todeszwang. Das Kränkende, Unschöne, Grausame, Rücksichts- und Verantwortungslose.« (Tb 22. 5. 1949)

Ein »Wille zum Glück« spricht nicht mehr aus diesen späten Tagebüchern, auch wenn es ihm im Grunde hold blieb bis zuletzt. Glück, er hatte es früh bei Gobineau gelernt, eignete sich ohnehin nicht zur Schärfung der »Sinne der Erkenntnis«.[300] Eher war es ein Wille, die politischen Faktoren, welche die (westliche) Nachkriegsgesellschaft beeinflußten, kontinuierlich zu bestimmen und zu reflektieren. Was er dabei vor allem registrierte, war der primitive, aus seiner Sicht faschismusverdächtige Antikommunismus des Westens (das Gegenstück, die sowjetische Polemik gegen den Westen, schien ihn weniger zu bekümmern).

ÄRGERNIS AMERIKA

Die Tagebücher lesen sich phasenweise wie die Bekenntnisse eines Hochpolitischen, wobei Thomas Mann zwischen 1945/46 und 1951 in den Vereinigten Staaten von Amerika zunehmend eine Nebenhauptrolle in einer Tragikomödie politischer Irrungen spielte, die vor allem Thomas Manns Ärger über die staatlich sanktionierte Kommunistenhetze Joseph R. McCarthys spiegelte. Im Tagebuch findet sich der Eintrag: »Wo irgendwelche Klugheit ist, da wird man anti-amerikanisch.« (Tb 22. 4. 1951) Heinrich Mann formulierte dies in selten brüderlich-wahlverwandtem Ton so: »Wer sich der amerikanischen Plattheit ergibt, weiß von der vorigen Größe Europas nichts und versäumt ihre letzten Zeugnisse.«[301] Ausgeschlossen war nämlich keineswegs, daß beide Brüder wie schon Bertolt Brecht und andere Emigranten vor McCarthys ›Committee on Un-American Activities‹

geladen werden würden. Immerhin hatten FBI-Agenten in Thomas Manns Haus am San Remo Drive in Pacific Palisades vorgesprochen, um zu ermitteln, ob Tochter Erika eine von Stalin bezahlte Agentin sei.

Es gehört zum guten Ton, diese harsche, zunehmend bittere bis erbitterte Amerika-Kritik Thomas Manns als Beweis für seine angeblich ungebrochene ›Naivität‹ in politischen Fragen abzutun; manche Kritiker erklären seinen Nachkriegssozialismus als kompensatorischen Akt: Mit seiner Kritik am westlichen Kapitalismus habe er eine »Art von Wiedergutmachung« für seine nationalkonservative Gesinnung vor 1918 versucht.[302] Schon damit ist jedoch gesagt, daß der vorschnelle Vorwurf der Naivität[303] selbst naiv ist, wenn man sich den ungeheuren, in vielerlei Hinsicht nicht nur für einen Schriftsteller ungewöhnlich umfassenden Erfahrungsbereich Thomas Manns in politischen Dingen vor Augen führt.

Hinreichend bekannt ist, daß Thomas Mann, der um 1918 so betont als ›Unpolitischer‹ die politische Bühne betreten hatte, selbst längst zu einem Politikum geworden war, einer Leitfigur des Widerstands durch Exil und nach 1945 zu einer Stimme, die man im Westen der Kommunistenfreundlichkeit verdächtigte und im sowjetischen Machtbereich umwarb. Weniger bekannt dürfte sein, daß manche in den Vereinigten Staaten versuchten, ihn in politischen Fragen regelrecht zu entmündigen; gemeint sind Agnes E. Meyer, seine (ihm zunehmend lästig gewordene) Gönnerin und Gattin des einflußreichen Besitzers der WASHINGTON POST, und sein amerikanischer Verleger Alfred A. Knopf. So geschehen, als Thomas Mann einen umfangreichen Brief an den Herausgeber der NEW YORK TIMES, Arthur Sulzberger, richtete, in dem er erklärte, weshalb er zunächst zu den Förderern der (später als ›kommunistisch‹ entlarvten) ›Peace Crusade‹ (1950/51) gehört hatte. Die Veröffentlichung dieses Briefes wurde von seinen Freunden hintertrieben, angeblich weil sie ihn vor weiteren publizistischen Verwicklungen ›schützen‹ wollten. Thomas Manns Brief vom 4. Februar 1951 begründete überdies, weshalb er künftig auf jede Art Unterstützung von »Manifesten« und dergleichen verzichten wolle.[304] Am Ende dieser unseligen

Episode fühlte sich Thomas Mann doppelt getäuscht: von den Veranstaltern der ›Peace Crusade‹, die nur seinen Namen benutzten, um ihn vor ihre ›kommunistisch‹-pazifistische Sache zu spannen (sie forderten u. a. den sofortigen Rückzug der Amerikaner aus Korea), sowie von Agnes Meyer und Alfred Knopf, die es nicht einmal für nötig befanden, ihr ›freundschaftliches‹ Vorgehen mit ihm abzustimmen.

Zugegeben, Thomas Mann ließ sich bis zu diesem Zeitpunkt tatsächlich vor die verschiedensten Kampagnen ›spannen‹; er glaubte in vielen Fällen bereits dem Anschein einer Sache, ganz so wie er nahezu jederzeit bereit war, empfehlende, werbewirksame Sätze für irgendwelche Bücher zu schreiben. Tatsache ist jedoch auch, daß sich seine Kritik an den gesellschaftlichen Manifestationen des westlichen Kapitalismus, vor allem an den ›double standards‹ der amerikanischen Politik, *nicht* aber an der Demokratie an sich wie noch in den BETRACHTUNGEN EINES UNPOLITISCHEN, nach 1945 durch alle seine politischen Verlautbarungen und privaten Kommentare zieht. Das Tagebuch wurde dabei zu einem Experimentierfeld der politischen Kritik, die deutlich prononcierter, ausführlicher, passionierter ausfällt als alles das, was er zur Literatur zu sagen hat. So ist es auch angemessen, daß viele der Dokumente, die das politische Engagement gerade des späten Thomas Mann belegen, erst durch die Herausgabe seiner Tagebücher bekannt wurden.

Eine konzise Zusammenfassung seiner politischen Position gab Thomas Mann in einem im Herbst 1949 verfaßten essayartigen, gleichfalls zu seinen Lebzeiten unveröffentlicht gebliebenen Brief, mit dem er auf die Luzerner Zeitschrift EXTEMPORE aufmerksam machen wollte. Den Text verstand er selbst als seinen »J'accuse Artikel« (Tb 27. 12. 1949). Aber ein Zola war er nicht; er wußte, daß die Veröffentlichung dieses Artikels (gedacht war an die Zeitschrift AUFBAU) ihm nicht nur in den Vereinigten Staaten schaden würde; und bei aller Kapitalismus-Kritik blieb er darauf bedacht, daß seine Auflagenziffern nicht unbotmäßig beeinträchtigt werden sollten. Was bedeutet: Er konnte sehr wohl auch im fortgeschrittenen Alter ermessen, welcher politische Text ihm abträglich sein würde; und deshalb hatte ihn die Episode mit Meyer & Knopf so verletzt.

Besagter Text nun, ANLÄSSLICH EINER ZEITSCHRIFT,[305] wendet sich »an alle diejenigen, die sich den inneren Widerstand bewahrt haben gegen machtvolle Einflüsse, die seit Ende des Krieges die Umfälschung des Problems der *Ordnung* der Welt in die Technik der *Blockbildung* betreiben.«[306] Er hofft darauf, daß sich der »jetzt wütende sozioökonomische Gegensatz zwischen Ost und West einmal ausgleichen und, wie frühere Polaritäten, sich in der Civilisation auflösen wird.«[307] Was er besonders anprangert, sind die erwähnten ›double standards‹ der amerikanischen Position, die einerseits zur Verteufelung des Kommunismus aufruft, andererseits den autokratischen »Schah von Iran, Monarch eines bis zur Komik verrotteten Landes« wegen seiner Bodenschätze hofiert, zu schwiegen von Saudi-Arabien, »dem Lande der grausamsten Sklavenausbeutung«, mit dem Amerika auf besonders herzlichem Fuß stehe; denn »dort hat die Zusammenarbeit der Großgrundbesitzer mit dem amerikanischen Ölkonzern, die Auslieferung des halben arabischen Grund und Bodens an das Schürf- und Ausbeutungsbedürfnis, jeden Ansatz zu einer fortschrittlichen Bodenbewirtschaftung erstickt.«[308] Aber im Namen des Antikommunismus könne dergleichen generös verziehen werden. Thomas Mann beobachtet durchaus genau und zutreffend, daß gerade auch die Wissenschaft in zunehmendem Maße in militärpolitische Dienste gestellt wurde; und er stellt die Frage, ob sich T. S. Eliot nach 1945 auch so vehement für seinen amerikanischen Landsmann Ezra Pound eingesetzt hätte, wenn dieser kein italo-faschistischer, sondern ein kommunistischer Aktivist gewesen wäre.[309] Überhaupt Eliot. Als ihm Ida Herz dessen Buch NOTES TOWARDS THE DEFINITION OF CULTURE zusendet, vermerkt er im Tagebuch: »Mutet mich nicht wie das Werk eines großen Geistes an.« (Tb 1. 12. 1948)

Was Thomas Mann im Amerika Trumans und McCarthys am Werk sieht, ist das, was der Soziologe Richard Sennett im heutigen Amerika als »sanften Faschismus« beschrieben hat, dessen schizoide Dimension auch weiterhin beunruhigt: Eine planmäßige Außerkraftsetzung der Freiheitsrechte im Namen der Verteidigung der Freiheit nebst der Neigung, aus strategischen Gründen mit zweierlei Maß zu messen und nach bigotter Art zu verteufeln, wenn es darum geht, an Verständigung zu arbeiten.

In mancherlei Hinsicht kann man diesen unveröffentlichten ›Brief‹ als Vorstudie zu Thomas Manns im April 1950 an der Universität von Chicago gehaltenem Vortrag MEINE ZEIT lesen. Am Ende dieses dann in einen Essay umgearbeiteten Textes entwarf er eine regelrechte Utopie, die zeigt, daß er sehr wohl willens und fähig war, seine Amerika-Kritik in eine positive Vision über die künftige Rolle der Vereinigten Staaten umzuwandeln. Eines wird dabei überdeutlich: daß er seine Kritik am Nachkriegsamerika als ›Wahlverwandter‹ des verstorbenen Franklin D. Roosevelt vortrug, als eine Art betagter Testamentsvollstrecker und Erbe des von ihm so tief verehrten Präsidenten des ›New Deal‹, von Thomas Mann interpretiert als eine Synthese aus Freiheit und Sozialismus. Auf *diese* Synthese kam es ihm an; dieses Ideal bestimmte seine Kritik an der Politik von Roosevelts Nachfolger. Den Studenten in Chicago stellte er sich als ›amerikanischer Patriot‹ vor, dessen Patriotismus jedoch eine sehr konkrete Utopie einforderte:

»[...] der patriotische Traum meines Alters ist denn also, Amerika möchte sich zu der moralischen Kühnheit erheben, die seiner Stärke entspricht, und die Initiative ergreifen zu einer universellen Friedenskonferenz, auf der nicht nur dem verderblichen Wettrüsten ein Ende gemacht, sondern, im wohlverstandenen nationalen Interesse aller, auch Amerikas, der Plan entworfen werden sollte zu einer umfassenden Finanzierung des Friedens, zu einer Konsolidierung aller ökonomischen Kräfte der Völker im Dienst gemeinsamer Verwaltung der Erde und einer Verteilung ihrer Güter, welche schmähliche Armut und Hungersnot von ihrem Angesicht tilgte und unnotwendiges, von Gott nicht gewolltes, sondern nur vom Menschen verschuldetes Leiden aus der Welt schaffte. Es wäre der humanistische Kommunismus, der dem inhumanen den Rang abliefe; und erst, wenn Rußland eine solche Weltplanung, die Vorbereitung zu einer Gesetz und Frieden schützenden Weltregierung verschmähte und sich in nationalem Eigensinn davon ausschlösse, erst dann und nur dann wäre bewiesen, was man sehr voreilig als bewiesen ausgibt, daß Rußland den Frieden nicht will. [...] Die Zeit ist der Friede selbst, und Krieg ist nichts als das wilde

Verschmähen der Zeit, der Ausbruch aus ihr in sinnlose Ungeduld.« (XI, 323 f.)

Diese Utopie, man nenne sie nicht potenzierte Naivität, hat bis heute nichts von ihrer Bedeutung eingebüßt. Mit dieser Position schien ihm auch eine innerfamiliäre Synthese gelungen – nämlich zwischen der rabiaten Amerika-Kritik der Lieblingstochter Erika und der ausgesprochen pro-amerikanischen Haltung Golo Manns.[310] Thomas Mann forderte in erster Linie von Amerika die Fortschreibung des ›New Deal‹ und seine Erweiterung auf die globalen Verhältnisse. Weltmacht sein wollen, so die These, heiße: moralisch führen können. Daß man hingegen dabei war, Roosevelts Erbe zu verspielen, darf mit Fug als der eigentliche Beweggrund für Thomas Manns Kritik gesehen werden. Sah er doch in diesem ›Verspielen‹ das vorgebildet, was er für sich selbst und sein eigenes Werk, diesem ›New Deal‹ zwischen Verfall und Vision, Melancholie und Ironie, Humanismus und Sprachzauber, fürchtete. Er, der »Dean of World Literature«, wie er inzwischen genannt wurde, stand für ein Bewußtsein, das sich der Dichtung Goethes ebenso verdankte wie – seit Joseph der Ernährer – Roosevelts humanistisch-sozialem Kosmopolitismus.

Alfred Andersch über den ›politischen‹ Thomas Mann

Daß auch Thomas Mann gelegentlich zweierlei Maß anlegte, veranschaulicht seine (zurückgehaltene) Unterstützung für besagte Luzerner Zeitschrift und seine Kritik an das von Alfred Andersch herausgegebene Periodikum Der Ruf. Dessen Amerika-kritische Haltung, die ihn schließlich die Lizenz für seine Zeitschrift kostete, empfand Thomas Mann nach anfänglichem Wohlwollen als »verstimmend durch die Generationsattitüde und befremdende Lobsprüche.« (Tb 29. 10. 1946) Damit meinte er im Ruf vertretene Beiträge wie »Das junge Europa formt sein Gesicht« und die Würdigung jüngerer Emigranten wie Arthur Koestler. Daß dieses von Andersch und Hans Werner Richter beschworene und geförderte ›junge Europa‹ gleichfalls eine Synthese aus

»sozialistischer Praxis und humanistischer Freiheit« anstrebte (wie auch EXTEMPORE in Luzern und Thomas Mann selbst), wollte der Patriarch der deutschen Literatur in Kalifornien nicht zur Kenntnis nehmen. Daß gerade Andersch sich entschieden für Thomas Mann einsetzte und in seinen Zeitschriften DER RUF und später TEXTE UND ZEICHEN auch andere jüngere Schriftsteller sich mit ihm auseinandersetzen ließ,[311] schien Thomas Mann zunächst eher zu stören. Sein Argwohn verstärkte sich noch, als Andersch (guten Willens und im Auftrag von Manns Fischer-Verlag) die politischen Texte Thomas Manns in einer Anthologie zusammenstellte, deren Veröffentlichung Mann im Juni 1950 in letzter Minute untersagte.[312]

Dabei hatte er Anderschs Essay über sein politisches Denken bei dessen erster Lektüre im Februar 1949 als »vorzüglich« bezeichnet (Tb 26. 2. 1949); er las ihn dann wieder im Vorfeld zu seinem achtzigsten Geburtstag in der Zeitschrift TEXTE UND ZEICHEN[313] und nannte ihn zu Recht einen »sehr klugen Aufsatz« (Tb 17. 2. 1955). Denn Andersch hatte in der Tat in diesem Essay Thomas Manns politischen Nerv in Leben und Werk exakt getroffen: von der »Maske des Unpolitischen«, mit der »der Schriftsteller in die Politik eintrat«, bis zur Analyse dessen, was sich hinter diesem Schreiben über Politik verbarg (der Wille zu einer »zukünftigen Synthese zwischen Psyche und Mythos, zwischen Ratio und Magie«[314]), und der Feststellung, daß Thomas Mann bei seinem ersten Auftritt im Nachkriegsdeutschland in der Paulskirche schon dadurch als ›Politiker‹ auftrat, weil »gewisse hohe Beamte und Würdenträger der westdeutschen Politik« diesem Ereignis »ostentativ fernblieben«.[315] So war auch Andersch der erste, der Thomas Manns Amerika-Kritik angemessen einzuschätzen wußte und ihren Hintergrund zu benennen verstand. Ihn prägte das paradoxe, aber immens inspirierende Erscheinungsbild Präsident Roosevelts, die »Dynamik des Gelähmten«, dem »nicht nur der Sieg über die Barbarei gelang, sondern auch die Überwältigung des Mißtrauens durch die weltumspannende Größe seiner politischen Perspektiven.«[316]

Wenige Arbeiten haben diesem zum produktiven Narzißmus

Berufenen mehr bedeutet als Anderschs Aufsatz, wie aus seinem Brief an dessen Verfasser klar hervorgeht:

»Ihre Analyse meines für so viele Leute enigmatischen und erbitternd widerspruchsvollen politischen Verhaltens ist von einer Klugheit und Feinheit, einer zugleich erheiternden und schmerzlichen Wahrheit und Einsicht, wie ich sie in meinem Leben noch nicht erfahren habe und nicht mehr zu erfahren hoffte. [...] Ach ja, welche Wohltat ist die Stimme des Wissens und loyaler Intelligenz inmitten des quälenden Geschreies der Dummheit! Und die größte Genugtuung für mich waren wohl Ihre Sätze über den Mann [gemeint ist Roosevelt, R. G.], dessen Name gerade wieder von den amerikanischen blockheads und Finsterlingen nach Kräften beschmiert wird, und dem allein man es doch zu danken hat, daß heute die Welt nicht hitlerisch ist.«[317]

Vom ›enigmatischen‹ politischen Verhalten Thomas Manns, seinem nicht seltenen Spielen mit widerspruchsvollen politischen Gedanken, bis zum ›Zaubern‹ mit Sprache und Psyche im literarischen Schaffen war es im Grunde kein großer Sprung. Doch wie vertrugen Zauber und Analyse einander, wenn sich der mythische Urgrund einmal nicht aufrufen ließ? Thomas Manns (späte) Versuche in politischer Analytik streiften den Anspruch des Zauberhaften im sprachlichen Ausdruck durchaus ab, im Tagebuch zumindest, nicht dagegen im ausformulierten, ins Öffentliche gestellten Text wie im Falle des Essays MEINE ZEIT, der, wenngleich auf engerem Raum, das eigentümliche Verweben der Worte in den Leser einspinnenden langen Perioden meisterlich vorführt.

DER CHARAKTER DER SPÄTEN TAGEBÜCHER

Wenn Briefe Abwesenheiten, zu überbrückende Distanzen bezeugen, dann stehen Tagebuchaufzeichnungen für Präsenzen, für reflektierte Anwesenheit und unmittelbare, tagtägliche Zeugenschaft. Jeder Tagebuchband Thomas Manns liefert eine Komödie und Tragödie seiner Eitelkeiten, die wir inzwischen – wie jene Richard Wagners – zu seinen künstlerischen Produktionsbedingungen zu rechnen gelernt haben. Bis zuletzt will er verzaubern, um gegen den Ekel vor allem und (beinahe) jedem anzugehen: »Ich sollte aufhören, dies nutzlose, leere Tagebuch zu führen, aus Scham vor meiner gegenwärtigen elenden Existenz« (Tb 21.6. 1954). Als er tatsächlich die Arbeit am Tagebuch auf zwei Wochen unterbricht, scheint auch dieses Mittel nicht zu wirken. Er nimmt sich am 4. Juli 1954, dem amerikanischen Unabhängigkeitstag, die Arbeit am Diarium wieder vor und befindet: »Das Tagebuch ekelte mich, wie mich alles ekelte [...].« Er braucht die Arbeit am Kunstwerk, um wirklich Zauberer sein zu können; denn nur »im Zauber bleibt die Kunst das gewünschte Geheimnis«.[318]

Im Tagebuch kann er darauf verzichten, den Schein zu wahren, kann die Maske fallen lassen; und doch braucht er nichts mehr als Schein und Maske. Elend und Ekel im Alter rühren geradezu von seiner Abhängigkeit vom Tagebuch her – eine gefährliche ›Droge‹, wie er selbst nur zu genau weiß: »Über das Falsche, Schädliche und Kompromittierende des Tagebuch-Schreibens, das ich unter dem Choc des Exils wieder begann und fortführte, um diese Geschichte mit meinem Alltag zu notieren.« (Tb 8. 2. 1942) Weltgeschichte und eigener Alltag – im Tagebuch Thomas Manns finden sich beide bis zur unfreiwilligen Parodie ›gleichgeschaltet‹; so lange es noch von der Arbeit an Erzählwerken zu berichten gab, schoben sich diese Notate dazwischen. Da lassen sich die Anstellung einer »neuen Neger-Magd« mit Vermerken zum Fortgang des FAUSTUS und des Krieges mühelos in eins setzen und bei anderer Gelegenheit die Tatsache, daß die ihn bedienende Stewardeß eine berühmte Jodlerin sei, mit der Bemerkung, daß die eigene Lage im Grunde ›verzweifelt‹ sei bei allem Lebensluxus. Wie gesagt, man kann sich über dergleichen Notate amüsieren, sie karikierend oder zynisch abhandeln; man kann aber auch darüber staunen, was dieser Schriftsteller buchstäblich jedem einzelnen Tag abgewinnen konnte. Dokumentieren diese Tagebücher doch ein Leben, das keinerlei Leerlauf kannte.

Dabei verlangte es Thomas Mann bekanntlich nach nahezu pausenloser Anerkennung, Würdigung; und wurde sie ihm einmal nicht zuteil, so brauchte er das Tagebuch entweder, um sie sich selbst zuzuschreiben oder ihren Mangel zu konstatieren. Das Eigentümliche aber ist: Selbst von den im Grunde ermüdenden Wiederholungen gewisser Probleme mit seinen »Mägden«, selbst »stattlichen, nubischen Aussehens« (Tb 16. 1. 1951), geht eine seltsame Lebensfrische aus, eine Unmittelbarkeit, die den sonstigen Pathetiker der Distanz konterkariert und in einem gewissen Grade entlarvt. Diese Anerkennung, die er erwartete und die er – seiner Auffassung nach – in den Vereinigten Staaten zumal nach 1945 zu selten erfuhr, war für ihn gleichbedeutend mit dem Respekt gegenüber der spätbürgerlichen Kultur, die er wie niemand sonst (Julien Green vielleicht ausgenommen) zu repräsentieren wußte.

Sieht man von seinen Rundfunk-Ansprachen DEUTSCHE HÖRER! einmal ab, dann fällt auf, wie selten er den Hauptgrund für das Ende des bürgerlichen Kulturverständnisses wirklich beim Namen genannt hat, nämlich die Shoa. Was nach Auschwitz noch möglich oder unwiderruflich unmöglich sei, ist eine Frage, der sich Thomas Mann augenscheinlich nicht stellen wollte. Das Katholisieren in DER ERWÄHLTE etwa war für ihn möglich. Und die Darstellung des Kriminellen beschränkte sich auf harmlose Hochstapeleien oder auf den ›Betrug‹ durch die Natur. Sprach er Anfang der fünfziger Jahre vor Studenten, ob in Chicago oder Hamburg, dann fand die Shoa keine Erwähnung. Eher gewinnt man den Eindruck, als habe er ›seine Zeit‹ als langen Vollzug des Endes der bürgerlichen Welt verstanden, dessen ästhetische Seite, die *décadence* um 1900, das eigentlich entscheidende Datum gewesen sei.

Ausgesprochen schwer läßt sich beurteilen, ob Thomas Manns Amerika-Kritik nach 1945 seine Überzeugung, daß die Deutschen kollektiv am Verhängnis des Nazismus schuld gewesen seien, relativiert hat. Alle Anzeichen sprechen dafür, daß beide Positionen bis Anfang der fünfziger Jahre parallel Bestand hatten. Unversöhnlich blieb er dem Land seiner Herkunft nicht, so suspekt ihm Adenauer auch war. Immerhin erwog er, wieder zurück nach München zu ziehen, sah sich 1949 und 1955 im Namen Goethes und Schillers gesamtdeutsch gefordert, wenn auch befehdet, und konnte aus »sentimentalen Regungen« heraus, verbundenen mit (sehr seltenen) »Gedanken an ›Papa‹« einem späten Auftritt in Lübeck im Zeichen »biographischer Rundung« durchaus einiges abgewinnen (Tb 3. 3. 1955), wohl wissend, daß er trotz allem nirgends genauer verstanden werden konnte als in diesem prekären Schicksalsland zwischen Trave und Isar.

Zuweilen aber lassen die Tagebücher beängstigend tief blikken. Abgründe tun sich zum Beispiel auf, wenn Thomas Mann am Tag seines siebenundsiebzigsten Geburtstages über Tochter Erika notiert: »Gewiß will sie nicht länger leben, als wir.« (Tb 6. 6. 1952) Martin Meyer kommentiert treffend: »Wenn er [Thomas Mann] verschwindet, muß seine Welt verschwinden. Wenn er nicht mehr da ist, kann den Seinen am Leben nicht mehr gelegen sein. Wenn seine Liebe erlischt, fehlt der geliebten Tochter der Atem der Existenz.«[319] Schaudernd erinnert man sich des Essays BRUDER HITLER, dieses Einbekenntnisses der fatalsten aller Wahlverwandtschaften. Denn hatte Thomas Mann mit diesen acht Worten für seinen privaten Bereich nicht etwas ausgesprochen, was Hitler *de facto* für sein ganzes Volk angeordnet hatte, dessen absolutes Ende *durch sein eigenes* Ende? Der ›Zauber des Letzten‹ – in diesem Tagebuchvermerk grenzt er ans Apokalyptische, an eine hauseigene Götterdämmerung. Zum Glück lagen Kultur-Welten zwischen der Alten Landstraße in Kilchberg und den Resten der Wilhelmstraße in Berlin.

LEKTÜREN: MARGUERITE YOURCENAR ZUM BEISPIEL

Von besonderem Wert sind diese Tagebücher auch deswegen, weil sie einen Spiegel von Thomas Manns Lektüren liefern, die in seinen letzten Lebensjahren von besonders reizvollen Kontrasten bestimmt waren. Daß er subtilere Lesegewohnheiten als seinerzeit Senator Thomas Buddenbrook entwickelt hatte, versteht sich. So wie vieles von dem, was Thomas Mann jetzt eingehend betrachtete, in seinen Augen an Mythisches, Urbildhaftes rührte (»Am See Anblick eines sich einölenden Jünglings, griechisches Vasenbild, Bild des Immerseins«, Tb 16. 7. 1947), konnte auch intensive Lektüre in ihm den Eindruck des Unvergänglichen hervorrufen. Das galt immer dann, wenn er sich Goethe zuwandte, aber auch Tolstoi, nicht minder freilich einem der großen Leseeindrücke der letzten Jahre: Marguerite Yourcenars fiktiven »Erinnerungen des Kaisers Hadrian«, ICH ZÄHMTE DIE WÖLFIN (1951). Thomas Mann las den Roman in der Übersetzung von Fritz Jaffé im Jahre 1953.[320] An Claire Goll schreibt er begeistert noch während der Lektüre: »Ihr Frauen seid zuweilen erstaunlich. Da ist, auch in New York, aber französisch schreibend, eine gewisse Marguerite Yourcenar, die hat Memoiren des Kaisers Hadrian verfaßt – von einer bis zur Vexation gehenden Echtheit der Fiktion, übrigens wissenschaftlich gewaltig fundiert. Kennen Sie das Buch? Es ist das schönste, das mir seit langem vorgekommen.«[321]

Was ihn fasziniert, ist die Welt der Erinnerungen, die Art und Weise des Sich-Erinnerns und die schiere ›Authentizität‹ der Fiktion, Fragen, die sich ihm im Zusammenhang mit dem Problem ›Autobiographie‹ selbst wiederholt gestellt hatten. Denn sollte nicht, wer repräsentiert, seine Erfahrungen mit dem Wechselverhältnis von Privatem und Öffentlichem in seiner spezifischen lebensgeschichtlichen Entwicklung auch darlegen können? Das war bereits Thomas Manns Thema in PARISER RECHENSCHAFT, in DIE ENTSTEHUNG DES DOKTOR FAUSTUS und in MEINE ZEIT. In DOKTOR FAUSTUS hatte Serenus Zeitblom diese Aufgabe seinem Freund Adrian Leverkühn abgenommen, und auch Felix Krull hatte sich an einem Kreuzpunkt seines fiktiv-authentischen Lebens dem autobiographischen Projekt gestellt. Mit Yourcenars HADRIAN sah Thomas Mann sein großes Thema ›Repräsentation‹ und ›Königliche Hoheit‹ im ungleich größeren Rahmen des römisch-hellenischen Weltreichs dargestellt. Yourcenar porträtiert Hadrian in seiner letzten Lebensphase, in einem Alter also, »in dem das Leben für den Menschen zur eingestandenen Niederlage wird.« (8)

Es lohnt, Thomas Manns Lesespuren in diesem Roman zu verfolgen, und das auch deswegen, weil er selbst seine »Anstreichungen« im Tagebuch vermerkt, sie ihm also betont wichtig waren (Tb 21. 12. 1953). Dieses Aufnehmen der Lesespuren, was keineswegs einer allgemeinen (und inzwischen auswuchsartigen) Anstreichungsphilologie das Wort reden soll, empfiehlt sich auch deswegen, weil Thomas Mann jene Stellen hervorhob, die etwas vom ›Zauber des Letzten‹ verraten, um den es der Schriftstellerin mit ihrem Roman ganz offenbar zu tun gewesen war.[322] Ein weiterer, nicht minder wichtiger Grund dafür, dieses Interesse Thomas Manns an Yourcenars HADRIAN etwas genauer zu untersuchen, besteht darin, daß sie in der französischen Literatur neben André Gide diejenige war, die das wohl subtilste Verständnis für Thomas Manns Kunst und Lebensproblematik hatte, was sich sogar in einer Studie über HUMANISMUS UND HERMETISMUS BEI THOMAS MANN niederschlagen sollte, auf die noch einzugehen sein wird. Zudem war Yourcenar eine der ganz wenigen, die Thomas Manns Roman DER ERWÄHLTE, der übrigens im gleichen Jahr wie ihr HADRIAN erschien (1951), als »meisterhaft« bezeichneten. Er gehörte in *ihren* späten Jahren zu den von ihr wiedergelesenen Büchern.[323] Auch sie beschäftigte die Geschwister- und Inzestthematik, vor allem der Homoerotiker, die Schattierungen des Männlichen, was ihr sogar Sopranstimmen suspekt machte. Überhaupt dürfte der Hauptunterschied zu Thomas Mann in Yourcenars Mißverhältnis zur Welt der Musik zu suchen sein, was wohl am eklatantesten in ihrer Prosa MOZART À SALZBOURG erkennbar wird, die von klischierten Aussagen über Musik nur so wimmelt.[324] Was aber ihren HADRIAN betraf, so hätte Thomas Mann schwerlich einen ihm wahlverwandteren Text in der französischen Literatur jener Jahre finden können. Und hätte er gewußt, was die Autorin Joseph Breitbach im April 1951 über die Figur ihres Hadrian geschrieben hatte, er hätte sich in der wie stets instinktsicheren Wahl seiner Lektüre noch bestätigter gefühlt: »Ein großer Erotiker und auch (ich sage nicht: aber auch) ein Bürger [...] ein von seinen Erinnerungen besessener Liebhaber, auf verschiedene Art mit verschiedenen Menschen verbunden, aber zugleich und bis zuletzt einer der diszipliniertesten Geister, die es je gab.«[325]

Im Unterschied zu Thomas Manns Roman DER ERWÄHLTE bediente sich Yourcenar bei ihrer Annäherung an Hadrian keines erzählenden Mittelsmannes. Für sie bedeutete Erzählen unbedingte und unmittelbare Vergegenwärtigung. War für Thomas Mann der Zauber (besonders des Letzten) durch die Unnahbarkeit bedingt, welche Personen und Dinge umgibt, so setzte Yourcenar auf Nähe oder auf die »Zauberwelt der Träume« (12).[326] Aus den Lesespuren Thomas Manns geht eindeutig hervor, daß er sich im Laufe der Lektüre immer mehr mit Yourcenars Hadrian identifizierte; dessen fiktive Memoiren wurden (aber wohl nur) für den Zeitraum der Lektüre gewissermaßen zu einem ›erlesenen‹ Symbol für seine eigenen. Sein Gustav Aschenbach schien an dieser Stelle durch Yourcenars Hadrian wieder zu ihm zu sprechen: »Ich liebte die griechische Sprache wegen der Biegsamkeit ihres wohlgeformten Körpers und ihres Reichtums, bei dem jedes Wort seine unmittelbare Beziehung zur Wirklichkeit bekundet.« (36) Besonders diese Passage hob er hervor: »Entgegen der landläufigen Legende habe ich die Jugend nie sonderlich geliebt, am wenigsten die eigene. Recht betrachtet, scheint mir dies so gepriesene Lebensalter meist dunkel und ungestalt, unruhig und unfertig.« (38) Damit korrespondierte die Einsicht: »Wer zu früh recht hat, hat unrecht.« (84) Was Hadrian zu den Bauten in *asia minor* zu sagen wußte, rief im Leser Thomas Mann die Welt seines JOSEPH herauf: »Jeder Stein war ein Stück verhärteten Willens, geronnener Erinnerung und manchmal auch versteinerten Trotzes, und jedes Gebäude war im Traum ersonnen.« (126) Vollends auf eigenem Terrain wußte sich Thomas Mann bei der Lektüre, als er auf die griechische Form des Namens Hadrian stieß, ›Adriano‹, wobei er in einem kühnen Zeitsprung nur noch ›Leverkühn‹ ergänzen mußte. Als er Hadrians Einschätzung seiner eigenen Zeit las, billigte Thomas Mann diese mit einem Ausrufungszeichen: »Vielleicht, daß eines Tages unsere Epoche, deren Fehler und Unzulänglichkeiten ich besser als irgendwer kannte, noch als das Goldene Zeitalter der Menschheit gepriesen werden würde.« (232) Und als Hadrian in eigener Sache Bilanz zog, konnte Thomas Mann nicht anders, als sie auf sich zu beziehen und ihr zuzustimmen: »Mir wurde ein Glück zuteil, das dem erfolgreichen Gärtner ähnelt: was ich der menschlichen Phantasie einzupflanzen versuchte, schlug Wurzel [...]

ein Bild, ein Abglanz, ein matter Widerhall wird noch einige Jahrhunderte fortleben. Mehr schafft man in Sachen der Unsterblichkeit schwerlich.« (271 f.)

Der große Essay nun, den Yourcenar im Jahre 1955/56 dem Problem »Humanismus und Hermetismus bei Thomas Mann« widmete, gehört zum bedeutendsten, was ein Schriftsteller über ihn gesagt hat.[327] Yourcenars Versuch, das ist keine Übertreibung, ersetzt mühelos einige Meter Sekundärliteratur über Thomas Mann. Denn es handelt sich um einen Text, der es wagt, den ganzen Thomas Mann als Novellisten und Romancier (nicht aber als Essayisten) in den Blick zu bekommen und herauszuarbeiten, was sein Grundanliegen gewesen war (oder zu sein schien) und was es mit dem Zauber auf sich hat, der von seinem erzählerischen Werk ausgeht. Dabei nennt sie ihn einen »Analytiker der Mutationen und Übergänge« (61) und einen Humanisten, dessen »Humanismus auf kosmischer Basis« sich entwickelt habe, wobei er dennoch auf einem bis zur »Obsession gesteigerten Realismus« beharre (59). Das ›Kosmologische‹ bezieht sie vor allem auf die Traumsequenzen im ZAUBERBERG und die JOSEPH-Tetralogie und verbindet es mit dem Mythischen. Sie hätte dieses Argument genausogut auf das ins Kosmische ausgreifende Kuckuck-Kapitel im KRULL beziehen können. Was Yourcenar übergeht: Dieser Realismus diente nicht nur dazu, den Zusammenhang von Kosmologie und Mythos am Einzelfall, an der einzelnen (womöglich ›unerhörten‹) Begebenheit aufzuzeigen und plausibel zu machen; denn der Mann'sche Realismus war entschieden selektiv und punktuell; er bezog sich auf einzelne Episoden, Erfahrungen, Szenen. Das führte dazu, daß sein partieller Realismus symbolisch werden konnte.

Erotik und Musik, so Yourcenar, seien bei Thomas Mann »magischer Natur« (80). Am Beispiel der BETROGENEN zeigt sie, wie Thomas Mann maskulin-intellektualisierte Reaktionen auf »diese im Übrigen so schlichte Frau« überträgt und überhaupt die »Übertragung eines männlichen Fühlens in eine weibliche Physiologie« dargestellt habe (78). Sie glaubt in Thomas Mann einen Transmutator zu erkennen, einen der hermetischen Tradition verpflichteten Erzähler, dem an beständigem Übertragen gelegen gewesen sei, wobei er wie Balzac und Proust den »Realismus des Details [...], sobald das erotische Element ins Spiel kommt, von Traumsequenzen« habe überlagern lassen (78).

Yourcenars Argumentation läuft jedoch darauf hinaus, in Thomas Manns Stil den Schlüssel zu seiner ›Hermetik‹ oder ›Magie‹ zu suchen, wobei sie betonte, daß sein Stil darauf angelegt gewesen sei, das Gesagte, Dargestellte auszuloten, Aspekt um Aspekt auszuschöpfen; daher spricht sie von seinem »exegetischen Stil« (87), der Beobachtungen und Gedanken entwickelt habe: »[...] kein jäher Bruch mit der Syntax, sondern ein Übergang von der gebräuchlichen Sprache zu einer Geheimsprache, die manchmal auch Gelehrtensprache ist.« (88) Sie erkennt eine »pedantische Langsamkeit der Bewußtseinsfindung« (ebd.), alles Bemerkungen, zu denen allenfalls die Tagebücher Thomas Manns Gegenfolien liefern. Man darf vermuten, daß Thomas Mann diesem Essay ebenso zugestimmt hätte wie Anderschs Analyse seines politischen Bewußtseins.

ANDERE, ›STERILERE‹ LESEWELTEN UND »GREISEN-AVANTGARDISMUS«

Sieht man von im eigentlichen Sinne arbeitsbezogener Lektüre ab, dann darf man behaupten, daß Yourcenars Hadrian unter Thomas Manns ›Neuentdeckungen‹ die für ihn wichtigste gewesen war. Unter den Gegenwartsschriftstellern nahm er neben den bereits genannten Arno Schmidt (Aus dem Leben eines Fauns), Ilse Aichinger (Der Gefesselte) und Hermann Lenz besonders wahr und billigte letzterem sogar zu, ihm durch seine Geschichte Der fliegende Engel »künstlerische Anregung« habe zuteil werden lassen (Tb 14. 4. 1953).

Aichingers »recht merkwürdige« Geschichte (Tb 4. 9. 1953) gehörte für ihn in ihrer Skurrilität zu jenen Zeiterscheinungen, die ihm zunächst bei Cocteau, dann aber vor allem bei Samuel Beckett aufgefallen waren. »Närrisch«, »amüsant-unmöglich«, »grotesk«, aber »anregend«, so empfindet er Beckett (Warten auf Godot), ein literarisches Land, alles andere als ›gelobt‹, an dessen Rand er selbst sich angekommen sah (vor allem durch

Die Betrogene), das zu betreten ihn freilich nicht weiter lockte. Denn seine Selbsteinschätzung stand für ihn nach Vollendung des Erwählten unverrückbar fest, und man kann sie nicht oft genug zitieren in unserem Zusammenhang: »Habe nichts dagegen, ein Spätester und Letzter, ein Erfüllter zu sein. Damit repräsentiert man das Abendland. Denn wo seine Frührot-Werke? Bin einer der Letzten, vielleicht der Letzte, der überhaupt weiß, was ein Werk ist.« (Tb 3.4.1951)

Ein Schreiben im Abendrot; das »Frührot« schien ihm bedeutungslos geworden. Mann war selbst ein »Erwählter«, ein »Erfüllter« vom Letzten und ein Erfüllender im Auftrag des Letzten, ein Vollender. Das blieb sein Credo, das ihm auch folgerichtig erscheinen ließ, daß er es nicht mehr zu wirklich neuen Vorhaben brachte. Am weitesten gediehen waren seine Pläne für sein Luther-Projekt, das eingehend dokumentiert und ausgewertet wurde.[328] Auch Mozart erwog er am Ende als möglichen Stoff, die absolute Gegenwelt zu Leverkühns Musik. Bis ganz zuletzt beschäftigte er sich wieder mit Alfred Einsteins großer Studie Mozart;[329] er las sie im Zürcher Kantonsspital – abwechselnd mit (Kontrastives noch hier) G. B. Shaws Heiraten, gleichsam als parodistisches Gegenstück zu ›Luthers Hochzeit‹.

In seinem, so weit bekannt, vorletzten Brief formulierte Thomas Mann einen Gedanken, der andeutet, was ihn an Mozart buchstäblich bis zuletzt fesselte und was durchaus als Kern eines möglichen Mozart-Projekts hätte dienen können. »Mich interessierte besonders«, so der Patient über Einsteins Sicht des Komponisten, »daß M. gar keinen Sinn für Natur hatte oder für Architektur oder Sehenswürdigkeiten überhaupt, sondern Anregung immer nur aus der Musik selbst schöpfte und sozusagen Musik aus Musik machte, eine Art von künstlerischer Inzucht und filtrierter Produktion, sehr merkwürdig.«[330] Das Bemerkenswerte an der Art dieses Interesses an Mozart ist, daß Thomas Mann damit auf eine ästhetische Position zurückgreift, die – im Bereich der Literatur – in der Sprache, im Material den eigentlichen Auslöser zur Produktion sieht, eine Auffassung, die symbolistischer Natur ist und die Bedeutung des Subjekts eher mindert. In der Buddenbrooks-Zeit wurde diese ästhetische Theorie vor allem von Theodor A. Meyer vertreten, der mit dem Hinweis auf das inspirierende Material die Idee der Mimesis durch die Kunst verabschieden wollte.[331] Einsteins Mozart-Bild und Thomas Manns zustimmende Lektüre stehen für eine nicht- oder gar anti-mimetische Kunst, die aus sich heraus schöpft, was doch sehr weit entfernt ist von jenen subtil differenzierenden ästhetischen Positionen, von denen der Roman DOKTOR FAUSTUS durchzogen ist. Was war das? »Greisen-Avantgardismus« in Sachen Ästhetik, um ein auf den Bruder Heinrich gemünztes Wort Thomas Manns zu gebrauchen?

Dieses Wort fiel zweimal. Zuerst prägte er es in einem Brief an Heinrich vom 14. Juli 1949, als er ihm für die Übersendung des Romans DER ATEM dankte, zwiespältig wie immer – selbst in diesem letzten Brief an den Bruder; auch das eine späte Lektüre, mit der sich Thomas Mann jedoch schwer tat, schwer tun wollte, so scheint es zumindest.[332] Ein zweites Mal verwendete er es in seinem BRIEF ÜBER DAS HINSCHEIDEN MEINES BRUDERS (X, 522). Man kenne »Fälle« eines solchen »Greisen-Avantgardismus« von »Parsifal, Goethe, auch Falstaff«; und DER ATEM, den er, wie bereits erwähnt, in öffentlichen Verlautbarungen immerhin neben Brochs TOD DES VERGIL, Hesses GLASPERLENSPIEL, »manches von Aldous Huxley« und seinen eigenen DOKTOR FAUSTUS stellte (X, 924), habe nun diese Reihe erweitert. Im Tagebuch nahm sich sein Urteil jedoch anders aus: »Sein Roman DER ATEM kam, stolz, hart, politisch wissend, schwierig intrigant, große Hintertreppe, und man weiß nicht, wohin man tritt. Fremd einzigartig und fragwürdig. Kann wirkliche Lese-Hingabe nicht erzwingen. Schmerz darüber.« (Tb 12. 7. 1949)

Wirklich ›Schmerz‹? Dafür klingt der Eintrag zu kalt, zu nüchtern analytisch. Wehte ihn dieser ›Atem‹ nicht doch etwas an, dieser Abschied am Ende des Romans zu den Klängen von Ravels LA VALSE? Was genau hatte Thomas Mann seinem Bruder über DER ATEM geschrieben?[333]

»[...] Das Buch ist seit einigen Tagen bei uns, und Katja und ich lesen es abwechselnd. Unnütz zu sagen, daß es etwas Einziges und Unvergleichliches darstellt in moderner Literatur oder besser: den modernen Literaturen, über die es sich nicht mehr national erhebt, so daß man erfährt: Ueber den Sprachen ist die Sprache. Man hat da, in äußerster Weitergetriebenheit einer persönlichen Linie, einen Greisen-Avantgardismus, den man von bestimmten großen Fällen her (Parsifal, Goethe, auch Falstaff) kennt, der aber doch hier und so als ganz neues Vorkommnis wirkt. Dazu pflegen ja Avantgardisten heute reaktionär zu sein, und Du machst die Ausnahme (Lukács würde vielleicht sagen: ähnlich wie ich als Traditionalist eine Ausnahme mache). Uebrigens fehlt es ja auch bei Dir nicht an Tradition: von Balzac her die grandiose Uebertriebenheit und geniale Aufschneiderei in der politischen Intrige, deren Abenteuerlichkeit doch durchaus *realistisch* und der Zeit angemessen ist. [...] Es ist phantastisch, wie der harte, ja schneidende, klare und doch hintergründige, kühle und überkonzentrierte Essayismus des Vortrages sich lyrisch verklären kann und das Aufregende bewegend wirkt.

Das sind ein paar halb steckengebliebene, auch wohl vorbeigehende Notizen. Nimm vorlieb!«[334]

Zweideutig ist diese Würdigung wie nahezu alles, was Thomas Mann zu Werk und Person seines älteren Bruders geschrieben hat. Mit diesem Roman habe er, so Helmut Koopmann, schlicht nichts anzufangen gewußt.[335] Weil er aber dem Bruder gegenüber etwas sagen wollte, habe er – sehr bewußt – unzutreffende Vergleiche zum angeblichen »Greisen-Avantgardismus« seines Bruders aufgeboten, die herzlich wenig mit dem Roman selbst zu tun haben, der weder mit Wagner, Goethe oder Verdi etwas gemein habe; zudem lasse er sich als letztes Ausweichmanöver eben über die Sprache aus. Was aber sagt Thomas Mann da über die Sprache seines Bruders in DER ATEM? Daß sie ›Sprache über den Sprachen‹ sei, was, wie gesehen, genau jene Formel ist, die er gebrauchte, um sein eigenes Erzählverfahren in DER ERWÄHLTE zu beschreiben; mit diesen Worten rechtfertigt der mönchische Erzähler seinen Umgang mit den Sprachen im Gregor-Roman (VII, 14). Auch der ATEM klingt durch die prononcierte Verwendung des Französischen wie ein sprachlich polyphoner Roman, der tatsächlich nach etwas sucht, was über den Sprachen steht, eben die Sprache selbst. Denn um sie kreiste Thomas Manns Denken vor allem im Goethe-Jahr, um die Frage also, was Sprache an Aufklärung *und* Verzauberung noch bewirken könne.

Zugegeben, die Seitenhiebe gegen den Bruder klingen nur zu deutlich: »grandiose Übertriebenheit« nach französischem Muster und »geniale Aufschneiderei« – das schreibt ein Schriftsteller, dem zu diesem Zeitpunkt die Wiederaufnahme der Arbeit am Hochstapler-Roman FELIX KRULL noch bevorstand.

›Greisen-Avantgardismus‹, diese Bezeichnung traf vielleicht noch mehr auf Knut Hamsun zu, den Thomas Mann im Herbst 1950 wieder las, und zwar den Roman DER RING SCHLIESST SICH. »Hamsun sehr gut«, heißt es im Tagebuch (Tb 6. 10. 1950). »Das Erotische, vielmehr Geschlechtliche tritt in dem Altersroman viel stärker hervor, als früher.« Dieses Urteil wiederholt er einen Monat später in einem Brief: »Hamsun vegetiert nur noch. Aber sein letzter Roman, ›Der Ring schließt sich‹, geschrieben in der Hitler-Zeit, wovon man ihm nichts anmerkt, ist noch ganz von ihm, voller Reiz und wunderlichem Zauber, nur etwas zu sexy, wie das alten Herren so passiert.«[336] Auch wenn er in jener Zeit Ernst Rowohlts Ansinnen, ihn für die Schirmherrschaft einer deutschen Hamsun-Gesellschaft in Lübeck (!) zu gewinnen, abwies, Hamsun blieb für Thomas Mann ein hochkarätiger Schriftsteller – trotz seiner emphatischen Kollaboration mit den deutschen Besatzern Norwegens. Hamsun gestand er zu, was er sonst keinem deutschen ›inneren Emigranten‹ zubilligte: sich in politischen Fragen als Künstler »irren« zu können und zu dürfen. Seine Einschätzung Hamsuns im Jahre 1950 erinnert durchaus an jene Wertung, die er in seiner hymnischen Geburtstagsadresse für den norwegischen Dichter im Jahre 1929 ausgerufen hatte: Die Lektüre Hamsuns zeitige »das tief heraufquellende, das einsame Lachen – ein unheimliches Phänomen [...] Ich kämpfte um die kritische Bezeichnung all der Reize, technischen Verschlagenheiten, dichterischen Intensitäten und intimen Erschütterungen, die das Geheimnis, den unendlich liebenswerten Zauber dieser Kunst ausmachen – einer Kunst, die äußerste Verfeinerung mit urepischer Einfalt mischt und bei letzter Zivilisiertheit ethnische Kulturüberlieferung, älteste Elemente nordischer Volksdichtung, Saga-Sangesgeist, aristokratisch wahrt.« (X, 460 f.)

Der Reiz, der einmal »liebenswerte«, dann »wunderliche« Zauber, Hamsun der Rätselhafte, selbst noch als Verräter seines Landes, aber nicht, so impliziert Thomas Mann, seiner Kunst: In Knut Hamsun war der ›Zauber des Letzten‹ zu einer dubiosen Könnerschaft gereift.[337] Auf längere Zeit konnte Thomas Mann auch diese Kunst inzwischen nicht mehr fesseln. Es galt, andere Zeichen dieser späten ›Zauber‹ zu bewundern und zu würdigen.

LEIDEN UND GRÖSSE DES LETZTEN: THOMAS MANNS UNGESCHRIEBENER ESSAY ÜBER TURGENJEW, NEBST VERSUCHEN ÜBER TSCHECHOW UND SCHILLER

Will man ermessen, welche überragende Bedeutung besonders Turgenjew, Tschechow und Schiller in Thomas Manns letzter Lebens- und Schaffensphase hatten, lohnt zunächst ein kontrastierender Blick auf jene Schriftsteller, mit denen Thomas Mann entschieden haderte. Damit verbunden stellt sich die Frage, wonach Thomas Mann in dieser späten Phase in künstlerischer Hinsicht suchte. Verlangte ihn nach dem, was er bei Hermann Lenz entdeckt hatte? Diesem »originellen, träumerisch-kühnen und merkwürdigen Talent«, das er »ganz selbständig neben Kafka« ansiedelte, »an den die Geschichten in ihrer genauen, wohlartikulierten Un- und Überwirklichkeit noch am meisten erinnern.«[338] Nach Wohlartikuliertem, nicht dagegen nach dem, was ein Gottfried Benn zu bieten hatte. Als Thomas Mann dessen PTOLEMÄER las, reagierte er verärgert: »Hastig-kesses, oft renommistisches Zusammenraffen von Kultur, künstlerischer Nihilismus, Humanität zum Lachen, alles nur getrennt durch Kommata, ›Abschied von der bisherigen Geschichte‹.« (Tb 15. 7. 1949)

Der Zufall wollte es, daß er Benns PTOLEMÄER unmittelbar nach des Bruders ATEM las, wobei diese Texte ihm als Zeugnisse jenes ›Greisen-Avantgardismus‹ erscheinen mußten, Relikte einer, in der Terminologie der BETRACHTUNGEN EINES UNPOLITISCHEN, Zivilisationsliteratur von einst. Zum ›Problem Benn‹ gesellte sich das wiederholte Nachdenken über Ernst Jünger, dem er nur eine »interessante Rolle in der Auflösung der Civilisation« zuzubilligen bereit war (Tb 21. 9. 1949). Benns und Jüngers »Gehirnlichkeit« (Tb 31. 3. 1950) irritierten ihn. Hatte er dem Bruder bescheinigt, daß dessen »überkonzentrierter Essayismus« wenigstens noch »lyrisch sich verklären« könne, so mußte ihm die kristallisierte Sprache von Jüngers Essayismus geradezu entlyrisiert vorkommen – bar jeder Verklärung.[339] Die Hauptfigur des späten Jünger sollte der Anarch werden, der Bindungs- und Beziehungslose, der mit »abenteuerlichem Auge«[340] und stereoskopischem Blick die belebte und unbelebte Natur betrachtet, der Sonderling und Schmetterlingssammler, in dessen Sammlung sich aber keine *cithaerias esmeralda* aus der Familie der Satyridae (Augenfalter) befunden haben dürfte, jener Typus Schmetterling, aus dem eine verführerische ›Hetaera esmeralda‹ wie im DOKTOR FAUSTUS werden konnte. Jünger war der große Registrator des Gesehenen, Thomas Mann dagegen der Verwandler. Was zwischen ihnen stand und sie doch mittelbar verband, benannte Thomas Mann selbst. Im Tagebuch heißt es unter dem 24. November 1949: »Unbehagliches Nachdenken über E. Jünger nach der Lektüre. Respekt vor der Männlichkeit seines Lebens. Vergleich mit der metaphysischen Sehnsucht meiner eigenen Jugend. Erinnerung an meine Berührungen mit den deutschen National-Revolutionären, Gleichen, schnarrenden Studenten etc. Unvergeßlich schauderhaft. Wie konnte er es aushalten?«

Auch George Orwell, ein Gegenbild zu Jünger, konnte Thomas Mann nicht behagen. Schlimmer: »Las mit Grauen in Orwells berühmten ›1984‹. Meine Nerven ertragen diese Phantasie-Realisierung des schon Seienden sehr schlecht.« (Tb 3. 2. 1950) Aufschlußreich an dieser Bemerkung ist, daß er das, was Orwell in seinem Roman als Schreckensszenarium vorgeführt hatte, bereits als Realität verstand (»des *schon* Seienden«).

ZAUBER UND HUMANITÄT DER FORM: DER AHNE TURGENJEW

Diese Vorbehalte oder tiefgehenden Irritationen mit zeitgenössischen Schriftstellern erklären am ehesten, weshalb sich Thomas Mann verstärkt mit weniger politisch und ästhetisch belasteten ›Verwandten‹ beschäftigte, mit Turgenjew etwa, einem Schriftsteller, dem er eigentlich, bedenkt man das Ausmaß der Wahlverwandtschaft, einen großen Essay schuldig geblieben ist. Die These lautet, daß es unter den russischen Schriftstellern neben Tschechow vor allem Turgenjew war, und weitaus weniger Tolstoi, dem Thomas Mann sich im Hinblick auf dessen literarische Werkkonzeption am nächsten wußte. Betrachten wir diese vergleichsweise vernachlässigte,[341] hier schon im Hinblick auf DIE BETROGENE erwähnte Wahlverwandtschaft zwischen beiden Schriftstellern etwas eingehender und insbesondere jene Aspekte in Turgenjews Werk, die für Thomas Mann gerade in seiner Spätphase besonders wichtig gewesen sind. Der ungeschrieben gebliebene Essay über Turgenjew wäre sozusagen die Ergänzung zu jenem späten großen Versuch über Tschechow gewesen.[342]

»In der Zeit der Krise und des Übergangs, in der wir leben, bringen [...] alle künstlerischen oder literarischen Werke lediglich Meinungen, individuelle Gefühle, verworrene und widersprüchliche Überlegungen – den ganzen Eklektizismus ihrer Autoren zum Ausdruck; das Leben hat sich verzettelt [...].«[343]

Wer hier den uns allzu vertrauten Zustand der Verworrenheit und geistigen Beliebigkeit beklagt, ist keine Stimme aus der Postmoderne, sondern der junge Iwan Turgenjew am Vorabend der Märzrevolution 1848 in Paris.

Drei Jahre vor seinem Tod hatte Thomas Mann an Adorno geschrieben: »Unsere höhere Literatur kommt mir vor wie ein hastiges Resümieren und *parodisierendes* Rekapitulieren des abendländischen Mythos, rasch noch vor Einbruch der Nacht. [...] Gebe der Himmel uns etwas von der Produktivkraft, die jedem Verfallsmoment Momente des Werdenden abzuzwingen vermag.«[344]

In literarischen Fragen, aber auch privat sah sich Thomas Mann spätestens dann als »Letztausharrender«, als er erfuhr, daß seinem Bruder Heinrich keine Zeit mehr zum Leben bleiben werde (Tb 11.3.1950). Und Turgenjew? Im Oktober 1849 wohnte er Chopins Bestattung bei, die er als Beisetzung der Romantik erlebt hatte; zwei Jahre später empfand er Gogols Tod als tiefen Einschnitt, freilich auch als einen Auftrag, dessen künstlerisches Vermächtnis weiterzugestalten. Auch Turgenjew verstand sich auf das Ende – und wie Thomas Mann von Anfang an. Als Turgenjew das sich verzettelnde Leben kritisierte, entwarf er, ein Schriftsteller Anfang dreißig, das TAGEBUCH EINES ÜBERFLÜSSIGEN MENSCHEN, die Geschichte eines an sich selbst Scheiternden, eines Menschen, der sich bei seiner eigenen Desintegration beobachtet als ein etwas in die Jahre gekommener Werther.

Es gibt ihn nicht, den zufälligen Einzelnen, der beide gekannt hätte, nicht einmal den einen Ort, der beide gleichermaßen faszinieren konnte: Turgenjews Landsitz Spasskoye und Thomas Manns Lübeck trennten buchstäblich Welten. München und Zürich waren nie Turgenjews bevorzugte Orte gewesen, Paris nie jener Thomas Manns. Die Biographien beider Schriftsteller eignen sich nicht für Vergleiche: Turgenjews Rußland war von feudalistischen Herrschaftsstrukturen geprägt, gegen die er mit mutigen Worten rebellierte. Thomas Manns politisches Bewußtsein blieb, alles in allem, zeitlebens vom Eindruck lübeckischer Bürgerlichkeit bestimmt, der er jede nur denkbare Schattierung abgewann, vom ästhetischen Konservatismus bis hin zu Sympathien für einen humanistisch idealisierten Sozialismus. Suchte man dennoch in ihren Biographien nach Ähnlichkeiten, dann fände man sie in einem bezeichnenden Kuriosum: Beide bezahlten ihre Art der kritischen Verehrung eines künstlerischen Vorbildes mit Verbannung, mit Exil. Die zaristischen Behörden verhängten über Turgenjew für zwei Jahre eine Art Hausarrest auf seinem Landgut, weil er eine Würdigung Gogols gewagt hatte, dessen sozialer Humanismus im zaristischen Rußland verfemt war. Teurer noch mußte Thomas Mann für seine kritische Auseinandersetzung mit Richard Wagner, die im Februar 1933 gehaltene Rede LEIDEN UND GRÖSSE RICHARD WAGNERS, bezahlen, welche die braune Kulturmiliz an Isar und Spree zum Anlaß genommen hatte, sich seiner zu entledigen.

Was diesen Vergleich aber lohnt, sind die wahlverwandten motivischen Bezüge in beiden Werken, ist die Art ihres Erzählens, der Sinn, den beide ihrem novellistischen Künstlertum gaben, der Geist der Vermittlung zwischen Kulturen und Zeiten, ihr Sinn für Parodie und Ironie, ihre Suche nach letzten Idyllen, ihre Frage nach dem problematischen Faszinosum, das von der Gestalt des Zauberers ausgeht.

»Man war jung und schwank, und zu Kulturzwecken hatte man die Bilder mythischer Meister auf seinem Tische stehen. Welche waren es? Iwan Turgenjews melancholisches Künstlerhaupt stand dort und die Patriarchengestalt des Homers von Jasnaja Poljana«.[345] Dieses Eingeständnis findet sich in einem umfangreichen Geleitwort, das Thomas Mann im Januar 1921 für eine Anthologie russischer Literatur geschrieben hatte – mitten in der Arbeit am ZAUBERBERG, an dessen fünftem Kapitel, das sich mit der Problematik des »stehenden Jetzt«, der »Einerleiheit« und der zu einer »Ewigkeitssuppe ... verschwimmenden Zeitformen« (III, 258) beschäftigt. Der essayistische Abstecher in die russische Literatur, die er seit den Tagen seines TONIO KRÖGER sogar »heilig« zu nennen pflegte, bringt ihn dazu, sich seiner frühen »Meister und Kultbilder«, der Ikonen seiner ersten Künstlerschaft zu erinnern, Turgenjew und Tolstoi. Aufschlußreich, was Thomas Mann über den Grund seiner Dankbarkeit sagt. Turgenjew habe seinen »ersten prosaischen Gehversuchen und Selbsterprobungen [...] die lyrische Exaktheit seiner bezaubernden Form geliehen«.[346] Gestärkt habe ihn in jungen Jahren zudem das Vorbild des »moralistischen Schöpfertums« dieses »Trägers epischer Riesenlasten«, eben Tolstoi.

Um diese Aussage zu bewerten, muß man die Gewichtung ihrer Kernpunkte bedenken: Thomas Mann verband Turgenjew mit poetischer Genauigkeit und dem Zauber der Form, Tolstoi mit Moralismus und epischer Kraftanstrengung. So gründlich sich Thomas Manns politisches Bewußtsein auch ändern sollte und mit ihm seine Auffassung vom moralischen Auftrag des Künstlers, beharrlich hielt er am Primat der Form fest, die ihm oft genug selbst »Stoff« war. Form, so formulierte er 1924 in einem Brief an Hofmannsthal, sei Ausdruck von Humanität; auf ihr liege jedoch auch »ein ironischer Schein der Sympathie mit dem Tode«.[347] Er sprach sogar von der »ironischen Sittlichkeit« der Form und deutete sie im selben Jahr an anderer Stelle als einen »lebensgesegneten Mittler [...] zwischen Auflösung und Erstarrung«, als »Maß«, »Wert« und Ausdruck einer liebenden Haltung.[348]

Wie problematisch dagegen für Thomas Mann das Verhältnis von Kunst und Moral geblieben war, zeigte sich in seinem späten Versuch DER KÜNSTLER UND DIE GESELLSCHAFT, als Summa seiner Erfahrung mit politischer Öffentlichkeit konzipiert und als Plädoyer für den Wert des Zweifels gedacht. »Unleugbar hat ja das politische Moralisieren eines Künstlers etwas Komisches«, heißt es da, »und die Propagierung humanitärer Ideale bringt ihn fast unwiderruflich in die Nähe – und nicht nur in die Nähe – der Platitüde.« (X, 397) Diese Bemerkung war auch gegen Tolstois spätes Moralisieren gerichtet, gegen dessen sozialreformerischen Eifer, der zunehmend fanatischer geworden war, gegen die Abkehr Tolstois vom Pfad der Sprachkunst, vor der ihn übrigens auch Turgenjew gewarnt hatte: »Mein Freund«, so Turgenjew in seinem letzten Brief an den Sozialapostel von Jasnaja Poljana, »kehren Sie zur literarischen Arbeit zurück!«[349]

Und Turgenjew selbst? Gewiß, »lyrische Exaktheit« und eine »bezaubernde Form« charakterisieren seine Prosa durchaus zutreffend. Wenn Thomas Mann in einem Tagebucheintrag vom Januar 1920 jedoch feststellte, daß Turgenjew »zu sehr auf Schönheit und Leidenschaft« (Tb 14.1.1920) gestellt gewesen sei, dann war dieser große russische Europäer damit keineswegs ganz erfaßt. Turgenjews Ansatz war umfassender, als Thomas Mann damals wahrhaben wollte.

In seiner 1868 in Baden-Baden verfaßten Einleitung zu seinen Literarischen Erinnerungen nannte Turgenjew das Skandalon der Leibeigenschaft in Rußland seinen eigentlichen »Feind« im Leben und einen entscheidenden Antrieb für sein Schreiben und seine Selbstexilierung: »Ich mußte mich unbedingt von meinem Feind entfernen, um ihn dann aus eben dieser Ferne umso heftiger anzugreifen.«[350] Was für Turgenjew die Leibeigenschaft, die Repressionen im zaristischen Rußland gewesen waren, wurde für Thomas Mann der Nationalsozialismus; nur von außen, aus dem Exil, konnte er versuchen, publizistisch gegen ihn zu wirken. Turgenjew stürzte sich, wie er schreibt, »kopfüber in ›das deutsche Meer‹, das mich reinigen und wiedergebären sollte, und als ich endlich aus seinen Wogen wieder auftauchte, war ich ein ›Westler‹ geworden und bin es für immer geblieben [...] Ich füge (jedoch) hinzu, daß ich niemals jene scharfe Trennungslinie akzeptiert habe, die manche besorgten und sogar übereifrigen, aber recht unwissenden Patrioten durchaus zwischen Rußland und Westeuropa ziehen wollen.« Es folgt ein Satz, der ins Stammbuch gewisser xenophobischer Neonationalisten der Gegenwart eingetragen werden sollte: »Sind wir denn so wenig eigenständig, so schwach, daß wir jeden fremden Einfluß fürchten und mit kindlichem Entsetzen abwehren müssen, weil er uns verderben könnte?«[351]

Wo immer Turgenjew sich aufhielt, ihn bestimmte – nicht anders als später Thomas Mann – der Geist der Vermittlung. Er setzte sich dafür ein, daß Tolstois Werke ins Französische und Zolas Romane ins Russische übersetzt wurden. Er tauschte sich aus mit Theodor Storm, George Eliot und dem jungen Henry James, war befreundet mit Flaubert und pflegte Umgang mit Maupassant, George Sand, Edmond de Goncourt und Alphonse Daudet. Im Westen verehrte man ihn, in Rußland blieb er umstritten. Den Radikalen war er, der Gutsbesitzer, zu wenig ›volksnah‹ und ›russophil‹, den Konservativen Rußlands erschien er verdächtig, da Alexander Herzen und Michail Bakunin, die Extremisten, zu seinen Freunden gehörten.

Turgenjew war ein Ästhet, aber mit politischem Gewissen. Er verteidigte die Kunst gegen interessenpolitische Übergriffe, was freilich nie bedeutete, daß er politische und soziale Themen als künstlerisches Material ausgeschlossen hätte. Das Gegenteil trifft zu. Seine wichtigsten Romane VÄTER UND SÖHNE (1862), RAUCH (1867) und NEULAND (1877) gewinnen ihre Substanz gerade durch die Auseinandersetzung mit politischen Stoffen, die Turgenjew jedoch nie von den menschlichen Nöten, dem Generationskonflikt, der Sehnsucht nach dem Anderen, der Erfahrung von Leiden getrennt hat.

Es ist die Kunst der Verknüpfung von Atmosphärischem und verschiedenen Reflexionsebenen, von genau komponierten Wiederholungsmomenten und Erzählformen am Rande ihrer Auflösung, die Thomas Mann von Turgenjew gelernt hat und nicht nur die Umsetzung eines lyrischen Ästhetizismus in Prosa. Bestes Beispiel dafür ist der ZAUBERBERG mit einer Gesprächsregie, die unmittelbar an Turgenjews VÄTER UND SÖHNE anknüpft, einen Roman, den Thomas Mann bis zuletzt als *das* Meisterwerk russischer Novellistik bezeichnete.

Turgenjews Charaktere können Nihilisten (wie die Naphtas des ZAUBERBERG) sein oder tragische Phantasten, von Leidenschaft Zerrissene oder apathische Melancholiker. Den meisten dieser Menschen ergeht es wie Arkadi in VÄTER UND SÖHNE, der sich am Ende eingestehen muß: »Ich nahm mir Dinge vor, denen ich nicht gewachsen bin.«[352]

Turgenjew stellte die Extreme dar, aber nur um sie in seinen Erzählungen auspendeln zu lassen. Er wehrte sich gegen absolute Ansprüche. ›Erlösung‹ war ihm im Gegensatz zu Dostojewski ein zu großes Wort. Predigttöne sind in seiner Prosa nicht zu vernehmen. Daß in Rußland aus Schriftstellern tatsächliche Priester werden konnten, wie das Beispiel Bulgakows zeigen sollte, oder sogar reine Ideologen wie später Gorki, war Turgenjew eine bedrückende Ahnung. Er forderte stattdessen von der *intelligenzija* seines Landes, daß sie »Vermittler der Zivilisation« sein solle, »damit das Volk dann selbst zu entscheiden vermag, was es verwerfen und was übernehmen will.«[353] In einem Brief vom November 1862 warf er Alexander Herzen vor: »Ihr aber, in Eurem Seelenschmerz, Eurer Ermattung, Eurem dürstenden Verlangen nach einem erfrischenden Schneekörnchen für die verdorrte Zunge, Ihr zieht gegen alles zu Felde, was jedem Europäer und also auch uns teuer sein muß, gegen Zivilisation, Gesetzlichkeit, ja gegen die Revolution selbst – und nachdem ihr Euer selbstgebrautes unausgegorenes slawophiles Bier in die Köpfe der Jungen geschüttet habt, schickt Ihr sie berauscht und benebelt in die Welt hinaus, wo sie beim ersten Schritt straucheln müssen.«[354] Diese Metaphern verbrämten nichts. In der Sache blieb Turgenjew deutlich: Dogmatismus und Nationalismus können gar nicht anders als vergiften. Wenn die Vermittlung zwischen den Kulturen scheitert, strandet die Humanität, pervertiert das Denken. Mit noch dringlicheren Worten wiederholte Thomas Mann diese These bis hin zu seinem VERSUCH ÜBER SCHILLER von 1955, in dem es warnend heißt: »[...] eine von Verdummung trunkene, verwahrloste Menschheit taumelt unterm Ausschreien technischer und sportlicher Sensationsrekorde ihrem schon gar nicht mehr ungewollten Untergange entgegen.« (IX, 950) Dieser Versuch wurde bekanntlich zu Thomas Manns letztem großen Appell zur Selbstbesinnung im Namen Schillers, desjenigen Künstlers, der es als einer der wenigen verstanden hatte, Ethik und Ästhetik als spannungs- und reizvolle Einheit darzustellen.

Auch Turgenjew hatte einen letzten großen Auftritt, gemeinsam übrigens mit seinem Erzrivalen Dostojewski. Der Anlaß war die Einweihung des Puschkin-Denkmals in Moskau im Juni 1880. Beide waren sie als Hauptredner zu diesem festlichen Ereignis geladen, beide bereits von Krankheit gezeichnet. Dostojewski feierte Puschkin als das erste russische Kulturereignis; er präsentierte ihn als die Identifikationsfigur für alle Slawophilen, mit der sich Staat machen lasse.

Turgenjew stellte Puschkin in seiner Rede als einen Dichter vor, der im Grunde zwischen Slawophilie und Adaption westeuropäischer Kultur geschwankt und mit der Vereinigung zweier Elemente, der »Aufnahmefähigkeit« des Fremden und der in sich selbst gegründeten »Selbstbetätigung« gerungen habe. Puschkin war für Turgenjew eine Art Peter der Große in der Literatur gewesen, einer, der vom Westen gelernt habe, um dadurch das Russische anzureichern. Der Dichter des EUGEN ONEGIN habe kein Programm verkündet, sondern »Sprache geschaffen«. Aber zu welchem Ende? Turgenjew beschloß seine Rede mit der These, daß in der Poesie eine »befreiende, weil erhebende, sittliche Kraft« zu spüren sei. Und Thomas Mann betonte mit Blick auf Schiller über siebzig Jahre später die »Gesittung und innere Freiheit« (IX, 951), die aus dessen Dichtungen spreche. Kunst ist, was gefällt und fordert, was in sich ruht und doch bewegt.

Beide, Turgenjew und Thomas Mann, fragten nach den Bedingungen, unter denen in ihrer Zeit das künstlerisch zu erreichen war, was Klassik und Idealismus, noch hochgestimmt, ›Vollendung‹ genannt hatten. Mit zunehmendem Alter fielen ihre Antworten darauf skeptischer aus. »Die Kunst, sagt man, strebt nach Vollendung«, so Thomas Mann in einem Brief aus dem Jahre 1954. »Aber das ist doch eigentlich kein so ganz irdisches Bestreben. – Übrigens habe ich mit den Krull-Memoiren [...] zum Teil solchen Unfug getrieben, daß mir wirklich Betrachtungen wie die obigen nicht zukommen.«[355]

In einem späten Prosagedicht entwarf Turgenjew eine zunächst scheinbar vollendete Idylle, aber kontrapunktisch dazu die bittere Ernüchterung: »Blauer Himmel, federleichte Wölkchen, Blumendüfte, die bezaubernden Laute einer jungen Stimme, die strahlende Schönheit der großen Schöpfungen der Kunst, das glückverheißende Lächeln auf einem reizenden Frauengesicht und diese magischen Augen [...] Wozu, wozu das alles? Alle zwei Stunden ein Löffel von einer garstigen, nutzlosen Arznei, das ist es, was man braucht!«[356] Das klingt, als habe sich Turgenjew zuletzt in die Behandlung seines nihilistischen Arztes Basarow begeben, den er in Väter und Söhne geschaffen hatte.

Thomas Mann wie Turgenjew untersuchten das Allzumenschliche stets mit tiefer Sympathie für ihre fehlbaren Charaktere, aber das mit unfehlbarer Ironie. Auch Turgenjews letzte Erzählung, die – wie ihr Titel verrät – schon ans nicht mehr ganz Irdische rührt, Nach dem Tode, zeugte noch von dieser melancholischen Ironie: »Seltsam mutete an, daß in den Pausen zwischen Vortrag und Musik immer wieder einzelne Waldhornklänge aus dem Künstlerzimmer drangen, ohne daß dieses Instrument Verwendung fand. Später stellte sich heraus, daß der Dilettant, der sich dafür gemeldet hatte, im Augenblick, da er vors Publikum treten sollte, den Mut verloren hatte.«[357]

Turgenjew schien wie seine Odinzowa in Väter und Söhne an das Geheimnis im Menschen zu glauben trotz all seiner Schwächen und offenkundigen Unzulänglichkeiten. Er erzählte wie ein Psychologe, der freilich die letzte Diagnose dem Leser überließ. Er verbalisierte nicht jede Gefühlsregung seiner Charaktere, statt dessen bevorzugte er es, auf gewisse Empfindungen lediglich anzuspielen. Entsprechend erfährt der Leser in Turgenjews Erzählungen und Romanen das Entscheidende eher nebenbei. Zwei Sätze, und man weiß, daß sich Basarow bei der Obduktion einer typhoiden Leiche tödlich infiziert. Thomas Mann erzählte epischer, komplexer; aber auch er enthüllte seine Charaktere nie ganz. So viel er auch über sie preisgibt, Blößen zeigen sie keine. Über Gustav Aschenbach und Adrian Leverkühn wissen wir ungefähr gleich viel oder ausreichend wenig, auch wenn dem einen sechzig und dem anderen sechshundert Druckseiten zukommen. Letztlich wahren sie ihr Geheimnis, das des Eros und Schaffens.

Einer ›bedürftigen Welt‹ erzählend beistehen, das war Thomas Manns Anliegen gewesen. *Erzählend*, das meint, diese Welt sich selbst in Geschichten vorzuführen. *Beistehen*, das will sagen: ein Erzählen, ein Berichten, ohne dabei die Welt naturalistisch abzubilden. Gelegentlich durfte getrost gezaubert werden. Bei Thomas Mann wie bei Turgenjew. Soziale bis sozialistische Realisten hatten es daher mit beiden schwer; denn ihre Erzählkunst kennt immer den entscheidenden ›Rest‹, ja eine Kernsubstanz der Erzählung, die sich durch den Hinweis auf gesellschaftliche Widersprüche nicht erklären läßt. Selbst Turgenjews Nihilist Barasow in VÄTER UND SÖHNE muß diesen ›Rest‹ anerkennen; verächtlich nennt er ihn mit »dumpfer Stimme, in der man die Galle kochen hörte«, wie der Erzähler eigens hinzufügt, den »Zauber«.[358]

Damit ist auch gesagt, daß Turgenjew weit davon entfernt war, den Zauber rückhaltlos zu bejahen. Zu ironisch war seine Disposition für die Flucht in Zauberwelten. Dennoch widmete er dem Thema ›Zauber‹ eine Gelegenheitsarbeit, ein von seiner Freundin Pauline Viardot-Garcia 1868/69 komponiertes Libretto, LE DERNIER SORCIER. In häuslichem Baden-Badener Kreis probte man diese einaktige Operette gemeinsam, wobei – zum Staunen ist Anlaß – Brahms vom Klavier aus dirigierte. Im Grunde stellt dieses Stück eine Tragikomödie dar; der »letzte Zauberer«, Krakamisch, bringt sich um seine Zauberkraft, indem er die Formeln im »letzten Werk des berühmten Magiers Merlin« mißdeutet.[359]

Schon 1856 hatte Turgenjew in seiner (später von Thomas Mann übrigens besonders geschätzten) Briefnovelle FAUST die tragische Dimension des Zaubers erzählerisch gestaltet. Es ist eine Novelle über die Wirkung von Literatur. Ein gewisser Pawel Alexandrowitsch B. trägt auf einem Landsitz in abendlicher Gesellschaft aus Goethes FAUST vor. Die Dame des Hauses, Wera Nikolajewna, erliegt dem Zauber der Sprache Goethes, des Inhalts der Tragödie und der Vortragsweise Pawels. Sie verliebt sich in ihn; man spielt fortan Faust und Gretchen im Leben, versagt aber vor dem Gebot der Entsagung. Der Wort- und Liebeszauber wirkt sich auf Wera verhängnisvoll aus: Sie stirbt an seelischer und physischer Auszehrung. Pawel lebt weiter, um Weras Geschichte zu überliefern und mit ihr die Moral: »Nicht seine Lieblingsgedanken, seine Lieblingsträume verwirklichen wollen«, sondern sich selbst Beschränkungen auferlegen.[360]

Daß Wera so leidenschaftlich dem Kunst-Zauber erliegen konnte, hat der Erzähler mit dem Hinweis auf ihre Herkunft begründet: Ihr Vater, der sich mit Alchemie, Anatomie, der Kabbala und Spiritismus beschäftigt hatte, galt selbst als Zauberer, als ein Faust, dessen Zauber seine Tochter jedoch nicht, wie offenbar von ihm beabsichtigt, an ihn binden konnte. Statt dessen wirkte sich dieser Zauber auf Wera als erbliche Belastung, als Fluch aus, der sie geradezu pathologisch sensibel machen sollte.

So gründlich auch der Erzähler die zaubrische Atmosphäre zu beschreiben, zu analysieren versucht, er wahrt schließlich doch den Respekt vor dem Unbekannten, Unerkennbaren, vor dem Mysterium und Schicksal.

Thomas Mann, der sich, ernst scherzend, als letzter Zauberer in der bürgerlichen Kontexten entwachsenden Literatur verstand, fächerte, durchaus analog zu Turgenjew, wenn auch unter offensichtlich veränderten Zeitbedingungen, noch einmal das ganze Spektrum des Zaubrischen in der Kunst auf: In seinem Werk erscheint es als Dämonie, die von der Welt der Krankheit ausgeht, namentlich im ZAUBERBERG, als massenpsychologische und mithin politisch-propagandistische Kraft, in MARIO UND DER ZAUBERER, sowie als ästhetisches Narkotikum mit tödlichen Folgen, wie das Beispiel DOKTOR FAUSTUS illustriert. Liebeszauber und Selbsttäuschung, man erinnert sich, läßt sich in TRISTAN und der späten Erzählung DIE BETROGENE begegnen, nie zu vergessen natürlich den zaubrischen Reiz, der von den burlesken Hochstapeleien des hermaphroditischen Felix Krull ausgeht: Das Werk Thomas Manns stellt sich so als eine erzählerische Zauberpalette dar, auf der sich ironisch-bedrohliche Zweideutigkeiten mischen lassen.

Thomas Mann wie auch Turgenjew vermochten an der Schwelle zum Zweifel am Sinn künstlerischen Bemühens noch sprachmagisch zu erzählen. Beide schrieben sie, als gäbe es weiterhin den Überfluß in der Sprache; beide »zauberten« sie in ihr, als wirkte er weiter – der Satz als magische Formel, als Stab, der verwandelt. Lag darin nicht überhaupt der mythische Urgrund des Schreibens, in der Ahnung des Schriftstellers, durch Sprache verwandeln und eine eigene Welt aufbauen zu können? Diese einst im Innersten verankerte, gewissermaßen homerische Selbstrechtfertigung des Sprachkünstlers ist dem heute Schreibenden weitgehend abhanden gekommen. In Poetik-Vorlesungen, Interviews und Talk-Shows versucht er, sich etwas Mut zuzusprechen, sich in Selbstvergewisserung zu üben und sein tief verwundetes Selbstbewußtsein vollends totzupflegen. Wenn schon Theorie, dann erzählte Theorie, im Sinne von, sagen wir, Balzacs THEORIE DES GEHENS, einer novellistischen Betrachtung des aufrechten Ganges, bis aus ihm der Gang einer Handlung werden kann.[361]

Turgenjew und Thomas Mann, Wahlverwandte waren sie bis in die Beurteilung von Kunstwerken, die ihnen wesentlich erschienen. In einem Brief an Pauline Viardot vom Sommer 1868 nahm Turgenjew mit wenigen Worten einen Vergleich vorweg, der später die Substanz des eingangs angesprochenen Vortrages von Thomas Mann über LEIDEN UND GRÖSSE RICHARD WAGNERS bilden sollte: Die Ähnlichkeit zwischen Tolstois Romankunst und Wagners Gesamtkunstwerk. Turgenjew zog diesen Vergleich, so weit ich sehe, als erster und begründete ihn mit dem Hinweis auf das »Seufzen«, das beiden, Wagner besonders, zueigen sei.[362] Wie später Thomas Mann fühlte sich auch Turgenjew dazu aufgerufen, die Auseinandersetzung mit der Kunst Tolstois und Wagners auf die Frage nach dem Verhältnis von Leiden und Wahrheit zurückzuführen. Turgenjews implizite und Thomas Manns ausgesprochene Antwort auf diese Frage lautete: Kunst zeigt Leiden, schafft dadurch Empathie, sie besteht das Leiden und zeigt auf diese Weise die Wahrheit über den Künstler, sein sich Bewähren oder Nicht-Bewähren vor der Aufgabe, Leiden und Kunst zueinander in Beziehung zu setzen.

Einmal mehr geht es um den Anspruch der Kunst. »Denn *Gewissen* schien immer mir Sinn und Sache der Prosa:/Das Gewissen des Herzens und das des verfeinerten Ohres«, lesen wir in Thomas Manns GESANG VOM KINDCHEN, seiner an Goethe orientierten Hexameter-Dichtung aus dem Revolutionsjahr 1918/19

(VIII, 1068; Hervorh. i. Orig.). Mitten im politischen Umbruch, als Revolution und Räteversammlung das bürgerliche Selbstverständnis radikal in Frage stellten, schrieb Thomas Mann, tief bewegt vom Anblick seines letztgeborenen Kindes, an einer Idylle. »[...] rings um dich her ist die Leere,/ [...] winzig liegst du in der Mitte.« (ebd.) Gerade im Umbruch, im Wandel blieb diese Mitte sein Anliegen, im Privaten wie im Künstlerischen: »Zwischen Gesang und verständigem Wort hält er [der Poet] wohlig die Mitte«, so umstritten sie auch ist. Und was bedeutet hier Kunst? »Nicht Erfindung war Kunst mir: nur ein gewissenhaft‹ Leben« (VIII, 1070). Das Tagebuch vermerkt, als sich Thomas Mann mit seinem GESANG VOM KINDCHEN beschäftigte, ausgiebige Lektüre von Mereschkowskis Versuch über Turgenjew. »Wisse, du bist im Osten gezeugt«, man darf diesen Halbvers in Manns Hexameter-Dichtung durchaus auf die Dichtung selbst beziehen, auch auf den Geist Turgenjews, wie ihn Thomas Mann bei Mereschkowski, dem bedeutenden russischen Essayisten am Anfang des 20. Jahrhunderts, reflektiert fand. *Et ego in Arcadia.* Mit Goethe wollten Turgenjew, ein erklärtermaßen »fanatischer Goethe-Verehrer«,[363] und Thomas Mann auf ihre Weise und in ihrer Zeit in diesen Ruf einstimmen können.

Im Osten gezeugt, dem Westen vermittelt: Turgenjews Lebensaufgabe als Thomas Mann'scher Hexameter. Dem GESANG VOM KINDCHEN ließ er, gleichsam ein in Prosa aufgelöstes Gedicht, HERR UND HUND, eine Hymne auf die tiefe Sympathie, den inneren Zusammenklang zwischen höherer und niederer Kreatur, folgen. »Tiere sind ungehemmter und ursprünglicher, also gewissermaßen menschlicher in dem körperlichen Ausdruck ihrer Gemütszustände als wir« (VIII, 533), ein Satz, der bei Thomas Mann eher überrascht als die Hundegeschichte MUMU in Turgenjews Werk. Thomas Mann vermerkte im Tagebuch, nach der Veröffentlichung seines Tieridylls: »Ich las ›Mumu‹, etwas mir Neues, mit alter Begeisterung« (Tb 14. 10. 1921). Der Unterschied zwischen beiden Erzählungen ist offensichtlich: Turgenjew konzipierte seine Geschichte als Milieustudie; Mumus Besitzer ist ein taubstummer Leibeigener, der in seinem Hund einen Lebenstrost findet, von seiner Herrschaft aber gezwungen wird, ihn im

Fluß zu ertränken, weil er die »gnädige Frau« und eingebildet Leidende störe. Doch selbst in dieser betont realistischen Erzählstudie, die jedoch ein ausgesprochen gemütvolles Element bewahrt, findet sich ein idyllisches Moment, dann nämlich, als der taubstumme Leibeigene, Gerassim, der gegen seinen Willen in die Stadt verpflanzt worden war, nach der von ihm erzwungenen Tat zurück aufs Land flieht: »[...] er spürte den vertrauten Geruch des reifenden Roggens, er spürte, wie der Wind ihm zärtlich ans Gesicht wehte.«[364] Noch einmal Arkadien, selbst im Leid. In Thomas Manns Idylle geht es verfeinerter zu: Sein Ich ruft Bauschan, den »kurzhaarigen deutschen Hühnerhund«, mit einem Pfiff von zwei Tönen, »Grundton und tiefere Quart, so, wie die Melodie des zweiten Satzes von Schuberts unvollendeter Sinfonie beginnt« (VIII, 526). Mithin weiß man, es handelt sich um eine bürgerlich-kultivierte Pastorale, einer Synthese aus Bildung und Hunde-Besitz, wobei offenbleibt, ob es sich hier um einen Fall von unfreiwilliger oder absichtlicher Ironie handelt. Und doch ist dieses gepflegte Idyll gefährdet. Nicht weil Bauschan ein Mumu-Schicksal bevorstünde, sondern weil sich der Herr zuweilen allzu genau von seinem Hund beobachtet fühlt und sich von diesem Beobachtet-Werden emanzipieren will: Bauschan verbringt eine Zeit in der Hundeklinik, bis sein Herr einsieht, daß er dieses Beäugt-Werden braucht, und zwar – ironisch genug – als Schule für sein eigenes Beobachten. Doch weder Turgenjews noch Thomas Manns Idyllen waren Ausdruck »machtgeschützter Innerlichkeit«. Vielmehr drückte sich in ihnen eine bloßgestellte Innerlichkeit aus, die der Macht im Grunde ungeschützt ausgesetzt war.

»Turgenjew: slawische Künstlermelancholie, nicht ganz ohne Posiertheit, es fehlt nicht die Stirnlocke, das Auge grau, weich und tief verschwimmend – aber eine Chopin'sche Mondänität des Schmerzes bildet das Fluidum, man spürt Paris, Baden-Baden, Bougival, die Welt, die Gesellschaftsliteratur, europäisches Prosaistentum« (IX, 247 f.). Mit diesen Worten schilderte Thomas Mann den einen Vollender der Gattung ›Novelle‹ im 19. Jahrhundert und stellte ihm Theodor Storm an die Seite – in »brüderlicher Ähnlichkeit«.[365] Und wie sehen wir Thomas Mann im Vergleich? Hanseatisch-lübisch noch im kalifornischen Exil, melancholisch-ironisch, den Anspruch Wagners ins Novellistische übertragend, verspätet goetheanisch, in jeder Lage aber verzweifelt deutsch, dabei beständig sein Weltbürgertum literarisch beglaubigend: ein Leben zwischen Mythos, Eros und Repräsentation.

Beide waren sie bildungsbestimmte Ästheten, frei und doch sich selbst disziplinierend. Beide stellten sie auf ihre wahlverwandte Weise Fragen, in ihren Werken und durch sie, die uns heute – etwas unverhofft – wieder bedrängen: Wie vertragen sich nationale und europäische, ja globale Kultur miteinander? Wie kann die Balance gelingen zwischen Kunst und Kritik, zwischen ästhetischem Wollen und politischem Sollen?

Letztlich blieben beide, Turgenjew und Thomas Mann, ihrem sprachlichen Können treu, ohne ihr politisches Bewußtsein – in allen seinen Wandlungen – zu verleugnen. Beide schrieben sie viele ihrer ureigensten Werke in der Fremde, wissend, daß das Eigene überall auffindbar ist, am konturschärfsten wohl ›draußen‹, in der Welt der anderen. Doch was sie da fanden, war durchaus verschieden: Turgenjew beschrieb in Baden-Baden den Durchschnittsmenschen, den mittelmäßigen, sehr russischen Mitläufer Litwinow (in RAUCH), Thomas Mann in Pacific Palisades den genialischen, sehr deutschen Tonsetzer Adrian Leverkühn. Turgenjew hatte Sympathie mit dem in lichten Momenten das Besondere erhoffenden, ansonsten aber »gewöhnlichen Menschen«, den er freilich ungewöhnlich kunstvoll darzustellen wußte. Thomas Mann, der sich seit den Tagen Tonio Krögers nach den »Wonnen des Gewöhnlichen« zu sehnen vorgab, zeigte in Leverkühn das Scheitern des Außergewöhnlichen. Turgenjew ging auf eine Welt des Verfalls zu, Thomas Mann ging von ihr aus, blieb aber in ihr gefangen.[366]

VERGLEICHENDE SELBSTVERGEWISSERUNG

Wie bei kaum einem anderen Schriftsteller drängt sich beim Verfasser des ZAUBERBERG und des DOKTOR FAUSTUS die Themenstellung ›Thomas Mann und...‹ – Goethe, Wagner, Tolstoi, Schiller und eben Turgenjew – auf. Sie ist symptomatisch für einen Künstler der Spätzeit, der beständig auf der Suche nach ›Wahlverwandten‹, nach Leidensgefährten gewesen war. Der Wunsch nach Selbstvergewisserung am Ende einer großen Tradition verbarg sich hinter dieser Suche, die Frage nach dem, was Thomas Mann von dieser Tradition in wessen Namen noch ›repräsentiere‹.

Die Repräsentanz, die er mit seinem Künstlertum verbunden hatte, orientierte sich eben nicht nur an einem Vorbild, so gewichtig Goethes Rolle in diesem Zusammenhang auch gewesen sein mag. Thomas Mann erkannte sich und seine Problematik in einer Vielzahl von Künstlern und Künstlerrollen – zumeist des 19. Jahrhunderts. In diesem Sinne erwies sich seine immer wieder so intensive Beschäftigung mit Turgenjew auch als eine Übung in Selbsterkenntnis. Ohne sie hätte er wohl auch zuletzt nicht so kompetent und eindringlich über Tschechow schreiben können, ein Umstand, der ihn bekanntlich selbst überraschte.

Jahrestage schaffen Gelegenheiten – man mag ihre inzwischen kulturindustriell betriebene Verwertung noch so beklagen. In einer Zeit, in der man sich der kulturellen Überlieferung nicht mehr sicher sein kann, spielen diese Eckdaten des Kulturbewußtseins eine zunehmend wichtige Rolle. Je vehementer (Post-)Strukturalisten ihrem verblüfften Publikum einzureden versuch(t)en, daß die Vorstellung, ein Autor habe einen Text geschrieben, von Vorgestern sei und daß Texte sich im Grunde selbst schreiben, desto hartnäckiger antwortete die Kulturindustrie auf diese erschütternde Nachricht mit dem Abfeiern von Geburts- und Sterbetagen der großen und weniger großen oder zumindest marktträchtigen Künstler, dem Ausweiden ihres Lebens und publikumswirksamen Aufarbeiten ihrer ästhetischen Erzeugnisse, deren Kurswert meist nach ihrer Skandalträchtigkeit veranschlagt wird.

Das sind noch immer tiefe Spuren eines bürgerlichen Bildungsbewußtseins, das man zwar ebenso beharrlich totgesagt hat wie den Autor, ohne das wir im Grunde aber keinen tragfähigen Kulturbegriff entwickeln können – und sei es in emphatischer Abgrenzung zu diesen Resten des Bürgerlichen. Dazu gehören nicht nur die Jahrestage, sondern auch die periodisch wiederkehrende Frage nach der Kanonbildung und dem, was ›unverzichtbares Erbe‹ im weltliterarischen Sinne sei.

Thomas Mann hat solche ›Gelegenheiten‹ stets gerne ergriffen; seine »Miszellen« sind als Erholungen von den epischen Längen wesentlicher Bestandteil seines Werkes. Er schätzte ›Rundfragen‹; sie gaben ihm – bis zuletzt – die Möglichkeit, sich in griffigen Aperçus zu äußern, streitbar oder konziliant aufzutreten, ganz gleich ob es um die Frage nach dem Spezifikum einer »österreichischen Literatur« ging oder um die Frage »Was halten Sie vom broschierten Buch?« oder um »Die neue ›Ortografi‹«.

Stets gelang ihm bei solchen ›Gelegenheiten‹ eine besondere sprachliche Wendung. Eine seiner letzten schriftlichen Äußerungen galt dem Verhältnis von Film und Roman, wobei er für den Film den Begriff »geschaute Erzählung« prägte (X, 937).

Gelegenheiten der Jahrestage – zwei boten sich ihm: der fünfzigste Todestag Anton Tschechows (1954) und der hundertfünfzigste Schillers (1955). Über beide sprach er bewußt und betont als Bildungsbürger in entbürgerlichter Zeit. Ein dritter Anlaß ergab sich, als es galt, einen Kanon zu bedenken, ein Geleitwort zu schreiben zu einer großen Anthologie DIE SCHÖNSTEN ERZÄHLUNGEN DER WELT; aus diesem knapp fünf Druckseiten umfassenden Geleitwort (X, 829-834) wurde sein Schwanengesang.

KLEIST, DER ERSTE BÜRGERSCHRECK

Im Falle der Würdigungen Tschechows und Schillers konnte Thomas Mann noch einmal essayistisch ausgreifen, stellenweise episch werden, konnte Zusammenhänge aufzeigen und das Panorama bildungsbürgerlicher Dimensionen aufleuchten lassen. Das gelang ihm nicht minder in seinem im November 1954 gehaltenen Zürcher Vortrag HEINRICH VON KLEIST UND SEINE ERZÄHLUNGEN.

Es sind drei letzte große Versuche, die sich als souverän vorgetragenen Einspruch gegen das lesen lassen, was er bei Adorno in dessen Analyse des Bürgerlichen in den MINIMA MORALIA gefunden hatte. Adorno befand: »Was immer am Bürgerlichen einmal gut und anständig war, Unabhängigkeit, Beharrlichkeit, Vorausdenken, Umsicht, ist verdorben bis ins Innerste. [...] Die Bürger leben fort wie Unheil drohende Gespenster.«[367] Zwar zeigen Thomas Manns Tagebücher, daß er diese Einschätzung der Verfassung des Bürgerlichen durch Adorno in vielerlei Hinsicht durchaus teilte; schließlich hatte er seit den BUDDENBROOKS dieses ›Verderben‹ des Bürgerlichen selbst genauestens dargestellt; und ein ›beschädigtes Leben‹, er führte es selbst. Aber nach außen hin konnte er gar nicht anders, als die bürgerliche Façon zu wahren.

Diese MINIMA MORALIA hatten ihm Kopfzerbrechen bereitet; er hatte bei der Lektüre Mühe, sich auf die »Concentrationen« Adornos zu konzentrieren (Tb 21.4.1951). Auch stilistisch interessierten ihn diesen Reflexionen: »Der nach-Nietzsche'sche Aphorismus, sprachlich entromantisiert, verschärft und überschreitend durch das soziologische Element. Beständige Kritik der Kultur-Industrie u. der falschen Gesellschaft. Aber welches ist die richtige.« (Tb 20.5.1951) Brieflich äußerte sich Thomas Mann gegenüber dem Verfasser des Aphorismen-Buches folgendermaßen: »Was für eine glückliche Form, der long aphorism oder short essay Ihrer Minima Moralia! [...] Ich habe Tage lang an dem Buch magnetisch festgehangen, es ist, jeden Tag wieder, eine faszinierende Lektüre, aber doch nur in kleinen Schlucken zu genießen, konzentrierteste Kost.«[368]

Diese Adorno'sche Reflexionskunst erschienen dem sonst an lange Atemzüge gewohnten Epiker und epischen Essayisten nur in vorsichtiger Dosierung zuträglich. Mit dem Ausdruck »konzentriertester Kost« umschrieb Thomas Mann, was er an Adorno bewunderte und was ihn an seiner Denkform störte: das Überreflektierte, der Mangel an Atem, die Zuspitzung einer Überlegung ohne ausreichende Herleitung. In seinen drei letzten Versuchen führte Thomas Mann dagegen noch einmal vor, was epische Essayistik sein kann, wohlgemerkt an Autoren, die eben keine eigentlichen Epiker gewesen waren, sondern in erster Linie genuine Dramatiker, Bühnenschriftsteller, wenngleich mit bedeutender erzählerischer Befähigung ausgestattet, im Falle Schillers ins Historiographisch-Philosophische gewendet.

Was faszinierte Thomas Mann an Kleist, an seinen Erzählungen und seinem Verhältnis zur Sprache? Das »Sondergleichen« seiner explosiven Existenz (IX, 823), das beispiellose Wagnis seines Schreibens, der »dionysische Ausdruck«, der schiere Mut, unverstellt zu sagen, was er sagen wollte: »Das Äußerste – Kleist will es immer, vielmehr, er will das Über-Äußerste« auch und gerade dann, wenn er den »seraphischen Zauber« der Musik beschreibt, aber ihre »Gewalt« meint, den »Schrecken der Tonkunst« (IX, 838), den ja auch Thomas Manns Adrian Leverkühn nur zu gut kannte und dessen er sich in seinen Kompositionen bediente.

Als ›letzter Bürger‹, so könnte man sagen, bewunderte Thomas Mann diesen Dichter als den ersten Bürgerschreck in der deutschen Literatur, den verstörten Verstörer, der am Anfang der bildungsbürgerlichen Bewußtseinsbildung stand und seine Leser »auf die Folter zu spannen« verstand (IX, 842). Und diese Spannung, in die Kleist seine Leser in den Erzählungen versetzt, habe, so Thomas Mann, etwas »unheimlich Spezifisches. Sie ist Besorgnis, Schrecken, das Grauen vor dem Rätselhaften, Zwiespalt der Vernunft, der ängstliche Eindruck, daß Gott sich irrt.« (ebd.) Kaum hatte in der deutschsprachigen Kultur die bürgerliche Epoche begonnen, schien Kleist sie bereits auf ihr Ende verwiesen zu haben, ein Ende mit unerhörtem Schrecken.

Es ist schon bemerkenswert, daß sich Thomas Mann am Ende *diesem* Kleist stellt, nachdem ihm zuvor besonders am ›apollinischen‹ Kleist gelegen war, dem Kleist des lichten mythischen Zauberspiels AMPHITRYON, in dem er den Gott der Götter sein schalkhaft ironisches Spiel mit Alkmene treiben ließ.[369] Der Kleist der Erzählungen, sein später Kleist also, weiß nichts von solcher Heiterkeit und der burlesken Welt des ZERBROCHENEN KRUGES. Dieser Kleist schildert eine entzauberte Welt voller Verhängnis und Gewalt.

›WAS TUN?‹ TSCHECHOW UND DER REIZ DES LEERLAUFS

Wie anders verhalten sich die Dinge bei Tschechow, und wie erstaunlich, daß der späte Thomas Mann sich mit spürbar gleicher Intensität diesen beiden so grundverschiedenen Schriftstellern widmen konnte. Von Maxim Gorki stammt die Bemerkung, daß man über Tschechow essayistisch so schreiben solle, wie er selbst die Erzählung STEPPE geschrieben habe: als eine »aromatische, leichte und so russisch nachdenkliche, traurige Erzählung. Eine Erzählung für sich.«[370]

Eine solche essayistische Erzählung könnte beginnen mit jenen fiktiven Briefen, die Olga Knipper nach dem Tod Tschechows an ihren geliebten Toten gerichtet hat, in Badenweiler, »diesem friedlichen und smaragdgrünen Flecken«, einem Zauberberg am Rande des Schwarzwalds.[371] Auch Thomas Mann beginnt mit dem Ende Tschechows, betonend, daß er an Lungentuberkulose starb, was er im Jahre 1904, »als junger Mensch«, eher beiläufig aufgenommen habe (IX, 843).

Was interessierte Thomas Mann an Tschechow? Dieser Schriftsteller lehrte ihn in späteren Jahren, daß das »Kurze und Knappe« durch seine künstlerische Intensität »das Große, das Riesenwerk, das unvermeidlich manchmal müde wird und ehrwürdiger Langeweile verfällt, wohl gar übertreffen kann.« (IX, 845 f.) Tschechow oder die Möglichkeit zur Selbstkorrektur literaturästhetischer Auffassungen – es gab daneben noch eine weitere Problematik, die Thomas Mann am Beispiel Tschechows neu zu durchdenken versuchte: Dessen »Aufstieg zur Meisterschaft der Form und der Zunahme moralisch-zeitkritischer Reizbarkeit, das heißt: dem immer sich verstärkenden Gefühl für das gesellschaftlich Verurteilte und Dahinsinkende und für das, was da kommen soll; des Zusammenhangs also des Ästhetischen und des Ethischen.« (IX, 859) Es ist die Grundfrage Schillers und Kierkegaards, die sich Thomas Mann längst in seinen Überlegungen zur pädagogischen Bedeutung der Literatur zueigen gemacht hatte.[372] Auf Tschechow bezogen meinte er: »Ist es nicht dieser Zusammenhang, welcher der Arbeitsamkeit der Kunst ihre Würde, ihren Sinn, ihre Dienlichkeit verleiht und woraus sich auch Tschechows ungemeine Schätzung der Arbeit überhaupt [...] erklärt [...]?« (IX, 860)

Letzteres dürfte Thomas Mann von Gorkis Charakterisierung seines Mentors übernommen haben; dort heißt es: »Ich habe keinen Menschen gesehen, der die Bedeutung der Arbeit als Grundlage der Kultur so tief und vielseitig empfunden hätte wie Anton Pawlowitsch [...] er fühlte die Poesie der Arbeit.«[373]

Der Kern von Thomas Manns Interesse an Tschechow ist sein Wille, »das Leben umzugestalten«, jedoch vor dem Hintergrund der bangen und unbeantwortbaren Frage »Was tun?« Es ist die Frage Katjas in EINE LANGWEILIGE GESCHICHTE, die Tschechows greisenzärtlicher Protagonist, Nikolai Stepanytsch, so enttäuschend für diese beantwortet, daß sie ihn verläßt. Thomas Mann nimmt sie auf und gestaltet sie seinerseits um in eine grandiose Schlußkadenz seines Essays:

»Ich will aussprechen, daß ich die Zeilen [über Tschechow, R. G.] hier mit tiefer Sympathie geschrieben habe. Dies Dichtertum hat es mir angetan. Seine Ironie gegen den Ruhm, sein Zweifel an Sinn und Wert seines Tuns, der Unglaube an seine Größe hat von stiller, bescheidener Größe so viel. ›Unzufriedenheit mit sich selber‹ hat er gesagt, ›bildet ein Grundelement jedes echten Talents.‹ In diesem Satz wendet die Bescheidenheit sich denn doch ins Positive. ›Sei deiner Unzufriedenheit froh‹, besagt er. ›Sie beweist, daß du mehr bist als die Selbstzufriedenen, – vielleicht sogar groß.‹ Aber an der Aufrichtigkeit des Zweifels, der Unzufriedenheit ändert er nichts, und die Arbeit, die treue, unermüdliche Arbeit bis ans Ende, in dem Bewußtsein, daß man auf die letzten Fragen ja doch keine Antwort wisse, mit dem Gewissensbiß, daß man den Leser hinters Licht führe, bleibt ein seltsames Trotzdem. Es ist nicht anders: Man ergötzt mit Geschichten eine verlorene Welt, ohne ihr je die Spur einer rettenden Wahrheit in die Hand zu geben. Man hat auf die Frage der armen Katja: ›Was soll ich tun?‹ nur die Antwort: ›Auf Ehre und Gewissen, ich weiß es nicht.‹ Und man arbeitet dennoch, erzählt Geschichten, formt die Wahrheit und ergötzt damit eine bedürftige Welt in der dunklen Hoffnung, fast in der Zuversicht, daß Wahrheit und heitere Form wohl seelisch befreiend wirken und die Welt auf ein besseres, schöneres, dem Geiste gerechteres Leben vorbereiten können.« (IX, 868 f.)

Tschechow habe die Form weiterentwickelt, aber über keine wirklichen Inhalte verfügt, urteilte bei Gelegenheit Tolstoi.[374] Das umschreibt ungefähr auch Thomas Manns Position gegenüber Tschechow um 1904. Fünfzig Jahre später hatte er erkannt, daß dieser Leerlauf der Tschechow'schen Inhalte ursächlich mit der Unmöglichkeit zu tun hat, die letzte Frage, ›Was tun?‹, zu beantworten. Thomas Mann erkannte jedoch, daß Tschechow nicht bei der Konstatierung von den Banalitäten des Alltags stehengeblieben war. Es gibt in diesen Geschichten den »Traum von einer anderen Welt«; und Tschechow, so legte Thomas Mann nahe, habe durch das Erzählen selbst diesen Traum gelebt. Tschechow hatte mit dieser Frage jenes »Wozu, wozu das alles« Turgenjews aufgenommen. Thomas Manns eigene Antwort darauf lautete: Man erzählt einer »bedürftigen Welt« Geschichten, arbeitet eben dennoch. Oder soll man sagen: Man arbeitet am Dennoch, am Widerstand gegen die Ratlosigkeit und die um sich greifende Trostlosigkeit, gegen die Verödung in der Kultur.

Tschechow zeigt, wie wir von den Dingen des Alltags umstellt, durch sie unfrei, weil unserer Authentizität beraubt werden. In seiner Prosa »ist der Gedanke in eine dingliche Hülle gekleidet« und befindet sich in einer »Spannung zwischen realer und idealer Ordnung der Welt«. Nur der Traum kann diese Verstrickung durchbrechen.[375]

Thomas Manns Beobachtung, daß es bei Tschechow ›letztlich‹ um den Zusammenhang von Ästhetik und Ethik gehe, findet sich nach heutigem Urteil nachdrücklich bestätigt.[376] Denn die Frage nach dem ›Was‹ des Tuns hat ethische Implikationen, betrifft das Sollen mehr noch als das Wollen. Dabei ist die ästhetische Seite, das ›Wie‹, allein schon in der Fragesituation der Erzählung selbst präsent.

Die Fragen, die Thomas Mann an Tschechows Erzählungen und besonders an Eine langweilige Geschichte heranträgt, sind unüberhörbar seine eigenen Lebensfragen des Jahres 1954. Sie lauten in etwa so: Wie läßt sich als Berühmtheit leben, wenn man selbst zuinnerst verunsichert, verzweifelt ist über den Stand der Dinge in der Welt? Ist der eigene große Name nicht vielmehr Selbstbetrug? Zweimal zitiert er das Wort des berühmten alten Nikolai Stepanytsch: »Ich liebe nun einmal die Popularität meines Namens nicht.« (IX, 854) Auf Thomas Mann bezogen kann dies nur auf den ersten Blick überraschen. Glaubte man ihn doch als selbstverliebt und sich seines eigenen Wertes geradezu überbewußt zu kennen. Die späten Tagebücher haben uns darüber eines Besseren belehrt. Es scheint nun, daß er sich in Tschechows Nikolai Stepanytsch und dessen Existenzproblem nur zu genau erkannt hatte. Und der Zauber? In solchen Augenblicken der durch Literatur vermittelten und illustrierten Selbsterkenntnis schien er tatsächlich dahin.

Es gab noch eine Stelle in dieser großen Erzählung Tschechows mit dem Untertitel »Aus den Aufzeichnungen eines alten Mannes«, die Thomas Mann betroffen gestimmt haben dürfte: »[...] wenn ich zurückschaue, stellt sich mir mein ganzes Leben als eine schöne, talentvoll ausgeführte Komposition dar. Nun kommt es für mich nur noch darauf an, das Finale nicht zu verderben. Das bedeutet, ich muß menschenwürdig sterben.« Nun aber der entscheidende Zusatz Nikolai Stepanytschs als Ausdruck seiner Bangigkeit, im Geiste an seine Katja gerichtet: »Doch ich verderbe das Finale. Ich gehe unter, ich laufe zu dir, ich bitte um Hilfe, und du sagst: Gehen Sie ruhig unter, so muß es sein.«[377]

SCHILLER ODER DAS WAGNIS DES SCHÖNEN IN UNSCHÖNER ZEIT

Das Finale nicht verderben. Darum ging es Thomas Mann nicht minder. Ein Finale mit Schiller, das er mit einer selbst für seine Verhältnisse auffallend aufwendigen Sorgfalt vorbereitete; galt es doch, seine große literarische Jugendliebe zu ehren im Jahre 1955, was zugleich eine hochnotpolitische Aufgabe darstellte, zu deren Erfüllung Thomas Mann noch einmal seinen ganzen Gedanken- und Sprachzauber aufzubieten gedachte. Aus diesen akribischen Bemühungen um Schiller wurden ein großer Essay und ein aus ihm mit Erikas Hilfe herauspräparierter Vortrag. Im Rückblick auf jene Rede sagte Theodor Heuss in Schiller-Jahr 1959: »Es konnte damals manchem etwas verwegen erscheinen, von dem großen epischen Ironiker ein aufhellendes Wort über den großen Pathetiker zu erbitten – aber das erhellende Wort wurde dann ein bekennendes Wort, das auch zu den verborgenen lyrischen Elementen in Schillers Gedichten einen zart enthüllenden Schein sandte.«[378] Während der umfangreichen Vorbereitungen auf diesen Vortrag schrieb Thomas Mann an Hans Reisiger, »daß das Element ›Schiller‹ wohl genau das Vitamin ist, das dem Körper unserer Gesellschaft heute fehlt.«[379] Mit diesem Vortrag hatte er vor, dieser Gesellschaft eben jenes Vitamin in einer zum geistigen Überleben ausreichenden Dosis zu verabreichen.

Ein paradox-ironischer Grundgedanke bestimmt diesen wohl komplexesten essayistischen Text aus Thomas Manns Spätzeit: Schiller sei ein Gefangener seiner Freiheitsidee gewesen. Er deutet Schillers Werk gleichsam als *einen* großen »Augenblick der Freiheit« in der deutschen Literatur, um ein Wort Alfred Anderschs abzuwandeln. Schillers ›Leiden‹, worin bestand es? Daß er dieser Freiheit im und durch das Werk sein Leben geopfert habe. Dieses Werk als Manifestation der Freiheit führte Thomas Mann – und das war das eigentliche Politikum dieses Versuchs über Schiller – als Gegenwelt vor, als Alternative zu der durch den Kalten Krieg polarisierten Welt.

Man kann diese politische Dimension seines Bekenntnisses zu Schiller wohl nur dann wirklich ermessen, wenn man sich Thomas Manns Gemütsverfassung zur Zeit der Niederschrift des Versuchs vergegenwärtigt: »Ich träume oft von einem lapidaren Manifest«, so heißt es in einem Brief an Kuno Fiedler vom 22. November 1954, »das von vier, fünf Welt-Namen unterschrieben, die Wahrheit hinausschreien müßte, daß es auf diesem Wege dem Ende der Civilisation unweigerlich entgegengeht.«[380] Noch in seinem letzten Lebensmonat erwog er diesen Gedanken, »ein warnendes Manifest für die Verantwortung der Menschheit gegenüber Leben und Natur« zu formulieren, darin tatkräftig von Tochter Erika unterstützt.[381]

Der Versuch über Schiller erwies sich keineswegs als ›lapidar‹, und Unterschriften von anderen »Welt-Namen« brauchte er nicht; aber eine Manifestation Thomas Manns stellt er in der Tat dar. Man kann diesen Text als einen Versuch lesen, die Humanität durch die Dichtung Schillers zu mobilisieren – in Stuttgart *und* in Weimar, im Westen *und* Osten der damals so (schein-)tödlich polarisierten Welt.[382]

Es kann hier nicht darum gehen, den ganzen Versuch neu zu bedenken, seinen vielen gedanklichen Verästelungen im einzelnen nachzugehen. Nur auf einen bisher erstaunlicherweise weniger berücksichtigten Aspekt sei gesondert eingegangen, obgleich ihn Thomas Mann darin eigens hervorgehoben hatte: auf die Bedeutung von Schillers Sprache. Denn was Thomas Mann dazu ausführte, hat nicht nur Bekenntnis-, sondern auch Vermächtnischarakter.

Der Versuch steht im Zeichen der Frage nach dem Wert des Schönen in Schönem entwöhnter Zeit, des dichterisch Sprach-Schönen. Der erste explizite Verweis auf Schillers Sprache erfolgt bezeichnenderweise an der Stelle, wo Thomas Mann auf die Notwendigkeit für jeden Kunstschaffenden aufmerksam macht, sich mit Schiller auseinanderzusetzen:

»Ganz scheu und verlegen, ganz unwürdig, sich solchem Geiste festlich zu gesellen, darf kein Künstler sich fühlen, denn dieser Geist war und ist die Apotheose der Kunst. Er hat sie verherrlicht in glänzenden Taten und dazu in *hoch-gewählten, hoch-genauen Worten*, in denen noch *der Letzte seiner Gattung* die eigene Not, das eigene Glück mit bescheidenem Stolze wiedererkennt.« (IX, 873; m. Hervorh.)

Schon hinter dieser Aussage verbirgt sich die These, daß Schillers Sprache Ausdruck menschlicher Würde sein wollte. Und Thomas Mann, der sich für den ›Letzten seiner Gattung‹ hielt, scheute sich nicht, seinerseits noch im Jahre 1955 diese Verbindung von Pathos und Exaktheit in seinem VERSUCH ÜBER SCHILLER vorzuführen. Immer wieder findet sich darin der Ausruf »Wie ist das gesagt!« – von Schiller, nur um dann selbst mit diesem ›Wie‹ gleichzuziehen.

Zur freilich Schiller-fernen Lektüre im Umkreis seiner Arbeit an diesem VERSUCH gehörte auch Fritz Martinis Studie DAS WAGNIS DER SPRACHE, in der dieser Thomas Manns TOD IN VENEDIG mit Blick auf die Sprachkunst dieser Novelle eingehend erörtert hatte.[383] Man gewinnt bei der Lektüre des VERSUCHS ÜBER SCHILLER den sehr bestimmten Eindruck, daß Thomas Mann diesen Wagnischarakter bedeutender poetischer Sprache am Beispiel Schillers aufzeigen wollte.

Was war an dieser Sprache Schillers ›Wagnis‹? Was sah Thomas Mann in ihr?

»Er [Schiller] hat sich ein persönliches Theater-Idiom erfunden, unverwechselbar nach Tonfall, Gebärde und Melodie, sofort als das seine zu erkennen, – das glänzendste, rhetorisch packendste, das im Deutschen und vielleicht in der Welt je erfunden worden, eine Mischung von Reflexion und Affekt, des dramatischen Geistes so voll, daß es schwer ist seither, von der Bühne zu reden, ohne zu ›schillerisieren‹.« (IX, 894)

Das Wagnis lag demnach – laut Thomas Mann – in der Art der Erfindung von Bühnensprache, wie es sie tatsächlich vor Schiller im Deutschen nicht gegeben hat. Es zeigt sich auch in der Verbindung von »Reflexion und Affekt«, Besonnenheit und Emotion. Thomas Mann führt dafür ein Beispiel an, wobei er selbst, wie gesagt, seine Meisterschaft unter Beweis stellt, Pathos und unbedingte Genauigkeit im Aufzeigen dessen, worum es ihm geht, zu verbinden:

»Im übrigen sind die herrscherliche Virtuosität, mit der er dem Jambus gebietet, der noble Wohlklang und Glanz, den er ihm verleiht, ohnegleichen. Er behandelt ihn mit souveräner Freiheit; es kommt ihm nicht darauf an, ihm sechs Füße zu geben statt fünfen, oder ihn auf die Hälfte abzukürzen, oder das Silbenmaß aus den Fugen gehen zu lassen, wie in Thekla's Klage um Max:

»Da kommt das Schicksal – Roh und kalt
Faßt es des Freundes zärtliche Gestalt
Und wirft ihn unter den Hufschlag seiner Pferde«

›Untern‹ wäre unschön gewesen; und außerdem ist das Drüber und Drunter des Rhythmus lautmalerisch. – Talbots berühmtes ›Mit der Dummheit kämpfen Götter selbst vergebens‹ beginnt ungeniert mit einem Anapäst.« (IX, 895 f.; m. Hervorh.)

Dergleichen könne bei Schiller, vor allem im WALLENSTEIN, mit »drastischen Realismen« in der Sprache kontrastieren, was insgesamt diese Sprache zum Erlebnis mache. Schiller, der Meister der Form, konnte sich erlauben, in ihr Freiheit walten zu lassen, abzuweichen von der Norm, wenn das Gebot des Sprach-schönen es erforderte. Dabei spricht Thomas Mann von Schillers »ästhetisch gefährlicher Doppelbegabung als Denker und Dichter« (IX, 917), was wiederum das Wagnis seiner Sprache erhöhte. Nicht umsonst verweist er auf das eigentliche (späte) Glanzstück theoretischer Prosa im Werk Schillers, den Vorspann zu seinem Trauerspiel DIE BRAUT VON MESSINA. Der Chor, so Schiller, bringe in die Sprache Leben und in die Handlung Ruhe. Was aber heißt dabei ›Leben‹? Wie immer bei Schiller »lebendiges Spiel«. Schiller beließ es freilich nie bei einem bloßen Spiel und einem bloß sprachlichen Wagnis. Dieses Wagnis spielte immer auch in die gedankliche Substanz hinüber oder rührte von dieser her. In besagtem Stück ÜBER DEN GEBRAUCH DES CHORS IN DER TRAGÖDIE schreibt Schiller:

»[Das Theater] soll ein Spiel bleiben, aber ein poetisches. Alle Kunst ist der Freude gewidmet, und es gibt keine höhere und keine ernsthaftere Aufgabe, als die Menschen zu beglücken. Die rechte Kunst ist nur diese, welche den höchsten Genuß verschafft. Der höchste Genuß aber ist die Freiheit des Gemüts in dem lebendigen Spiel aller seiner Kräfte. [...] Die wahre Kunst aber hat es nicht bloß auf ein vorübergehendes Spiel abgesehen, es ist ihr Ernst damit, den Menschen nicht bloß in einen augenblicklichen Traum von Freiheit zu versetzen, sondern ihn wirklich und in der Tat frei zu machen, und dieses dadurch, daß sie eine Kraft in ihm erweckt, übt und ausbildet, die sinnliche Welt, die sonst nur als ein roher Stoff auf uns lastet, als eine blinde Macht auf uns drückt, in eine objektive Ferne zu rücken, in ein freies Werk unsers Geistes zu verwandeln und das Materielle durch Ideen zu beherrschen.«[384]

Die Vermutung liegt nicht allzu fern, daß es gerade auch die intensive Auseinandersetzung mit dem Dramatiker Schiller war und dessen Glaube an die unmittelbare und reflektierte Wirkung der Bühne auf den Menschen, die es Thomas Mann nahelegten, es nach FIORENZA (1905) zuletzt selbst noch einmal mit einem Drama zu versuchen (»Luthers Hochzeit«). Es war der Zauber, der Zauber der Bühne, über den zu gebieten ihm trotz ›eifrigen Bemühens‹ verwehrt blieb.

In seinen Notizen zum VERSUCH ÜBER SCHILLER finden sich

Aufzeichnungen zu dessen Sprache, die nicht in den veröffentlichten Text eingegangen sind. Dazu gehört seine im Nachhinein schwer nachvollziehbare Bemerkung, daß er als Fünfzehnjähriger sein »Erlebnis erster Sprachbegeisterung« der Begegnung mit Schillers Libretto zu einer »lyrischen Operette« verdanke, der SEMELE. Diese Sprachbegeisterung habe das die Geliebte strafende Schlußwort des Zeus in jenem Libretto ausgelöst: »Glücklich soll niemand sein! Sie stirbt.«[385] Diese Dichtung Schillers steht eher für die nur bedingt intellektuelle Seite seines Schaffens und mag den Schüler Thomas Mann gerade deswegen angesprochen haben. Nun aber, im Herbst 1954, stellt er mit verwunderter Genugtuung fest, daß »zahllose Worte und Verse« gerade des *intellektuellen* Dichters Schiller »stehend redensartig in die Rede der gebildeten Schicht eingegangen sind und sich selbst heute noch, bei so abgesunkenem Bildungsniveau u[nd] fortschreitender Entfernung vom Literarisch-Klassischen darin erhalten.«[386]

Eigenartig genug, daß es von seinen Werken ausgerechnet sein Drama FIORENZA war, mit dem Thomas Mann zuletzt noch einmal konfrontiert und zu einem Selbstkommentar gedrängt wurde. Der Anlaß war eine Bremer Inszenierung dieses Stückes und die Bitte des WESER-KURIERS, sich über sein Drama zu äußern. Er ergriff die Gelegenheit, um öffentlich darüber nachzudenken, ob es nicht zu verwegen sei, dieses Stück angesichts seiner anscheinend so entfernten Renaissance-Thematik noch einmal aufzuführen. Wird man den Intendanten einen »Wagehals« nennen, weil er seinen guten Ruf für dieses »Un-Stück«, diese »recht hybride Hervorbringung« von einst riskiere? Doch dann die entscheidende Begründung, weshalb man es mit FIORENZA doch wagen solle. Denn »leben wir nicht erregter und gespannter noch, als zu der Zeit«, in der dieses Stück spielt, »in einer Zeit der Krise, der Problematik der ideologischen Machtkämpfe, bei denen auch wohl gegen ›Freiheit‹, ›Schönheit‹, ästhetische Hochkultur und Sinnenglück der asketisch-diktatorische Geist eines politischen Dominikanertums, dessen Anziehungskraft wir nicht ganz verneinen können, drohend die Faust erhebt?«[387]

Mit Schiller'scher Inbrunst beschwört der sterbende Lorenzo di Medici den asketisch-fanatischen Prior: »[...] alles Lebens Leben ist die Kunst« (VIII, 1066). Bekanntlich umsonst. Der Fanatiker Savonarola liebt das Feuer, nicht die Kunst und setzt im Namen seiner Orthodoxie den Humanismus aufs Spiel.

IM NAMEN DER WELTLITERATUR

So gewichtig Thomas Manns letzte Versuche gewesen sind, sie wirken heute (und schon damals) wie Nachspiele, schienen von ihm selbst wie Abschiede konzipiert, wie Epiloge in eigenster Sache nach dem großen Vorbild seiner Spätzeit, dem immer wieder zitierten Schlußmonolog des Prospero aus Shakespeares THE TEMPEST. Die eine, die allerletzte Aufgabe, die sich noch lösen ließ, in Noordwijk aan Zee, an dieser ihn »wie immer beglückenden Küste«, war das Geleitwort zu Band I der SCHÖNSTEN ERZÄHLUNGEN DER WELT. Kehren auch wir damit zum Ausgangspunkt unserer Betrachtungen zurück, zu diesem letzten Text Thomas Manns, dem wohl persönlichsten seiner überpersönlich gemeinten Bekundungen zur Literatur.

In dem bescheidenen Raum, der ihm vorgegeben ist, in einem ›Geleitwort‹ eben, holt er noch einmal aus – im Namen eines zu seinen besten Zeiten weltbürgerlich gestimmten »deutschen Geistes«, der doch im Grunde »nach Aufnahme und Verarbeitung des Universellen begierig« sei. An Goethe knüpft er an und an dessen Begriff der Weltliteratur, an Schiller, »mit dem ich mich aktuellerweise gerade eben wieder viel zu beschäftigen hatte – wie hat er das Universelle, die ›weiteste Teilnehmung‹ verherrlicht und die Beschränkung aufs Nationelle über die Achsel angesehen!« (X, 830)

Aber Thomas Mann zitiert auch die Gegenposition, vertreten ausgerechnet von Schillers erstem britischen Biographen, Thomas Carlyle, dem nicht geheuer war bei so viel Hingabe zum »Allgemeinen und Abstrakten«; glaubte doch Carlyle vielmehr, daß die Liebe zur Menschheit »ein ganz Konkretes und Beschränktes« brauche, »einen kleinen Raum zum Gegenstande, um ihrerseits konkret zu sein und dem Leben zu dienen.« (ebd.)

Dem ließ Thomas Mann sein eigenes Credo folgen, das er mit dem Konkreten dieser phantasievollen »schönsten Erzählungen«, verband:

»Es geht ums Ganze heute, um die Menschheit, um ihre Gesittung, ja um ihr Bestehen; die ›weiteste Teilnehmung‹ ist nicht nur das bildungsmäßig Wünschenswerte, sie ist das Lebensnotwendige, und angesichts einer Weltlage, so entsetzlich gefahrdrohend wie der gegenwärtigen, ist jedes geistige Unternehmen, das dem Gedanken des Universellen dient, froh und dankbar zu begrüßen.« (X, 831)

Sein Plädoyer für das ›Prinzip Weltliteratur‹ schließt, wie schon eingangs gesehen, mit einem für Thomas Mann nicht ganz selbstverständlichen Bekenntnis zu Herman Melville und dessen Marine-Erzählung BILLY BUDD. Seine Bewunderung für diese Prosa geht so weit, daß er am Ende seines Geleitworts ausruft: »Oh, hätte ich das geschrieben [...].« (X, 834) Gemeint war das Naturereignis des Sonnenaufgangs über dem Meer, das scheinbar das an Budd vollstreckte Todesurteil transzendiert und in der Tat viel von Joseph Conrad und Ernest Hemingway vorwegnimmt.

So beschloß Thomas Mann sein Werk mit – Selbstkritik. Oder verbarg sich hinter diesem großen Lob für Melville der mittelbare Versuch einer Wiedergutmachung seiner harschen, oft überzogenen, ungerechten Kritik an Amerika? Wollte er mit dieser späten Bekundung schierer Begeisterung über jenes Beispiel für die Literatur aus der neuen Welt, auch Thomas Wolfe nennt er und die »krankhafte Intensität« eines Edgar Allan Poe, wollte er damit seine tiefe Enttäuschung über den Gang der amerikanischen Dinge nach 1945 ausgleichen und sich selbst über sie mit Hilfe der Literatur hinwegtrösten?

Viel Sand sei ihm bei der Arbeit an diesem »prächtigsten Strand« aufs Papier geweht, als er sein Geleitwort verfaßt habe, schreibt er an seine italienische Übersetzerin, Lavinia Mazzucchetti, aus dem Kantonsspital Zürich. Als Sand im Getriebe der Gefahren der Welt, so wollte er auch diese Erzählungen sehen. Und das kam einer der wichtigsten Metaphern der von ihm so beargwöhnten deutschen Nachkriegsliteratur sehr, sehr nahe.

EPILOG I: QUASI EINE THEORIE DER WIEDERHOLUNG

»Freude an diesen Fahrten durchs Schweizer Land. Alles Wiederholung.« So steht es im Tagebuch Thomas Manns nach einem Ausflug nach Basel im April 1949 (Tb 25. 6. 1949) Dergleichen Bemerkungen ›wiederholen‹ sich in der Folge, aber nicht *ad nauseam.* Thomas Mann konnte solchen Wiederholungserfahrungen insgesamt etwas Stabilisierendes abgewinnen – im lebensgestaltenden wie künstlerischen Sinne. Seine ganze Lebens- und Arbeitsweise war auf das Fruchtbarmachen von Wiederholungen angelegt. Dazu gehörte etwa die wiederholte Lektüre bestimmter Autoren, das immer wieder neue Sich-Einlassen auf ihr Werk.[388]

Was die Wiederholung existentiell bedeute, hatte Sören Kierkegaard bereits im Jahre 1843 von seinem fiktiven Psychologen Constantin Constantinus erörtern lassen. Constantin, in dessen bloßem Namen sich schon eine von ›Konstanz‹ zeugende Wiederholung ereignet, definierte die antike Philosophie als ein Denken über das Leben, ein Erkennen in Gestalt von Erinnerung. Deren moderne Entsprechung stellte er als ein Denken über Wiederholungsphänomene vor, wobei Kierkegaards fiktiver Denker, Constantin, von der Wiederholung sagte, daß sie »nach vorwärts« erinnere.[389]

Nach Kierkegaard war es insbesondere Nietzsches ZARATHUSTRA und dessen Lehre von der Wiederkunft des Gleichen, welche sich der Wiederholungsproblematik stellte. Georg Simmel bezeichnete diese These als eine Abwandlung des kantischen kategorischen Imperativs. Denn ihr zufolge müssen wir immer so handeln, daß wir zu uns selbst, zu unserem Handeln ›da capo‹ sagen können. Noch einmal so leben, wie wir gelebt haben, das bedeutet: Ja zu sich selbst zu sagen, sein Leben solchermaßen bejahen, daß man es getrost wiederholen könnte.

Einer der bedeutenden Romane unserer Zeit, Milan Kunderas DIE UNERTRÄGLICHE LEICHTIGKEIT DES SEINS (1984), beginnt mit einem prologhaften Exkurs über die Frage, was diese Vorstellung von der ›ewigen Wiederkehr‹ bedeute. Die Auffassung des Erzählers lautet: Dieses von Nietzsche uns auferlegte »schwerste Gewicht« mache es unmöglich, eine Untat zu vergeben und zu vergessen. Der Erzähler behauptet sogar, daß er erst durch diese Gedanken über die ›ewige Wiederkehr‹ die Hauptfigur seiner Erzählung, Tomas, deutlicher erkennen und deswegen ihn erzählen könne.

Für Thomas Mann bedeutete Wiederholung eine lebenswirkliche Angelegenheit und eine schaffenspsychologische Voraussetzung seiner Kunst. Gerade durch die Wiederholung ließ sich die sonst so schmerzlich empfundene und in seinem Werk eindringlich thematisierte Trennung von Kunst und Leben aufgeben. Nicht umsonst schloß sein unter dem Eindruck der Arbeit an der JOSEPH-Tetralogie entstandener autobiographischer Essay ON MYSELF (1940) mit einem emphatischen Bekenntnis zu diesem mythischen Prinzip: »Alles Leben ist Wiederkehr und Wiederholung« (XIII, 165). In biographischer Hinsicht kam es in Thomas Manns letzter Lebensphase schon allein durch die zunächst nur zögerlich versuchte, dann aber im Sommer 1952 vollzogene Rückkehr nach Europa verstärkt zu Wiederholungserfahrungen. Bevor sich jedoch der wiederholte Neuanfang in Zürich vollziehen konnte, erfuhr er die Zeitumstellung auf seinem letzten Flug von New York (»nach bevorzugter Abfertigung« natürlich) geradezu als ein tumultarisch-symbolisches Ereignis von kathartischer Wirkung: Ein regelrechter »Umsturz der Zeit« (Tb 1.7.1952) – nichts weniger als das – ermöglichte es ihm, zumindest zum Schein *seine* Uhr neu zu stellen, aber nur, um dieses Neue am Ankunftsort als einen doch zum überwiegenden Teil aus der Vergangenheit wiedergeholten Sinn zu erfahren.

Die Erfahrung der Wiederholung schien für Thomas Mann jedoch keinen Zwang zur Folge gehabt zu haben, will sagen, er litt nicht an Wiederholungen, sondern suchte sie, wenn er sie brauchte, schätzte sie als geschenkgleiche Symbole, wenn sie sich ihm unvermutet boten. Selbst im Bereich der autoerotischen Sexualität kann bei Thomas Mann von einem Wiederholungszwang, der nach Freud zu ihrer »Infantilisierung« führt, nicht die Rede sein. Die mit Hinweisen auf seine Selbstbefriedigungspraktiken reichlich bestückten späten Tagebücher sprechen eher kontrolliert von »sonderbar hoffnungsvollem Liebesgefühl«, Glücksempfinden, aber auch der »Lächerlichkeit« dieser »Genugtuung« (Tb 18. 9. 1951). Zwanghaft wirkt dieser Drang zur wiederholten Erfahrung jedenfalls nicht.[390]

Variierende Wiederholungen in diversen erzählerischen Ansätzen nimmt Thomas Mann bei der Lektüre von Kafkas Tagebüchern wahr, und das, als er selbst eine bedeutungsvolle Wiederholungserfahrung macht: Anfang September 1951 hält er sich zum ersten Mal nach dem Krieg wieder im Hotel Villa Castagnola in Lugano auf, wo er im Frühjahr des Jahres 1933 einige Wochen in banger Wartestellung vor seinem längeren Exilaufenthalt in Südfrankreich zugebracht und im Tagebuch eine schonungslose Analyse der (seiner) Situation niedergelegt hatte.[391] Jetzt, im September 1951, notiert er im selben Hotel: »Aufenthalt in der von 1933 vertrauten Halle. Punkt wo Leben und Tagebuch sich mit alten Zeiten berühren und Wiederkehr begehen.« (Tb 9. 9. 1951) Die ›Wiederkehr begehen‹ wie ein ernstes Fest. Das klingt, wie so oft bei Thomas Manns Selbstzeugnissen, engagiert und detachiert zugleich.

Eine eigentümliche, bis ins Letzte schwerlich auslotbare Beziehung besteht nun zwischen Wiederholung und Zauber. Denn zerstört das Wiederholen nicht das Besondere, Einmalige, den spezifischen Augenblick, auf den der Zauber setzt? Kann wiederholtes Staunen noch wirkliches Staunen sein? Es hat den Anschein, als habe es Thomas Mann in Leben und Werk darauf angelegt, selbst in der Wiederholung und durch sie den Zauber des Besonderen *seiner* Existenz zu wahren, was bekanntlich bis in die peinlich ausgeführten und verzeichneten Riten des Alltags reichte.[392] Man darf durchaus behaupten, wie Joseph Brodsky es tut, daß für Thomas Mann die Wiederholung das »primäre Merkmal von Wirklichkeit« gewesen war.[393]

Was die ästhetische Seite dieses Lebensvollzuges angeht, so fällt es auf, wie wichtig Thomas Mann *das* Instrument und Symbol der Wiederholung nahm, nämlich das Grammophon, später den Plattenspieler.[394] Gerade dieses Gerät setzte er auch dafür ein, allabendlich musikalischen Zauber hervorzurufen und zu inszenieren. Am jeweiligen Erlebnischarakter des wiederholt auf dem Wiederholungsgerät Gehörten hielt er unbedingt fest. Eine bewährte Plattenaufnahme gewährleistete zumindest die Möglichkeit, wieder und wieder den Zauber einer bestimmten Musik hervorzurufen, den Zauber der Kunst und der Stunde zu beschwören, sofern die innere Stimmungslage dies zuließ. Eine Rundfunkaufnahme barg da schon ihre Risiken: »Abends Musik. Schlechte Aufführung des Lohengrin-Vorspiels, entzaubernd«, heißt es ernüchtert nach einem solchen ›Vorkommnis‹ im Tagebuch (Tb 12.11.1950). Gegen solche Entzauberung bot er seine Plattensammlung auf.

Eine Ästhetik der Wiederholung, die es trotz einiger Ansätze noch nicht gibt,[395] hat sich der paradoxen Voraussetzung zu stellen, daß jedes Kunstwerk auf die Wiederholbarkeit seiner Einzigartigkeit durch Betrachten, Lektüre oder Anhören angelegt ist. Diesem Anspruch wiederum liegt ein schaffenspsychologisches Phänomen zugrunde, das Stefan Zweig im Jahre 1938 in einem Thomas Mann nicht unverwandten, wenn auch stärker metaphysisch begründeten Sinne so ausgesprochen hat: In einem Werk kann sich »das Mysterium der Schöpfung unserer Welt noch einmal wiederholen«.[396] Was hier wie ein Stück nachgeholter Genie-Ideologie klingt, hat bei Zweig (und Thomas Mann) seinen Ursprung in Nietzsche, der nicht erst im ZARATHUSTRA die Frage der Wiederholung thematisiert hatte. Reflexionen im Umkreis der GEBURT DER TRAGÖDIE etwa ließen ihn zu folgender Überlegung kommen: »Das Kunstwerk und der Einzelne ist eine Wiederholung des Urprozesses, aus dem die Welt entstanden ist, gleichsam ein Wellenring in der Welt.«[397] Daran schlossen sich bei Nietzsche geradezu erkenntnisphysiologische Thesen an, die sich besonders mit dem ›Reiz‹ beschäftigten und von »Erinnerungsbildern« ausgehen, wobei er glaubte, der »percipirte Reiz« übertrage sich auf »verwandte Nerven«, die dann das Bild »wiederholten«, um es schließlich in Metaphern zu übersetzen.[398]

Wenn man die Spannweite der Wiederholungsthematik nicht bedenkt, ihre mythischen und profanen Dimensionen, fällt es wohl schwerer, Thomas Manns künstlerische und alltägliche Wiederholungspraktiken zu beurteilen. Es mag erstaunen, diese

Praktiken von Günter Grass bestätigt zu finden, der den Fortschrittsglauben in der ästhetischen Entwicklung und den zwanghaften Avantgardismus, den die Kritik seit Beginn der literarischen Moderne nicht aufhört einzufordern, in Frage gestellt hat. Er sieht stattdessen nur »Wiederholungen, Veränderungen, auch Veränderungen in den Wiederholungen«.[399]

Kunst bietet Zeichen und Strukturen, die reizen und zur Deutung verlocken. Roland Barthes These trifft unsere Sache: »Ein Zeichen ist, was sich wiederholt. Ohne Wiederholung kein Zeichen, da man es nicht wiedererkennen könnte und das Zeichen auf dem Wiedererkennen beruht.«[400] Diese These deutet auch an, worin der Zauber des Wiederholens liegt und, was Thomas Mann anging, auch gelegen hat: im Staunen machenden, glückhaften, eben auch ›verzaubernden‹ Moment des Wiedererkennens von etwas. Die Dauer dieses Moments wird davon abhängen, wie gut man ein ›Zeichen‹ kennt, wie lange sein erstes Auftauchen zurückliegt, was man damit verbindet, welche intellektuellen oder emotionalen Intensitäten durch das jeweilige Reiz-Zeichen freigesetzt werden.

Was den Wert der Wiederholung angeht, so kennt man auch Jean Pauls bange Frage: »Aber ist [...] Wiederholen Nachahmen?«[401] Der »höhere Abschreiber« Thomas Mann hatte mit dieser Frage weniger Nöte als rein genieästhetisch konditionierte Künstler. Was für ihn zählte, war vor allem die Art der Aufarbeitung des Materials, die unvermutete Zusammenstellung von Gewußtem und Erlesenem. Sein erzählerisches Verfahren, etwa in der JOSEPH-Tetralogie, hatte sich am Wieder-Zurück-Holen der mythischen Materie und Stoffe orientiert, am ›humanisierenden‹ In-die-Gegenwart-Bringen des mythischen Materials. Dabei hatte es sich um ein Wieder-Holen zum Zwecke des Fortschreibens des Stoffes gehandelt. Einem solchen Verfahren liegt die Überzeugung zugrunde, daß es Material gibt, welches sich zum Wieder-Hervorholen eignet, daß dessen eigentliche Qualität im Wiederholt-Werden-Können liegt, während andere Stoffe sich nach einmaliger Auswertung erschöpft haben.

Im Schaffen Thomas Manns fällt aber auch eine andere Wiederholungspraxis auf: Das Wieder-Holen von weit zurückliegenden Plänen – im Falle der DOKTOR FAUSTUS etwa und des FELIX KRULL, aber auch der wiederholten, wenn nicht unablässigen Auseinandersetzung mit Wagner und Goethe, Schopenhauer und Nietzsche, der Kunst- und Wissenschaftsproblematik. Theorie ist versuchte Welterklärung um den Preis (oder Vorteil – je nach Einschätzung) der Reduktion; Literatur versucht sich in partieller Weltdeutung in Form von veranschaulichten Lebenswelten, wobei Thomas Mann noch auf das narrative Entwerfen von Gesamtzusammenhängen insistierte und diese im Falle von BUDDENBROOKS, dem ZAUBERBERG, JOSEPH UND SEINE BRÜDER und DOKTOR FAUSTUS auch einzulösen verstand.

Doch kam dieses Festhalten an narrativen Zusammenhängen in einer Zeit der sozialen und ideologischen Brüche nicht reiner Selbsttäuschung gleich? Klaffte nicht ein »schroffer Abgrund« zwischen der Schönheit der Sprache und der ihr zugrundeliegenden Erkenntnis, der Einsicht in den ›wahren‹ Zustand der Welt, jener Kluft entsprechend, die Thomas Mann in den Sonetten Michelangelos »zwischen Aug' und Seele gähnen sah«? (IX, 787) Als er über die Erotik dieses Künstlers handelte (1950), plädierte er noch einmal für die »Lüge der Schönheit« und schrieb Michelangelo Gedanken zu, die er wohl selbst gehegt haben mochte – sich und seinen Lesern zur Hoffnung: »Schenkt mir den schönen Trug! [...] Laßt mich die Täuschung genießen!« (ebd.)

Der Genuß des Augenblicks und der Glaube an den Sinn der Wiederholung bildet bei Thomas Mann ein Spannungsgefüge, das seinerseits eine Konstellation wiederholt, die im Werk Goethes vorgebildet war.[402] Hinzu kommt bei Thomas Mann jedoch dieses am Ende bedrückend gefestigte Bewußtsein, Letzter zu sein, was das Hoffen auf eine sein Erbe fortsetzende »Wiederholung«, auf sein eigenes Wiederhervorgeholt-Werden nach dem Tode stark beeinträchtigen mußte.

Thomas Manns ambivalentes Verhältnis zur Wiederholung fand in der DIALEKTIK DER AUFKLÄRUNG (1944) Adornos und Horkheimers ihre reflektierte Entsprechung. Beide gingen davon aus, daß die Wiederholung ein Mittel sei, mit dem der Mensch versuche, seine Grundangst zu bannen. Es sei daher das Amt des Zauberers, sich kunstfertig der Wiederholung zu bedienen, die

Phänomene zu bannen, indem er sie nachahme. Im Laufe der Zeiten sei jedoch aus der »magischen Illusion«, mit welcher der Zauberer vortäuschte, den lebensbedrohenden Phänomenen Herr zu werden, ›Wissenschaft‹ geworden und der Glaube an sie.[403] Und wir dürfen ergänzen: aus den magischen Zaubersprüchen die Wissenschaftsprosa mit ihren Formeln.

Wäre es ganz verfehlt, in Thomas Mann und seiner von ihm akzeptierten Rolle des ›Zauberers‹ das Verlangen lebendig zu sehen, eben in diesem Sinne zu wirken, die Angst zu meistern durch Kunst? Konnte er diesen Anspruch nicht auch dadurch glaubwürdig aufrechterhalten, daß er die fatale Wirkung des ›faulen Zaubers‹ gleichfalls darzustellen vermocht hatte, nämlich in Gestalt des Cipolla in MARIO UND DER ZAUBERER?

In dieser Erzählung sah sich die wiederholt praktizierte, unverhohlen manipulative Kunst zu einer die Wiederholung durchbrechenden Tat zugespitzt, die es wiederum Cipolla ersparte, eines Tages zum »entzauberten Zauberer« zu werden, ein Schicksal, das schon Heinrich Heine als das eigentlich tragische Schicksal beschrieben hatte.[404] Heine selbst hatte sich als ein Künstler beschrieben, der »den Gedanken [die Dämonisierung der Götter durch das Christentum, R. G.] wieder zum wirklichen Leben heraufbeschworen habe«, und zwar mit einem entwaffnend schlichten Zaubermittel: durch »die Zaubermacht des allgemein verständlichen Wortes, durch die Schwarzkunst eines gesunden, klaren, volkstümlichen Stiles!«[405]

Einen Stoff wiederholen, bis er volkstümlich werden kann, sich so ins öffentliche Bewußtsein ›einschreiben‹, noch im Zustand drohender Entzauberung über die Magie des Wortes verfügen, dieses Heine'sche Ideal, es stand auch Thomas Mann augenscheinlich nie ganz fern. Und wenn das auf Wiederholung des Einmaligen angelegte Medium des Films dazu etwas beitragen konnte, dann war dies aus seiner Sicht umso erfreulicher.

Nun kann es nicht überraschen, daß *der* Wiederholungskünstler in der deutschsprachigen Nachkriegsmoderne schlechthin, Thomas Bernhard, in seiner novellistischen Abrechnung mit den erzählerischen Traditionen, seinem Roman AUSLÖSCHUNG (1986), gerade auch auf Thomas Mann rekurrierte. Das verdeutlicht bereits der Untertitel der AUSLÖSCHUNG: »Ein Zerfall«, womit ausgesprochen ist, daß es Bernhard sozusagen um eine akute Form der BUDDENBROOKS ging; galt dieser Roman doch dem »Verfall einer Familie«. Ausgelöscht wird in Bernhards Roman auch die ›Familie‹ der literarischen Vatergestalten. Was Thomas Mann angeht, so lautete das Urteil von Bernhards Protagonisten, Franz-Josef Murau, wie folgt: »Der Großbürger Thomas Mann hat eine durch und durch kleinbürgerliche Literatur geschrieben, habe ich zu Gambetti gesagt, die absolut auch für den Kleinbürger bestimmt und geschrieben ist, die Kleinbürger fressen diese Literatur in sich hinein mit Genuß, Gambetti, habe ich zu ihm gesagt.«[406]

Geradezu als Thomas-Mann-Parodie läßt sich Bernhards Stück ÜBER ALLEN GIPFELN IST RUH (1982) deuten. Genauer gesagt: In Moritz Meister, dem darin karikierten Verfasser einer Tetralogie, ›wiederholt‹ Bernhard den »in Goethe lebenden« Thomas Mann, der dabei ist, an seinem Traditionalismus zu ersticken. Bernhards Dichterfigur, Moritz Meister, mißt sich an der Größe der Großen, was bei ihm jedoch dazu führt, daß er nur Banalitäten von sich gibt. Geistig verflachend, scheitert er sogar am Scheitern, ganz wie der Protagonist seiner Tetralogie, Professor Stieglitz.[407] Er kann nur noch das Hohle, Unbedeutende repräsentieren, auch wenn er selbst in der Illusion lebt, das Klassische fortzuschreiben.

Sieht man davon ab, daß Bernhards ›Verfasser einer Tetralogie‹, Moritz Meister, aus bescheidenen Verhältnissen kommt, und auch davon, daß er in einem Haus wohnt, das einst von Nazis vertriebenen Juden gehört hatte und ihm von der Stadt geschenkt wurde, soll dieser Schriftsteller Thomas Mann aufs Haar gleichen. Und tatsächlich kann man sich Armin Mueller-Stahl, den Darsteller Thomas Manns in Breloers Film DIE MANNS, auch gut in der Rolle des Moritz Meister vorstellen.[408] Die Werkbezüge liegen auf der Hand: Meisters ›Tetralogie‹ soll der JOSEPH-Tetralogie entsprechen; Stieglitz sieht sich mit Professor Kuckuck gleichgesetzt; Meister orientiert sich an Goethe, Nietzsche und Wagner – Scheinparallelen gibt es genügend.[409] Wichtiger aber als das genaue Ausloten dieser intertextuellen

Bezüge ist die Frage, was Bernhard damit vorgeführt hat. Wie in vielen anderen seiner Texte, so trifft auch für dieses Stück zu, daß er die Wiederholung als notwendigen Leerlauf darstellt – notwendig in zweifachem Sinne: Wiederholung in der Spätzeit ist zwangsläufig und daher unabwendbar sinnentleert. Bernhard inszeniert diesen Leerlauf jedoch als bittere Komödie. Das Paradoxe an der – im Vergleich zu Thomas Mann – weitaus radikaler zugespitzten Wiederholungserfahrung in Bernhards Werk liegt darin, daß sich in seinen Endzeit-Szenarien die Wiederholung als die einzig authentische Erfahrung versteht. Für ihn bedeutete Wiederholung die Anti-Utopie schlechthin. Andererseits symbolisiert Bernhards ›Prinzip Wiederholung‹[410] das Nicht-Loskommen-Können von der Vergangenheit. Während bei Thomas Mann die wiederholte (stets ›irgendwie‹ mythische) Erfahrung zu seinem Verständnis von Humanität gehört, bestimmt tiefes Mißtrauen gegenüber der humanistischen Tradition Bernhards parodistischen Gebrauch der Wiederholung als Stilmittel.

Dem Wiederholen, welches bei Mann anders als bei Thomas Bernhard nichts Manisches an sich hatte, kam jedoch noch eine andere Funktion zu, die bereits zu Anfang dieser Betrachtung angesprochen wurde. Es gehörte zu Thomas Manns großem Projekt, dem Tod Paroli zu bieten. Das Wiederholen sollte helfen, den Tod zu bannen, ihn hinauszuzögern, über ihn hinauszuweisen. Selbst der Tod, so Adorno, gehörte zu Thomas Manns »unbändigem Spieltrieb, der sich von nichts einschüchtern ließ«,[411] war in erster Linie ›Material‹. Denn wer immer vom Tod redet wie Thomas Mann in seinen Werken, versucht auf listig-hybrische Weise, ihn sich gefügig zu machen. Darin – und vielleicht nur in diesem Punkt – wußte sich Thomas Mann tatsächlich Tolstoi verwandter als Goethe. Zu den Lektüren der späten Jahre gehörte ja auch die im Essay über die SCHÖNSTEN ERZÄHLUNGEN DER WELT eigens genannte Erzählung DER TOD DES IWAN ILJITSCH (1884-86), die Geschichte eines Sterbenden, der beinahe immer dasselbe denkt, todesfixiert ist und trotz aller Schmerzen und Qualen zuletzt – sterbend – sich sagen kann: »Zu Ende ist der Tod [...] Er ist nicht mehr.«[412]

Im eigenen Sterben den Tod verenden, das eigene Werk aber überleben sehen, das ist eine Vorstellung, die einige Selbstsicherheit voraussetzt. Thomas Mann scheint mit dieser Vorstellung zumindest gespielt zu haben, ironisch und ernst zugleich, eingedenk einer Zeitliches segnenden Wiederkunft des täuschend Ähnlichen.

Abb. 1: Thomas Mann. Pacific Palisades, 1941

Abb. 2: Thomas Mann. Pacific Palisades, 1952

Abb. 3: Thomas Mann, 1952

Abb. 4: Thomas Mann. Kilchberg, 1954

Abb. 5: Thomas Mann. Köln, 1954

Abb. 6: Thomas Mann. Berlin, 1955

Abb. 7: Thomas Mann. Berlin, 1955

Abb. 8: Thomas Mann. Kilchberg, 1955

Abb. 9: Thomas Mann. Kilchberg, 1955

Abb. 10: Thomas Mann. Ölgemälde von Wolf Ritz, entstanden vom 19. bis 22. Mai 1955 in Travemünde

EPILOG II: PORTRÄTS IM ABENDROT. DER ZAUBERER IN LETZTEN BILDERN UND ERIKA MANNS BERICHT *DAS LETZTE JAHR*

Man könnte viele der essayistischen Porträts der ›Meister‹, die Thomas Mann geschaffen hat, als Versuche werten, in deren Größe und Leiden Selbstbildnisse zu finden, sich selbst in ihnen und durch sie zu porträtieren. Wie aber steht es um die eigentlichen Thomas-Mann-Porträts, die ihm seit der BUDDENBROOKS-Zeit wichtig und augenscheinlich immer wichtiger wurden? Jene Porträts, die seinen literaturbürgerliches Bewußtsein repräsentierenden Gestus dokumentieren sollten, beginnen um 1900 zu entstehen. Thomas Mann im Strandkorb mit Blumenstrauß, zugeknöpft mit steifem Kragen, versonnenen Blickes, schreibbereit den Stift in der Hand, auf gleicher Höhe in der Linken die Zigarette, leichter Rauch und diskreter Duft der Blumen vermischen sich mit der Meeresluft (sofern die Aufnahme nicht aus dem Atelier stammt) zu einem aromatischen Minimaltoxikum, das für den nächsten Arbeitsschritt als Inspirationsmedium ausreichen soll und wird. Erfolg dürfte diesem Sinnen im Strandkorb gewiß sein; denn der Schnurrbart sieht sich bereits nach kaiserlicher Manier auf »Es-ist-erreicht« getrimmt. (Heinrichs Schnurrbart signalisierte zu jener Zeit das ›Es-ist-erreicht‹ in noch mächtigerer, bis zur Karikatur getriebener Ausprägung.)

Der Schriftsteller als Großbürger, so wollte sich Thomas Mann sehen, und so ließ er sich auch porträtieren (seit seiner Verehelichung mit Katia Pringsheim mit gestutztem Schnurrbart). Mit wachsendem Ruhm wuchs auch die Zahl der ›offiziellen‹ Porträts, von den Karikaturen zu schweigen.[413] Max Liebermann fertigte im Jahre 1925 eine Porträtradierung vom Autor des ZAUBERBERG an: Der Ausdruck hat etwas Paradoxes, man könnte sagen, die Radierung zeuge von seiner reflektiert-melancholischen Entschlossenheit.

Gestrenge Porträts, bei Bedarf gelöster, skeptisch, leicht verschmitzt in den zwanziger Jahren, auch am Strand in grauem

Flanell mit Einstecktuch, in Kampen etwa, ganz in Weiß am Lido oder in kapitänsgleicher Ausstattung auf Nidden, unnahbar überlegen am Schreibtisch, gerne mit weißen Schuhen wie James Joyce, ohne Krawatte mit Strickweste nur später in Princeton, vielleicht eine kleine Konzession an den sich so demonstrativ unkonventionell kleidenden dortigen Nachbarn, Albert Einstein.

In Amerika beginnt Thomas Mann auch mit kleineren Selbstkommentaren zu den Porträts, die er verschickt, etwa der Art: »Here is the best picture ever made of me!«[414] Am Ende wird es mehrere solcher ›best pictures‹ geben. Die Begegnung mit dem »Meister-Photographen«, dem Armenier Yousuf Karsh aus Ottawa, am 20. Februar 1946, dem Hauptlieferanten solcher ›best pictures‹ von den Großen dieser Welt, war Thomas Mann nicht nur einen Eintrag ins Tagebuch wert. Die Episode fand sogar Eingang in seinen ›Roman eines Romans‹ DIE ENTSTEHUNG DES DOKTOR FAUSTUS:

»Ein [...] gedenkenswerter Besuch war der des kanadischen Meisterphotographen Karsh, desselben, der das berühmte Bildnis Churchills mit dem grimmig sinnenden Lächeln hergestellt hat. Dieser hatte ihm fünf Minuten gewährt, und er rühmte sich, ihm für diese Frist die Zigarre weggenommen zu haben. Bei mir mochte er gemächlicher vorgehen. Mit großem Apparat, der wiederholt Kurzschluß verursachte, arbeitete er beinahe zwei Stunden lang mit mir an einer Serie von Aufnahmen, von denen einige an glücklich abgefangener ›Ähnlichkeit‹ und plastischer Lichtwirkung wirklich das Vollendetste darstellen, was ich nicht nur von eigenen Bildern, sondern überhaupt je gesehen habe. Nur schade, daß ich gerade damals als Modell in so schlechter Form war, und die sonst unvergleichlichen Porträts eine Bläßlichkeit der Züge und spitzige ›Vergeistigung‹ zeigen, die wenig Authentisches hat.« (XI, 252)

Als einige der Photos dann ganzseitig in der Zeitschrift ESQUIRE erschienen, sprach Thomas Mann im Tagebuch von »bewundernswerten Bildern von Heifitz [sic!] und mir.« (Tb 10. 1. 1950) Ohne eine statistische Erhebung hier vornehmen zu wollen, sei doch die Behauptung gewagt, daß die Anzahl der Porträtaufnahmen Thomas Manns in den letzten Jahren seines Lebens geradezu sprunghaft zunahm. Wie dieses Zitat aus der ENTSTEHUNG belegt, war das Porträtiert-Werden zu einem Bestandteil seines Lebens und eben auch Schaffens geworden. Die Lust an bildlicher Präsenz hielt mühelos Schritt mit seinem Wunsch nach ›Repräsentanz‹. Auch noch in den letzten Refugien Erlenbach und Kilchberg, als das Tagebuch längst große Selbstzweifel vermerkt, bleibt sein Interesse am Porträtiertwerden ungebrochen. *Darüber* führt er im Tagebuch nie Klage. Kurz gesagt: Im Bild gefiel sich Thomas Mann noch dann, als ihm die eigene Autorschaft zum Problem wurde.

Das Bild, das durch diese unzähligen Porträtaufnahmen von ihm entstand, war das eines sorgenvollen Anwalts des Geistes, mit fest geschlossenem Mund und leicht geschürzter Unterlippe, nachdenkend oder lesend, Fontanes Briefe zum Beispiel im Jahre 1953 im Erlenbacher Domizil. Doch es gab auch jene späten Aufnahmen, die ihn beim scheinbar entspannten Zigarrenrauchen zeigen und ihn wie einen Großindustriellen oder -bankier im Ruhestand aussehen lassen.

Der zitierte Abschnitt aus der ENTSTEHUNG zeigt, worum es ihm ging: Authentisch wollte er wirken, sich ins Bild setzen, buchstäblich ins rechte Licht rücken, ein Vexierbild seiner Identität bieten, wobei die Frage blieb: Wie entspricht man seinem Bild? Oder: Sollte man ihm nicht auch widersprechen, es nicht nur retouchieren, sondern prinzipiell korrigieren, zumal dann, wenn man als ›Zauberer‹ bekannt war?

Im Porträt zeige sich, behauptete Georg Simmel in seinem Versuch DIE ÄSTHETIK DES PORTRÄTS,[415] »der Sinn der Erscheinung« des Porträtierten und »nicht der Sinn hinter seiner Erscheinung«. Ein Porträt sei eine Abstraktion dessen, was wir »wirklich *sehen*« von diesem Menschen.

Im Porträtiert-Werden ein Bild von sich entwerfen können, darin lag wohl für Thomas Mann der Reiz dieses narzißtische Bedürfnisse am unmittelbarsten befriedigenden Kunstaktes. Seltsam berührte ihn offenbar nur, wenn eine Porträtaufnahme oder ein Gemälde ihn zu genau ›traf‹, wenn er sich durch das Porträt gleichsam demaskiert fühlte. Das konnte dazu führen, daß er die Veröffentlichung eines solchen Porträts untersagte[416] oder bestenfalls den Porträtisten mit einem zweideutigen Lobeswort dankte. Wolf Ritz, der zwischen dem 19. und 22. Mai 1955 das letzte Porträt Thomas Manns gemalt hatte, erhielt folgende Danksnotiz: »Wolf Ritz, meinem Porträtisten, der mich nur zu ähnlich schuf, mit Beifall, zum freundlichen Gedenken.«[417]

Wie man sich zu seinem eigenen Bild oder Abgebildet-Werden stellt, hat Thomas Mann auch in seinem VERSUCH ÜBER TSCHECHOW angesprochen. Als eine besonders erwähnenswerte Bemerkung in Tschechows Stück ONKEL WANJA zitiert Thomas Mann das an Alexander Wladimirowitsch gerichtete Wort »Sie müssen sich wieder photographieren lassen« (IX, 866). Dazu Thomas Mann: »Mein ganzes Leben lang habe ich lachen müssen, sobald ich mich an dieses ›Lassen Sie sich wieder photographieren, Alexander Wladimirowitsch!‹ erinnerte, und Tschechow ist schuld, wenn ich manchmal von dem oder jenem denke: ›Der kann sich auch photographieren lassen!‹« (ebd.) Was auch ihn selbst, Thomas Mann, einschloß.

Dem folgt die Feststellung Thomas Manns über den Autor von ONKEL WANJA: »Nun, er selbst hat sich photographieren lassen, wenn es sein mußte, und Bilder sind es von vollendeter Anspruchslosigkeit. Von einem wild bewegten Innenleben zeugen sie nicht, – es ist, als ob dieser Mensch auch für die Leidenschaft zu bescheiden gewesen wäre.« (IX, 866 f.) Die Aufnahmen und Porträts Thomas Manns wirkten dagegen deutlich weniger anspruchslos, lassen sie doch keinerlei Zweifel daran aufkommen, daß sie repräsentativ sein wollen und auch tatsächlich Repräsentatives an sich haben.

In die Reihe der Thomas-Mann-Porträts gehört auch und besonders jenes, das seine Tochter Erika von ihm geschaffen hat – in Gestalt ihres ›Berichts‹ DAS LETZTE JAHR.[418] Dieses Porträt seines letzten Lebensabschnittes beginnt mit einem Vorsatz, der ganz dem ›Zauberer‹ gemäß war: »Ich will erzählen, – nur dies [...]«. Und was Erika Mann dann ausbreitet, unterbricht sie mit einer ihr wichtigen Bemerkung: »Was ich da schreibe, erhebt keinerlei Anspruch.« (MVZ, 411) Anspruch worauf? Auf literarischen Wert. Dieses Echo sollte ganz im Schatten des Zauberers bleiben. Die Lieblingstochter und Gralshüterin von Kilchberg wollte nicht glänzen, sich nicht dadurch in Szene setzen, daß sie ein erinnerungskünstlerisches Meisterstück im Namen des über alles geliebten Vaters lieferte; nur mit nüchternen Worten bezeugen, was war und wie es war, und wie es stand um den Zauber. An einer Stelle jedoch, es ist die signifikanteste dieses kleinen Buches, wurde Erika Mann ihrem noblen Vorsatz untreu, nämlich dort, wo sie einen »Wachtraum von unbeschreiblicher Schrecklichkeit« schildert, in dem sie vierzehn Monate vor dem Tod des Vaters dessen Sterben sah und durchlebte. (MVZ, 444)

Das Bedeutsame an der durchaus literarisch zu nennenden Beschreibung dieses Alpwachtraums besteht in der wiederholten Verwendung des Wortes ›Durchbruch‹. Ihr träumt, daß die Beine ihres Vaters amputiert werden sollen, wobei sie verzweifelt gegen diese Sinnlosigkeit mit der Behauptung protestiert, daß er ohnehin an einem ›Durchbruch‹ sterbe, gegen den es kein Mittel gebe. Siebenmal erwähnt Erika Mann auf knapp eineinviertel Druckseiten das Wort und dessen tödliche Implikation. Damit gestattete sie sich einen Rückverweis auf eines der zentralen Motive im Spätwerk ihres Vaters, wenngleich mit völlig veränderter Bedeutung, ein Paradigmenwechsel, man könnte auch sagen, ein Kunstgriff der eigenen Art.

Man erinnert sich: Der ›Durchbruch‹ war eine der wesentlichsten ästhetischen Kategorien im Doktor Faustus. Im Gespräch mit Rüdiger Schildknapp erläutert Adrian Leverkühn, was er darunter versteht: »Wem [...] der Durchbruch gelänge aus geistiger Kälte in eine Wagniswelt neuen Gefühls, ihn sollte man wohl den Erlöser der Kunst nennen.« (VI, 428) Gemeint ist ein Durchbruch hin zu einer anderen Romantik, zur Emanzipation von ihrer zunehmenden Selbstisolierung.[419]

Man erinnert sich auch, daß bereits diese Verwendung des Wortes ›Durchbruch‹ eine wesentliche Bedeutungsverschiebung darstellte; hatte es doch vor und während des Ersten Weltkriegs eine politisch-propagandistisch-militärische Bedeutung: das Durchbrechen der Einkreisung Deutschlands durch feindliche Koalitionen. Im alphaften Wachtraum Erika Manns erhielt der ›Durchbruch‹ seine medizinisch-pathologische Bedeutung zurück: der Durchbruch zum Tode als letzte Steigerung. Der innere Gewebedurchbruch als Folge der Arteriosclerose war schließlich die Todesursache. (MVZ, 454)

Unwahrscheinlich, daß Erika Mann mit ihrer Traumschilderung andeuten wollte, ihr Vater sei letztlich an seinem Werk gestorben, wie dies etwa Paul Bekker und Bruno Walter von Gustav Mahler behauptet hatten, dessen Neunte Symphonie die ungeschriebene Überschrift trage: ›Was mir der Tod erzählt.‹[420] Eher drückte sie dadurch aus, daß ihr Vater selbst noch im Sterben eine Art Einheit von Kunst und Leben erfuhr, freilich in diesem besonderen Wort-Falle als etwas ausgesprochen Prekäres. Dieses letzte Porträt Thomas Manns schien Erika Mann auch verfaßt zu haben, um sich selbst Trost und etwas Hoffnung zuzusprechen, was sie nach seinem Tod bis in ihr eigenes ›letztes Jahr‹ (1969) bitter nötig hatte.[421]

Ein Porträt ist keine Biographie; es will nur Skizze sein. Selbst das ausgeführteste Bildnis eines Menschen kann nur eine Momentaufnahme bieten, einen zeitgebundenen Eindruck seines Wesens wiedergeben, der dennoch den Anspruch erheben kann, Charakteristisches über die Persönlichkeit des Porträtierten zu sagen oder zumindest über den Schein des Charakters. Für das Porträt gilt auch, was der Erzähler des ZAUBERBERG in seiner Zeit-Theorie sagte: »Eine Erzählung aber, deren inhaltliche Zeitspanne fünf Minuten betrüge, könnte ihrerseits, vermöge außerordentlicher Gewissenhaftigkeit in der Erfüllung dieser fünf Minuten, das Tausendfache dauern [...].« (III, 749) Auch der Ausdrucksgehalt eines Porträts, sein ›Wahrheitsgehalt‹ über die dargestellte oder photographisch aufgenommene Person ›dauert‹ ja weitaus länger als der im Leben des Porträtierten gezeigte Moment.

Diesen Anspruch erhob Erika Mann mit ihrer biographischen Skizze zumindest mittelbar durchaus: daß ihre letzte lange Momentaufnahme von ihrem Vater womöglich mehr über ihn sagen könne als eine dickleibige Biographie. Und mit diesem Anspruch legte auch Theodor W. Adorno »aus Anlaß einer dokumentarischen Ausstellung« zu Thomas Mann im Jahre 1962 seine Hermann Hesse gewidmete und im Rahmen dieser Arbeit schon mehrfach zitierte Skizze ZU EINEM PORTRÄT THOMAS MANNS vor. Auf neuneinviertel Druckseiten gelang Adorno ein kleines Meisterstück in der Kunst der Charakterisierung und Relativierung stereotyper Vorstellungen von einem bestimmten Künstler. Es ist ein Gegenstück zu Erika Manns ›Bericht‹, wobei Adorno, alle Differenzen mit Erika für einen Augenblick hintanstellend, einen symbolischen, am Porträt orientierten, besonders reizvollen Zusammenhang zwischen Vater und Tochter herstellt: »In seinem [Thomas Manns] Arbeitszimmer hing eine entzückende Jugendphotographie seiner Tochter Erika, die ihm physiognomisch ähnelt, im Pierrotkostüm. Im Nachbild der Erinnerung gewinnt sein eigenes Gesicht etwas Pierrothaftes. Seine Koketterie war wohl nichts anderes als ein Stück unverstümmelten und unbezwinglichen mimetischen Vermögens«[422] – und Vergnügens am Nachahmen und Sich-Verstellen.

In seiner Porträtskizze bietet Adorno die, so weit ich sehe, originellste und überzeugendste Erklärung für Thomas Manns Vorliebe für Porträts, die ihn als Großbürger zeigen. Thomas Mann habe sich daran gestoßen, daß man im 19. Jahrhundert »das Genie als Kostüm« getragen habe. Durch Samt und Barett, gerade bei Wagner, habe sich der Archetyp des Künstlers »in ein verinnerlichtes Stück von dessen Mobiliar« verwandelt. »Scham über die Selbstsetzung des Künstlers, des Genies, als das er sich drapiert, nötigt den Künstler, der eines Restes von Draperie nie ganz ledig wird, so gut es geht sich zu verstecken. Weil der Genius zur Maske geworden ist, muß der Genius sich maskieren.«[423]

So habe Marcel Proust seine Auftritte als »Operettendandy« gehabt, Kafka spielte den »mittleren Versicherungsangestellten«, T.S. Eliot mimte den Banker. Und Thomas Mann habe Sachlichkeit, Korrektheit gepflegt als »das Geheimnis seiner Verstellung«.[424]

Eine Rolle aber hat er bravouröser gespielt als irgendeiner seiner Zeitgenossen, hat ihr jede nur denkbare Nuance abgewonnen, hat ihren Zauber erkannt und produktiv genutzt: die Rolle eines Letzten, Späten in einer Literatur, die sich noch von Goethe und Wagner herleiten ließ und dabei die Erfahrung des Brüchigen, diese Tradition Pervertierenden nicht aussparte, sondern sich ihr, besonders in BRUDER HITLER und im DOKTOR FAUSTUS, mit unerbittlicher Folgerichtigkeit stellte. Je später es wird in bestimmten Traditionen, desto erlauchter sind ihre letzten Vertreter. Thomas Mann jedenfalls war ein Später, der zur rechten Zeit kommen durfte.

Auch dieses Buch hat seine Geschichte. Als mir Thomas Sprecher, der Direktor des Thomas-Mann-Archivs in Zürich, die ehrenvolle Aufgabe stellte, auf der Jahrestagung der Thomas-Mann-Gesellschaft in Zürich 1996 etwas über Thomas Mann ›heute‹ zu sagen, wählte ich das Thema ›Thomas Mann im spätbürgerlichen Zeitalter‹, auch um mir selbst zu verdeutlichen, wie spät es in der (Nach-) Moderne geworden ist. Inzwischen ist aus ihr eine ›Zeit des Fraktalen‹ geworden, eine Welt der Brüche, von denen ausgeht, was ich damals als Haupttitel meiner Ausführungen angab – ein ›*Zauber* des Letzten‹. Dieser Ausdruck will ein Empfinden auf den Begriff bringen, das sich in mir seit meinen stets auch von Gesprächen über Thomas Mann bestimmten Begegnungen mit Erich Heller in dessen letzten Lebensjahren[425] festgesetzt hatte. Hellers Essays ›über modernes Dichten und Denken‹, die unter dem Titel ENTERBTER GEIST erstmals 1954 veröffentlicht wurden, darunter ein Versuch über »Kunst und Künstler im Werke Thomas Manns«,[426] und seine große Studie THOMAS MANN. DER IRONISCHE DEUTSCHE gehören zu den bedeutendsten und einflußreichsten Arbeiten über diesen Schriftsteller überhaupt.[427] Ohnehin weiß sich dieses Buch besonders auch der anglo-amerikanischen Tradition in der Deutung Thomas Manns verpflichtet, wie ich sie über die Jahre neben Erich Heller bei Joseph Peter Stern, Hans Rudolf Vaget, Herbert Lehnert, Martin Swales und Terence James Reed kennen und schätzen gelernt habe, diesem wortgenauen, scheinironischen, distanziert-intimen, in jedem Falle aber immens kenntnisreichen Zugang zu einem Werk, das ja gerade dieser Zugehensweise sehr entgegenkommt. Mochte Thomas Mann auch wiederholt die Art der Aufnahme seines Werkes auf den britischen Inseln bekümmert haben, irritiert durch diese oder jene Kritik, zu schweigen vom Niveau der Übersetzungen,[428] er hätte längst Grund, zufriedener zu sein. Und wäre es nicht ein zu vermessener Gedanke, dann sähe ich meinen Versuch wohl vor allem als Hommage an jene zuvor benannten

Vertreter der Thomas-Mann-Forschung und jener Tradition, für die sie stehen.

Danken möchte ich hier auch jenen, die mir die Gelegenheit gegeben haben, auf dem Wege des Vortrags einzelne Aspekte dieses in der vorliegenden Studie entwickelten Ansatzes zu erproben, in erster Linie dem Direktor des Thomas-Mann-Archivs in Zürich. Neben Thomas Sprecher danke ich dafür besonders der English Goethe-Society für die Einladung, die Ida-Herz-Lecture des Jahres 1999 über die ENTSTEHUNG DES DOKTOR FAUSTUS zu halten, sowie Irena Swiatlowska-Predota für die Einladung, in ihrem Seminar an der Universität Wrocław Gedanken zum Thema ›Das Motiv des Letzten beim frühen Thomas Mann‹ vorzutragen (2004). Ingrid Fichtner (Zürich) hat eine erste Version des Kapitels »Peinliche Verwandtschaft« in ihrem Band DOPPELGÄNGER (Bern 1999) zur Diskussion gestellt. Gedankt sei auch allen Teilnehmern an einem Graduierten-Seminar über die späten Erzählungen Thomas Manns, das ich an meiner früheren Universität (Aston University in Birmingham) 2000/01 gehalten habe. Ohne das Thomas-Mann-Archiv der ETH Zürich sind Arbeiten über den ›Zauberer‹ kaum vorstellbar. Hier gilt mein Dank allen Mitarbeiterinnen und Mitarbeitern, insbesondere Katrin Bedenig. Zwei Aufenthalte in diesem Archiv wurden von der British Academy in London gefördert. Dank schulde ich ferner meiner wissenschaftlichen Mitarbeiterin Carly McLaughlin für das Erstellen des Literaturverzeichnisses. Und abschließend darf ich meinem Lektor Kim Landgraf danken, der diese Arbeit von Anbeginn wirkungsvoll begleitet hat.

Queen Mary College, University of London
im Januar 2005

Rüdiger Görner

ANMERKUNGEN

1 Jean Paul, Die wunderbare Gesellschaft in der Neujahrsnacht (1801). Frankfurt am Main 1998, S. 11.
2 In: Albrecht Goes, Vierfalt. Wagnis und Erfahrung. Frankfurt am Main 1993, S. 147.
3 Bei diesem Gedicht handelt es sich um die letzten drei Strophen des Gedichts »Geheimnisse«. In: Hans Carossa, Gedichte. Frankfurt am Main, Leipzig 1992, S. 45 f.
4 Beispielhaft dafür ist Band 29 der Thomas-Mann-Studien (= TMS): Thomas Sprecher (Hrsg.), Lebenszauber und Todesmusik. Zum Spätwerk Thomas Manns. Die Davoser Literaturtage 2002. Frankfurt am Main 2003. Darin allein zwei Beiträge über ›Sterben und Tod im Werk Thomas Manns‹ von Thomas Rütten (S. 13-34) und Helmut Koopmann (S. 203-223). Zuvor Aufsätze von Thomas Sprecher u. Ernst O. Wiethoff, Thomas Manns letzte Krankheit. Neue Erkenntnisse zur Todesursache. In: Neue Zürcher Zeitung 12./13. 8. 1995 (Nr. 185), S. 45-46 und Wolfgang Schneider, Das durchdringende Auge des Todes. Thomas Manns Darstellungen des Sterbens und der Triumph des Menschlichen. In: Neue Zürcher Zeitung v. 3./4. 6. 2000 (Nr. 128), S. 49.
5 Theodor W. Adorno, Beethoven. Philosophie der Musik. Fragmente und Texte. Hrsg. v. Rolf Tiedemann. Frankfurt am Main 2004.
6 In: Thomas Mann, Gesammelte Werke in dreizehn Bänden. Bd. X. Frankfurt am Main 1990, S. 310 f. (nachfolgend im Text zitiert mit römischer Band- und Seitenzahl).
7 Einen ersten Versuch, diese Beziehungen zu erörtern, unternahm Henry Hatfield, Der Zauberer und die Verzweiflung. Das Alterswerk Thomas Manns. In: Wirkendes Wort 12 (1962), S. 91-102.
8 In: Thomas Mann/Heinrich Mann, Briefwechsel 1900-1949. Hrsg. v. Hans Wysling. Frankfurt am Main 1995, S. 349 (Brief Heinrich Manns v. 3. 6. 1945).
9 Thomas Mann, Tagebücher 1953-1955. Hrsg. v. Inge Jens. Frankfurt am Main 1995, S. 356 (9. 7. 1955). Nachfolgend im Text zitiert: Tb (mit Datumseintrag).
10 Vgl. Jens Malte Fischer, Gustav Mahler, der fremde Vertraute. Wien 2003, S. 800.
11 In: Karl Jaspers, Was ist Philosophie? Hrsg. v. Hans Saner. München 1976, S. 7. Vgl. dazu neuerdings auch: Suzanne Kirkbright, Karl Jaspers. A Biography. Navigations in Truth. New Haven and London 2004.
12 Jaspers, Was ist Philosophie?, a. a. O., S. 8.
13 Unter den maßgeblichen biographischen Arbeiten der letzten Jahre verdankt diese Studie grundlegende Einsichten vor allem (in alphabetischer Reihenfolge): Volker Hage, Eine Liebe fürs Leben. Thomas Mann und Travemünde. Frankfurt am Main 2002; Klaus Harpprecht, Thomas Mann. Eine Biographie. Reinbek b. Hamburg 1995; Anthony Heilbut, Thomas Mann. Eros & Literature. London and Basingstoke 1995; Inge und Walter Jens, Frau Thomas Mann. Das Leben der Katarina Pringsheim. Reinbek b. Hamburg 7. Aufl. 2003; Hermann Kurzke, Thomas Mann. Das Leben als Kunstwerk. München 1999;

Martin Meyer, Tagebuch und spätes Leid. Über Thomas Mann. Edition Akzente. München, Wien 1999; Donald A. Prater, Thomas Mann – Deutscher und Weltbürger. Aus dem Englischen übers. v. Fred Wagner. München 1995; Thomas Sprecher, Thomas Mann in Zürich. Zürich 1992. Hinzu kommt das TV-Thomas- Mann-Projekt von Heinrich Breloer, Unterwegs zur Familie Mann. Begegnungen, Gespräche, Interviews. Frankfurt am Main 2001.

14 Peter de Mendelssohn, Die Frankfurter Ausgabe der Gesammelten Werke Thomas Manns. Frankfurt am Main 1981, S. 26 (eine noch immer hilfreiche Übersichtsdarstellung über die Geschichte der Thomas-Mann-Werkausgaben bis 1980). Der wichtigste kritische Kommentar dazu: Hermann Kurzke, Das Elend der Frankfurter Thomas-Mann-Ausgabe. In: Frankfurter Allgemeine Zeitung (Bilder und Zeiten) v. 23. 8. 1986 (Nr. 194).

15 In: Henri-Frédéric Amiel, Tag für Tag. Textauswahl und Vorwort von Leo Tolstoi. Hrsg. u. mit einem Nachwort versehen von Felix Philipp Ingold. Aus dem Französischen von Eleonore Frey. Zürich 2003, S. 18.

16 Hermann Kurzke, Verstehen, nicht verurteilen. Das Verhältnis der Deutschen zur großen Dichterfamilie Mann. In: Die Literarische Welt v. 8. 12. 2001 (Nr. 48), S. 1 u. 4.

17 Ebd.

18 Eine der wenigen betont kritischen Stellungnahmen zu Breloers Film stammt von Willi Japser: Heinrich blieb vor der Türe stehen. Breloers gepriesener Fernsehfilm übernimmt die Perspektive von Thomas Mann – und wieder verliert Heinrich den Bruderzwist. In: Die Zeit v. 27. 12. 2001, S. 47.

19 Thomas Steinfeld, Der leidenschaftliche Buchhalter. Philologie als Lebensform. München, Wien 2004, S. 122.

20 Thomas Manns eigener Beitrag zu diesem Genre war sein Filmmanuskript »Tristan und Isolde« aus dem Jahre 1923. In: GW X, 9-18. Vgl. auch: GW X, 932-934.

21 Dazu Gilbert Adair, The Real Tadzio. London 2001. Vgl. auch: Ders., In search of the real Tadzio. In: The Independent. The Weekend Review v. 15. 12. 2001, S. 9.

22 Marcel Reich-Ranicki (Hrsg.), Was halten Sie von Thomas Mann. Achtzehn Autoren antworten. Frankfurt am Main 1994.

23 Ebd., S. 67.

24 Ebd., S. 37.

25 In: Thomas Mann, Briefe I 1889-1936. Hrsg. v. Erika Mann. Frankfurt am Main (1961) 1995, S. 409-413 (nachfolgend zitiert: Br I-III mit Seitenzahl).

26 In: Thomas Mann, Briefwechsel mit seinem Verleger Gottfried Bermann Fischer 1932-1955. Hrsg. v. Peter de Mendelssohn. Frankfurt am Main 1973, S. 137.

27 Vgl. dazu Bernd Hamacher, Die Poesie im Krieg. Thomas Manns Radiosendungen *Deutsche Hörer!* als ›Ernstfall‹ der Literatur. In: Thomas-Mann-Jahrbuch (nachfolgend TMJb) 13 (2000), S. 57-74.

28 Zit. nach Volker Hage, Wie alles begann. Thomas Manns Reise nach Weimar 1949, der Prozeß gegen Walter Janka und Archiventdeckungen aus der DDR. In: Die Zeit v. 13. 7. 1990 (Nr. 29), S. 48.

29 Ein Beispiel liefert Werner Fuld, »Als ob es in den Krieg ginge«. Vor 50 Jahren besuchte Thomas Mann zum ersten Mal nach 16 Jahren Exil Deutschland. In: Die literarische Welt v. 24. 7. 1999, S. 6. Zuvor schon unter ähnlicher Überschrift Klaus Harpprecht, Als ob es in den Krieg ginge. Königliche Hoheit auf

Reisen – angefeindet und gefeiert. Thomas Mann besucht Deutschland Ost und West 1949 das erste Mal nach dem Zweiten Weltkrieg. In: Die Zeit v. 31. 3. 1995 (Nr. 14), S. 76.

30 Vgl. Neue Rundschau 101 (1990), Heft 2, S. 5-11.

31 Brigitte Hoeft (Hrsg.), Der Prozeß gegen Walter Janka und andere. Eine Dokumentation. Reinbek b. Hamburg 1990.

32 Vgl. Thomas Sprecher, Fritz Gutbrodt, Die Familie Mann in Kilchberg. Zürich 2000, S. 180.

33 Manfred Dierks, Thomas Mann und die literarische Moderne. Warum der Autor des ›Zauberbergs‹ heute so aktuell ist. In: Frankfurter Rundschau v. 20. 5. 1995 (Nr. 117), S. 3.

34 Die philosophische Dimension dieses Vorhabens, wenn auch nicht auf Thomas Mann bezogen, findet sich entwickelt bei Hans Ebeling, Ästhetik des Abschieds. Kritik der Moderne. Freiburg i. Br., München 1989.

35 Franz Kafka, Tagebücher 1910-1923. Hrsg. v. Max Brod. Frankfurt am Main 1973, S. 128.

36 In: Albrecht Goes, Vierfalt, a. a. O., S. 49.

37 Theodor W. Adorno, Zur Metakritik der Erkenntnistheorie. Drei Studien zu Hegel. Gesammelte Schriften. Hrsg. v. Rolf Thiedemann. Bd. 5. Frankfurt am Main 2003, S. 47.

38 Im Gespräch mit Goethe bezeichnete Hegel seine philosophische Methode als »organisierten Widerspruchsgeist«. Zit. nach: Johann Peter Eckermann, Gespräche mit Goethe. Leipzig 1925, S. 531 f.

39 Harold Bloom, The Anxiety of Influence. A Theory of Poetry (1973). Zweite erw. Ausgabe New York 1997.

40 Johann Wolfgang von Goethe, Faust. Hamburger Ausgabe. Hrsg. v. Erich Trunz. München 1988. Bd. 3, S. 348 (V. 11562) und S. 349 (V. 11589).

41 Zit. nach Tb, Anmerkung zum 16. 3. 1955, S. 734.

42 Theodor W. Adorno, Zu einem Porträt Thomas Manns. In: Ders., Noten zur Literatur. Gesammelte Schriften. Bd. 11. Hrsg. v. Rolf Thiedemann. Frankfurt am Main 2003, S. 335.

43 Vgl. Br III, 341 (Brief v. 17. 5. 1954).

44 Ebd.

45 Walter Boehlich, »Altes und Neues« von Thomas Mann. In: Merkur 8 (1954), Heft 1.

46 Mehrfach abgedruckt unter dem Titel »Aus einem Brief über die ›Betrogene‹ an Thomas Mann.« Zuletzt in: Adorno, Noten zur Literatur, a. a. O., S. 676-679 (Brief an Thomas Mann v. 18. 1. 1954). Nun auch in: Theodor W. Adorno/Thomas Mann, Briefwechsel 1943-1955. Hrsg. v. Christoph Gödde und Thomas Sprecher. Frankfurt am Main 2002, S. 133-137.

47 Friedrich Schlegel, Kritische Schriften. Studienausgabe in sechs Bänden. Hrsg. v. Ernst Behler und Hans Eichner. Paderborn 1988, Bd. 2, S. 129 (Athenäumsfragment 252).

48 Reinhard Baumgart, Damals. Ein Leben in Deutschland 1929-2003. München, Wien 2003, S. 173.

49 Friedrich Nietzsche, Sämtliche Werke. Bd. 6. Kritische Studienausgabe (= KSA 6). Hrsg. v. Giorgio Colli und Mazzino Montinari. München 1988, S. 37 (»Der Fall Wagner«).

50 In: KSA 3, 351.

51 Vgl. dazu den anregenden Aufsatz von Helmuth Kiesel, Thomas Manns ›Doktor Faustus‹. Reklamation der Heiterkeit. In: DVjS 64 (1990), Heft 4, S. 726-743.

52 Dazu die grundlegende Studie von Helmuth Kiesel, Literarische Trauerarbeit: Das Exil- und Spätwerk Alfred Döblins. Tübingen 1986. Für die Zeit nach 1933 konstatiert Kiesel eine geradezu programmatisch betriebene ›Entheiterung‹ der Kunst, bei Döblin einen regelrechten ›Heiterkeitsverlust‹.

53 Vgl. etwa Peter Eichhorn, Kritik der Heiterkeit. Heidelberg 1973; Harald Weinrich, Drei Thesen von der Heiterkeit der Kunst. In: Ders., Literatur für Leser. Stuttgart 1971, S. 12-22.

54 Odo Marquard, Exile der Heiterkeit. In: Ders., Aesthetica und Anaesthetica. Philosophische Überlegungen. Paderborn, München, Wien, Zürich 1989, S. 47-63, bes. S. 49 f.

55 Ebd., S. 50.

56 Adorno, Beethoven, a. a. O., S. 183.

57 Ebd., S. 200.

58 Ebd., S. 189.

59 Ebd., S. 181.

60 Br III, 293 (Brief an Lavinia Mazzucchetti v. 19. 4. 1953).

61 Kurzke, Thomas Mann, a. a. O., S. 60 f.

62 Vgl. u. a. Werner Frizen, Thomas Manns Sprache. In: Helmut Koopmann (Hrsg.), Thomas Mann Handbuch, 3. Aufl., Stuttgart 2001, S. 854-874.

63 In einer brieflichen Selbstinterpretation äußerte sich Thomas Mann am 28. 4. 1909 über Frau von Rinnlinen wie folgt: »Sie ist eine Leidende [er betont: »keine Kokette«, R. G.], eine problematische Natur, die in dem körperlich Mißgebildeten einen Leidensgenossen erkennt, im letzten Augenblick aber zu stolz ist, diese Zusammengehörigkeit wahrhaben zu wollen.« (Br I, 75 f.)

64 Vgl. Michael Maar, Geister und Kunst. Neuigkeiten aus dem Zauberberg. München, Wien 1995, S. 22-25. Wie Maar nachweist, geht die Novelle auf Andersens Geschichte »Ole Luköie« zurück.

65 Heilbut, Thomas Mann, a. a. O., S. 89.

66 Harpprecht, a. a. O., S. 102.

67 In: Herman Bang, Gesammelte Werke. Bd. 1. Berlin 1919, S. 264 f.

68 Zum biographischen Kontext vgl. Volker Hage, Eine Liebe fürs Leben. Thomas Mann und Travemünde, a. a. O., bes. S. 13-48.

69 Brief an Heinrich Mann vom 13. 2. 1901 in: Br I, 25.

70 In: Friedrich Nietzsche, Sämtliche Briefe. Kritische Studienausgabe in 8 Bänden. Hrsg. v. Giorgio Colli und Mazzino Montinari. Bd. 2. München 1986, S. 322.

71 In: Gotthold Ephraim Lessing, Werke. Hrsg. v. Herbert G. Göpfert. Bd. 6. München 1996, S. 462.

72 Ebd., S. 447 f.

73 Zit. nach der zweiten veränderten (Thomas Mann und Ernst Bertram gewidmeten) Auflage von Philipp Witkop, Die deutschen Lyriker. Bd. 1. Berlin 1921, S. 54.

74 Harpprecht, a. a. O., S. 330.

75 In: Adorno/Mann, Briefwechsel, a. a. O., S. 85.
76 Vgl. zur Uraufführung der VIII. Symphonie vor allem Jens Malte Fischer, Gustav Mahler. Der fremde Vertraute. Wien 2003, S. 808-813.
77 Zit. nach: Der blaue Reiter. Hrsg. v. Wassily Kandinsky und Franz Marc. Dokumentarische Neuausgabe von Klaus Lankheit. 6. Aufl. München, Zürich 1987, S. 253.
78 Dazu Harpprecht, a. a. O., S. 340 f. Entsprechend dürftig, ja nichtssagend fiel seine 1926 gehaltene Rede »München als Kulturzentrum« aus. In: GW X, 220-226.
79 Die Diskussion über den Wert dieses Übergangs vom ›trunkenen Lied‹ zur ›sittlichen Fabel‹ erörtert Heilbut, a. a. O., S. 259-262.
80 Vgl. dazu bes. Reinhard Baumgart, Thomas Mann als erotischer Schriftsteller. In: Die Zeit v. 8. 4. 1988 (Nr. 15), S. 59-61; eine systematische Aufarbeitung der Thematik liefert Claus Sommerhage, Eros und Poesis: Über das Erotische im Werk Thomas Manns. Bonn 1993.
81 In: Friedrich Schiller, Sämtliche Werke in fünf Bänden. Hrsg. v. Gerhard Fricke und Herbert G. Göpfert. Bd. 1. München 1987, S. 242.
82 Schiller, Werke. Bd. 1, a. a. O., S. 227.
83 Louis Begley, Mistlers Abschied. Roman (amerikanischer Originaltitel: Mistler's Exit). Aus dem Englischen von Christa Krüger. Frankfurt am Main 2003, S. 225.
84 Ebd., S. 282.
85 Ebd., S. 284.
86 Vgl. Eckhard Heftrich, Vom Verfall zur Apokalypse. Über Thomas Mann. Frankfurt am Main 1982, S. 157-172.
87 Dazu u. a. Stefan Bodo Würffel, Zeitkrankheit – Zeitdiagnose aus der Sicht des Zauberbergs. Die Vorgeschichte des Ersten Weltkrieges – in Davos erlebt. In: Thomas Sprecher (Hrsg.), Das »Zauberberg«-Symposium 1994 in Davos. TMS 11. Frankfurt am Main 1995, S. 197-223.
88 Reinhard Baumgart, Das Ironische und die Ironie in den Werken Thomas Manns. Frankfurt am Main, Berlin, Wien 1974, S. 147.
89 Adorno, Zu einem Porträt Thomas Manns, a. a. O., S. 343.
90 Vgl. Thomas Sprecher, Davos im Zauberberg. Thomas Manns Roman und sein Schauplatz. Zürich 1996, S. 270.
91 Vgl. Maar, Geister und Kunst, a. a. O., S. 56-63.
92 Dazu ausführlich: Jochen Hörisch, »The German Soul up to Date«. Sacraments of Media Technology in ›The Magic Mountain‹. In: Michel Minden (Hrsg.), Thomas Mann. London 1995, S. 175-187.
93 Vgl. Anthony Grenville, ›Linke Leute von rechts‹. Thomas Mann's Naphta and the ideological Confluence of radical Right and Radical Left in the Early Years of the Weimar Republic. DVjS 59 (1985), S. 651-675 und Reimar Zons, Naphta. In: ZfdP 112 (1993), S. 231-250.
94 Vgl. Ludwig Fertig, Vor-Leben. Bekenntnis und Erziehung bei Thomas Mann. Darmstadt 1993. Bes. das Kapitel ›Zauberberg‹-Pädagogik, S. 159-168.
95 Vgl. dazu bes. J. P. Stern, Relativity in and around The Magic Mountain. In: Michael Minden (Hrsg.), Thomas Mann, a. a. O., S. 160-174.
96 Dazu: Elisabeth Galvan, Bellezza und Satana, Italien und die Italiener bei Thomas Mann. In: TMJb 8 (1995), S. 109-138, bes. S. 122 ff.

97 Reinhard Baumgart, Das Ironische und die Ironie in den Werken Thomas Manns, a. a. O., S. 141 f.

98 Ebd., S. 140.

99 Vgl. Tb 8. 3. 1921.

100 Arthur Rimbaud, Briefe und Dokumente. Hrsg., übers. u. erläutert von Curd Ochwadt. Zweisprachige Ausgabe. Heidelberg 1961, S. 24 (Original S. 240). Brief v. 13. 5. 1871 an Georges Izambard.

101 Vgl. u. a. Fernando Pessoa, Briefe an die Braut. Aus dem Portugiesischen von Georg Rudolf und Josefina Lind. Zürich 1995, bes. den Bericht von Dona Ophelia Queiroz »Fernando und ich«, S. 9-49.

102 Vgl. Jean-Paul Sartre, Was ist Literatur? Übers. v. Hans Georg Brenner. Hamburg (1950) 1979, S. 11 f.

103 Diesen Aspekt einer mythologisch begründeten Psychologie der Doppelung hebt bereits Karl Philipp Moritz in seiner »Götterlehre« hervor. In: Ders., Werke. Hrsg. v. Horst Günther. Bd. 2. Reisen, Schriften zur Kunst und Mythologie. Frankfurt am Main 1993, S. 754 ff.

104 In: Hegel, Phänomenologie des Geistes. Mit einem Nachwort von Georg Lukács. Frankfurt am Main, Berlin, Wien, 2. Aufl. 1973, S. 126 f. Hegel spricht von der »Verdopplung des Selbstbewußtseins in sich selbst« (ebd.).

105 In: Nietzsche, KSA II, 76 (57).

106 In: Ders., Sämtliche Briefe, KSA VI, 291 (Brief von Anfang Dezember 1882).

107 Zit. nach Wolfram Hogrebe, Ahnung und Erkenntnis. Brouillon zu einer Theorie des natürlichen Erkennens. Frankfurt am Main 1996, S. 78 ff.

108 In: Theodor Fontane, Sämtliche Werke. Hrsg. v. Walter Keitel. München 1969. Aufsätze, Kritiken. Bd. 1, S. 264.

109 Ebd., S. 288.

110 Vgl. auch: Hans Rudolf Vaget, Kaisersaschern als geistige Lebensform. Zur Konzeption der deutschen Geschichte in Thomas Manns Doktor Faustus. In: Der deutsche Roman und seine historischen und politischen Bedingungen. Hrsg. v. Wolfgang Paulsen. Bern 1977, S. 200 ff.

111 Vgl. Dichter über ihre Dichtungen 14/II: Thomas Mann 1918-1943. Hrsg. v. Hans Wysling unter Mitwirkung von Marianne Fischer. München 1979, S. 562 f. Es erstaunt, wie stiefmütterlich die Forschung bislang mit diesem Versuch verfahren ist. Unter den wenigen Interpretationen lohnen in erster Linie: Hinrich Siefken, Thomas Mann's Essay ›Bruder Hitler‹. In: German Life and Letters 35 (1982), S. 165-181; Jochen Schmidt, Die Geschichte des Genie-Gedankens. Bd. 2. Darmstadt 1985, bes. S. 252 u. 263. Schmidt sieht den Essay »ganz auf die Genie-Problematik hin perspektiviert« (ebd., S. 252); Harpprecht, Thomas Mann, a. a. O., S. 1005-1023; Joachim C. Fest, Betrachtungen über einen Unpolitischen. In: Ders., Aufgehobene Vergangenheit. Stuttgart 1981, bes. S. 64 f.

112 Vgl. das Typoskript des Essays, das sich im Thomas-Mann-Archiv (TMA), Zürich (Ms 37 a) befindet (mit Thomas Manns Streichungen und Korrekturen). Sie sind im Kritischen Kommentar der Essay-Edition (Bd. 4: Achtung Europa!) von Hermann Kurzke berücksichtigt.

113 Thomas Mann in einem Brief an Agnes E. Meyer. In: Thomas Mann/ Agnes E. Meyer, Briefwechsel 1937-1955. Hrsg. v. Hans Rudolf Vaget. Frankfurt am Main 1992, S. 118 f. (Brief v. 13. 4. 1938).

114 Brief v. 6. 12. 1938 an Gottfried Bermann Fischer. In: Th.M.: Briefe. Bd. II (1937-1947). Hrsg. v. Erika Mann. Frankfurt am Main 1963, S. 70.
115 Ebd.
116 In: Thomas Mann, Ausgewählte Essays in drei Bänden. Hrsg. v. Hermann Kurzke. Bd. II. Politische Reden und Schriften. Frankfurt am Main 1977, S. 173-177.
117 Ebd., S. 179 f.
118 Ebd., S. 199.
119 Thomas Mann, Freud und die Psychoanalyse. Reden. Briefe. Notizen. Betrachtungen. Hrsg. v. Bernd Urban. Frankfurt am Main 1991, S. 86.
120 Vgl. ders., Briefe. Bd. III, a. a. O., S. 365 (v. 3. 12. 1954).
121 Sebastian Haffner, Germany: Jekyll & Hyde. Übers. v. Kurt Baudisch. Berlin 1996, S. 105. (S. 139: »Deutschland führt [...] ein Doppelleben [...] neben dem schon bis zum Überdruß vertrauten, auf unzähligen Plakaten einseitig dargestellten Deutschland der Hakenkreuzfahnen, Uniformen und Marschkolonnen [gibt es] noch ein ganz anderes, geheimes Deutschland, das schattenhaft, nicht greifbar, aber allgegenwärtig ist.«)
122 Ebd.
123 Vgl. dazu den Beitrag von Hans Wißkirchen, Verbotene Liebe. Das Deutschlandthema im Doktor Faustus. In: »Und was werden die Deutschen sagen??« Thomas Manns Doktor Faustus. Hrsg. v. Hans Wißkirchen und Thomas Sprecher. Lübeck 1997, S. 179-207. Vgl. auch Hans Rudolf Vaget, Germany: Jekyll and Hyde. Sebastian Haffners Deutschlandbild und die Genese von Doktor Faustus. In: Eckhard Heftrich, Helmut Koopmann (Hrsg.), Thomas Mann und seine Quellen. Festschrift für Hans Wysling. Frankfurt am Main 1991, S. 249-271.
124 Goethe, Torquato Tasso. HA 5, 166 (V. 3419 f.).
125 Dazu vor allem Harpprecht, Thomas Mann, bes. S. 1005 ff.
126 Daß bis heute dieser Versuch die Wogen hochschlagen läßt, besonders unter ehemaligen Emigranten, belegt die Aussage von Volkmar Zühlsdorff, dem ehemaligen Geschäftsführer der Deutschen Akademie im Exil und der American Guild for German Cultural Freedom. In: Breloer, Unterwegs zur Familie Mann, a. a. O., S. 324. Zühlsdorff überliefert auch Joseph Roths Kommentar zu Manns Essay: »Hitler als seinen Bruder zu bezeichnen, das ist so, wie wenn man mit dem Entsetzen Scherz treibt. Das ist nicht entschuldbar durch Thomas Mann'sche Ironie.« (ebd.)
127 In: Dichter über ihre Dichtungen (vgl. Anm. 111), S. 563.
128 In: Hans Wysling (Hrsg.), Thomas Mann/Heinrich Mann, Briefwechsel 1900-1949. Frankfurt am Main 1968, S. 90.
129 Diese Frage stellt der Anfang des siebenten Kapitels »Strandspaziergang« (III, 748-751). Dazu noch immer grundlegend: Harald Weinrich, Tempus. Besprochene und erzählte Welt. 3. Aufl. Stuttgart, Berlin, Köln, Mainz 1977. Zur Entwicklung des novellistischen Zeitbegriffs vor Thomas Mann vgl. Dirk Göttsche, Zeit im Roman. Literarische Zeitreflexion und die Geschichte des Zeitromans im späten 18. und 19. Jahrhundert. München 2001.
130 Br I, 323 (v. 12. 10. 1932).
131 Vgl. Achim Hölter (Hrsg.), Marcel Proust. Leseerfahrungen deutschsprachi-

ger Schriftsteller von Theodor W. Adorno bis Stefan Zweig. Frankfurt am Main 1998, S. 10.

132 Ebd., S. 17.

133 Ebd., S. 21-24.

134 Ebd., S. 37.

135 Ebd., S. 17.

136 Samuel Beckett, Proust. Übers. v. Marlis und Paul Pörtner. Frankfurt am Main 1989.

137 Ebd., S. 83.

138 Georg Lukács, Die Theorie des Romans. Ein geschichtsphilosophischer Versuch über die Formen der großen Epik. Darmstadt, Neuwied 1976, S. 109.

139 Dazu u. a. Rolf-Peter Janz, Zur Historizität und Aktualität der »Theorie des Romans« von Georg Lukács. In: Jahrbuch der Deutschen Schillergesellschaft 22 (1978), S. 674-699.

140 Lukács, a. a. O., S. 112.

141 Vgl. Martin Heidegger, Sein und Zeit. 15. Aufl. Tübingen 1979, bes. S. 231-267.

142 Ebd., S. 235.

143 Für den Bereich der psychologischen Philosophie hat dies nachgewiesen: Mona Clerico, Welt – Ich – Sprache. Philosophische und psychoanalytische Motive in Thomas Manns Romantetralogie ›Joseph und seine Brüder‹. Würzburg 2004.

144 Vgl. dazu Peter Pütz, Verwirklichung durch ›lebendige Ungenauigkeit‹. *Joseph* von den Quellen zum Roman. In: Eckhard Heftrich, Helmut Koopmann (Hrsg.), Thomas Mann und seine Quellen, a. a. O., S. 173-188.

145 Ebd., S. 178.

146 Seit den quellenkritischen Pionierleistungen zum Josephsroman von Herbert Lehnert, Thomas Manns Vorstudien zur *Joseph*-Tetralogie. In: Schillerjahrbuch 7 (1963), S. 458-520 und ders., Thomas Manns Josephstudien 1927-1939. In: Schillerjahrbuch 10 (1966), S. 378-404 sowie Käte Hamburger, Der Humor bei Thomas Mann. Zum Joseph-Roman. München 1965 ist die Fülle der Einzelstudien allein zu diesem Romanwerk nicht mehr überschaubar. Der eindrucksvollste Beitrag zur Forschung aus jüngster Zeit ist fraglos Bernd-Jürgen Fischer, Handbuch zu Thomas Manns ›Josephromanen‹. Tübingen, Basel 2002.

147 Erstmals in einem Brief an Erika Mann. In: Br I, 261 (Brief v. 23. 12. 1926).

148 Uwe Wolff hat darauf hingewiesen, daß sowohl Thomas Mann und – zeitgleich – Sigmund Freud den Versuch unternommen haben, durch die umfassende Analyse von – mythischen – Einzelpersönlichkeiten, Joseph und Moses, die Geschichte durchschaubar zu machen, »ihre geheimen Steuerungsmechanismen aufzudecken«. In: Uwe Wolff, Poetische Imagination vom Anfang und Ende der Kultur. Moses als Kulturstifter im Werk von Thomas Mann und Sigmund Freud. In: Neue Zürcher Zeitung v. 21. 4. 1989 (Nr. 91), S. 41-42.

149 In: II, 297. Kritiker verbuchen dieses »Kunstspiel« (Th. Mann) nicht selten unter der Rubrik ›Illustriertenhaftes‹, ›Nähe zum Kitsch‹ und ›Anachronistisches‹. So etwa Hellmuth Karasek, Königliche Hoheit. In: TMJb 4 (1991), S. 29-44.

150 Vgl. den grundlegenden Aufsatz zu *Lotte in Weimar* von Ernst Cassirer, Thomas Manns Goethe-Bild. Eine Studie über Lotte in Weimar. In: Germanic Review (Oktober 1945). Cassirer schrieb Thomas Mann über diesen Roman aus Göteborg: »Auf mich wirkt dieses Buch fast, als wäre mir ein Traumbild, das ich festhalten mochte und das mir wieder entglitt, zur vollen Wirklichkeit geworden.« Unveröffentlichter Brief im TMA, Zürich (Sig X 63/27).

151 Br II, 134 (Brief v. 3. 3. 1940).

152 Vgl. Fußnote 150.

153 Br II, 175 (Brief v. 24. 1. 1941 an Agnes E. Meyer).

154 Vgl. Erhart Kästner, Was die Seele braucht. Über Bücher und Autoren. Hrsg. v. Julia Freifrau Hiller von Gaertringen und Karin Nitzschke. Frankfurt am Main, Leipzig 1994, S. 29-35. Zur Stellung Kästners zu Mann vgl. das Nachwort zu diesem Band S. 223 f. Die Quellenlage und Goethe-Beziehungen in der Novelle untersucht Friedrich Wilhelm, Thomas Mann über seine indische Legende. In: Euphorion 64 (1970), S. 399-403.

155 Kästner, a. a. O., S. 34.

156 Besonders unangenehm fiel gerade auch Kästner eine »unappetitliche Schmähschrift« auf, die Ulrich Sonnemann in den ›Frankfurter Heften‹ publizierte und die ein besonders drastisches Beispiel dieser Art Angriffe liefert: Ulrich Sonnemann, Thomas Mann oder Maß und Anspruch. In: Frankfurter Hefte. Zeitschrift für Kultur und Politik 3 (1948), H. 7 (Juli), S. 625-640.

157 Vgl. hierzu auch neuerdings Hans Ulrich Gumbrecht, Diesseits der Hermeneutik. Die Produktion von Präsenz. Frankfurt am Main 2003.

158 Thomas Mann/Heinrich Mann, Briefwechsel 1900-1949, S. 329 f.

159 Vgl. GW XIII, 296-298.

160 Br II (Brief v. 5. 1. 1940).

161 Dazu Harpprecht, Thomas Mann, S. 1162 ff.

162 Vgl. Heinrich Zimmer, Weisheit Indiens. Märchen und Sinnbilder. Darmstadt 1938 sowie ders., Maya. Der indische Mythos. Stuttgart 1936. Beide Bände befinden sich in Thomas Manns Bibliothek und sind mit vielen Anstreichungen versehen. TM erwähnt als seine Hauptquelle Zimmers Maya-Studie, nicht aber die eigentliche Sanskrit-Nacherzählung von Heinrich Zimmer, Die indische Weltmutter. In: Eranos Jahrbuch VI 1938. Zürich 1939, S. 175-220. Zur Erörterung der Quellenlage vgl. vor allem Siegfried A. Schulz, ›Die vertauschten Köpfe‹. Thomas Manns indische Travestie. In: Euphorion 57 (1963), S. 245-271; Friedrich Wilhelm, Thomas Mann über seine indische Legende, a. a. O. sowie Rolf Günter Renner, Thomas Mann als phantastischer Realist. Eine Überlegung anläßlich der ›Vertauschten Köpfe‹. In: TMS 7. Internationales Thomas-Mann-Kolloquium 1986 in Lübeck. Bern 1987, S. 73-91.

163 Heinrich Zimmer, Transformed Legend. In: Time v. 9. 6. 1941.

164 Diese Deutung erstmals bei Michael Maar, Im Schatten des Calamus. Autobiographisches in Thomas Manns indischer Novelle »Die vertauschten Köpfe«. In: Merkur 8 (2001), 678-685.

165 Dazu Helmut Koopmann, Aneignungsgeschäfte. Thomas Mann liest Eckermanns Gespräche mit Goethe. In: Thomas Mann und seine Quellen, a. a. O., S. 21-47.

166 Zum allgemeinen Hintergrund vgl. Hans Wysling, Schopenhauer-Leser Thomas Mann. In: Schopenhauer-Jahrbuch 64 (1983), S. 61-79.

167 Zum Hermetischen vgl. etwa Helmut Koopmann, Die Kategorie des Hermetischen in Thomas Manns Roman ›Der Zauberberg‹. In: ZfdP 80 (1961), S. 401-422.

168 Vgl. Murielle Gagnebin, La bissexualité psychique dans ›Les Têtes Interverties‹ de Thomas Mann. In: Revue d'estétique 33 (1980), S. 303-317. Die These, daß es sich bei Samadhi um eine ›Synthese‹ handelt, wie dies auch Gagnebin betont, ist jedoch weniger entscheidend als das Geringe, das Samadhi zu bewirken, zu leisten vermag.

169 Herbert Lehnert, Thomas Manns Erzählung ›Das Gesetz‹ und andere erzählerische Nachspiele im Rahmen des Gesamtwerks. In: DVjS 43 (1969), S. 515-543.

170 Vgl. dazu bes. Klaus Makoschey, Quellenkritische Untersuchungen zum Spätwerk Thomas Manns. TMS 17. Frankfurt am Main 1998, bes. S. 53-98.

171 Br II, 298 (Brief v. 17. 2. 1943 an Agnes E. Meyer).

172 Br II, 303 (Brief v. 9. 3. 1943 an Klaus Mann).

173 Br II, 311 (Brief v. 6. 5. 1943).

174 Vgl. dazu die grundlegende Studie von Helmut Koopmann, Der Untergang des Abendlandes und der Aufgang des Morgenlandes. In: Jahrbuch der deutschen Schillergesellschaft 24 (1980), S. 300-331. Koopmann deutet dieses Projekt als Thomas Manns umfassend angelegte – freilich fiktive – Antwort auf Oswald Spengler, wobei jedoch nicht unterschlagen werden sollte, daß Spengler eine durchaus differenzierte Sicht des »Babylonisch-Orientalischen« anstrebte.

175 Zit. nach Makoschey, a. a. O., S. 68 u. 85.

176 Oswald Spengler, Der Untergang des Abendlandes. Umrisse einer Morphologie der Weltgeschichte. Nachwort von Detlef Felken. 16. Aufl. München 2003, S. 856 ff.

177 Zur Heine-Beziehung vgl. vor allem: Volkmar Hansen, Thomas Manns Erzählung ›Das Gesetz‹ und Heines Moses-Bild (1974). In: Rudolf Wolff (Hrsg.), Thomas Mann, Erzählungen und Novellen. Bonn 1984, S. 68-85.

178 Vgl. dazu die Ausführungen von Helmut Thielicke, Meditationen über eine Oper. Zu Arnold Schönbergs Moses und Aaron. In: Ders., Glauben als Abenteuer. Stuttgart 1980, S. 92-102, sowie Rolf Urs Ringger, Primitivismen in der Szene »Das Goldene Kalb«. Ein Beitrag zu Schönbergs Oper Moses und Aron. In: Neue Zürcher Zeitung v. 11. 11. 1983, S. 36.

179 Vgl. Catherine Kramer, Ernst Barlach. Reinbek b. Hamburg 2002, S. 89.

180 Vgl. Børge Kristiansen, Freiheit und Macht. Totalitäre Strukturen im Werk Thomas Manns. Überlegungen zum ›Gesetz‹ im Umkreis der politischen Schriften. In: TMS 7, S. 53-91.

181 Vgl. Hansen, a. a. O., S. 81.

182 Vgl. dazu Friedhelm Marx, »Ich aber sagen Ihnen ...«. Christusfigurationen im Werk Thomas Manns. In: TMS 25. Frankfurt am Main 2002, S. 315-319.

183 So argumentiert vor allem Hans Rudolf Vaget, Thomas Mann. Kommentar zu sämtlichen Erzählungen. München 1984, S. 303.

184 Vgl. den überaus anregenden Aufsatz von Franziska Schößler, »Die Frau von fünfzig Jahren«. Zu Thomas Manns Erzählung ›Die Betrogene‹. In: Sprachkunst 31 (2000), 2. Halbband, S. 289-306. Darin auch eine konstruktive Erörterung der bisherigen Forschungsliteratur. Vgl. auch die grundlegende Inter-

pretation von Yahya Elsaghe, »Vom Moschusgeruch des Exkrementhaufens«. Mythos und Ideologie in Thomas Manns ›Die Betrogene‹. In: DVjS 73 (1999), S. 692-709.

185 Yahya Elsaghe, Nostalgie und Modernitätskritik. ›Die Betrogene‹ als Thomas Manns ideologisches Vermächtnis. In: Thomas Sprecher (Hrsg.), Lebenszauber und Todesmusik. Zum Spätwerk Thomas Manns. Die Davoser Literaturtage 2002. Frankfurt am Main 2003, S. 149-170. In seiner weitreichenden Deutung dieser Erzählung hebt Elsaghe außerdem hervor, daß beide, Storm wie Mann, einen Krebs schildern, der ein rein weibliches Phänomen ist und der die Männlichkeit des Mannes daher »keinesfalls überfordern kann« (S. 158). Desgleichen hebt er hervor, daß *Die Betrogene* »in *dem* industriellen Zentrums Deutschlands« spiele, »wo Technik und Maschine die Identität des Körpers und seiner Genealogie selbst noch aus den einschlägig sprechenden und komponierten Personennamen verdrängen« (S. 167). Dieser Hinweis auf die durch die Wahl des Ortes, den hochindustrialisierten Westen Deutschlands, symbolisierte Entfremdung übersieht jedoch, daß Mann *Die Betrogene* nicht im Ruhrgebiet ansiedelte, sondern im zechenfreien Düsseldorf/Benrath.

186 Br III, 255 (Brief an Frederick Rosenthal v. 13. 5. 1952).

187 Iwan Turgenjew, Gesammelte Werke in Einzelbänden. Hrsg. v. Klaus Dornacher. Rudin. Ein Adelsnest. Deutsch von Herbert Wotte. Berlin, Weimar 1994, S. 155. Zum philologischen Befund vgl. bes. Karl Ernst Laage, Turgenjew-Zitate bei Thomas Mann. Zum 100. Todestag Iwan Turgenjews. In: Zeitschrift für slavische Philologie 43 (1983), Heft 1, S. 55-81. Eine wichtige Einzelstudie zum Themenkomplex Turgenjew und Thomas Mann stammt außerdem von Horst-Jürgen Gerigk, Turgenjew unterwegs zum Zauberberg. In: TMJb 8 (1995), S. 53-69.

188 Turgenjew, a. a. O., S. 340 f.

189 Ebd., S. 251 f.

190 Ebd., S. 232 ff.

191 Thomas Mann/Harald Kohtz, Briefwechsel 1951-55. Hrsg. v. Bernd M. Kraske. In: Auskunft. Mitteilungsblatt Hamburger Bibliotheken 1995. Heft 4, S. 449-473, hier S. 457.

192 Vgl. Hans Wysling, Narzissmus und illusionäre Existenzform. Zu den Bekenntnissen des Hochstaplers Felix Krull. TMS 5. Frankfurt am Main 2. Aufl. 1995, S. 21.

193 Es kann hier nicht darum gehen, die vielfältig aufgearbeitete Beziehung zwischen Thomas Mann und Adorno nochmals auszubreiten. Die aus meiner Sicht wichtigsten Darstellungen dieses Verhältnisses, zu dem auch der Komplex Arnold Schönberg/Thomas Mann gehört, finden sich bei Detlev Claussen, Theodor W. Adorno. Ein letztes Genie. Frankfurt am Main 2003, S. 143-176; Stefan Müller-Doohm, Adorno. Eine Biographie. Frankfurt am Main 2003, S. 474-489; Lorenz Jäger, Adorno. Eine politische Biographie. München 2003, S. 182-205; Charles Rosen, Should we adore Adorno? In: New York Review of Books October 24, 2002, pp. 59-63; Volker Scherliess, Zur Musik im Doktor Faustus. In: Hans Wißkirchen u. Thomas Sprecher (Hrsg.), »und was werden die Deutschen sagen??«. Thomas Manns Roman Doktor Faustus. Lübeck 1997, S. 113-151. Auf eine neue Basis wurde diese Diskussion

durch die Ausgabe des Briefwechsels gestellt: Adorno/Mann, Briefwechsel, a. a. O.; vgl. dazu auch die Rezension von George Steiner, A little night music. Correspondence as collaboration: what Mann and Adorno owed to each other. In: Times Literary Supplement October 11, 2002, pp. 3-4.

194 Theodor W. Adorno, Philosophie der modernen Musik. Frankfurt am Main, Berlin, Wien 1978, S. 44.

195 Thomas Mann in einem Brief an Adorno v. 30. 12. 1945 in: Br II, 470.

196 In: Adorno/Mann, Briefwechsel, a. a. O., S. 28.

197 Vgl. u. a. Reinhard Steinberg, Genie und Wahnsinn. Spuren des Kreativitätsmythos im ›Doktor Faustus‹. In: Thomas Sprecher (Hrsg.), Vom »Zauberberg« zum »Doktor Faustus«. Die Davoser Literaturtage 1998. TMS 23. Frankfurt am Main 2000, S. 105-131.

198 Vgl. Patrick Carnegy, Faust as Musician. London 1975; des weiteren das Kapitel »Der strenge Satz« in: Thomas Klugkist, Sehnsuchtskosmogonie. Thomas Manns ›Doktor Faustus‹ im Umkreis seiner Schopenhauer-, Nietzsche- und Wagner-Rezeption. Würzburg 2000, S. 536-590. Vgl. auch die kürzlich erschienene wichtige Abhandlung von Hans Rudolf Vaget, ›German‹ Music and German Catastrophe: A Re-Reading of Doktor Faustus. In: Herbert Lehnert, Eva Wessell (Hrsg.), A Companion to the Works of Thomas Mann. Rochester, N.Y., Woodbridge 2004, S. 221-244; darin auch die wichtigste Forschungsliteratur.

199 Vgl. Scherliess, a. a. O., S. 140 f.

200 Adorno, Philosophie der modernen Musik, a. a. O., S. 43.

201 Vgl. Scherliess, a. a. O., S. 139.

202 Vgl. ebd.

203 Erhart Kästner, Was die Seele braucht, a. a. O., S. 57.

204 Ebd., S. 56.

205 Ebd.

206 Das betont vor allem Ruprecht Wimmer, Form contra Tod. Thomas Manns und Adrian Leverkühns ›Credo‹. In: Thomas Sprecher (Hrsg.), Lebenszauber und Todesmusik. TMS 29, S. 146.

207 Besonders nachhaltig vertritt Vaget diese These. In: Vaget, »German« Music and German Catastrophe, a. a. O., S. 234 f.

208 Claussen, Adorno, a. a. O., S. 156.

209 Ebd.

210 George Steiner, Von realer Gegenwart. Hat unser Sprechen Inhalt? Mit einem Nachwort von Botho Strauß. Aus dem Englischen von Jörg Trobitius. München, Wien 1990, S. 295.

211 Vgl. Hans Christian Andersen, Die Muse des neuen Jahrhunderts. In: Ders., Schräge Märchen. Ausgesucht und aus dem Dänischen übertragen von Heinrich Detering. Mit einem Essay von Michael Maar. München 2. Aufl. 2003, S. 135.

212 Thomas Mann/Heinrich Mann, Briefwechsel, a. a. O., S. 356. Es handelte sich dabei um den letzten zwischen den beiden Brüdern gewechselten Brief.

213 In: T. S. Eliot, Collected Poems. London 1963, S. 221.

214 In: Adorno/Mann, Briefwechsel, a. a. O., S. 81 f.

215 Thomas Mann arbeitete an diesem Buch vom 28.6. bis 20. 10. 1948, also ausnehmend zügig. Das Tagebuch vermerkt bereits am 13. 2. 1948: »Mit Adorno

über die Absicht, auch über Faustus eines Tages Autobiographisches zu schreiben/– zu seiner Beruhigung.« Vgl. Lieselotte Voß, Die Entstehung von Thomas Manns Roman ›Doktor Faustus‹. Dargestellt anhand von unveröffentlichten Vorarbeiten. Studien zur deutschen Literatur, Bd. 39. Tübingen 1975.

216 In: Adorno/Mann, Briefwechsel, a. a. O., S. 42.

217 Ebd., S. 18-22. Vgl. dazu bes.: Eckhard Heftrich, Vom höheren Abschreiben. In: Thomas Mann und seine Quellen, a. a. O., S. 1-20.

218 Adorno/Mann, Briefwechsel, S. 20.

219 Hermann Hesse/Thomas Mann, Briefwechsel. Hrsg. v. Anni Carlsson. Frankfurt am Main 1972, S. 154 (Brief v. 4. 1. 1949).

220 Dazu Terence J. Reed, Doktor Faustus. In: Volkmar Hansen (Hrg.), Thomas Mann. Romane und Erzählungen. Stuttgart 1987, S. 322.

221 In: Br III, 48 (Brief an Alfred Neumann v. 5. 9. 1948).

222 E.M. Forster, Aspects of the Novel. Hrsg. v. Oliver Stallybrass. Harmondsworth 1990, S. 83.

223 Zitierweise nach Th. Mann. In: XI, 145.

224 Tb 762 (Anmerkung für S. 274). Es handelte sich um eine Kritik von Robert Blauhut, Wandel des Bildes des deutschen Menschen. Zu Thomas Manns ›Doktor Faustus‹. In: Die Furche Wien 4 (1948) o.S.

225 Vgl. zur Joyce-Rezeption Thomas Manns: Eva Schmidt-Schütz, Doktor Faustus. Zwischen Tradition und Moderne. Eine quellenkritische und rezeptionsgeschichtliche Untersuchung zu Thomas Manns literarischem Selbstbild. TMS 28. Frankfurt am Main 2003, S. 29-114.

226 Vgl. dazu u. a. Hans Rudolf Vaget, Fünfzig Jahre Leiden an Deutschland: Thomas Manns ›Doktor Faustus‹ im Lichte unserer Erfahrung. In: Werner Röcke (Hrsg.), Thomas Mann. Doktor Faustus 1947-1997. Bern, Berlin u. a. 2001, S. 11-34.

227 Vgl. Hermann Danuser, Erzählte Musik. Fiktive Poetik in Thomas Manns ›Doktor Faustus‹. In: Röcke, a. a. O., S. 293-320. Des weiteren Andreas Käuser, Musikalische Prosa: Zur Funktion der Musik im modernen Roman. In: Wirkendes Wort 44 (1994), S. 279-295.

228 Adorno, Philosophie der neuen Musik, a. a. O., S. 13.

229 Ebd., S. 44.

230 In: Br III, S. 240 (Brief vom 19. 1. 1952 an A. M. Frey).

231 Dank der Studie von Hans R. Vaget, Musik in München. Kontext und Vorgeschichte des »Protests der Richard-Wagner-Stadt München« gegen Thomas Mann. In: TMJb 7 (1994), S. 41-70. Ders., Präludium in München. Bruno Walter und die Vertreibung Thomas Manns. In: Frankfurter Allgemeine Zeitung (Bilder und Zeiten) v. 14. 5. 1994 (Nr. 111). Zur Dokumentation dieser Vorgänge vgl. Dieter Borchmeyer, Thomas Mann und der ›Protest der Richard-Wagner-Stadt München‹ im Jahre 1933. In: Jahrbuch der Bayerischen Staatsoper. München 1983, S. 51-103. Vgl. auch den zusammenfassenden Kommentar in: Thomas Mann, Essays. Bd. IV: Achtung Europa! 1933-1938. Hrsg. v. Hermann Kurzke u. Stephan Stachorski. Frankfurt am Main 1995, S. 341-346.

232 Zit. nach Hartmut Zelinsky, Richard Wagner – ein deutsches Thema. Eine Dokumentation zur Wirkungsgeschichte Richard Wagners 1876-1976. Frankfurt am Main 1976, S. 202.

233 Vgl. Katia Mann, Meine ungeschriebenen Memoiren. Hrsg. v. Elisabeth Plessen und Michael Mann. Frankfurt am Main 1981, S. 103.

234 Dies findet sich näher dargelegt in: Rüdiger Görner, Versuch über Richard Strauss. In: Merkur 54 (2000), Heft 4, S. 324-336; erw. Fassung in: Ders., Literarische Betrachtungen zur Musik. Frankfurt am Main, Leipzig 2001, S. 154-177.

235 Hans Rudolf Vaget, Thomas Mann und Richard Strauss: Zeitgenossenschaft ohne Brüderlichkeit. In: TMJb 3 (1990), S. 50-85.

236 Brief an Heinrich Mann v. 17. 1. 1906. In: Thomas Mann/Heinrich Mann, Briefwechsel, a. a. O., S. 69.

237 Vaget, Thomas Mann und Richard Strauss, a. a. O., S. 84.

238 Vgl. Stefan Zweig, Die Welt von Gestern. Erinnerungen eines Europäers. Mit einem Nachwort von Rüdiger Görner und einer Zeittafel. Düsseldorf 2002, S. 432.

239 Vgl. Vaget, Thomas Mann und Richard Strauss, a. a. O., S. 78.

240 Thomas Mann sprach im Tagebuch von der *Salomé* als einem »geistig genommen unerlaubten und liederichen« Werk. In: Tb 11. 11. 1945, S. 274.

241 Br II, 180 f. (Brief an Fritz Kaufmann v. 17. 2. 1941).

242 Gespalten war Thomas Mann auch in seiner Einschätzung der 1944 abgeschlossenen Strauss-Oper *Die Liebe der Danae.* Er besuchte die zweite Aufführung am 20. 8. 1952 im Rahmen der Salzburger Festspiele. Thomas Mann hielt bei dieser Gelegenheit seinen Vortrag »Der Künstler und die Gesellschaft« (X, 386-399). Die Aufführung wurde von Clemens Krauss geleitet, der auch die Generalprobe in Anwesenheit von Strauss im Jahre 1944 dirigiert hatte (kriegsbedingt war es damals dann aber zu keiner Premiere gekommen); Emil Preetorius hatte das Bühnenbild geschaffen. Das – auch nach Strauss' Meinung – eher unzulängliche Libretto stammte von Joseph Gregor. Thomas Mann kommentierte im Tagebuch: »›Danae‹ ist sehr schön inszeniert und wurde prächtig aufgeführt und gesungen, ist aber kein glückliches Werk, von Gregor schlecht gedichtet, wirr und schwer verständlich. Pompöse Oper mit Einschlägen der Leichtigkeit, die Hofmannsthal träumte. Applaus-Nummern. Sehr lang und ermüdend.« (Tb 21. 8. 1952) In einem Brief an Emil Preetorius (Br 267 v. 30. 8. 1952) ergänzt Thomas Mann: »In der Musik natürlich viel Schönes und Reizendes, aber zu viel Pauke, zu viel Pomp und Leere doch auch.«

243 In: Klaus Mann, Briefe und Antworten 1922-1949. Hrsg. mit einem Vorwort von Martin Gregor-Dellin. München 1987, S. 536.

244 Br II, 433.

245 Vaget, Thomas Mann und Richard Strauss, a. a. O., S. 75. Einer Bemerkung zufolge, die Richard Strauss in einem Brief an Willi Schuh v. 6. 7. 1945 gemacht hat (Richard Strauss, Briefwechsel mit Willi Schuh. Hrsg. v. Willi Schuh. Zürich 1969, S. 80), weiß man, daß Strauss, nachdem ihm zu seiner tiefsten Betroffenheit die wahre Identität des ›correspondent Smith‹ aufgegangen war, einen Brief im Stil einer Protestnote an Thomas Mann über diesen ›Vorfall‹ entworfen, aber nicht abgeschickt hatte.

246 Richard Strauss, Briefwechsel mit Willi Schuh, S. 79.

247 Vgl. Johann Peter Vogel, Hans Pfitzner. Leben. Werke. Dokumente. Zürich, Mainz 1999, S. 174.

248 Zit. nach dem wichtigen Beitrag von Joachim Reiber, Hans Pfitzner, Thomas Mann und ein deutsches Problem. In: Rüdiger Görner (Hrsg.), Resounding Concerns. London German Studies 8. München 2003, S. 114-134, hier S. 115 f.
249 Katia Mann, Meine ungeschriebenen Memoiren, a. a. O., S. 104.
250 Vgl. Hans Carossa, Wirkungen Goethes in der Gegenwart. Frankfurt am Main 1982 (nach dem Druck von 1947 in der Insel-Bücherei Nr. 53).
251 Der folgende Teil geht auf Forschungen zurück, die ich im Strauss-Archiv in Garmisch unternommen habe. Frau Gabriele Strauss danke ich für ihre vielfältige Unterstützung. Vgl. auch Rüdiger Görner, Wahlverwandtschaft mit Goethe. Tönende Schatten, wechselseitige Spiegelung: Richard Strauss liest die Propyläen-Ausgabe. In: Frankfurter Allgemeine Zeitung (Bilder und Zeiten) v. 17. 7. 1999 (Nr. 163).
252 Propyläen-Ausgabe von Goethes Sämtlichen Werken in 45 Bänden. München 1909 (nachfolgende Angaben im Text, Bandzahl und Seite, beziehen sich auf diese Ausgabe).
253 Brief v. 23. 1. 1944 in: Richard Strauss, Briefwechsel mit Willi Schuh, S. 61.
254 In: Ebd., S. 51.
255 HA 1, 359.
256 Brief an Joseph Gregor v. 8. 1. 1935, in: Richard Strauss/Joseph Gregor, Briefwechsel 1934-1949. Hrsg. v. Roland Tenschert. Salzburg 1955, S. 15.
257 Vgl. zu diesem Motivkomplex die Studie von Hans Joachim Kreutzer, Faust: Mythos und Musik. München 2003.
258 Zit. nach Willi Schuh, Über Opern von Richard Strauss. Zürich 1947, S. 97.
259 Vgl. Willi Schuh, Zur Vertonung des Divan-Gedichts »Zugemessne Rhythmen«. In: Richard Strauss Jahrbuch 1954, S. 122-124.
260 Vaget, Thomas Mann und Richard Strauss, a. a. O., S. 85.
261 Adorno/Mann, Briefwechsel, a. a. O., S. 97.
262 Hesse/Mann, Briefwechsel, a. a. O., S. 177.
263 Insbesondere in seiner Erzählung »Forschungen eines Hundes« in: Franz Kafka, Sämtliche Erzählungen. Hrsg. v. Paul Raabe. Frankfurt am Main 1979, S. 323-354, bes. S. 353.
264 Bruno Walter, Von der Musik und vom Musizieren. Frankfurt am Main 1986, S. 15.
265 Vaget, ›German‹ Music and German Catastrophe, a. a. O., S. 232.
266 Leslie A. Fiedler, Überquert die Grenze, schließt den Graben! Über die Postmoderne. In: Wolfgang Welsch (Hrsg.), Wege aus der Moderne. Schlüsseltexte der Postmoderne-Diskussion. Weinheim 1988, S. 57-74.
267 Vgl. Walter Jens, Kunst als Gnadengabe. Ein katholisches Happy-End? Thomas Mann und sein Spätwerk ›Der Erwählte‹. In: Die Zeit v. 5. 10. 1990 (Nr. 41), S. 70; Marcel Reich-Ranicki, Die Liebe ist nie unnatürlich. Über Thomas Manns unterschätztesten und beinahe vergessenen Roman ›Der Erwählte‹. In: Frankfurter Allgemeine Zeitung (Bilder und Zeiten) v. 2. 6. 1990 (Nr. 127).
268 Jens, Kunst als Gnadengabe, a. a. O., S. 70.
269 Zit. nach Jens, ebd.
270 Br III, 294 f. (Brief an Ranuccio Bianchi Bandinelli v. 3. 5. 1953).
271 Adorno/Mann, Briefwechsel, a. a. O., S. 85-88 (Br. v. 25. 8. 1951).

272 Ebd., S. 87.

273 Ebd., S. 91.

274 In: Br III, S. 292 (Br. v. 11. 4. 1953 an Max Rychner).

275 Vgl. u. a. Johannes Fried, Die Aktualität des Mittelalters. Gegen die Überheblichkeit unserer Wissensgesellschaft. 3. Aufl. Stuttgart 2003, S. 26.

276 Reich-Ranicki, Die Liebe ist nie unnatürlich, a. a. O.

277 Adorno/Mann, Briefwechsel, a. a. O., S. 106 (Br. v. 19. 4. 1952).

278 Vgl. dazu vor allem Hans Wysling, Pläne zur Fortsetzung des ›Krull‹. In: TMS 3. Bern, München 1974, S. 149-180. Zum Gesamtzusammenhang ders., Narzissmus und illusionäre Existenzform. Zu den »Bekenntnissen des Hochstaplers Felix Krull‹. TMS 5. 2. Aufl. 1995 Bern, München 1995.

279 Zu Thomas Manns gelinder Überraschung stellte sich heraus, daß Heinrich Mann bis zu seinem Tod an diesem Stoff in Form eines Dialogromans gearbeitet hatte: Heinrich Mann, Die traurige Geschichte von Friedrich dem Großen. Ein Fragment. Der König von Preußen. Ein Essay. Aus dem Nachlaß herausgegeben und mit einem Nachwort versehen von Jürgen Haupt (1974). Düsseldorf 1986.

280 Br III, 292 (Br. v. 11. 4. 1953).

281 Br III, 188.

282 Vgl. dazu u. a. das wichtige Überblickskapitel in: Helmuth Kiesel, Geschichte der literarischen Moderne. Sprache. Ästhetik. Dichtung im zwanzigsten Jahrhundert. München 2004, S. 177-226 (»Sprachkrise und Überwindungsversuche«).

283 Eingehend im Kontext von Thomas Manns Gesamtwerk analysiert findet sich diese Episode bei Yahya A. Elsaghe, »Merde!« [...] und »Hol's der Geier!«. Zur Imagination der deutschen Westgrenze in Thomas Manns Alterswerk. In: Rüdiger Görner, Suzanne Kirkbright (Hrsg.), Nachdenken über Grenzen. München 1999, S. 143-159.

284 Zit. nach Wysling, Thomas Manns Pläne zur Fortsetzung des ›Krull‹, a. a. O., S. 149.

285 Vgl. dazu Malte Herwig, Bildungsbürger auf Abwegen. Naturwissenschaft im Werk Thomas Manns. TMS 32. Frankfurt am Main 2004, S. 207-276, bes. S. 272 ff.

286 Ebd., S. 272. Vgl. auch Immanuel Velikovsky, Welten im Zusammenstoß. Als die Sonne still stand. Übers. v. Fritz W. Gutbrod. Zürich 1952.

287 Das geht eindeutig aus den Beständen des TMA in Zürich hervor, wo sich der Briefwechsel zwischen Th. Mann und Frey befindet. Wichtig ist hier Freys Brief vom 5. 1. 1952 (unveröffentlicht).

288 Adorno, Standort des Erzählers im zeitgenössischen Roman (1954). In: Ders., Noten zur Literatur. Gesammelte Schriften. Bd. 11. Hrsg. v. Rolf Tiedemann u. a. Frankfurt am Main 2003, S. 45.

289 Baumgart, Damals, a. a. O., S. 174.

290 Lincoln Barnett, The Universe and Dr. Einstein. With a Foreword by Albert Einstein. New York 1948. Die Exzerpte untersuchte Hans Wysling in TMS 5, S. 504-510.

291 Vgl. Martin Meyer, Thomas Mann in Zürich. In: Thomas Sprecher (Hrsg.), Das Unbewußte in Zürich. Literatur und Tiefenpsychologie um 1900. Sigmund Freud, Thomas Mann und C.G. Jung. Zürich 2000, S. 25-38, hier S. 31.

292 Albrecht Goes, Das Brandopfer (1954). Frankfurt am Main 1974, S. 71.
293 Volker Hage, Eine Liebe fürs Leben, a. a. O., S. 98.
294 Max Bense, Über Leibniz. Leibniz und seine Ideologie. Der geistige Mensch und die Technik. Jena, Leipzig 1946, S. 31.
295 Die publizistische Aufmerksamkeit, die das Erscheinen der zehn Tagebuchbände auf sich gezogen hat, ist, für sich genommen, schon eine Untersuchung wert. Neben den überaus aufschlußreichen Einführungen zu den jeweiligen Bänden von Peter de Mendelssohn (bis 1943) und Inge Jens besticht vor allem eine Untersuchung zu den Tagebüchern durch ihre schiere Fülle von Einsichten, der sich auch dieses Kapitel dankbar verpflichtet weiß: Martin Meyer, Tagebuch und spätes Leid. Über Thomas Mann, a. a. O.
296 Meyer, Tagebuch und spätes Leid, a. a. O., S. 13.
297 Dazu Hans Rudolf Vaget, Confession and Camouflage: The Diaries of Thomas Mann. In: Journal of English and Germanic Philology (October 1997), S. 567-589, bes. S. 567 f.
298 Vgl. Richard Exner, ›The Secrets of my Life‹ or ›Holding on to the Fleeting Day‹: Thomas Mann's Diaries 1933-1936. In: World Literature Today LIII (1979), S. 238-241, hier S. 238.
299 Thomas Mann, Notizbücher 1-6. Hrsg. v. Hans Wysling und Yvonne Schmidlin. Frankfurt am Main 1991, S. 49 (Eintrag 68).
300 Er zitiert Gobineaus Äußerung in seinem Notizbuch im Umfeld zum Roman *Königliche Hoheit:* »Nichts schärft die Sinne der Erkenntnis so, wie die Gewohnheit der Unterdrückung und des Unglücks.« In: Thomas Mann, Notizbücher 7-14. Hrsg. v. Hans Wysling und Yvonne Schmidlin. Frankfurt am Main 1992, S. 85.
301 In: Heinrich Mann, Briefe an Karl Lemke und Klaus Pinkus. Hamburg o. J. (1964), S. 89 f.
302 Martin Meyer, Tagebuch und spätes Leid, a. a. O., S. 189 f.
303 So schreibt ihm etwa sein eigener amerikanischer Verleger, Alfred A. Knopf, am 12. 2. 1951: »All of your troubles stem from what your fellow Americans cannot fail to regard as a certain political naivety on your part [...].« In: Tagebücher 1951-1952, a. a. O., S. 768 (Anhang Dokument 11).
304 Erstmals abgedruckt finden sich diese Dokumente im Anhang zum Tagebuchband (IX) 1951-1952, S. 759-776, hier S. 664 f.
305 In: Tagebücher 1949-1950, a. a. O., S. 669-681.
306 Ebd., S. 670.
307 Ebd., S. 671.
308 Ebd., S. 674.
309 Ebd., S. 679.
310 Dazu ausführlich: Urs Bitterli, Golo Mann. Instanz und Außenseiter. Zürich 2004, bes. S. 105-140. Auch Martin Meyer, Tagebuch und spätes Leid, a. a. O., S. 66.
311 Vgl. etwa Nicolaus Sombart, der im *Ruf* einen Essay mit dem Titel »Wir können uns Thomas Mann leisten« veröffentlicht hatte. Dazu Nicolaus Sombart, Rendezvous mit dem Weltgeist. Heidelberger Reminiszenzen 1945-1951. Frankfurt am Main 2000, S. 133-135.
312 Der Band hätte unter folgendem Titel erscheinen sollen: Thomas Mann, Poli-

tische Dokumente 1930-1950. Hrsg. v. Alfred Andersch. Frankfurt am Main 1950. Vgl. Tb 9. 6. 1950 u. Kommentar S. 560.

313 Alfred Andersch, Mit den Augen des Westens. Thomas Mann als Politiker. In: Texte und Zeichen 1 (1955), Heft 1, S. 85-100. Hier zitiert nach: Alfred Andersch, Die Blindheit des Kunstwerks. Literarische Essays und Aufsätze. Zürich 1979, S. 9-27.

314 Ebd., S. 16. Daß Andersch noch ein Jahr vor seinem Tod gerade diesen Aufsatz »öffentlich und in aller Form widerrufen« wollte und in einem Brief an Fritz J. Raddatz diesen Widerruf sogar als »eine der wichtigsten Aufgaben, die ich noch in diesem Leben vor mir habe«, bezeichnete, ändert an der Wichtigkeit dieser Arbeit nichts. Zit. nach: Dieter Hildebrandt, Aufklärer in Eisgrau. Über die Alfred Andersch Gesamtausgabe. In: Die Zeit v. 17. 2. 2005, S. 55.

315 Andersch, Die Blindheit des Kunstwerks, S. 17.

316 Ebd., S. 26.

317 Br III, 388 (Brief v. 23. 3. 1955).

318 Meyer, Tagebuch und spätes Leid, a. a. O., S. 58.

319 Ebd., S. 79.

320 Marguerite Yourcenar, Ich zähmte die Wölfin. Übers. v. Fritz Jaffé. Stuttgart 1953 (›Mémoires d'Hadrien‹. Paris 1951). Hier zitiert nach der Neuausgabe 20. Aufl. München 2003 (die Seitenangaben im Text beziehen sich auf diese Ausgabe). Th. Manns Exemplar befindet sich im TMA, Zürich.

321 Br III, 316 (Brief v. 12. 12. 1953).

322 Zu den biographischen Umständen vgl. Kapitel III, 3 (Der wiedergefundene Hadrian) in: Josyane Savigneau, Marguerite Yourcenar. Die Erfindung eines Lebens. Aus dem Französischen von Rolf und Hedda Soellner. München 2003, S. 231-251.

323 Vgl. Savigneau, Yourcenar, a. a. O., S. 523.

324 In: Marguerite Yourcenar, En pèlerin et en étranger. Paris 1988, S. 91-97.

325 Zit. nach: Savigneau, Yourcenar, a. a. O., S. 234.

326 Seitenangaben beziehen sich auf die deutsche Ausgabe von Yourcenars Roman (a. a. O) und, soweit nicht anders angegeben, auf Stellen, die Thomas Mann in seinem Exemplar hervorgehoben hat.

327 In: Marguerite Yourcenar, Die Zeit, die große Bildnerin. Essays über Mythen, Geschichte und Literatur. Aus dem Französischen von Rolf und Hedda Soellner. München, Wien 1998, S. 58-91 (Seitenangaben im Text beziehen sich auf diese Ausgabe).

328 Vgl. Bernd Hamacher, Thomas Manns letzter Werkplan »Luthers Hochzeit«. Edition, Vorgeschichte und Kontexte. TMS 15. Frankfurt am Main 1996.

329 Vgl. Alfred Einstein, Mozart. Sein Charakter – sein Werk. Stockholm 1948. Thomas Mann hatte das Buch bereits 1945 und 1946 auf Englisch sowie gleich nach Erscheinen 1948 die deutsche Fassung gelesen.

330 Br III, 418 (Brief an die Familie Michael Mann v. 9. 9. 1955).

331 Vgl. Theodor A. Meyer, Das Stilgesetz der Poesie. Leipzig 1901.

332 In: Thomas Mann/Heinrich Mann, Briefwechsel, a. a. O., S. 356.

333 Thomas Manns Leseexemplar dieses Romans ist in seiner Bibliothek (im TMA) nicht erhalten. Breloer ist in seinem Film Thomas Manns Lektüre dieses Romans sogar eine Szene Wert. In: Breloer, Die Manns, a. a. O., S. 405.

334 Ebd.

335 Vgl. sein Nachwort zu Heinrich Mann, Der Atem, a. a. O., S. 474.
336 Brief an H.E. Jacobs, Pacific Palisades am 8. 11. 1950, Reg. IV, N 50/10 (TMA, Zürich).
337 Daß das ›Problem Hamsun‹ auch heute weiter im Gespräch bleibt, verdanken wir vor allem Per Olov Enquist, Hamsun. Eine Filmerzählung (1996). Aus dem Schwedischen von Alken Bruns. Edition Akzente. Hrsg. v. Michael Krüger. München, Wien 2004.
338 Br III, 292 (Brief an Hans Reisiger v. 19. 4. 1953).
339 Meyer weist darauf hin, daß aber gerade Jüngers Roman *Heliopolis* vor »metaphysischer Sehnsucht« nur so strotze, freilich im Sinne einer »gehirnlichen« Anstrengung und ohne Lyrisch-Spielerisches. In: Meyer, Tagebuch und spätes Leid, a. a. O., S. 270. Zur Frage des essayistischen Stils bei Jünger vgl. u. a. Hanno Helbling, Die Glätte der Marmorklippen. Bemerkungen zum Stil Ernst Jüngers. In: Neue Zürcher Zeitung v. 25./26. 3. 1995 (Nr. 71), S. 50 und Thomas Kielinger, Essay und Existenz. Beobachtungen zur Genese von Ernst Jüngers Stil. In: Peter R. Weilemann, Hanns Jürgen Küsters u. Günter Buchstab (Hrsg.), Macht und Zeitkritik. Festschrift für Hans-Peter Schwarz zum 65. Geburtstag. Paderborn, München, Wien, Zürich 1999, S. 729-743.
340 Andrea Köhler, Das abenteuerliche Auge. Über den ›stereoskopischen Genuß‹. In: Neue Zürcher Zeitung v. 25./26. 3. 1995 (Nr. 71), S. 53.
341 Die beiden Ausnahmen sind Terence J. Reed, Mann and Turgenev – a first love. In: German Life and Letters 17 (1964), S. 313-318 und Horst-Jürgen Gerigk, Turgenjew unterwegs zum Zauberberg. In: TMJb 8 (1995), S. 53-69. In einem bislang nicht publizierten Brief v. 6. 12. 1957 an den Turgenjew-Forscher Klaus Dornacher bestätigte Katia Mann die Vorliebe ihres Gatten für *Väter und Söhne.* Für die Mitteilung dieses Briefes danke ich Frau Renate Effern, Baden-Baden.
342 Vgl. auch den Überblicksaufsatz von Nina Pavlova, Thomas Mann und die russische Literatur. In: Helmut Koopmann (Hrsg.), Thomas Mann Handbuch, a. a. O., S. 200-211.
343 In: Iwan Turgenjew, Briefe. Deutsch von Günter Dalitz. Hrsg. v. Christa Schultze. Berlin, Weimar (1976) 1994, S. 38 (Brief an Pauline Viradot v. 25. 12. 1847).
344 In: Br III, 276 (Brief v. 30. 10. 1952; Hervorh. i. Orig.).
345 In: Thomas Mann, Essays. Bd. II: Für das neue Deutschland 1919-1925. Hrsg. v. Hermann Kurzke und Stephan Stachorski. Frankfurt am Main 1993, 31 f.
346 Essays II, 32.
347 Ebd., S. 370.
348 Ebd., S. 227
349 Turgenjew, Briefe, a. a. O., S. 415.
350 In: Turgenjew, Literaturkritische und publizistische Schriften. Deutsch von Walter Schade. Berlin, Weimar (1979) 1994, S. 9.
351 Ebd., S. 10.
352 In: Turgenjew, Vorabend. Väter und Söhne. Deutsch von Harry Burck und Dieter Pommerenke. Berlin, Weimar (1973) 1994, S. 367.
353 Ders., Briefe, a. a. O., S. 147 (Brief v. 8. 10. 1862).
354 Ebd., S. 152 (Brief v. 8. 11. 1862).

355 Br III, 342 (Brief an Siegfried Mack v. 23. 5. 1954).
356 In: Turgenjew, Gedichte in Prosa. Komödien. Deutsch von Georg Schwarz. Berlin, Weimar (1975) 1994, S. 85 (»Nessun maggior dolore«).
357 In: Turgenjew, Frühlingsfluten. Erzählungen. Deutsch von Werner Creutzinger, Wilhelm Plackmeyer und Dieter Pommerenke. Berlin, Weimar (1972) 1994, S. 395.
358 Turgenjew, Väter und Söhne, a. a. O., S. 369.
359 Darüber gibt Turgenjew in seinem Bericht »Erstaufführung einer Operette von Frau Viradot in Weimar« Auskunft. In: Ders., Literaturkritische und publizistische Schriften, a. a. O., S. 393 f.
360 In: Turgenjew, Drei Begegnungen. Erzählungen. Deutsch von Werner Creutzinger und Dieter Pommerenke. Berlin, Weimar (1971) 1994, S. 453.
361 Vgl. Honoré de Balzac, Theorie des Gehens. Aus dem Französischen von Alma Vallazza. Lana, Wien, Zürich 1997.
362 In: Turgenjew, Briefe, a. a. O., S. 203 (Brief v. 2. 7. 1868).
363 In: Turgenjew, Literaturkritische und publizistische Schriften, a. a. O., S. 395.
364 In: Turgenjew, Mumu. Deutsch von Rolf-Dietrich Keil. Stuttgart 1992, S. 64.
365 In: IX, 246. Später spricht Thomas Mann ausdrücklich von ›Bruderhäuptern‹ (X, 247).
366 Vgl. Gerigk, a. a. O., S. 56.
367 T.W. Adorno, Minima Moralia. Reflexionen aus dem beschädigten Leben. Nachdruck der Originalausgabe von 1951. Frankfurt am Main 2001, S. 47 f.
368 Adorno/Mann, Briefwechsel, a. a. O., S. 97 (Brief v. 9. 1. 1952).
369 Vgl. Thomas Manns Essay »Kleists ›Amphitryon‹« von 1927 in: IX, 187-228.
370 In: Maxim Gorki, Wie ich schreibe. Literarische Porträts. Aufsätze, Reden und Briefe. Übers. v. Erich Boehme u. a. Mit einem Nachwort von Helene Imendörffer. München 1978, S. 112.
371 Anton Tschechow/Olga Knipper, Mein ferner lieber Mensch. Liebesbriefe. Ausgew. u. hrsg. v. Jean Benedetti. Aus dem Russischen und Englischen übers. v. Tina Delavre. Frankfurt am Main 1998, S. 409.
372 Vgl. dazu ausführlich Ludwig Fertig, Vor-Leben, a. a. O.
373 Gorki, a. a. O., S. 109
374 Vgl. Lew N. Tolstoy, Diaries. 2 Vls. Edited and translated by R.F. Christian. London 1985, S. 511 (Eintrag v. 3. 9. 1903).
375 Vgl. Viktor Jerofejew, Im Labyrinth der verfluchten Fragen. Essays. Aus dem Russischen von Beate Rausch. Frankfurt am Main 1993, S. 178 f.
376 Jerofejew, Poetik und Ethik der Erzählung: Zum Stil Tschechows und Maupassants. In: Ebd., S. 175-198.
377 In: Anton Tschechow, Die Fürstin. Erzählungen 1887-1891. Aus dem Russischen neu übers. v. Vera Bischitzky, Kay Borowsky, Barbara Conrad, Ulrike Lange, Barbara Schaefer und Marianne Wiebe. Mit einem Nachwort von Gerhard Bauer. Düsseldorf 2003, S. 221.
378 Theodor Heuss, Schiller. In: Bernhard Zeller (Hrsg.), Schiller. Reden im Gedenkjahr 1959. Veröffentlichungen der Deutschen Schillergesellschaft. Bd. 24. Stuttgart 1961, S. 76.
379 Br III, 371 (Brief v. 22. 1. 1955).
380 Zit. nach Anm. 3 zu Tb 19. 11. 1954.

381 Vgl. Irmela von der Lühe, Erika Mann. Eine Biographie. Frankfurt am Main 1996, S. 338.

382 Vgl. u. a. Hans-Joachim Sandberg, Thomas Manns Schiller-Studien. Eine quellenkritische Untersuchung. Germanistische Schriftenreihe der norwegischen Universitäten und Hochschulen No 3. Oslo u. a. 1965; Rainer Gruenter, Selbstbildnis. Thomas Manns Versuch über Schiller. In: Neue deutsche Hefte 21 (1955); Helmut Koopmann, Thomas Manns Schiller-Bilder. Lebenslange Mißverständnisse? In: TMJb 12 (1999), S. 113-131.

383 Vgl. Fritz Martini, Das Wagnis der Sprache. Interpretationen deutscher Prosa von Nietzsche bis Benn. Stuttgart 1954, S. 176-244.

384 In: Schiller, Sämtliche Werke. Bd. 2, S. 816 f.

385 In: Ebd., S. 1052.

386 In: Dok. 37, Tagebücher 1953-1955, S. 871 f.

387 In: Br III, 409 (Brief an Karl Bachler v. 8. 7. 1955).

388 Zur theoretischen Grundlegung der Wiederholung als kulturpsychologischer Größe vgl. Marianne Gronemeyer, Immer wieder neu oder Ewig das Gleiche. Innovationsfieber und Wiederholungswahn. Darmstadt 2000.

389 Sören Kierkegaard, Die Wiederholung. Ein Versuch in der experimentierenden Psychologie von Constantin Constantius. Kopenhagen 1843. Übers. u. mit einem Kommentar von Lieselotte Richter. Frankfurt am Main 1984, S. 7.

390 Zum Verhältnis von zwanghafter Wiederholung und »wirklicher«, das Zwanghafte durchbrechender Wiederholung vgl. Dietmar Kamper, Hieroglyphen der Zeit. Texte vom Fremdwerden der Welt. München 1988, S. 141-155 (»Wiederholungszwang«). Früher hatte Thomas Mann sein eher zwiespältiges Verhältnis zum Prinzip Wiederholung betont. So etwa in seinem Eintrag ins Gästebuch von Haus Kliffende auf Kampen am 11. September 1927: »[...] Auch will ich wiederkommen. Man sollte freilich wohl nie wiederholen wollen, denn von vornherein ist gewiß, daß es das andere Mal anders sein wird [...].« Zit. nach Breloer, Die Manns, a. a. O., S. 97.

391 Vgl. u. a. den Tagebucheintrag vom 27. 3. 1933: »Zwei Möglichkeiten des Sturzes [des Hitler-Regimes, R. G.]: Die finanzielle Katastrophe oder eine außenpolitische Konflagration. Innige Sehnsucht danach, bereit zu jedem Opfer, jeder Mitleidenschaft. Durch keinen Ruin ist der Ruin dieses Abschaums der Gemeinheit zu hoch bezahlt! Es war den Deutschen vorbehalten, eine Revolution nie gesehener Art zu veranstalten: Ohne Idee, gegen die Idee, gegen alles Höhere, Bessere, Anständige, gegen die Freiheit, die Wahrheit, das Recht. Es ist menschlich nie etwas Ähnliches vorgekommen. Dabei ungeheurer Jubel der Massen, die glauben, dies wirklich gewollt zu haben, während sie nur mit verrückter Schlauheit betrogen wurden, was sie sich noch nicht eingestehen können, – und das sichere Wissen der höher Stehenden, auch Konservativer, Nationaler (Kardorf), daß alles einem furchtbaren Verderben entgegensteuert.«

392 Vgl. Martin Meyer, Einübung in die Kunst der Wiederholung. Thomas Mann in Zürich oder die Rundung der Zeit. In: Neue Zürcher Zeitung v. 10./11. 6. 2000 (Nr. 134), S. 53-54.

393 Joseph Brodsky, Von Schmerz und Vernunft. Über Hardy, Rilke, Frost und andere. Aus dem Amerikanischen von Sylvia List. München, Wien 1996, S. 41.

394 Vgl. dazu Rüdiger Görner, »... gedanklich und rein episch ein Fund«. Das Grammophon als literarisch-philosophisches Phänomen. In: Sprachkunst 33 (2002), 1. Halbband, S. 139-148, bes. S. 145 ff.

395 Neben Gronemeyer (Anm. 388) seien zwei Einzelstudien genannt, die in exemplarischer Weise die Problematik der Kunst der Wiederholung thematisieren: Claus Caesar, Poetik der Wiederholung. Ethische Dichtung und ökonomisches Spiel in Hermann Brochs Romanen ›der Tod des Vergil‹ und ›Die Schuldlosen‹. Würzburg 2001 sowie Michael Wild, Wiederholung und Variation im Werk Adalbert Stifters. Würzburg 2001.

396 In: Stefan Zweig, Gesammelte Werke in Einzelbänden. Essays. Hrsg. v. Knut Beck. Frankfurt am Main 1984, S. 349 (»Das Geheimnis des künstlerischen Schaffens«, S. 348-371).

397 KSA 7, 166.

398 Ebd., S. 490.

399 Andrea Köhler, »... dass ich ein Instrument bin«. Ein Gespräch mit dem Schriftsteller Günter Grass. In: Neue Zürcher Zeitung v. 16./17. 5. 1998 (Nr. 112), S. 49-50.

400 Roland Barthes, Der entgegenkommende und der stumpfe Sinn. Kritische Essays III. Frankfurt am Main 1990 (»Auge in Auge«, S. 315-319), hier S. 317.

401 In: Jean Paul, Vorschule der Ästhetik. In: Werke. Bd. 5. Hrsg. v. Norbert Miller. München, Wien 1963, S. 34.

402 Vgl. Rüdiger Görner, Sinn der Wiederholung. Zur Morphologie einer erfahrenen Idee. In: T.J. Reed, M. Swales, J. Adler (Hrsg.), Goethe at 250. München 2000, S. 209-222.

403 Theodor W. Adorno/Max Horkheimer, Dialektik der Aufklärung. Frankfurt am Main 1984, S. 14 f.

404 So geschehen in seinen ›Erläuterungen‹ zu seinem Tanzpoem »Der Doktor Faust«. In: Heinrich Heine, Sämtliche Schriften. Bd. 6/I. Hrsg. v. Klaus Briegleb. München 1997, S. 380.

405 Ebd., S. 401 (»Die Götter im Exil«).

406 Thomas Bernhard, Auslöschung. Ein Zerfall. Frankfurt am Main 1988, S. 608.

407 In: Thomas Bernhard, Die Stücke 1969-1981. Frankfurt am Main 1983, S. 830 (»Was ist der negative Held/Es ist der Held an sich/der gescheiterte Mensch/wie der Professor Stieglitz sagt/sozusagen der gescheiterte Gescheiterte«).

408 Bei der Uraufführung des Stückes am 25. 6. 1982 bei den Ludwigsburger Schloßfestspielen hatte Traugott Buhre die Hauptrolle.

409 Vgl. Manfred Mittermayer, Thomas Bernhard. Stuttgart, Weimar 1995, S. 161-162.

410 Vgl. Rüdiger Görner, Verfall, Verstörung, Parodie. Thomas Bernhard und die Kunst der Wiederholung. In: Neue Zürcher Zeitung v. 22./23. 10. 1994 (Nr. 247), S. 67.

411 In: Adorno, Noten zur Literatur, a. a. O., S. 343 (»Zu einem Porträt Thomas Manns«).

412 Leo N. Tolstoi, Der Tod des Iwan Iljitsch. Erzählung. Aus dem Russischen übertragen von Johannes von Guenther. Stuttgart 1977, S. 92.

413 Dazu Thomas Sprecher/Hans Wisskirchen (Hrsg.), Thomas und Heinrich Mann im Spiegel der Karikatur, a. a. O.

414 Abb. in Kurzke, Thomas Mann, a. a. O., S. 2 (eine Aufnahme aus dem Jahre 1944).

415 In: Georg Simmel, Gesamtausgabe. Bd. 7: Aufsätze und Abhandlungen 1901-1908 (Bd. 1). Hrsg. v. Rüdiger Kramme, Angela Rammstedt u. Otthein Rammstedt. Frankfurt am Main 1995, S. 321.

416 Vgl. Thomas Mann/Harald Kohtz, Briefwechsel 1951-1955, S. 449-473; die Abbildung findet sich auf S. 456.

417 Das Bildnis befindet sich heute im Schiller-Nationalmuseum in Marbach am Neckar. Zit. nach: Hage, Eine Liebe fürs Leben, a. a. O., S. 75.

418 Erika Mann, Das letzte Jahr. Bericht über meinen Vater. Frankfurt am Main 1956. Hier zitiert nach: Erika Mann, Mein Vater, der Zauberer. Hrsg. v. Irmela von der Lühe und Uwe Naumann. Reinbek b. Hamburg 1996 (= MVZ).

419 Vgl. u. a. Eva Schmidt-Schütz, Doktor Faustus, a. a. O., S. 220-252 (»Der ›Durchbruch‹ aus der ›Krise‹ der künstlerischen Sterilität«).

420 Paul Bekker, Gustav Mahlers Sinfonien. Berlin 1921, S. 340.

421 Dazu bes. Irmela von der Lühe, Erika Mann. Eine Biographie. Frankfurt am Main 1996, S. 338-368.

422 In: Adorno, Noten zur Literatur, a. a. O., S. 342 f.

423 Ebd., S. 337.

424 Ebd.

425 Erich Heller starb im Jahre 1990.

426 Erich Heller, Enterbter Geist. Essays über modernes Dichten und Denken. Frankfurt am Main 1981, S. 245-280. Vgl. den Anmerkungsapparat zum letzten Band der Tagebücher Thomas Manns (1953-1955) zur Dokumentation des (zunächst aufgrund eines Mißverständnisses gespannten) Verhältnisses zwischen Th. Mann und Heller. In: T.M., Tagebücher 1953-1955, S. 652 ff. u. S. 859 ff.

427 Erich Heller, Thomas Mann. Der ironische Deutsche. Frankfurt am Main 1975.

428 Vgl. Timothy Buck, Neither the letter nor the spirit. Why most English translations of Thomas Mann are so inadequate. In: Times Literary Supplement v. 13. 10. 1995, S. 17. Inzwischen ist es schon ein Gemeinplatz, die übersetzerische Qualität von Helen T. Lowe-Porter pauschal abzuwerten. Differenzierter urteilt darüber jedoch Charles Neider im Gespräch mit Heinrich Breloer, in dem er vor allem ihre Versionen von ›Der Tod in Venedig‹, ›Unordnung und frühes Leid‹, ›Mario und der Zauberer‹ und ›Tonio Kröger‹ als »großartige Leistungen« hervorhebt. In: Heinrich Breloer, Unterwegs zur Familie Mann, a. a. O., S. 355.

LITERATURVERZEICHNIS

(Angaben beziehen sich nur auf die in dieser Studie zitierten Quellen.)

Primärliteratur

Adorno, Theodor W./Thomas Mann, Briefwechsel 1943-1955. Hrsg. v. Christoph Gödde und Thomas Sprecher. Frankfurt am Main 2002

Adorno, Theodor W., Beethoven. Philosophie der Musik. Fragmente und Texte. Hrsg. v. Rolf Tiedemann. Frankfurt am Main 2004

Adorno, Theodor W., Minima Moralia. Reflexionen aus dem beschädigten Leben. Nachdruck der Originalausgabe von 1951. Frankfurt am Main 2001

Adorno, Theodor W., Philosophie der modernen Musik. Frankfurt am Main, Berlin, Wien 1978

Adorno, Theodor W., Standort des Erzählers im zeitgenössischen Roman (1954). In: Ders., Noten zur Literatur. Gesammelte Schriften. Bd. 11. Hrsg. v. Rolf Tiedemann u. a. Frankfurt am Main 2003, S. 41-47

Adorno, Theodor W., Zu einem Porträt Thomas Manns. In: Ders., Noten zur Literatur. Gesammelte Schriften. Bd. 11. Hrsg. v. Rolf Thiedemann. Frankfurt am Main 2003, S. 335-344

Adorno, Theodor W., Zur Metakritik der Erkenntnistheorie. Drei Studien zu Hegel. Gesammelte Schriften. Bd. 5. Hrsg. v. Rolf Thiedemann. Frankfurt am Main 2003

Amiel, Henri-Frédéric, Tag für Tag. Textauswahl und Vorwort von Leo Tolstoi. Hrsg. u. mit einem Nachwort versehen von Felix Philipp Ingold. Aus dem Französischen von Eleonore Frey. Zürich 2003

Andersch, Alfred, Gesammelte Werke in zehn Bänden. Kommentierte Ausgabe. Hrsg. v. Dieter Lamping. Zürich 2004

Andersen, Hans Christian, Schräge Märchen. Ausgesucht und aus dem Dänischen übertragen von Heinrich Detering. Mit einem Essay von Michael Maar. München 2. Aufl. 2003

Bahr, Hermann, Gesammelte Werke in fünf Bänden. Berlin 1919

Bahr, Hermann, Studien zur Kritik der Moderne. Frankfurt am Main 1894

Balzac, Honoré de, Theorie des Gehens. Aus dem Französischen von Alma Vallazza. Lana, Wien, Zürich 1997

Begley, Louis, Mistlers Abschied. Roman (amerikanischer Originaltitel: Mistler's Exit). Aus dem Englischen von Christa Krüger. Frankfurt am Main 2003

Carossa, Hans, Gedichte. Frankfurt am Main, Leipzig 1992

Carossa, Hans, Wirkungen Goethes in der Gegenwart. Frankfurt am Main 1982

Eckermann, Johann Peter, Gespräche mit Goethe. Leipzig 1925

Eliot, T. S., Collected Poems. London 1963

Fontane, Theodor, Sämtliche Werke. Hrsg. v. Walter Keitel. München 1969

Goes, Albrecht, Das Brandopfer (1954). Frankfurt am Main 1974

Goethe, Johann Wolfgang von, Sämtliche Werke in 45 Bänden. Propyläen-Ausgabe. München 1909

Goethe, Johann Wolfgang von, Sämtliche Werke. Hamburger Ausgabe. Hrsg. v. Erich Trunz. München 1988

Gorki, Maxim, Wie ich schreibe. Literarische Porträts. Aufsätze, Reden und Briefe.

Übers. v. Erich Boehme u. a. Mit einem Nachwort von Helene Imendörffer. München 1978
Hegel, G.W.F., Phänomenologie des Geistes. Mit einem Nachwort von Georg Lukács. Frankfurt am Main, Berlin, Wien 2. Aufl. 1973
Heidegger, Martin, Sein und Zeit. Tübingen 15. Aufl. 1979
James, Henry, Daisy Miller. Edited, with an introduction by Geoffrey Moore and Notes by Patricia Crick. Harmondsworth 1986
Jean Paul, Die wunderbare Gesellschaft in der Neujahrsnacht (1801). Frankfurt am Main 1998
Jerofejew, Viktor, Im Labyrinth der verfluchten Fragen. Essays. Aus dem Russischen von Beate Rausch. Frankfurt am Main 1993
Kafka, Franz, Sämtliche Erzählungen. Hrsg. v. Paul Raabe. Frankfurt am Main 1979
Kafka, Franz, Tagebücher 1910-1923. Hrsg. v. Max Brod. Frankfurt am Main 1973
Lessing, Gotthold Ephraim, Werke. Hrsg. v. Herbert G. Göpfert. Darmstadt 1996
Mann, Erika, Das letzte Jahr. Bericht über meinen Vater. Frankfurt am Main 1956
Mann, Erika, Mein Vater, der Zauberer. Hrsg. v. Irmela von der Lühe und Uwe Naumann. Reinbek b. Hamburg 1996
Mann, Heinrich, Briefe an Karl Lemke und Klaus Pinkus. Hamburg o. J. (1964)
Mann, Heinrich, Die traurige Geschichte von Friedrich dem Großen. Ein Fragment. Der König von Preußen. Ein Essay. Aus dem Nachlaß herausgegeben und mit einem Nachwort versehen von Jürgen Haupt (1974). Düsseldorf 1986
Mann, Katia, Meine ungeschriebenen Memoiren. Hrsg. v. Elisabeth Plessen und Michael Mann. Frankfurt am Main 1981
Mann, Klaus, Briefe und Antworten 1922-1949. Hrsg. mit einem Vorwort von Martin Gregor-Dellin. München 1987
Mann, Thomas/Agnes E. Meyer: Briefwechsel 1937-1955. Hrsg. v. Hans Rudolf Vaget. Frankfurt am Main 1992
Mann, Thomas/Harald Kohtz, Briefwechsel 1951-1955. Hrsg. v. Bernd M. Kraske. In: Auskunft. Mitteilungsblatt Hamburger Bibliotheken 1995. Heft 4
Mann, Thomas/Heinrich Mann, Briefwechsel 1900-1949. Hrsg. v. Hans Wysling. Frankfurt am Main 1995
Mann, Thomas, Ausgewählte Essays in drei Bänden. Hrsg. v. Hermann Kurzke. Bd. 2. Politische Reden und Schriften. Frankfurt am Main 1977
Mann, Thomas, Briefe I-III. Hrsg. v. Erika Mann. Frankfurt am Main (1961) 1995
Mann, Thomas, Briefwechsel mit seinem Verleger Gottfried Bermann Fischer 1932-1955. Hrsg. v. Peter de Mendelssohn. Frankfurt am Main 1973
Mann, Thomas, Ein unbekannter Brief an Walter Ulbricht. In: Neue Rundschau 101 (1990), Heft 2, S. 5-11
Mann, Thomas, Freud und die Psychoanalyse. Reden. Briefe. Notizen. Betrachtungen. Hrsg. v. Bernd Urban. Frankfurt am Main 1991
Mann, Thomas, Gesammelte Werke in dreizehn Bänden. Frankfurt am Main 1990
Mann, Thomas, Notizbücher 1-6. Hrsg. v. Hans Wysling und Yvonne Schmidlin. Frankfurt am Main 1991
Mann, Thomas, Notizbücher 7-14. Hrsg. v. Hans Wysling und Yvonne Schmidlin. Frankfurt am Main 1992
Mann, Thomas, Tagebücher 1953-1955. Hrsg. v. Inge Jens. Frankfurt am Main 1995

Moritz, Karl Philipp, Werke in drei Bänden. Hrsg. v. Horst Günther. Frankfurt am Main 1993

Nietzsche, Friedrich, Sämtliche Briefe. Kritische Studienausgabe in acht Bänden. Hrsg. v. Giorgio Colli und Mazzino Montinari. München 1986

Nietzsche, Friedrich, Sämtliche Werke. Kritische Studienausgabe. Hrsg. v. Giorgio Colli und Mazzino Montinari. München 1988

Pessoa, Fernando, Briefe an die Braut. Aus dem Portugiesischen von Georg Rudolf und Josefina Lind. Zürich 1995

Rimbaud, Arthur, Briefe und Dokumente. Hrsg., übers. u. erläutert von Curd Ochwadt. Zweisprachige Ausgabe. Heidelberg 1961

Sartre, Jean-Paul, Was ist Literatur? Übers. v. Hans Georg Brenner. Hamburg (1950) 1979

Schiller, Friedrich, Sämtliche Werke in fünf Bänden. Hrsg. v. Gerhard Fricke und Herbert G. Göpfert. München, Darmstadt 1987

Schlegel, Friedrich, Kritische Schriften. Studienausgabe in sechs Bänden. Hrsg. v. Ernst Behler und Hans Eichner. Paderborn 1988

Strauss, Richard/Joseph Gregor, Briefwechsel 1934-1949. Hrsg. v. Roland Tenschert. Salzburg 1955

Strauss, Richard, Briefwechsel mit Willi Schuh. Hrsg. v. Willi Schuh. Zürich 1969

Tolstoy, Lew N., Diaries. 2 Vls. Edited and translated by R.F. Christian. London 1985

Tschechow, Anton/Olga Knipper. Mein ferner lieber Mensch. Liebesbriefe. Ausgew. u. hrsg. v. Jean Benedetti. Aus dem Russischen und Englischen übers. v. Tina Delavre. Frankfurt am Main 1998

Turgenjew, Iwan, Briefe. Deutsch von Günter Dalitz. Hrsg. v. Christa Schultze. Berlin, Weimar (1976) 1994

Turgenjew, Iwan, Gesammelte Werke in Einzelbänden. Hrsg. v. Klaus Dornacher. Rudin. Ein Adelsnest. Deutsch von Herbert Wotte. Berlin, Weimar 1994

Turgenjew, Iwan, Mumu. Deutsch von Rolf-Dietrich Keil. Stuttgart 1992

Yourcenar, Marguerite, Die Zeit, die große Bildnerin. Essays über Mythen, Geschichte und Literatur. Aus dem Französischen von Rolf und Hedda Soellner. München, Wien 1998

Yourcenar, Marguerite, En pèlerin et en étranger. Paris 1988

Yourcenar, Marguerite, Ich zähmte die Wölfin. Übers. v. Fritz Jaffé. (›Mémoires d'Hadrien. Paris 1951) Stuttgart 1953

Sekundärliteratur

Adair, Gilbert, In search of the real Tadzio. In: The Independent. The Weekend Review v. 15. 12. 2001

Adair, Gilbert, The Real Tadzio. London 2001

Andersch, Alfred, Die Blindheit des Kunstwerks. Literarische Essays und Aufsätze. Zürich 1979

Andersch, Alfred, Mit den Augen des Westens. Thomas Mann als Politiker. In: Texte und Zeichen 1 (1955), S. 85-100

Barnett, Lincoln, The Universe and Dr. Einstein. With a Foreword by Albert Einstein. New York 1948

Baumgart, Reinhard, Damals. Ein Leben in Deutschland 1929-2003. München, Wien 2003
Baumgart, Reinhard, Das Ironische und die Ironie in den Werken Thomas Manns. Frankfurt am Main, Berlin, Wien 1964
Baumgart, Reinhard, Thomas Mann als erotischer Schriftsteller. In: Die Zeit v. 8. 4. 1988 (Nr. 15), S. 59-61
Beckett, Samuel, Proust. Übers. v. Marlis und Paul Pörtner. Frankfurt am Main 1989
Bedenig-Stein, Katrin, Nur ein ›Ohrenmensch‹? Thomas Manns Verhältnis zu den bildenden Künsten. Bern u. a. 2001
Bekker, Paul, Gustav Mahlers Sinfonien. Berlin 1921
Bitterli, Urs, Golo Mann. Instanz und Außenseiter. Zürich 2004
Blauhut, Robert, Wandel des Bildes des deutschen Menschen. Zu Thomas Manns ›Doktor Faustis‹. In: Die Furche Wien 4 (1948) o.S.
Bloom, Harold, The Anxiety of Influence. A Theory of Poetry (1973). Zweite erw. Ausgabe New York 1997
Boehlich, Walter, »Altes und Neues« von Thomas Mann. In: Merkur 8 (1954), Heft 1, S. 83-87
Borchmeyer, Dieter, Thomas Mann und der ›Protest der Richard-Wagner-Stadt München‹ im Jahre 1933. In: Jahrbuch der Bayerischen Staatsoper. München 1983, S. 51-103
Carnegy, Patrick, Faust as Musician. London 1975
Cassirer, Ernst, Thomas Manns Goethe-Bild. Eine Studie über Lotte in Weimar. In: Germanic Review (Oktober 1945)
Castelli, Enrico, Die versiegte Zeit. Einführung in eine Phänomenologie unserer Zeit. Frankfurt am Main 1951
Claussen, Detlev, Theodor W. Adorno. Ein letztes Genie. Frankfurt am Main 2003
Clerico, Mona, Welt – Ich – Sprache. Philosophische und psychoanalytische Motive in Thomas Manns Romantetralogie ›Joseph und seine Brüder‹. Würzburg 2004
Danuser, Hermann, Erzählte Musik. Fiktive Poetik in Thomas Manns ›Doktor Faustus‹. In: Werner Röcke (Hrsg.), Thomas Mann. Doktor Faustus 1947-1997. Bern, Berlin u. a. 2001, S. 293-320
Dierks, Manfred, Thomas Mann und die literarische Moderne. Warum der Autor des ›Zauberbergs‹ heute so aktuell ist. In: Frankfurter Rundschau v. 20. 5. 1995 (Nr. 117), S. 3
Dierks, Manfred, Thomas Mann und die Mythologie. In: Helmut Koopmann (Hrsg.), Thomas Mann Handbuch. Stuttgart 3. Aufl. 2001, S. 301-306
Ebeling, Hans, Ästhetik des Abschieds. Kritik der Moderne. Freiburg i. Br., München 1989
Eichhorn, Peter, Kritik der Heiterkeit. Heidelberg 1973
Einstein, Alfred, Mozart. Sein Charakter – sein Werk. Stockholm 1948
Elsaghe, Yahya, »Merde!« [...] und »Hol's der Geier!«. Zur Imagination der deutschen Westgrenze in Thomas Manns Alterswerk. In: Rüdiger Görner, Suzanne Kirkbright (Hrsg.), Nachdenken über Grenzen. München 1999, S. 143-159
Elsaghe, Yahya, Nostalgie und Modernitätskritik. ›Die Betrogene‹ als Thomas Manns ideologisches Vermächtnis. In: Thomas Sprecher (Hrsg.), Lebenszau-

ber und Todesmusik. Zum Spätwerk Thomas Manns. Die Davoser Literaturtage 2002. Frankfurt am Main 2003, S. 149-170

Elsaghe, Yahya, »Vom Moschusgeruch des Exkrementhaufens«. Mythos und Ideologie in Thomas Mann ›Die Betrogene‹. In: DVjS 73 (1999), S. 692-709

Engelhardt, Dietrich von, Die Welt der Medizin im Werk Thomas Manns. In: Thomas Mann und die Wissenschaften. Hrsg. v. Dietrich v. Engelhardt und Hans Wißkirchen. Lübeck 1999, S. 41-76

Enquist, Per Olov, Hamsun. Eine Filmerzählung (1996). Aus dem Schwedischen von Alken Bruns. Edition Akzente. Hrsg. v. Michael Krüger. München, Wien 2004

Exner, Richard, ›The Secrets of my Life‹ or ›Holding on to the Fleeting Day‹: Thomas Mann's Diaries 1933-1936. In: World Literature Today, Vol. LIII (1979), S. 238-241

Fertig, Ludwig, Vor-Leben. Bekenntnis und Erziehung bei Thomas Mann. Darmstadt 1993

Fest, Joachim C., Aufgehobene Vergangenheit. Stuttgart 1981

Fischer, Bernd-Jürgen, Handbuch zu Thomas Manns ›Josephromanen‹. Tübingen, Basel 2002

Fischer, Jens Malte, Gustav Mahler, der fremde Vertraute. Wien 2003

Frizen, Werner, Thomas Manns Sprache. In: Helmut Koopmann (Hrsg.), Thomas Mann Handbuch. Stuttgart 3. Aufl. 2001, S. 854-874

Fuld, Werner, »Als ob es in den Krieg ginge«. Vor 50 Jahren besuchte Thomas Mann zum ersten Mal nach 16 Jahren Exil Deutschland. In: Die literarische Welt v. 24. 7. 1999, S. 6

Gagnebin, Murielle, La bissexualité psychique dans ›Les Têtes Interverties‹ de Thomas Mann. In: Revue d'estétique 33 (1980), S. 303-317

Galvan, Elisabeth, Bellezza und Satana. Italien und die Italiener bei Thomas Mann. In: TMJb 8 (1995), S. 109-138

Gerigk, Horst-Jürgen, Turgenjew unterwegs zum Zauberberg. In: TMJb 8 (1995), S. 53-69

Gillespie, Gerald, Proust, Mann, Joyce in the Modernist Context. Baltimore 2003

Goes, Albrecht, Vierfalt. Wagnis und Erfahrung. Frankfurt am Main 1993

Görner, Rüdiger, Anspruch und Würde der Mitte. Zu einer geistigen Standortfrage. In: Ders., Mauer. Schatten. Gerüst: Kulturkritische Versuche. Tübingen 1999

Görner, Rüdiger, »Die Entstehung des Doktor Faustus«: Thomas Mann's narrated poetics. In: The Publications of the English Goethe Society. New Series 70 (2000), S. 46-55

Görner, Rüdiger, Versuch über Richard Strauss. In: Ders., Literarische Betrachtungen zur Musik. Frankfurt am Main, Leipzig 2001, S. 154-177

Görner, Rüdiger, Wahlverwandtschaft mit Goethe. Tönende Schatten, wechselseitige Spiegelung: Richard Strauss liest die Propyläen-Ausgabe. In: Frankfurter Allgemeine Zeitung (Bilder und Zeiten) v. 17. 7. 1999 (Nr. 163)

Görner, Rüdiger, Zauber des Letzten. Thomas Mann im spätbürgerlichen Zeitalter. In: TMJb 10 (1977), S. 11-25

Göttsche, Dirk, Zeit im Roman. Literarische Zeitreflexion und die Geschichte des Zeitromans im späten 18. und 19. Jahrhundert. München 2001

Grenville, Anthony, ›Linke Leute von rechts‹. Thomas Mann's Naphta and the

ideological Confluence of radical Right and Radical Left in the Early Years of the Weimar Republic. DVjS 59 (1985), S. 651-675
Gruenter, Rainer, Selbstbildnis. Thomas Mann: Versuch über Schiller. In: Neue deutsche Hefte 21 (1955/56), S. 14-15
Gumbrecht, Hans Ulrich, Diesseits der Hermeneutik. Die Produktion von Präsenz. Frankfurt am Main 2003
Haffner, Sebastian, Germany: Jekyll & Hyde. Übers. v. Kurt Baudisch. Berlin 1996
Hage, Volker, Eine Liebe fürs Leben. Thomas Mann und Travemünde. Frankfurt am Main 2002
Hage, Volker, Wie alles begann. Thomas Manns Reise nach Weimar 1949, der Prozeß gegen Walter Janka und Archiventdeckungen aus der DDR. In: Die Zeit v. 13. 7. 1990 (Nr. 29), S. 48
Hamacher, Bernd, Die Poesie im Krieg. Thomas Manns Radiosendungen DEUTSCHE HÖRER! als ›Ernstfall‹ der Literatur. In: TMJb 13 (2000), S. 57-74
Hamacher, Bernd, Thomas Manns letzter Werkplan »Luthers Hochzeit«. Edition, Vorgeschichte und Kontexte. TMS 15. Frankfurt am Main 1996
Hamburger, Käte, Der Humor bei Thomas Mann. Zum Joseph-Roman. München 1965
Hansen, Volkmar, Thomas Manns Erzählung ›Das Gesetz‹ und Heines Moses-Bild. In: Heine-Jahrbuch 13 (1974), S. 132-149
Harpprecht, Klaus, Als ob es in den Krieg ginge. Königliche Hoheit auf Reisen – angefeindet und gefeiert. Thomas Mann besucht Deutschland Ost und West 1949 das erste Mal nach dem Zweiten Weltkrieg. In: Die Zeit v. 31. 3. 1995 (Nr. 14), S. 76
Harpprecht, Klaus, Thomas Mann. Eine Biographie. Reinbek b. Hamburg 1995
Hatfield, Henry, Der Zauberer und die Verzweiflung. Das Alterswerk Thomas Manns. In: Wirkendes Wort 12 (1962), S. 91-102
Heftrich, Eckhard, Vom höheren Abschreiben. In: Eckhard Heftrich, Helmut Koopmann (Hrsg.), Thomas Mann und seine Quellen. Festschrift für Hans Wysling. Frankfurt am Main 1991, S. 1-20
Heftrich, Eckhard, Vom Verfall zur Apokalypse. Über Thomas Mann. Frankfurt am Main 1982
Heilbut, Anthony, Thomas Mann. Eros & Literature. London, Basingstoke 1995
Heine, Gert, Thomas Mann Chronik. Frankfurt am Main 2004
Helbling, Hanno, Die Glätte der Marmorklippen. Bemerkungen zum Stil Ernst Jüngers. In: Neue Zürcher Zeitung v. 25./26. 3. 1995 (Nr. 71), S. 50
Heller, Erich, Enterbter Geist. Essays über modernes Dichten und Denken. Frankfurt am Main 1981
Heller, Erich, Thomas Mann. Der ironische Deutsche. Frankfurt am Main 1975
Herwig, Malte, Bildungsbürger auf Abwegen. Naturwissenschaft im Werk Thomas Manns. TMS 32. Frankfurt am Main 2004, S. 207-276
Heuss, Theodor, Schiller. In: Bernhard Zeller (Hrsg.), Schiller. Reden im Gedenkjahr 1959. Veröffentlichungen der Deutschen Schillergesellschaft. Bd. 24. Stuttgart 1961, S. 76-86
Hildebrandt, Dieter, Aufklärer in Eisgrau. Über die Alfred Andersch Gesamtausgabe. In: Die Zeit v. 17. 2. 2005, S. 53-54
Hoeft, Brigitte (Hrsg.), Der Prozeß gegen Walter Janka und andere. Eine Dokumentation. Reinbek b. Hamburg 1990

Hogrebe, Wolfram, Ahnung und Erkenntnis. Brouillon zu einer Theorie des natürlichen Erkennens. Frankfurt am Main 1996

Hölter, Achim (Hrsg.), Marcel Proust. Leseerfahrungen deutschsprachiger Schriftsteller von Theodor W. Adorno bis Stefan Zweig. Frankfurt am Main 1998

Hörisch, Jochen, »The German Soul up to Date«. Sacraments of Media Technology in ›The Magic Mountain‹. In: Michel Minden (Hrsg.), Thomas Mann. London 1995, S. 175-187

Jäger, Lorenz, Adorno. Eine politische Biographie. München 2003

Janz, Rolf-Peter, Zur Historizität und Aktualität der »Theorie des Romans« von Georg Lukács. In: Jahrbuch der Deutschen Schillergesellschaft 22 (1978), S. 674-699

Japser, Willi, Heinrich blieb vor der Türe stehen. Breloers gepriesener Fernsehfilm übernimmt die Perspektive von Thomas Mann – und wieder verliert Heinrich der Bruderzwist. In: Die Zeit v. 27. 12. 2001, S. 47

Jaspers, Karl, Was ist Philosophie? Hrsg. v. Hans Saner. München 1976

Jens, Inge und Walter, Frau Thomas Mann. Das Leben der Katarina Pringsheim. Reinbek b. Hamburg 7. Aufl. 2003

Jonas, Klaus W. und Helmut Koopmann, Die Thomas Mann Literatur. Bd. 3 (1976-1994). Frankfurt am Main 1997

Kandinsky, Wassily und Franz Marc (Hrsg.), Der blaue Reiter. Dokumentarische Neuausgabe von Klaus Lankheit. München, Zürich 6. Aufl. 1987

Karasek, Hellmuth, Königliche Hoheit. In: TMJb 4 (1991), S. 29-44

Kästner, Erhart, Was die Seele braucht. Über Bücher und Autoren. Hrsg. v. Julia Freifrau Hiller von Gaertringen und Karin Nitzschke. Frankfurt am Main, Leipzig 1994

Käuser, Andreas, Musikalische Prosa: Zur Funktion der Musik im modernen Roman. In: Wirkendes Wort 44 (1994), S. 279-295

Kielinger, Thomas, Essay und Existenz. Beobachtungen zur Genese von Ernst Jüngers Stil. In: Peter R. Weilemann, Hanns Jürgen Küsters, Günter Buchstab (Hrsg.), Macht und Zeitkritik. Festschrift für Hans-Peter Schwarz zum 65. Geburtstag. Paderborn, München, Wien, Zürich 1999, S. 729-743

Kiesel, Helmuth, Geschichte der literarischen Moderne. Sprache. Ästhetik. Dichtung im zwanzigsten Jahrhundert. München 2004

Kiesel, Helmuth, Literarische Trauerarbeit: Das Exil- und Spätwerk Alfred Döblins. Tübingen 1986

Kiesel, Helmuth, Thomas Manns ›Doktor Faustus‹. Reklamation der Heiterkeit. In: DVjS 64 (1990), Heft 4, S. 726-743

Kirkbright, Suzanne, Karl Jaspers. A Biography. Navigations in Truth. New Haven and London 2004

Klugkist, Thomas, Sehnsuchtskosmogonie. Thomas Manns ›Doktor Faustus‹ im Umkreis seiner Schopenhauer-, Nietzsche- und Wagner-Rezeption. Würzburg 2000

Koopmann, Helmut (Hrsg.), Thomas Mann Handbuch. Stuttgart 3. Aufl. 2001

Koopmann, Helmut, Aneignungsgeschäfte. Thomas Mann liest Eckermanns Gespräche mit Goethe. In: Eckhard Heftrich, Helmut Koopmann (Hrsg.), Thomas Mann und seine Quellen. Festschrift für Hans Wysling. Frankfurt am Main 1991, S. 21-47

Koopmann, Helmut, Der Untergang des Abendlandes und der Aufgang des Morgenlandes. In: Jahrbuch der deutschen Schillergesellschaft 24 (1980), S. 300-331
Koopmann, Helmut, Die Kategorie des Hermetischen in Thomas Manns Roman ›Der Zauberberg‹. In: ZfdP 80 (1961), S. 401-422
Koopmann, Helmut, Sterben und Tod Thomas Manns. In: Thomas Sprecher (Hrsg.), Lebenszauber und Todesmusik. Zum Spätwerk Thomas Manns. Die Davoser Literaturtage 2002. TMS 29. Frankfurt am Main 2003, S. 203-223
Koopmann, Helmut, Thomas Manns Schiller-Bilder. Lebenslange Mißverständnisse? In : TMJb 12 (1999), S. 119-131
Kramer, Catherine, Ernst Barlach. Reinbek b. Hamburg 2002
Kreutzer, Hans Joachim, Faust: Mythos und Musik. München 2003
Kristiansen, Børge, Freiheit und Macht. Totalitäre Strukturen im Werk Thomas Manns. Überlegungen zum ›Gesetz‹ im Umkreis der politischen Schriften. In: Internationales Thomas-Mann-Kolloquium 1986 in Lübeck. TMS 7. Bern 1987, S. 53-91
Kurzke, Hermann, Das Elend der Frankfurter Thomas Mann-Ausgabe. In: Frankfurter Allgemeine Zeitung (Bilder und Zeiten) v. 23. 8. 1986 (Nr. 194)
Kurzke, Hermann, Thomas Mann. Das Leben als Kunstwerk. München 1999
Kurzke, Hermann, Verstehen, nicht verurteilen. Das Verhältnis der Deutschen zur großen Dichterfamilie Mann. In: Die Literarische Welt v. 8. 12. 2001 (Nr. 48), S. 1 u. 4
Laage, Karl Ernst, Turgenjew-Zitate bei Thomas Mann. Zum 100. Todestag Iwan Turgenjews. In: Zeitschrift für slavische Philologie 43 (1983), Heft 1, S. 55-81
Lehnert, Herbert, Thomas Manns Erzählung ›Das Gesetz‹ und andere erzählerische Nachspiele im Rahmen des Gesamtwerks. In: DVjS 43 (1969), S. 515-543
Lehnert, Herbert, Thomas Manns Josephstudien 1927-1939. In: Schillerjahrbuch 10 (1966), S. 378-404
Lehnert, Herbert, Thomas Manns Vorstudien zur *Joseph*-Tetralogie. In: Schillerjahrbuch 7 (1963), S. 458-520
Lublinski, Samuel, Die Bilanz der Moderne. Berlin 1904
Lühe, Irmela von der, Erika Mann. Eine Biographie. Frankfurt am Main 1996
Lukács, Georg, Die Theorie des Romans. Ein geschichtsphilosophischer Versuch über die Formen der großen Epik. Darmstadt, Neuwied 1976
Maar, Michael, Geister und Kunst. Neuigkeiten aus dem Zauberberg. München, Wien 1995
Maar, Michael, Im Schatten des Calamus. Autobiographisches in Thomas Manns indischer Novelle ›Die vertauschten Köpfe‹. In: Merkur 8 (2001), S. 678-685
Makoschey, Klaus, Quellenkritische Untersuchungen zum Spätwerk Thomas Manns. TMS 17. Frankfurt am Main 1998
Marquard, Odo, Exile der Heiterkeit. In: Ders., Aesthetica und Anaesthetica. Philosophische Überlegungen. Paderborn, München, Wien, Zürich 1989, S. 47-63
Martini, Fritz, Das Wagnis der Sprache. Interpretationen deutscher Prosa von Nietzsche bis Benn. Stuttgart 1954
Marx, Friedhelm, »Ich aber sagen Ihnen ...«. Christusfigurationen im Werk Thomas Manns. In: TMS 25. Frankfurt am Main 2002, S. 315-319

Mendelssohn, Peter de, Die Frankfurter Ausgabe der Gesammelten Werke Thomas Manns. Frankfurt am Main 1981

Meyer, Martin, Tagebuch und spätes Leid. Über Thomas Mann. Edition Akzente. München, Wien 1999

Meyer, Martin, Thomas Mann in Zürich. In: Thomas Sprecher (Hrsg.), Das Unbewußte in Zürich. Literatur und Tiefenpsychologie um 1900. Sigmund Freud, Thomas Mann und C.G. Jung. Zürich 2000, S. 25-38

Meyer, Theodor A., Das Stilgesetz der Poesie. Leipzig 1901

Müller-Doohm, Stefan, Adorno. Eine Biographie. Frankfurt am Main 2003

Pavlova, Nina, Thomas Mann und die russische Literatur. In: Helmut Koopmann (Hrsg.), Thomas Mann Handbuch. Stuttgart 3. Aufl. 2001, S. 200-211

Prater, Donald A., Thomas Mann – Deutscher und Weltbürger. Aus dem Englischen übers. v. Fred Wagner. München 1995

Pütz, Peter, Verwirklichung durch ›lebendige Ungenauigkeit‹. *Joseph* von den Quellen zum Roman. In: Eckhard Heftrich, Helmut Koopmann (Hrsg.), Thomas Mann und seine Quellen. Festschrift für Hans Wysling. Frankfurt am Main 1991, S. 173-188

Reed, Terence J., Die letzte Zweiheit: Menschen-, Kunst- und Geschichtsverständnis im ›Doktor Faustus‹. In: Volkmar Hansen (Hrsg.), Thomas Mann. Romane und Erzählungen. Stuttgart 1993, S. 294-324

Reed, Terence J., Mann and Turgenev – a first love. In: German Life and Letters 17 (1964), S. 313-318

Reiber, Joachim, Hans Pfitzner, Thomas Mann und ein deutsches Problem. In: Rüdiger Görner (Hrsg.), Resounding Concerns. London German Studies 8. München 2003, S. 114-134

Reich-Ranicki, Marcel (Hrsg.), Was halten Sie von Thomas Mann. Achtzehn Autoren antworten. Frankfurt am Main (1986) 1994

Reich-Ranicki, Marcel, Thomas Mann und die Seinen (1987). München 2005

Renner, Rolf Günter, Thomas Mann als phantastischer Realist. Eine Überlegung anläßlich der ›Vertauschten Köpfe‹. In: TMS 7. Internationales Thomas-Mann-Kolloquium 1986 in Lübeck. Bern 1987, S. 73-91

Ringger, Rolf Urs, Primitivismen in der Szene »Das Goldene Kalb«. Ein Beitrag zu Schönbergs Oper Moses und Aron. In: Neue Zürcher Zeitung v. 11. 11. 1983, S. 11

Rosen, Charles, Should we adore Adorno? In: New York Review of Books October 24, 2002, pp. 59-63

Rütten, Thomas, Sterben und Tod im Werk Thomas Manns. In: Thomas Sprecher (Hrsg.), Lebenszauber und Todesmusik. Zum Spätwerk Thomas Manns. Davoser Literaturtage 2002. TMS 29. Frankfurt am Main 2003, S. 13-34

Savigneau, Josyane, Marguerite Yourcenar. Die Erfindung eines Lebens. Aus dem Französischen von Rolf und Hedda Soellner. München 2003

Scherliess, Volker, Zur Musik im Doktor Faustus. In: Hans Wißkirchen, Thomas Sprecher (Hrsg.), »Und was werden die Deutschen sagen??«. Thomas Manns Roman Doktor Faustus. Lübeck 1997, S. 113-152

Schmidt, Jochen, Die Geschichte des Genie-Gedankens. Zwei Bände. Darmstadt 1985

Schmidt-Schütz, Eva, Doktor Faustus. Zwischen Tradition und Moderne. Eine quellenkritische und rezeptionsgeschichtliche Untersuchung zu Thomas Manns literarischem Selbstbild. TMS 28. Frankfurt am Main 2003

Schneider, Wolfgang, Das durchdringende Auge des Todes. Thomas Manns Darstellungen des Sterbens und der Triumph des Menschlichen. In: Neue Zürcher Zeitung v. 3./4. 6. 2000 (Nr. 128), S. 49
Schößler, Franziska, »Die Frau von fünfzig Jahren«. Zu Thomas Manns Erzählung ›Die Betrogene‹. In: Sprachkunst 31 (2000), 2. Halbband, S. 289-306
Schuh, Willi, Über Opern von Richard Strauss. Zürich 1947
Schuh, Willi, Zur Vertonung des Divan-Gedichts »Zugemessne Rhythmen«. In: Richard Strauss Jahrbuch 1954, S. 122-124
Schulz, Siegfried A., ›Die vertauschten Köpfe‹. Thomas Manns indische Travestie. In: Euphorion 57 (1963), S. 245-271
Siefken, Hinrich, Thomas Mann's Essay ›Bruder Hitler‹. In: German Life and Letters 35 (1982) 2, S. 165-181
Simmel, Georg, Gesamtausgabe. Bd. 7: Aufsätze und Abhandlungen 1901-1908 (Bd. 1). Hrsg. v. Rüdiger Kramme, Angela Rammstedt und Otthein Rammstedt. Frankfurt am Main 1995
Sombart, Nicolaus, Rendezvous mit dem Weltgeist. Heidelberger Reminiszenzen 1945-1951. Frankfurt am Main 2000
Sommerhage, Claus, Eros und Poesis: Über das Erotische im Werk Thomas Manns. Bonn 1993
Sonnemann, Ulrich, Thomas Mann oder Maß und Anspruch. In: Frankfurter Hefte. Zeitschrift für Kultur und Politik 3 (1948), H. 7 (Juli), S. 625-640
Spengler, Oswald, Der Untergang des Abendlandes. Umrisse einer Morphologie der Weltgeschichte. Nachwort von Detlef Felken. München 16. Aufl. 2003
Sprecher, Thomas (Hrsg.), Lebenszauber und Todesmusik. Zum Spätwerk Thomas Manns. Die Davoser Literaturtage 2002. TMS 29. Frankfurt am Main 2003
Sprecher, Thomas und Ernst O. Wiethoff, Thomas Manns letzte Krankheit. Neue Erkenntnisse zur Todesursache. In: Neue Zürcher Zeitung 12./13. 8. 1995 (Nr. 185), S. 45-46
Sprecher, Thomas und Fritz Gutbrodt, Die Familie Mann in Kilchberg. Zürich 2000
Sprecher, Thomas und Hans Wisskirchen (Hrsg.), Thomas und Heinrich Mann im Spiegel der Karikatur. Mit einem Beitrag von Uwe Naumann. Zürich 2003
Sprecher, Thomas, Davos im Zauberberg. Thomas Manns Roman und sein Schauplatz. Zürich 1996
Sprecher, Thomas, Thomas Mann in Zürich. Zürich 1992
Stallybrass, Oliver (Hrsg.), E.M. Forster, Aspects of the Novel. Harmondsworth 1990
Steinberg, Reinhard, Genie und Wahnsinn. Spuren des Kreativitätsmythos im ›Doktor Faustus‹. In: Thomas Sprecher (Hrsg.), Vom ›Zauberberg‹ zum ›Doktor Faustus‹. Die Davoser Literaturtage 1998. TMS 23. Frankfurt am Main 2000, S. 105-131
Steiner, George, A little night music. Correspondence as collaboration: what Mann and Adorno owed to each other. In: Times Literary Supplement October 11, 2002, pp. 3-4
Steiner, George, Von realer Gegenwart. Hat unser Sprechen Inhalt? Mit einem Nachwort von Botho Strauß. Aus dem Englischen von Jörg Trobitius. München, Wien 1990
Steinfeld, Thomas, Der leidenschaftliche Buchhalter. Philologie als Lebensform. München, Wien 2004

Stern, J. P., Relativity in and around The Magic Mountain. In: Michel Minden (Hrsg.), Thomas Mann. London 1995, S. 160-174

Swales, Martin, Mann: Der Zauberberg. London 2000

Thielicke, Helmut, Meditationen über eine Oper. Zu Arnold Schönbergs Moses und Aaron. In: Ders., Glauben als Abenteuer. Stuttgart 1980, S. 92-102

Vaget, Hans Rudolf, ›German‹ Music and German Catastrophe: A Re-Reading of Doktor Faustus. In: Herbert Lehnert, Eva Wessell (Hrsg.), A Companion to the Works of Thomas Mann. Rochester, N.Y., Woodbridge 2004, S. 221-244

Vaget, Hans Rudolf, Confession and Camouflage: The Diaries of Thomas Mann. In: Journal of English and Germanic Philology (October 1997), S. 567-589

Vaget, Hans Rudolf, Fünfzig Jahre Leiden an Deutschland: Thomas Manns ›Doktor Faustus‹ im Lichte unserer Erfahrung. In: Werner Röcke (Hrsg.), Thomas Mann. Doktor Faustus 1947-1997. Bern, Berlin u. a. 2001, S. 11-34

Vaget, Hans Rudolf, Germany: Jekyll and Hyde. Sebastian Haffners Deutschlandbild und die Genese von Doktor Faustus. In: Eckhard Heftrich, Helmut Koopmann (Hrsg.), Thomas Mann und seine Quellen. Festschrift für Hans Wysling. Frankfurt am Main 1991, S. 249-271

Vaget, Hans Rudolf, Kaisersaschern als geistige Lebensform. Zur Konzeption der deutschen Geschichte in Thomas Manns Doktor Faustus. In: Der deutsche Roman und seine historischen und politischen Bedingungen. Hrsg. v. Wolfgang Paulsen. Bern 1977

Vaget, Hans Rudolf, Musik in München. Kontext und Vorgeschichte des »Protests der Richard-Wagner-Stadt München« gegen Thomas Mann. In: TMJb 7 (1994), S. 41-70

Vaget, Hans Rudolf, Präludium in München. Bruno Walter und die Vertreibung Thomas Manns. In: Frankfurter Allgemeine Zeitung (Bilder und Zeiten) v. 14. 5. 1994 (Nr. 111)

Vaget, Hans Rudolf, Thomas Mann und Richard Strauss: Zeitgenossenschaft ohne Brüderlichkeit. In: TMJb 3 (1990), S. 50-85

Vaget, Hans Rudolf, Thomas Mann. Kommentar zu sämtlichen Erzählungen. München 1984

Vogel, Johann Peter, Hans Pfitzner. Leben. Werke. Dokumente. Zürich, Mainz 1999

Voß, Lieselotte, Die Entstehung von Thomas Manns Roman ›Doktor Faustus‹. Dargestellt anhand von unveröffentlichten Vorarbeiten. Studien zur deutschen Literatur, Bd. 39. Tübingen 1975

Walter, Bruno, Von der Musik und vom Musizieren. Frankfurt am Main 1986

Weinrich, Harald, Drei Thesen von der Heiterkeit der Kunst. In: Ders., Literatur für Leser. Stuttgart 1971, S. 12-22

Weinrich, Harald, Tempus. Besprochene und erzählte Welt. Stuttgart, Berlin, Köln, Mainz 3. Aufl. 1977

Wilhelm, Friedrich, Thomas Mann über seine indische Legende. In: Euphorion 64 (1970), S. 399-403

Wilpert, Gero von, Lübisches Babel. Sprachliche Polyphonie in den ›Buddenbrooks‹ in: Études allemandes et autrichiennes. Hommage à R. Thieberger. Paris 1989, S. 439-451

Wimmer, Ruprecht, And my ending is despair. Thomas Manns Krankheit des Alterns. In: Thomas Sprecher (Hrsg.), Vom ›Zauberberg‹ zum ›Doktor Faustus‹. Die Davoser Literaturtage 1998. TMS 23, Frankfurt am Main 2000, S. 31-46

Wimmer, Ruprecht, Form contra Tod. Thomas Manns und Adrian Leverkühns ›Credo‹. In: Thomas Sprecher (Hrsg.), Lebenszauber und Todesmusik. TMS 29, S. 133-148

Wißkirchen, Hans, Verbotene Liebe. Das Deutschlandthema im Doktor Faustus. In: »Und was werden die Deutschen sagen??« Thomas Manns Doktor Faustus. Hrsg. v. Hans Wißkirchen und Thomas Sprecher. Lübeck 1997, S. 179-207

Witkop, Philipp, Die deutschen Lyriker. Bd. 1. Berlin 1921

Wolff, Uwe, Poetische Imagination vom Anfang und Ende der Kultur. Moses als Kulturstifter im Werk von Thomas Mann und Sigmund Freud. In: Neue Zürcher Zeitung v. 21. 4. 1989 (Nr. 91), S. 41-42

Würffel, Stefan Bodo, Zeitkrankheit – Zeitdiagnose aus der Sicht des Zauberbergs. Die Vorgeschichte des Ersten Weltkrieges – in Davos erlebt. In: Thomas Sprecher (Hrsg.), Das »Zauberberg«-Symposium 1994 in Davos. TMS 11. Frankfurt am Main 1995, S. 197-223

Wysling, Hans (Hrsg.) unter Mitwirkung von Marianne Fischer, Dichter über ihre Dichtungen 14/II: Thomas Mann 1918-1943. München 1979

Wysling, Hans, Narzissmus und illusionäre Existenzform. Zu den Bekenntnissen des Hochstaplers Felix Krull. TMS 5. Frankfurt am Main 2. Aufl. 1995

Wysling, Hans, Pläne zur Fortsetzung des ›Krull‹. In: TMS 3. Bern, München 1974, S. 149-180

Wysling, Hans, Schopenhauer-Leser Thomas Mann. In: Schopenhauer-Jahrbuch 64 (1983), S. 61-79

Zelinsky, Hartmut, Richard Wagner – ein deutsches Thema. Eine Dokumentation zur Wirkungsgeschichte Richard Wagners 1876-1976. Frankfurt am Main 1976

Zimmer, Heinrich, Die indische Weltmutter. In: Eranos Jahrbuch VI (1938). Zürich 1939, S. 175-220

Zimmer, Heinrich, Maya. Der indische Mythos. Stuttgart 1936

Zimmer, Heinrich, Transformed Legend. In: Time v. 9.6. 1941

Zimmer, Heinrich, Weisheit Indiens. Märchen und Sinnbilder. Darmstadt 1938

Zons, Reimar, Naphta. In: ZfdP 112 (1993), S. 231-250

BILDNACHWEIS

Deutsches Literaturarchiv/Schiller Nationalmuseum, Marbach a. Neckar: Abb. 10
Keystone Switzerland: Abb. 1, 2, 4, 5, 6, 7, 8, 9
Bernd M. Kraske: Abb. 3

WERKREGISTER

PERSONENVERZEICHNIS